FELDERKARTE DER ADRIA.

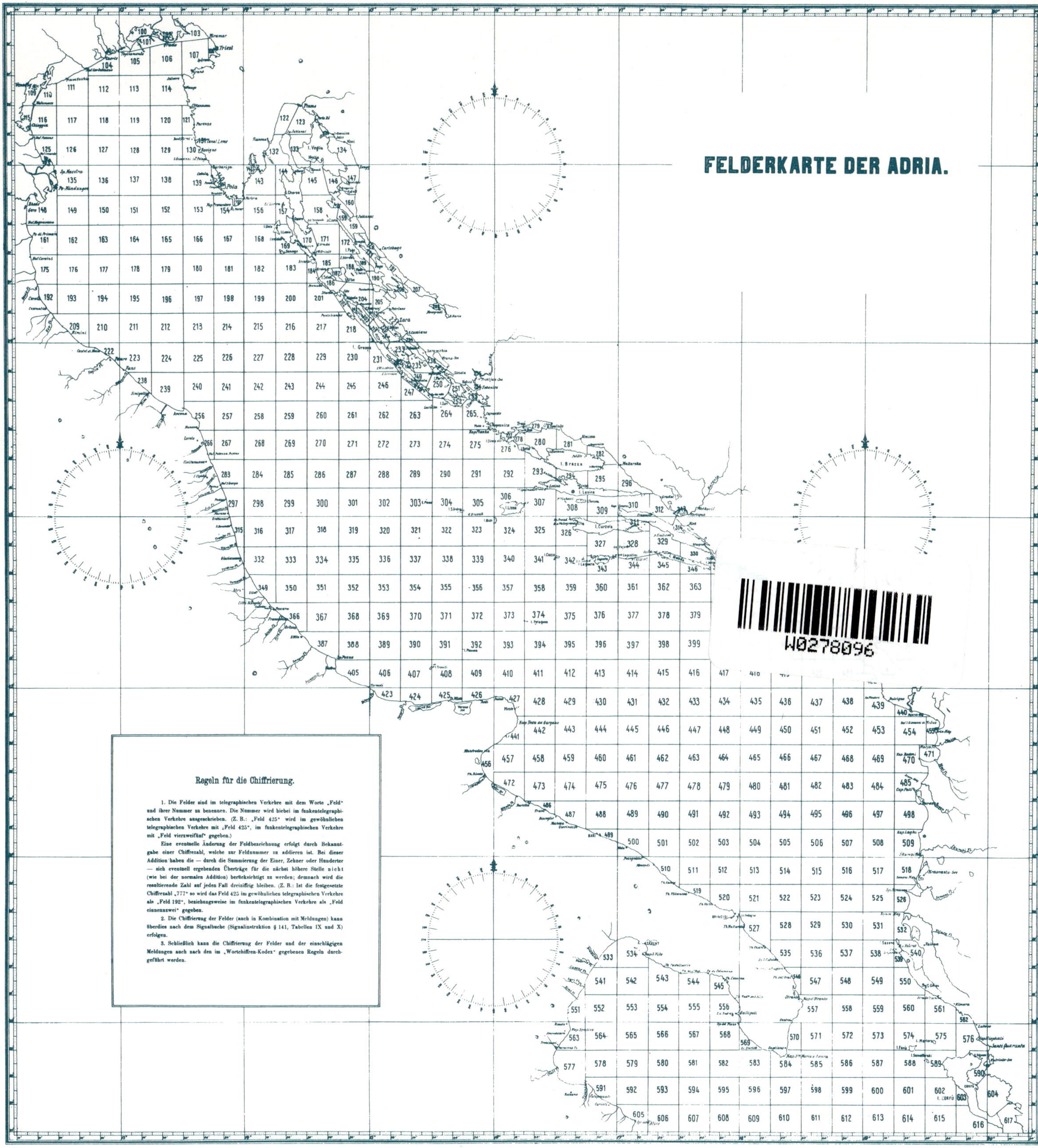

Regeln für die Chiffrierung.

1. Die Felder sind im telegraphischen Verkehre mit dem Worte „Feld“ und ihrer Nummer zu benennen. Die Nummer wird hiebei im funkentelegraphischen Verkehre ausgeschrieben. (Z. B.: „Feld 425“ wird im gewöhnlichen telegraphischen Verkehre mit „Feld 425“, im funkentelegraphischen Verkehre mit „Feld vierzweifünf“ gegeben.)

Eine eventuelle Änderung der Feldbezeichnung erfolgt durch Bekanntgabe einer Chiffrezahl, welche zur Feldnummer zu addieren ist. Bei dieser Addition haben die — durch die Summierung der Einer, Zehner oder Hunderter — sich eventuell ergebenden Überträge für die nächst höhere Stelle nicht (wie bei der normalen Addition) berücksichtigt zu werden; demnach wird die resultierende Zahl auf jeden Fall dreiziffrig bleiben. (Z. B.: Ist die festgesetzte Chiffrezahl „777“ so wird das Feld 425 im gewöhnlichen telegraphischen Verkehre als „Feld 192“, beziehungsweise im funkentelegraphischen Verkehre als „Feld einneunzwei“ gegeben.

2. Die Chiffrierung der Felder (auch in Kombination mit Meldungen) kann überdies nach dem Signalbuche (Signalinstruktion § 141, Tabellen IX und X) erfolgen.

3. Schließlich kann die Chiffrierung der Felder und der einschlägigen Meldungen auch nach den im „Wortchiffren-Kodex“ gegebenen Regeln durchgeführt werden.

Bilzer · Die Torpedoboote der k.u.k. Kriegsmarine von 1875 — 1918

Franz F. Bilzer

Die Torpedoboote der k.u.k. Kriegsmarine von 1875 — 1918

Beiträge zur österreichischen Marinegeschichte,
herausgegeben von der
„Arbeitsgemeinschaft für Österreichische Marinegeschichte“.

H. Weishaupt Verlag · Graz

Titelbild: „KAIMAN"-Topedoboote in bewegter See
Vorsatz: Felderkarte der Adria
Nachsatz: Im Jahre 1907 festgelegte Einteilung des österreichisch-ungarischen Küstengebietes in Küstenrayone und Küstenabschnitte

ISBN 3-900310-16-5

1. Auflage 1984

Gesamtherstellung: M. Theiss, Wolfsberg
Printed in Austria

Inhalt

Vorwort

Seit dem Beginn der Entwicklung der schnellen Torpedoträger hatte die k.(u.)k. Kriegsmarine reges Interesse an dieser neuen Waffe gezeigt. Bereits im Mai 1874 bestellte sie bei Thornycroft ein erstes Musterboot, und selbstverständlich war der k.k. Marineattaché in London am 9. März 1877 bei der ersten Probefahrt des Yarrow-Bootes „LIGHTNING“ mit an Bord, um die Heimat über die neueste technische Entwicklung informieren zu können. Dort war dieser jungen Waffengattung im späteren Admiral Julius von Ripper ein tatkräftiger Förderer erwachsen.

„Schneidig“, war die von ihm für die k.u.k. Torpedisten ausgegebene Parole, und in diesem Geist wuchs eine Generation junger Torpedoboot-Offiziere heran, die auf ihren kleinen Booten seemännische Bravour, Kameradschaft und menschliches Verständnis vor bürokratische Trägheit, steife Etikette und sturen Klassendünkel stellten.

Der spätere Kommodore Erich Heyssler gibt uns in seinen Erinnerungen ein anschauliches Bild über den Elan, von dem diese Waffengattung beseelt war:

„Fahrten und Manövrierübungen wurden auch bei schlechtestem Wetter vorgenommen, um uns jungen Leuten zu zeigen, was diese kleinen Boote vertragen konnten. Da wurden selbst die kleinsten Häfen und Buchten Istriens und Norddalmatiens besucht, überall angelegt. Abwechselnd mußten wir Schüler die oft recht schwierigen Manöver durchführen, wobei unseren Lehrmeistern, die ja die Verantwortung trugen, oft der Angstschweiß auf der Stirne stand. Denn jeder wollte recht ‚schneidig' manövrieren. Daß es da manchen eingedrückten Bug, abgebrochene Ruder und Propellerflügel gab, war natürlich... Vom Torpedoboot-Offizier wurde verlangt, daß er in dunkelster Nacht die Orientierung zwischen den hunderten kleinen Inseln und Riffen unserer Küste behielt und ohne Beleuchtung — denn diese Boote hatten nicht einmal Scheinwerfer! — jede Durchfahrt fand. Ob es von militärischem Wert war, bleibt dahingestellt, aber als seemännische Schule war es prächtig. Und nicht jeder hatte die Nerven, nicht jeder das Talent zu den knappen Manövern, die da zu machen waren. Im Verband fuhren wir auch bei hoher Geschwindigkeit so nahe, daß man von einem Boot zum anderen übersteigen konnte. Selbstverständlich setzte jede Gruppe gerade in diese Dinge ihren besonderen Stolz.“

Von den Männern, die solchen Korpsgeist — auch gegen die gestrenge Obrigkeit — pflegten, lebt heute keiner mehr. Aber die Boote, mit denen sie solche Dinge vollbrachten und schließlich auch in den Krieg fuhren, sind hier beschrieben, weil es bisher keine zusammenfassende Beschreibung gibt.

Während meiner langjährigen Tätigkeit als Referent für die Kriegsmarine im Österreichischen Staatsarchiv/Kriegsarchiv war ich ständig mit dem reichlich vorhandenen Material konfrontiert. Wiederholten Anregungen aus den an der alten Marine interessierten Kreisen folgend, entschloß ich mich, die vorhandenen Unterlagen über die Entwicklung und den Bau von Torpedobooten für die k.(u.)k. Kriegsmarine zu sammeln und zu bearbeiten. Das vorliegende Buch ist das Ergebnis dieser mehrjährigen Arbeit.

Abschließend möchte ich an dieser Stelle jenen Herren meinen Dank aussprechen, welche durch ihre bereitwillige Hilfe zum Zustandekommen dieses Buches beigetragen haben:

Herrn Georg Pawlik	für die unter viel Zeitaufwand angefertigten Zeichnungen der Torpedoboote „I“ bis „50 E“,
Herrn Erwin Sieche	für seine Ratschläge zur Gestaltung des Manuskriptes, dessen Durchsicht und die Anfertigung der Zeichnung des 6 t Gleitbootes,
Herrn Fritz Eppel	für die Überlassung der Zeichnungen des Kletterbootes und des 7 t Gleitbootes,
Herrn Friedrich Prasky	für die Genehmigung zur Verwendung seiner Zeichnung des Torpedobootes „98 M“,
Herrn Hofrat Dr. Walter Wagner	für die Durchsicht des Manuskriptes und Hinweise bezüglich Korrekturen und Ergänzungen.

Weiters für die Auskünfte über das Schicksal ehemaliger k.u.k. Torpedoboote:
Herrn Kapt. Ramos Gonçalves, Lissabon,
Herrn Kommodore M. Simpsas, Athen und
Herrn Kapt. I. Ranges Nicolae Petrescu, Bukarest.

Franz Ferdinand Bilzer

Wien, im März 1984

Einleitung

Nach der ursprünglichen Absicht seiner Erfinder war der Torpedo, zum Unterschied gegen Seeminen in den ersten Jahren auch als „mobiler Torpedo" bezeichnet, eine reine Defensivwaffe und für den Einsatz von der Küste aus gegen feindliche Panzerschiffe gedacht. Das Bestreben, diese äußerst wirksame, in ihrer Reichweite jedoch beschränkte neue Waffe von festen Lanzierstationen an der Küste unabhängig zu machen und auch auf See gegen überlegene feindliche Schiffe einzusetzen, führte im Kriegsschiffbau zur Schaffung eines gänzlich neuen Schiffstyps. Die an diesen Torpedoträger gestellten Anforderungen waren in erster Linie hohe Geschwindigkeit verbunden mit Kleinheit, um der gegnerischen Abwehr ein möglichst geringes Ziel zu bieten. Das zu lösende Problem war die Unterbringung einer genügend starken Maschinenanlage, da ein kleines Fahrzeug eine verhältnismäßig größere Maschinenleistung benötigt als ein großes, um die gleiche Geschwindigkeit zu erreichen.

Der englischen Werft John Thornycroft & Co., die sich mit dem Bau von Dampfbooten und kleinen Dampfyachten beschäftigte, gelang es, mit der 1872 fertiggestellten 15,25 m langen Dampfyacht „MIRANDA" als erste diese Schwierigkeit zu überwinden. „MIRANDA" erreichte bei den Probefahrten die damals beachtliche Geschwindigkeit von 16,25 kn. Im folgenden Jahre lieferte Thornycroft je ein Torpedoboot für die norwegische, dänische und schwedische Marine und 1874 erhielt die Werft den Auftrag zum Bau des ersten Torpedobootes für die k.k. Kriegsmarine.

In der Folge begannen auch andere Werften, wie Yarrow & Co. in England und F. Schichau in Deutschland, sich auf den Bau von Torpedobooten zu spezialisieren. Die Torpedoboote „III" und „IV" wurden 1879 von Yarrow geliefert. Als nach den Probefahrten festgestellt wurde, daß die Yarrow-Boote in der Ausführung zwar mangelhaft, in der Linienführung sowie in der Konstruktion der Maschine den Thornycroft-Booten aber zweifellos überlegen waren, wurden sie als Muster für die ersten, im Seearsenal Pola erbauten Boote verwendet. Die Dampfmaschinen wurden zerlegt, sorgfältig aufgemessen und nachgebaut. Ab 1885 wurde auch die Werft Schichau zur Lieferung von Torpedobooten herangezogen.

Wie auch in anderen Marinen üblich, machte man sich die Erfahrungen der beiden Werften dadurch zunutze, daß man Musterboote bestellte und diese nach Erprobung und eventuell wünschenswerten Änderungen in größeren Serien im Seearsenal nachbaute oder — wie zum Beispiel „GAUKLER" bis „HARPIE" — auf einer inländischen Werft nachbauen ließ. Bei der Aufforderung zur Offertstellung beschränkte man sich allgemein darauf, von den Werften die Erfüllung der wichtigsten Forderungen — wie Mindestgeschwindigkeit, beabsichtigte Bewaffnung und Aktionsradius — zu verlangen.

Als konstruktiver Fehler der Schichau-Boote erwies sich die tiefe Hacke, welche den Wasserzustrom zur Schraube ungünstig beeinflußte und zu Vibrationen des Bootskörpers führte. Nach den Erfahrungen mit den Torpedobooten „VIPER" und „NATTER" entschloß sich daher die Marine in der weiteren Entwicklung der Torpedoboote der Linienführung der Yarrow-Boote zu folgen, deren flach verlaufendes Achterschiff offensichtlich sehr günstig für den Wasserablauf war. Vier Boote mit etwas vergrößerten Abmessungen, jedoch mit der gleichen Bewaffnung und Geschwindigkeit wie „VIPER", wurden bei Yarrow bestellt.

Nach Ablieferung des letzten Bootes im April 1899 kam es zu einem gänzlichen Stillstand im Torpedobootbau, der erst durch die 1904 erfolgte Auftragserteilung an Yarrow für ein 200 t Musterboot unterbrochen wurde. Von der Werft S.T.T. in Triest und der erst 1905 gegründeten Werft Ganz & Co., Danubius in Fiume, wurden nach den von Yarrow gekauften Plänen bis 1910 eine Serie von 23 Booten gebaut.

Im gleichen Jahre wurde das MTK beauftragt, Richtlinien für den Bau neuer Torpedoboote festzulegen. Die auf taktischen Überlegungen gründenden Forderungen der beratenden Kommissionen nach einem Mindestdeplacement von 500 t für Hochseetorpedoboote und 275 t für Küstentorpedoboote wurden von den verantwortlichen Stellen außer Acht gelassen. Nach längeren Verhandlungen wurden beim S.T.T. und bei Danubius/Fiume insgesamt 24 „Hochsee"-Torpedoboote mit 250 t Deplacement nach eigenen Entwürfen der Werften und drei nach Plänen des MTK bei Cantiere Navale Triestino in Monfalcone auf Stapel gelegt, von denen bis zum Ausbruch des Ersten Weltkrieges erst fünf in Dienst gestellt werden konnten.

Es waren durchaus moderne und schnelle Boote, deren Aktionsradius sich jedoch als unzureichend erwies. Bei Vorstößen in die Otranto-Straße kehrten die Boote gewöhnlich unter Inanspruchnahme ihrer letzten Reserven in die Bocche zurück. Obwohl der Flottenkommandant im Juni 1917 dringend den Bau von zwölf 300 t Booten forderte, wurde nach Ablieferung der letzten 250 t Boote im Dezember 1916 kein Torpedoboot mehr auf Stapel gelegt.

Die Anzahl der vorhandenen Torpedoboote und Torpedofahrzeuge war zur Bewältigung der vielseitigen Aufgaben, welche den Torpedoflottillen im Rahmen des mehr als vierjährigen Seekrieges gestellt wurden, gänzlich unzureichend. Flottenkommandant Admiral Njegovan wies bereits im Juni 1917 darauf hin und sprach die Befürchtung aus, daß der gleichzeitige Ausfall von wenigen Einheiten katastrophale Folgen für die Verpflegung der in Albanien stationierten

Truppen und die Sicherung der Küste haben könnte. Während der langen Einsätze im Geleitschutz oder bei Aufklärungsfahrten an die italienische Küste wurden die Boote häufig bis zur Grenze ihrer Leistungsfähigkeit beansprucht. Daß die k.u.k. Torpedoflottillen trotz aller Schwierigkeiten den an sie gestellten Anforderungen nachkommen konnten, ist vor allem der Ausdauer und dem Durchhaltevermögen ihrer Besatzungen anzurechnen, welche bis zum letzten Tage ihre Pflicht erfüllten.

Der Torpedo — die Existenzgrundlage des Torpedobootes

Ursache für den Bau und die Entwicklung des Torpedobootes sowie aller Torpedofahrzeuge, die den Torpedo als Hauptbewaffnung tragen — und hiezu ist auch das Unterseeboot zu rechnen — war der Torpedo. Ein kurzer Rückblick auf seine Entstehung und Entwicklung dürfte daher angebracht sein.

Als Kommandant der k.k. Fregatte „BELLONA" befaßte sich Fregkapt. Johann Blasius Luppis 1860 eingehend mit dem Gedanken, ein feindliches Schiff von der Küste aus mittels eines unbemannten, ferngelenkten und mit einer Sprengladung versehenen Bootes zu versenken. Von den auf „BELLONA" eingeschifften Handwerkern ließ er ein Modell des von ihm als „Küstenretter" bezeichneten Fahrzeuges anfertigen. Dieser „Küstenretter" stellte ein zirka sechs Meter langes, gänzlich gedecktes Boot dar, das von einer Schraube getrieben wurde und dessen Sprengladung beim Anstoßen an das feindliche Schiff zur Explosion gebracht werden sollte. Die Steuerung sollte mittels zweier Leinen von Land aus erfolgen. Über die Art der Antriebsmaschine hatte Luppis offensichtlich noch keine klare Vorstellung. Für das Modell verwendete er einen Federmotor.

1864 legte er seine Erfindung dem Kriegsministerium vor und ersuchte um finanzielle Unterstützung zum Bau eines Prototyps und zur Durchführung von Versuchen. Obwohl er sein Modell dem Kaiser vorführen durfte, wurde er in Anbetracht der hohen Kosten und der — nach Urteil des Armeeoberkommandos — geringen Aussicht auf Verwendungsmöglichkeit dieses Minenschiffes abgewiesen.

Giovanni de Ciotta, ein Fiumaner Geschäftsmann, brachte ihn nunmehr mit dem englischen Ingenieur Robert Whitehead, dem Besitzer des Stabilimento Tecnico Fiumano, zusammen. Mit der Unterstützung von de Ciotta und unter Mitarbeit seines erst zwölfjährigen

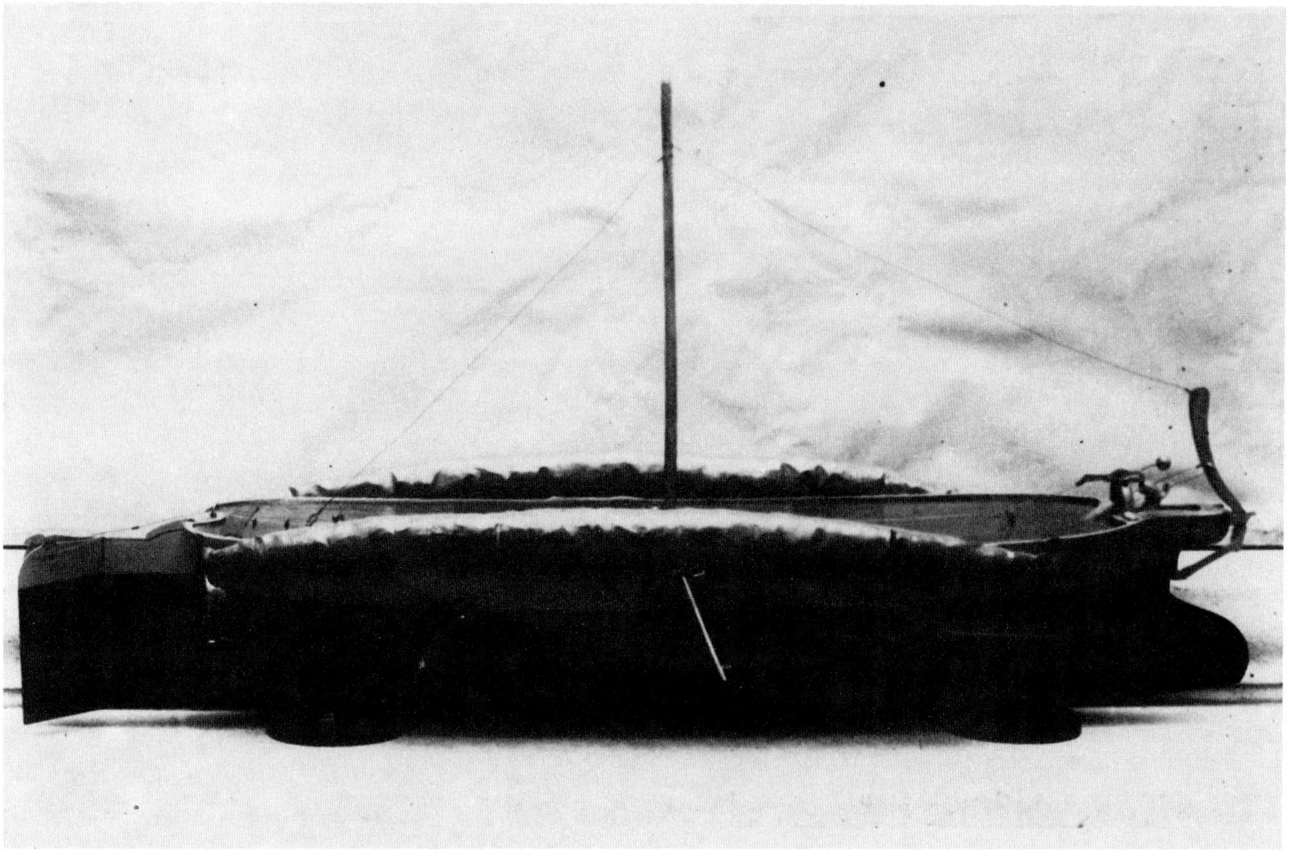

Modell des von Luppis gebauten „Küstenretters".

Fregkapt. Johann Blasius Luppis, der mit seinem „Küstenretter" die Grundlage für die Entwicklung des Torpedos schuf.

Sohnes John und des Feinmechanikers Hannibal Ploech entwickelte Whitehead aus der Idee Luppis' einen von ihnen als „selbsttätiges, unterseeisches Minenschiff", später jedoch allgemein als „Fischtorpedo" bezeichneten Apparat. Als Antrieb für die dreiflügelige Schraube diente eine zweizylindrige Preßluftmaschine. Die Lauftiefe des Torpedos konnte mittels eines auf den äußeren Wasserdruck reagierenden Tiefgangreglers einreguliert werden. Die von Luppis vorgesehene Leinensteuerung war nach dem ersten Versuch aufgegeben worden. Die Horizontalrichtung mußte dem Torpedo durch die Lanziervorrichtung gegeben und darauf geachtet werden, daß das vorhandene Seitensteuer richtig eingestellt war, um ihm einen geraden Lauf zu verleihen.

Am 20. Dezember 1866 wurde einer Kommission, bestehend aus V.Adm. Fautz, Genieoberst Türkheim und Schiffbau-Ing. Romako eine Lanzierung auf 370 m Entfernung vorgeführt. Auf Grund des Gutachtens der Kommission[1]) wurde nach längeren Verhandlungen am

---

1) I.G.Gr. 1867 91/9

15. April 1867 zwischen dem KM/MS und den beiden Erfindern ein Vertrag abgeschlossen, in welchem sich das Ärar verpflichtete, bei günstigen Versuchsergebnissen die Erfindung um 200.000,— Gulden zu übernehmen, wobei Luppis und Whitehead das Recht zugestanden wurde, diese anschließend auch anderen Staaten anzubieten. Sollte jedoch die k.k. Regierung auf ausschließliche Erwerbung der Erfindung bestehen, würde sie Luppis und Whitehead 800.000,— Gulden bezahlen.[2])

Ein umfangreiches Versuchsprogramm wurde ausgearbeitet. Das Kanonenboot „GEMSE" wurde an Land geholt und mit einem Lanzierrohr im Bug, zirka einen Meter unter der Wasserlinie, ausgerüstet. Durch Verlust des Versuchstorpedos erfuhren die Versuche bis zur Herstellung eines neuen Torpedos eine mehrmonatige Unter-

---

2) PK 1867 XVI-1/3-6

Ing. Robert Whitehead, der aus der Idee Luppis den Fischtorpedo entwickelte.

Die dem Gutachten beigelegte Zeichnung des ersten Torpedos. Whitehead war ein vorsichtiger Geschäftsmann und sehr mißtrauisch. Er weigerte sich, den Torpedo an Land besichtigen zu lassen, so daß Romako nichts anderes übrig blieb, als die Zeichnung nach dem, was er in ca. drei Meter Tiefe von dieser neuen Waffe erkennen konnte, anzufertigen. Dahinter Skizze der Versuchsstrecke.

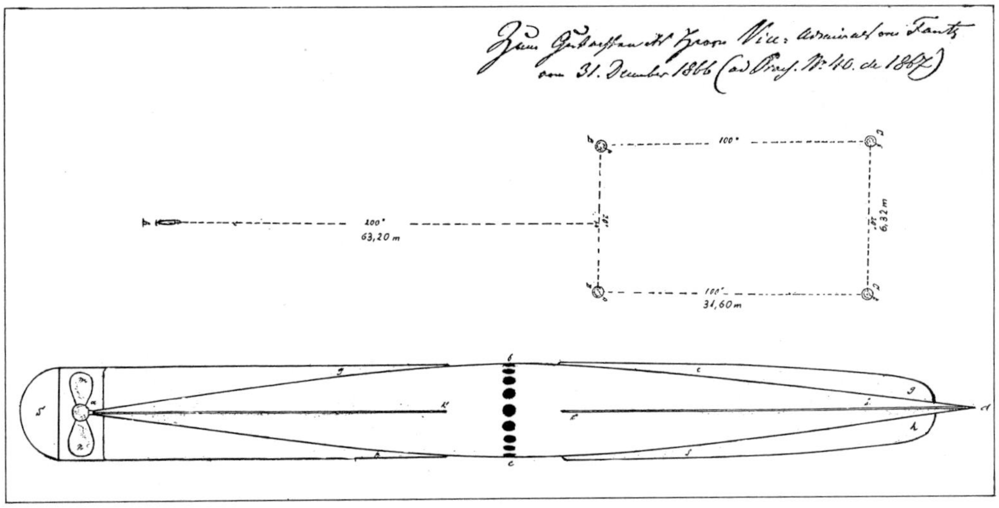

brechung. Bei den Versuchen stellte sich bald heraus, daß der hydrostatische Tiefgangsregler nicht ausreichte, um den Torpedo an beträchtlichen Abweichungen von der eingestellten Tiefe zu hindern. Whitehead behob diesen Fehler durch Einbau eines schweren Pendels, das auf ein zweites Tiefensteuer arbeitete und auf jede Neigungsänderung sofort reagierte.

Nach Abschluß der Versuche, welche unter Aufsicht einer aus Marineoffizieren und Schiffbauingenieuren bestehenden Kommission durchgeführt wurden, übergab Whitehead am 27. und 28. August 1868 den 35 cm-Versuchstorpedo, einen inzwischen von ihm erzeugten 40 cm-„Normaltorpedo" und die dazugehörigen Zeichnungen und Beschreibungen der k.k. Kriegsmarine.[3])

Luppis und Whitehead schlossen einen neuen Vertrag, welcher dem ersteren einen bestimmten Anteil bei jedem erstmaligen Verkaufsabschluß zusicherte, Whitehead jedoch in der weiteren Entwicklung und finanziellen Auswertung der Erfindung vollkommen freie Hand ließ. Luppis, der am 12. September 1861 in den Ruhestand getreten war, übersiedelte nach Mailand, wo er am 11. Jänner 1875 starb.

1869/70 führte Whitehead seinen Torpedo in zahlreichen Versuchen der britischen Admiralität vor, welche die Erfindung im Februar 1871 erwarb und sofort daran ging, neben den von Whitehead bezogenen auch selbst Torpedos in der in Woolwich eingerichteten Torpedo-Werkstätte zu erzeugen.

1872 wurde die Erfindung von Frankreich angekauft, 1873 von Italien und Deutschland. 1875 folgten die drei skandinavischen Staaten, 1876 die Türkei und Rußland, 1877 Portugal, Argentinien, Belgien, Chile und Griechenland und als letzte Japan, China und die Vereinigten Staaten.

Interessant ist, daß die Verbesserungen, die in einem Lande gefunden wurden, sehr bald auch allen anderen Torpedoabnehmern zugute kamen: Im Sommer 1876 wurde von Woolwich der erste Torpedo mit Doppelschraubenantrieb erzeugt, welcher zu einer Erhöhung der Geschwindigkeit führte — bereits im folgenden Jahr hatten praktisch alle von Whitehead gelieferten Torpedos diese Verbesserung. Die Torpedoabteilung der Kriegsmarine achtete daher sorgfältig darauf, daß Verbesserungen, die in der eigenen Werkstätte des Seearsenals durchgeführt wurden, erst bei der nächsten Torpedobestellung der Firma Whitehead bekanntgegeben wurden.

Bei den bis in die 90er Jahre verwendeten Torpedos mußte die genaue Einstellung des Seitensteuers anhand wiederholter Versuchslanzierungen ermittelt werden. Durch das Auftreffen auf das Wasser erfuhr jedoch bei Dwarslanzierungen der Torpedo eine derartige Abweichung, daß für die Einhaltung der Richtung keine Sicherheit gegeben war. Dieser Nachteil wurde durch die Erfindung eines Konstruktionszeichners des k.u.k. Seearsenals, Ludwig Obry, behoben. Obry konstruierte 1895 einen Richtungsregulator, dessen Funktion darauf beruht, daß die Achse eines frei (kardanisch) aufgehängten Kreisels richtungsstabil ist und einem Ablenkungsversuch Widerstand entgegensetzt. Dieses Gyroskop steuerte über einen Drehschieber einen Servomotor, der das Seitensteuer betätigte und den Torpedo nach jeder Ablenkung auf die bei der Lanzierung gegebene Richtung zurückbrachte. Ursprünglich durch Federkraft angetrieben, wurde das Gyroskop später durch einen Druckluftimpuls in Gang gesetzt.[4])

Mit mehreren damit ausgerüsteten Torpedos wurden von den Torpedobooten „NATTER" und „VIPER" Versuchslanzierungen bei voller Fahrt (22,5 bzw. 25 kn) durchgeführt, die vollkommen befriedigten. Das Problem der Dwarslanzierungen war damit gelöst.

Die nachstehende Aufstellung gibt einen Überblick über die technische Entwicklung des Torpedos bis zum Beginn des Ersten Weltkrieges.

3) PK 1868 23/5

4) II.G.Gr. 1895 42 B/3 — 1101, 2169

Torpedofabrik Whitehead, Fiume 1910.

Entwicklung des Torpedos in der k.u.k. Kriegsmarine bis 1915

	Durchmesser cm	Länge m	Gewicht kg	Sprengladung kg	Luftdruck atü	Geschwindigkeit kn	auf Entfernung m
1867/68	35	3,35	136	20/30	25/35	6—7	600
1873	35	5,80			70	17	760
1876	Einführung des Doppelschraubenantriebes						
1878	35	4,40	250	17	70	19,5	400
1886	35	4,50	265	30	85	24	600
1892	45	4,—	410	90	90	26	800
1896	45	5,—	520	60	100	26	1000
	Dezember 1896 werden die ersten Torpedos mit Richtungsregulator (Obry-Gyroskop) bestellt. Ursprünglich mit Federantrieb, bringt der 1909 eingeführte Luftimpuls/Turbinenantrieb eine Erhöhung der Gyroskop-Laufzeit von fünf auf zehn Minuten.						
1901	allgemeiner Übergang zu 45 cm Torpedos in der k.u.k. Kriegsmarine und Erhöhung des Luftdruckes auf 150 atü.						
1907	Einführung eines von Lschlt. Geszteszy zum Aufheizen der Betriebsluft entwickelten Apparates; ab 1910 werden die von Whitehead mit Armstrong-Heizapparaten ausgerüsteten Torpedos übernommen, welche eine Geschwindigkeitserhöhung bis 15% erbringen. Ab 1907 werden auch die Lanzierapparate geheizt, um eine Vereisung der Zündspitzen zu verhindern.						
1909	nimmt Whitehead über Anregung des MTK die Erzeugung von 53 cm L/6,3 Torpedos für die Großkampfschiffe der „TEGETTHOFF"-Klasse auf.						
1914/15	haben die in der k.u.k. Kriegsmarine verwendeten Torpedos folgende Daten:						
	45	5,25	744	130	150	40	1500
						38	2000
	53	6,30	1336	180/213	175	36	6000
						29	10000
	53	7,18	1590	180	175	wie der 53 cm L/6,30 Torpedo	

Toleranzgrenzen des 45 cm Torpedos: von der Tiefenbahn ± 0,8 m,
von der Seitenrichtung ± 15 m auf 1500 m,
± 20 m auf 2000 m.

Bemerkenswert dürfte sein, daß die Großkampfschiffe der „TEGETTHOFF"-Klasse sowie die Rapidkreuzer mit 53 cm Torpedorohren ausgerüstet waren, welche durch Einsatz von Ringen und Führungsschienen auch für die Lanzierung von 45 cm Torpedos geeignet waren.

Überblick über den Einsatz des Whitehead-Torpedos bis zum Beginn des Ersten Weltkrieges

Zur ersten, wenn auch erfolglosen Anwendung der neuen Waffe kam es am 29. Mai 1877: an diesem Tag fand vor der Küste von Peru ein kurzes Gefecht zwischen dem britischen Kreuzer „SHAH" und dem peruanischen Küstenpanzer „HUASCAR" statt, in dessen Verlauf „SHAH" einen Torpedo lanzierte, der jedoch sein Ziel nicht erreichte. Gleichfalls ohne Erfolg schossen während des russisch-türkischen Krieges in der Nacht vom 27. auf den 28. Dezember 1877 zwei russische Torpedoboote ihre Torpedos auf einige im Hafen von Batum liegende türkische Schiffe ab. Ein Torpedo explodierte in der Nähe eines türkischen Schiffes ohne Schaden anzurichten, der andere lief auf den Strand ohne zu detonieren.

In der Nacht vom 25. zum 26. Jänner 1878 kam es zum ersten erfolgreichen Einsatz von Whitehead-Torpedos. Den russischen Torpedobooten „TSCHESME" und „SINOPE" gelang es, mit zwei Torpedos den türkischen Avisodampfer „INTIBAH" zu versenken.

Während des Bürgerkrieges in Chile versenkte das der Regierung treue Torpedoboot „LYNCH" am 23. April 1891 in der Caldera Bay das Panzerschiff „BIANCO ENCALADA", wobei 225 Mann der aufständischen Besatzung den Tod fanden. Den nächsten Erfolg des Whitehead-Torpedos brachte der brasilianische Bürgerkrieg: In der Nacht vom 15. zum 16. April 1894 griffen das regierungstreue Torpedokanonenboot „SAMPAIO" und einige kleine Torpedoboote das vor Anker liegende Panzerschiff „AQUIDABAN" des aufständischen Admirals de Mello mit mehreren Torpedos an. Das Schiff sank im flachen Wasser und konnte später wieder gehoben werden.

Torpedowerkstätte des Seearsenals, links Wassertröge zur Erprobung der Torpedos.

Montagehalle der Fa. Whitehead, Einzel- und Doppellanzierrohre.

Höhepunkte im Einsatz der Torpedowaffe brachten zweifellos der chinesisch-japanische Krieg 1894/95 und der russisch-japanische Krieg 1904/05. Am 25. Juli 1894 wurde der von dem japanischen Kreuzer „NANIWA" aufgebrachte Truppentransporter „KOWSHING" mit einem Torpedoschuß versenkt. Während der Schlacht am Yalu führten chinesische Torpedoboote am 17. September 1894 bei Tageslicht zwei erfolglose Angriffe gegen japanische Schiffe; alle Torpedos verfehlten ihr Ziel. Nach einem von den chinesischen Schiffen abgewehrten Nachtangriff mehrerer japanischer Torpedoboote am 2. Februar 1895 gelang es am 5. Februar einer aus zehn, und am 6. Februar 1895 einer aus sechs Booten bestehenden japanischen Torpedoboot-Flottille bei neuerlichen Nachtangriffen mehrere der vor Wei-hai-wei vor Anker liegenden chinesischen Schiffe zu versenken. Das Panzerschiff „TING-YUEN" wurde nach einem Torpedotreffer in flachem Wasser auf Grund gesetzt, der Kreuzer „LAI-YUEN" kenterte, der Kreuzer „CHING-YUEN" erlitt schwere Beschädigungen und sank darauf. Nach japanischen Angaben sollen weiters der Transport-Aviso „WAI-YUEN" und der Minenleger „PAO-FAH" versenkt worden sein. Während des Angriffes am 5. Februar 1895 gingen zwei japanische Torpedoboote verloren.

Der erste Torpedoangriff im russisch-japanischen Krieg erfolgte am 8. Februar 1904. Gegen 23.00 Uhr griffen drei japanische Zerstörerdivisionen in zwei Linien die auf der Reede von Port Arthur liegenden russischen Schiffe — fünf Schlachtschiffe, fünf Kreuzer und 15 Zerstörer — an. Auf Entfernungen von zirka 200 m wurden 20 Torpedos abgefeuert. Die Schlachtschiffe „CESAREVIČ" und „RETWISAN" sowie der Kreuzer „PALLADA" wurden getroffen und schwer beschädigt, keines der drei Schiffe sank jedoch.

Dieser gelungene Torpedoangriff löste besonders in der britischen Marine eine neue Begeisterung für die Tor-

pedowaffe aus. Die „United Service Gazette" schrieb hiezu u. a.: *„Es stehe außer Zweifel, daß der Torpedo und das Unterseeboot im Vordergrund künftiger Ereignisse der Seekriegsführung stehen werden".* Die Angriffe japanischer Torpedoeinheiten gegen russische Schiffe am 24. Juni 1904 und am 11. August 1904 blieben erfolglos. In der Nacht vom 23. Juni zum 24. Juni 1904 wurde ein russisches Geschwader nach einem erfolglosen Vorstoß mehrere Male von Torpedobooten angegriffen, wobei das Panzerschiff „PERESVJET" beschädigt wurde. Am 23. Juli 1904 konnten japanische Torpedo-Barkassen zwei Treffer an den Zerstörern „LIEUTENANT BURAKOV" und „BOJEVOJ" anbringen, was den Totalverlust des ersteren zur Folge hatte. „BOJEVOJ" konnte eingeschleppt werden.
Nach der Schlacht von Tsushima am 27. Mai 1905 griffen mit Beginn der Dunkelheit bis gegen Mitternacht japanische Zerstörer- und Torpedobootflottillen die schwer angeschlagenen russischen Schiffe, welche versuchten, Wladiwostok zu erreichen, fast pausenlos an. Man muß dabei berücksichtigen, daß diese Schiffe mehr oder weniger schwer havariert und daher in ihrer Geschwindigkeit und Manövrierfähigkeit sowie in ihrer artilleristischen Abwehr stark beeinträchtigt waren. Nach drei Torpedotreffern sank „KNJAZ SUWOROFF", welcher sich nur mit einem kleinkalibrigen Heckgeschütz verteidigen konnte. Während der Nachtangriffe wurden das Schlachtschiff „SISSOI VELIKIJ" und die Panzerkreuzer „ADMIRAL NACHIMOFF" und „WLADIMIR MONOMACH" torpediert, welche im Laufe des folgenden Vormittags sanken. Der Panzerkreuzer „DMITRIJ DONSKOI" wurde durch einen Torpedotreffer im Heck schwer beschädigt. Gegen 02.00 Uhr des 28. Juli wurde das Schlachtschiff „NAVARIN" von japanischen Zerstörern gestellt und mit

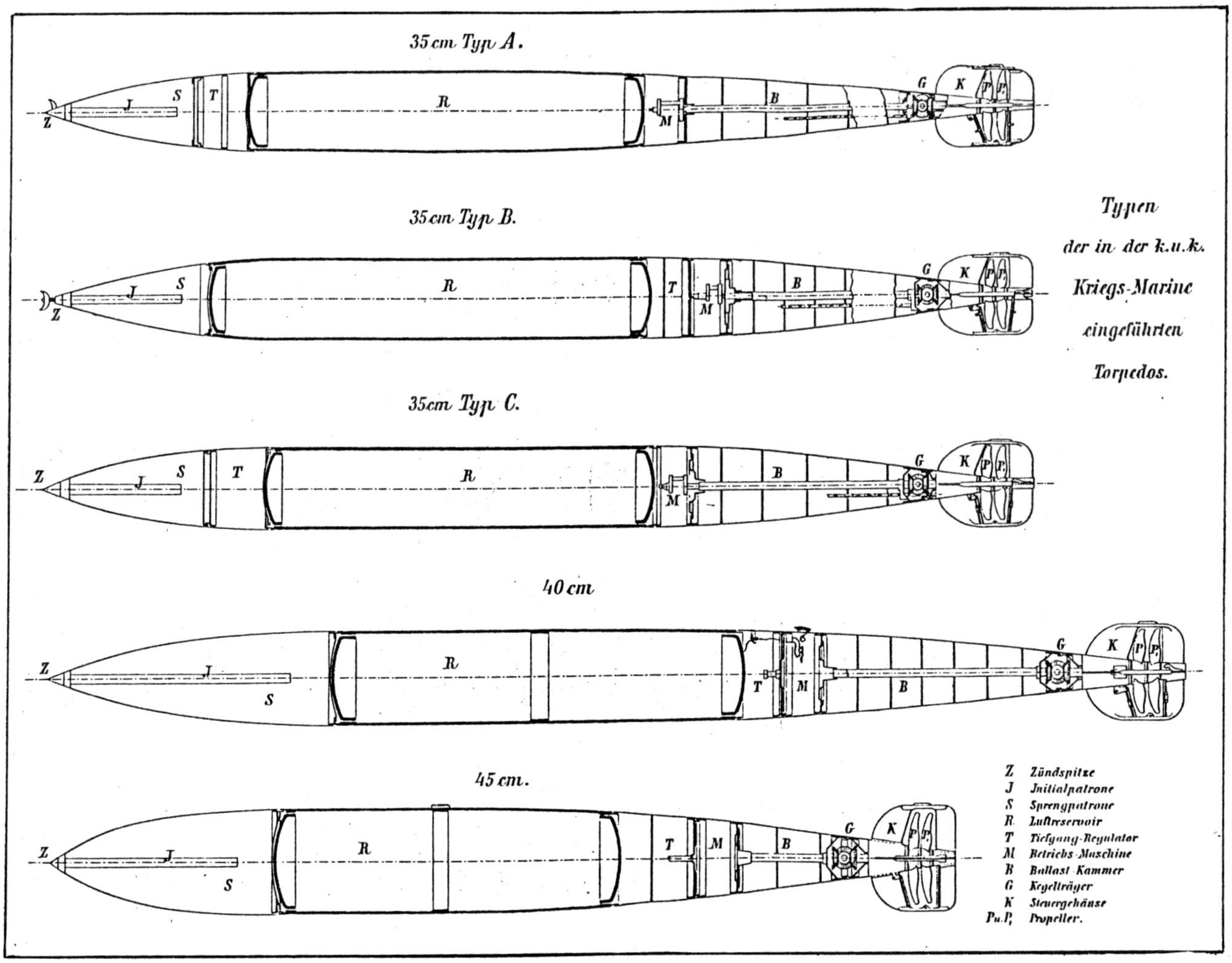

Typen der 1894 in der k.u.k. Kriegsmarine eingeführten Torpedos.

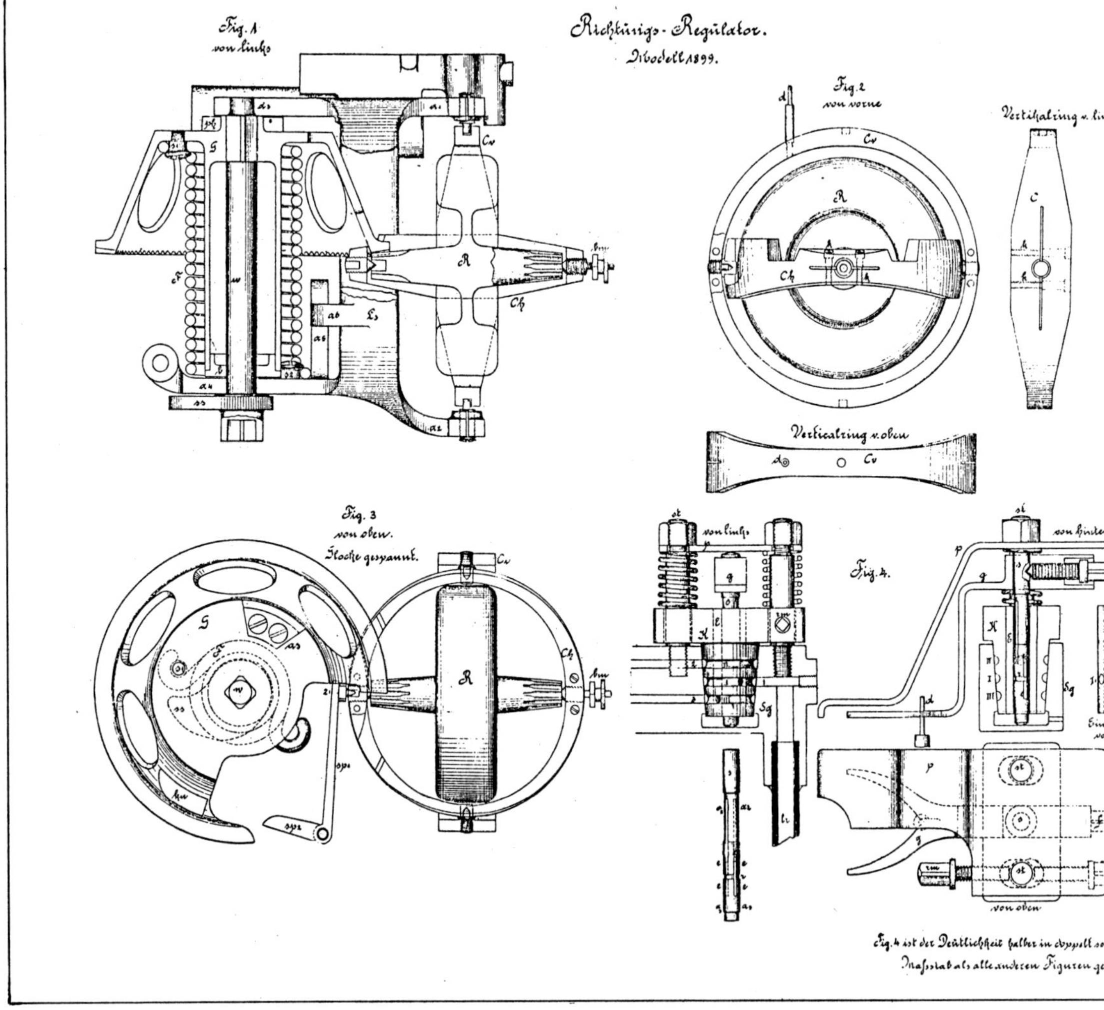

Der von Obry erfundene Richtungs-Regulator mit Federantrieb, Modell 1899.

zwei Torpedos versenkt. Zwei japanische Torpedoboote gingen durch Geschützfeuer verloren, eines sank nach Zusammenstoß mit dem Zerstörer „AKATSUKI". Vier Zerstörer und drei Torpedoboote wurden teilweise durch Geschützfeuer, teilweise durch Kollisionen mit eigenen Einheiten schwer beschädigt.
Erstaunlich bleibt, daß die russische Führung offensichtlich nie versuchte, ihre Torpedoeinheiten zu Nachtangriffen gegen die japanischen Schlachtschiffe einzusetzen. Die einzigen russischen Torpedoerfolge in diesem Krieg waren die Beschädigung des japanischen Kreuzers „TAKASAGO" am 10. März 1904 durch den Zerstörer „VLASTNIJ" und die Versenkung eines japanischen Sperrschiffes am 27. März 1904 durch den Zerstörer „SILNYJ".

Der italienisch-türkische Krieg 1911/1912 brachte keinen nennenswerten Einsatz der Torpedowaffe. Am Morgen des 24. Februar 1912 erschienen die beiden italienischen Panzerkreuzer „FRANCESCO FERRUCIO" und „GIUSEPPE GARIBALDI" vor Beirut und forderten die Übergabe der beiden im Hafen liegenden türkischen Schiffe, des alten Küstenpanzerschiffes „AWN-ILLAH" und des Torpedobootes „ANKARA". Als dies abgelehnt wurde, eröffneten die italienischen Schiffe um 09.00 Uhr das Feuer. Völlig zusammengeschossen, holten die Türken um 09.35 Uhr die Flagge nieder und verließen ihre Schiffe. „GARIBALDI" feuerte daraufhin einen Torpedo ab, der allerdings fehlging und in einer Gruppe von Leichtern explodierte. Der zweite Torpedo traf „AWN-ILLAH" mittschiffs und brachte es zum Sinken.

Während des Balkankrieges 1912/1913 kam es mehrmals zum erfolgreichen Einsatz von Torpedobooten. In der Nacht zum 1. November 1912 gelang es dem griechischen Torpedoboot Nr. „11“ in den Hafen von Saloniki einzudringen und das türkische Küstenpanzerschiff „FETH-I-BÜLEND“ zu versenken. Ebenfalls Anfang November konnte ein bulgarisches Torpedoboot vor Varna einen Torpedotreffer auf dem Kreuzer „HAMIDIJE“ erzielen; der türkische Kreuzer konnte jedoch trotz der erlittenen Beschädigungen seinen Einsatzhafen erreichen. Schließlich versenkte in der Nacht vom 9. auf den 10. November 1912 das griechische Torpedoboot Nr. „14“ in der Kidoniai-Bucht das türkische Kanonenboot „TREBIZON“ mit einem Torpedo.
Als Ergebnis aller Einsätze des Torpedos vor dem Ersten Weltkrieg wurden 20 Schiffe versenkt und acht mehr oder weniger schwer beschädigt. Ein Vergleich bezüglich des Verhältnisses von abgeschossenen Torpedos zur Anzahl der versenkten oder beschädigten Schiffe läßt sich schwerlich anstellen, da die Zahl der bei den verschiedenen Aktionen tatsächlich lanzierten Torpedos nicht mit Sicherheit ermittelt werden kann. Obwohl nicht übersehen werden darf, daß die Artillerie die Hauptwaffe im Kampf zwischen Flotteneinheiten geblieben war, hatte sich der Torpedo in den seit seiner Erfindung vergangenen fünf Jahrzehnten doch zu einer durchaus brauchbaren Waffe der Seekriegführung entwickelt.

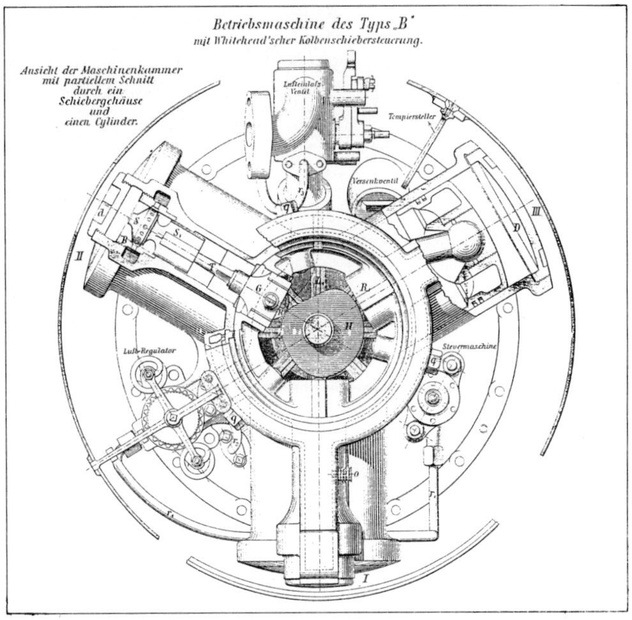

Torpedo-Betriebsmaschine 1894.

Hauptdaten der in der k. u. k. Kriegsmarine eingeführten Fischtorpedos. (1894)

Torpedo- Typ	Torpedo- Nr.	Größte Länge in Metern	Größte Diam. in Millimetern	Gewicht in Kilogramm: des completen Torpedos ohne Luft	Gewicht: der Sprengladung	Gewicht: der Initialladung	Gewicht: der Luftfüllung	Druck im Reservoir in Atmosph.	Inhalt des Reservoirs in Litern	Lage des Tiefgangregulators	System der Betriebsmaschine	Mittlere Geschwindigkeit in Meilen	Lage des Schwerpunktes in m von achter
A A_0	1—10	4·40	356 (14″)	249—253	17	0·35	12·5	70	148	Zwischen Sprengpatrone und Luftreservoir	Brotherhood-Maschine	19 auf 400 m	2·51
A A_1	11—100	4·40	356 (14″)	256—257·7	24	0·5	12·5	70	148			20 auf 400 m	2·51
A A_2	101—108	4·42	356 (14″)	258—258·7	24	0·5	12·5	70	148		Gusseiserne Whitehead-Maschine	22 auf 400 m	2·51
B B_1	109—146	4·42	356 (14″)	284—287·5	30	0·5	16·9	80	175	Zwischen Luftreservoir und Maschine	Bronzene Whitehead-Maschine	25 auf 400 m	2·42
B B_2	147—176	4·42	356 (14″)	281·5—286·2	30	0·5	16·9	80	175			26 auf 400 m	2·42
C	177—400	4·50	356 (14″)	261·2—268·6	30	0·5	15·5	85	150	Zwischen Sprengpatrone und Luftreservoir		24—26 auf 600 m	2·54
40 cm	1—60	5·00	406 (16″)	410·3—414	100	0·5	21·1	85	205	Zwischen Luftreservoir und Maschine		25—27 auf 600 m	2·94
45 cm	1—21	4·0257	450 (18″)	410·00	90	0·5	22·0	90	215			26—27 auf 800 m	2·29

Hauptdaten-Tabelle.

Torpedo						Gewicht in Kilogramm				Luft-reservoir		Mittlere Geschwindigkeit in Knoten							Bestimmung	
	Typ (Bezeichnung)	Nr.	Übernahmsjahr	Größte Länge in Metern mit Zündspitze	Größter Durchmesser in Zentimetern	Sprengladung	Initialladung	Luftfüllung 15° C.	Torpedo, lancierbereit, ~~mit 150 Atmosphären~~	Druck	Inhalt in Litern	Lancierdistanz in Metern 400	600	800	1000	2000	3000	Allgemeine Charakteristik (Hauptunterschiede gegenüber dem vorhergehenden Typ)	Apparat	Schiffstyp
45 cm L/5	VI. L. P.	106–114	1902	5·100	45	59	0·6	39·4	560	100	334	—	—	30	28·5	—	—	wie IV. L. P.	O. W. A.	Monarch Zenta Cobra
	VII. L. P.	115–123	1903	5·100	45	59	0·6	39·5	565	100	335	—	—	29	27·5	—	—	wie V. L. P.	U. W. A.	Habsburg
	VIII. L. P.	124–132	1904	5·100	45	59	0·6	39·5	565	100	335	—	—	29	27·5	—	—	wie V. L. P.	U. W. A.	
	IX. L. P.	133–142	1905	5·122	45	95	0·65	51·8	642	150	291	—	—	—	32·5	25·5	20	Erhöhte Sprengldg. Kurzes Luftreservoir für 150 Atm. Lange Tiefgangkammer Verst. Steuerkreuz Tiefgangregul. von außen z. Einsetzen vierzyl. Maschine	O. W. A.	Huszár Kaiman
	X. L. P.	143–166	1905	5·122	45	95	0·65	50·5	642	150	284	—	—	—	32	25	19·5		U. W. A.	Erzh. Karl St. Georg
	XI. L. P.	167–256	1906	5·122	45	100	0·65	52·2	642	150	293	—	—	—	32·5	25·5	20		O. W. A.	Huszár Kaiman
	XII. L. P.	257–264	1906	5·122	45	95	0·65	50·5	642	150	284	—	—	—	32	25	19·5		U. W. A.	Erzh. Karl St. Georg
35 cm D	I. L. P.	1–12	1903	4·552	35·6	45	0·6	22·5	350	150	126·6	—	—	27	26	—	—	Ersatz für C-Torpedos Luftreservoir für 150 Atmosphären Lange Tiefgangkammer Innere Einrichtung wie L/5, IV. L. P.	O. W. A.	Meteor Blitz
	II. L. P.	13–17	1904	4·552	35·6	45	0·6	22·4	350	150	126	—	—	27	26	—	—			Komet Kibitz
	III. L. P.	18–27	1905	4·576	35·6	45	0·6	22·7	350	150	127·5	—	—	27	26	—	—			Krähe Kukuk Star
	IV. L. P.	28–36	1907	4·576	35·6	45	0·6	22·7	352	150	127·5	—	—	27	26	—	—			Elster Rabe

Hauptdaten-Tabelle der im Jahre 1908 in der k.u.k. Kriegsmarine in Verwendung befindlichen Torpedos.

Das Torpedoboot und seine Entwicklung

Mit dem „Fischtorpedo" war eine gänzlich neue Waffe der Seekriegführung geschaffen worden. Daneben gab es jedoch noch zwei andere, von Schiffen als Angriffswaffe geführte Sprengkörper, die ebenfalls als „Torpedo" bezeichnet wurden: den Spierentorpedo und den 1870 von dem britischen Kapitän Harvey eingeführten Schlepptorpedo.

Der Harvey-Torpedo, auch als Otter-Torpedo bezeichnet, wurde an einer zirka 100 m langen Leine nachgeschleppt und auf 60 — 70 m zum seitlichen Ausscheren gebracht. Das schleppende Schiff mußte nun so manövrieren, daß der Torpedo die feindliche Schiffswand berührte, worauf er durch Kontakt oder elektrisch gezündet wurde. Der Harvey-Torpedo, mit dem bis 1883/84 auch Panzer- und Kasemattschiffe der k.k. Kriegsmarine ausgerüstet waren, hatte keinen Einfluß auf die Entwicklung des Torpedobootes.

Anders jedoch der Spierentorpedo. Dies war ein zylinderförmiger Sprengkörper, der an einer zirka zehn Meter langen Stange — der Spiere — befestigt war. Zum Angriff wurde das hintere Ende der Spiere an einem auf dem Vordeck des Bootes angebrachten Gerüst derart befestigt, daß der Sprengtopf, je nach Länge und Neigung der Spiere, etwa einen Meter unter Wasser lag. Gewöhnlich konnten die Spieren auch seitlich ausgeschwenkt werden. Gelang es dem angreifenden Boot, den Sprengkörper nahe genug an die Bordwand des feindlichen Schiffes heranzubringen, wurde er elektrisch gezündet. Diese Waffe hatte bereits im amerikanischen Bürgerkrieg 1861 bis 1865 ihre Verwendbarkeit gegen Panzerschiffe bewiesen.

Zu den Vorbedingungen für einen erfolgversprechenden Einsatz von Spierentorpedos gehörte neben der Geschicklichkeit und Kaltblütigkeit des Bootsführers auch

Die wichtigsten Daten der mit 45 cm.-Torpedos L/5 armierten Fahrzeuge und Torpedoboote. (1910)

Name	F = Fahrzeug Hb = Hochsectorpedo-boot Tb = Torpedoboot	Deplacement	Gebaut		Decklancierapparate vorne				Decklancierapparate achter			
			Ort	Jahr	Anzahl	Backswinkel	Pulver-impuls	Arretierg. *m*/*mm*	Anzahl	Backswinkel	Pulver-impuls	Arretierg. *m*/*mm*
Huszar	*F*	400	Yarrow & Co., Poplar	1905	1	60° 105°	1 P.×160 *g* 7 *mm* Pulv.	40 1/2	1	60° 105°	1 P.×160 *g* 7 *mm* Pulv	40 1/2
Streiter, Ulan, Wildfang, Scharfschütze, Uskoke	*F*	400	Stabilimento tecnico, Triest	1906 1907	1	60° 105°	1 P.×160 *g* 7 *mm* Pulv.	40 1/2	1	60° 105°	1 P.×160 *g* 7 *mm* Pulv.	40 1/2
Turul, Pandur, Csikos, Reka, Velebit, Dinara	*F*	400	Danubius, Fiume	1908 1909	1	60° 105°	1 P.×160 *g* 7 *mm* Pulv.	40 1/2	1	60° 105°	1 P.×160 *g* 7 *mm* Pulv.	40 1/2
Kaiman	*Hb*	200	Yarrow & Co., Poplar	1905	2	15° 135°	1 P.×160 *g* 7 *mm* Pulv.	40 horizontal	1	55° 125°	1 P.×160 *g* 7 *mm* Pulv.	40 horizontal
Anaconda, Alligator, Krokodil, Wal, Delphin, Seehund, Narwal, Hai, Möwe, Drache, Greif	*Hb*	200	Stabilimento tecnico, Triest	1906 1907	2	15° 135°	1 P.×160 *g* 7 *mm* Pulv.	40 horizontal	1	55° 125°	1 P.×160 *g* 7 *mm* Pulv.	40 horizontal
Triton, Hydra, Skorpion, Phönix, Krake, Polyp, Echse, Molch, Kormoran, Alk	*Hb*	200	Danubius, Fiume	1908 1909	2	15° 135°	1 P.×160 *g* 7 *mm* Pulv.	40 horizontal	1	55° 125°	1 P.×160 *g* 7 *mm* Pulv.	40 horizontal
Boa, Cobra, Python, Kigyo	*Tb*	115	Yarrow, Poplar	1898 1899	2	15° 140°	1 P.×150 *g* 7 *mm* Pulv.	—	1	45° 135°	1 P.×150 *g* 7 *mm* Pulv.	—
Viper	*Tb*	107	Yarrow, Poplar	1896	2	15° 140°	1 P.×150 *g* 7 *mm* Pulv.	—	1	45° 135°	1 P.×150 *g* 7 *mm* Pulv.	—
Natter	*Tb*	134	Schichau, Elbing	1896	2	15° 140°	1 P.×150 *g* 7 *mm* Pulv.	—	1	55° 135°	1 P.×150 *g* 7 *mm* Pulv.	—
I—VI	*Tb*	110	Stabilimento tecnico, Triest	1909	1				1			
VII—XII	*Tb*		Danubius, Fiume		1				1			

die Verwendung von kleinen Booten mit möglichst hoher Geschwindigkeit. Die englische Werft und Maschinenfabrik Thornycroft, die sich bisher mit der Herstellung von Dampfbarkassen und Dampfyachten beschäftigt hatte, nahm 1873 den Bau von schnellen Spierentorpedobooten auf, die Firma Yarrow folgte kurz darauf. Noch im selben Jahr lieferte Thornycroft ein 15,6 kn laufendes Boot für die norwegische Regierung und in den folgenden Jahren bauten die beiden Werften eine Anzahl von Spierentorpedobooten für verschiedene Kriegsflotten.

Obwohl bereits 1876 in der britischen und 1879 in der k.k. Marine darauf hingewiesen wurde, daß die Explosion des Sprengkörpers in zirka 8 bis 10 m Entfernung eine große Gefahr für das eigene Fahrzeug und dessen Besatzung darstelle, wurde der Spierentorpedo in der britischen Marine erst 1904, in der österreichisch-ungarischen Marine 1905 endgültig abgeschafft.[1])

1877 wurde bei Thornycroft das britische Torpedoboot „LIGHTNING" vom Stapel gelassen. Mit seinem auf dem Vorschiff montierten, um einen Mittelpivotzapfen drehbaren Lanzierrohr war es das erste ausschließlich für die Verwendung von Whitehead'schen Fischtorpedos gebaute Torpedoboot. „LIGHTNING" konnte außer dem Torpedo im Lanzierrohr zwei weitere Torpedos an Deck mitführen und erreichte bei der ersten Probefahrt am 9. März 1877 — zu der auch der k.k. Marineattaché eingeladen war — eine Geschwindigkeit von 19,8 kn (ohne Torpedoausrüstung). Nach dem Vorbild der „LIGHTNING" wurden sofort von verschiedenen Regierungen, darunter auch von der österreichisch-ungarischen, Torpedoboote bestellt.

In der Folge kam es bei den beiden Werften zu einem regelrechten Boom im Bau von Torpedobooten. Den Berichten des k.k. Marineattachés in London ist zu entnehmen, daß die Firma Thornycroft in diesen Jahren mehrmals ihr Werftgelände vergrößern mußte. Im November 1877 waren allein bei Thornycroft nach dem Muster der „LIGHTNING" in Bau: zwölf Boote für Frankreich, eines für Österreich-Ungarn, elf für England, zwölf kleinere ebenfalls für England, sechs für die Niederlande, eines für Italien.[2]) Die russische Marine stellte 1878

1) PK/MS 1879 30/14 und OK/MS 1905 I-3/8-221, 1409

2) II.G.Gr. 1877 12/39-6723

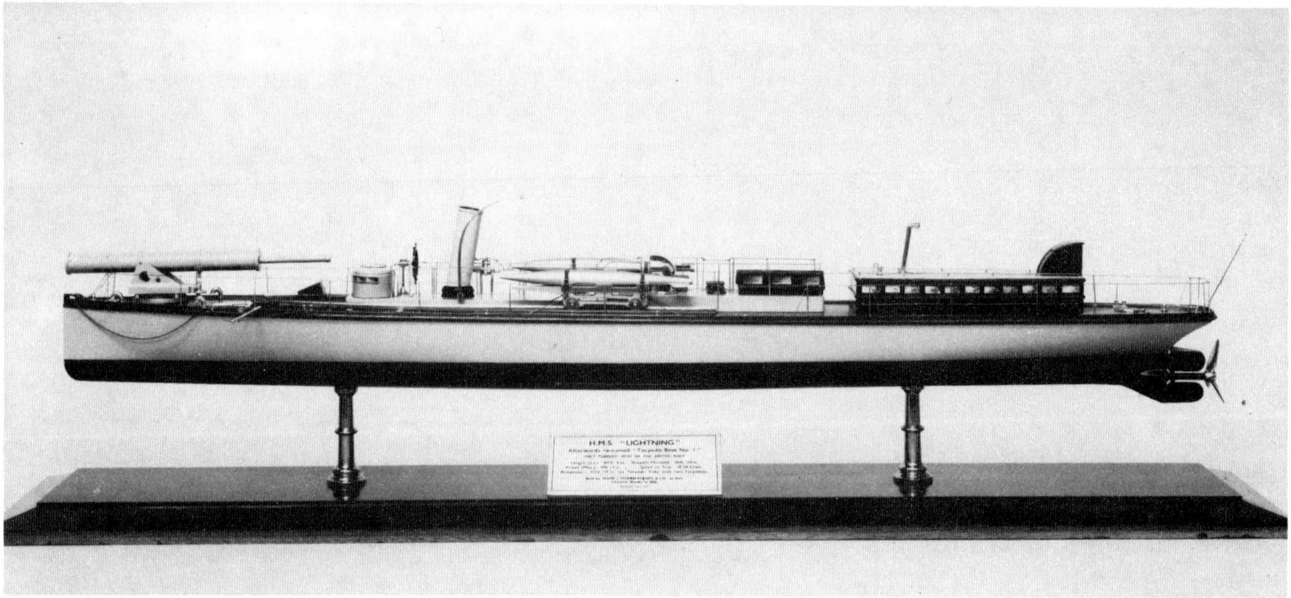

Modell H.M.S. „LIGHTNING" — erstes Torpedoboot der Royal Navy, zugleich erstes Torpedoboot mit schwenkbarem Torpedo-Ausstoßrohr.

85 bei verschiedenen Werften gebaute Torpedoboote in Dienst, während 20 weitere in Bau lagen. In der britischen Marine wurden nun die kleineren Boote mit Torpedo-Fallapparaten — kranähnlichen Auslegern, von welchen der Torpedo bei Annäherung an das feindliche Schiff fallengelassen wurde — ausgerüstet und als Torpedoboote II. Klasse, die größeren mit zwei Bug-Lanzierrohren als Torpedoboote I. Klasse eingestuft.

Infolge ihrer unzureichenden Seefähigkeit und ihres begrenzten Aktionsradius konnten alle diese Boote nur im Küstengebiet verwendet werden. Um den Einsatz eines Torpedobootes auch in einem Gefecht auf hoher See zu ermöglichen, wurde das am 1. August 1876 vom Stapel gelaufene italienische Turmschiff „DUILIO" mit einem Thornycroft-Torpedoboot ausgerüstet. Dieses Boot war in einem 25 m langen Tunnel im Achterschiff untergebracht. Der Tunnel konnte durch Öffnen eines hydraulisch betätigten Hecktores geflutet werden, so daß das Torpedoboot aus-, bzw. einlaufen konnte.

Der Höhepunkt in dieser Entwicklung war das 1889 von der britischen Marine in Dienst gestellte Torpedoschiff „VULKAN", das richtiger als Torpedobootsträger bezeichnet werden müßte. Bei 6.726 t erreichte es mit einer Maschinenleistung von 12.000 PS eine Maximalgeschwindigkeit von 10 kn für eine Fahrtstrecke von 12.000 sm. Die Bewaffnung bestand aus 8/12 cm SFK, 12/47 mm SFK, 12/37 mm Revolverkanonen, vier Unterwasser- und zwei Überwasser-Lanzierapparaten. Außer den üblichen Schiffsbooten hatte es sechs II.-Klasse-Torpedoboote an Bord, die mittels hydraulischer Kräne von 20 t Tragfähigkeit ausgesetzt bzw. wieder an Bord genommen werden konnten. „VULKAN" sollte die Schlachtflotte begleiten, um in einem Seegefecht die Torpedoboote gegen die feindlichen Schiffe einzusetzen.

Auch die französische Marine verfügte in der 1895 erbauten „FOUDRE" über ein ähnliches Schiff. Mit 6.090 t war es etwas kleiner als „VULKAN" und erreichte mit 11.400 PS 19 kn. Die Bewaffnung bestand aus 8/10 cm, 4/6,5 cm und 4/37 mm SFK sowie vier Lanzierrohren. „FOUDRE" führte zehn Aluminium-Torpedoboote an Bord.

Nach Indienststellung der „LIGHTNING" bemühte man sich auch bei Whitehead und im k.k. Seearsenal um die Konstruktion von Überwasser-Lanzierapparaten.

Als erstes Torpedoboot wurde im September 1880 das von Yarrow für Rußland gebaute Torpedoboot „BATOUM" in Fiume/Rijeka mit dem von Whitehead konstruierten festen Überwasser-Buglanzierapparat ausgerüstet. Die beiden Lanzierrohre hiezu waren bereits von der Firma Yarrow eingesetzt worden. Als Einzel- oder Doppellanzierrohr, ab 1888 mit einem zusätzlichen Decklanzierapparat, war dies auch die Standard-Torpedobewaffnung in der österreichisch-ungarischen Marine.

Das Bestreben, den Aktionsradius und die Geschwindigkeit der Boote zu erhöhen, führte zu einer ständigen Vergrößerung des Deplacements und der Maschinenleistung. Die 1885 für die k.k. Kriegsmarine bei Yarrow — „ADLER" und „FALKE" — und die 1886 bei Schichau gebauten Boote vom Typ „HABICHT" hatten ein Deplacement von 95, bzw. 78 t und eine Maschinenleistung von 1300, bzw. 1000 PSi. Sie wurden mit den von 1886 bis 1889 im Seearsenal und beim S.T.T. gebauten Booten als Torpedoboote I. Klasse eingereiht.

Modell eines Torpedobootes II. Klasse mit seitlichen Fallapparaten.

Die Tabelle auf dieser Seite gibt eine Übersicht über den Stand der Torpedoboote bei den Flotten im Jahre 1895. Da eine einheitliche Klasseneinteilung der Torpedoboote in den verschiedenen Staaten nicht bestand, wurde, um einen Vergleich zu ermöglichen, bei Aufstellung dieser Tabelle die in der österreichisch-ungarischen Marine

Stand der Torpedoboote 1895

	Hochseeboote über 100 t	I. Klasse 70—100 t	II. Kasse 40—69 t	III.Klasse unter 40 t	Anmerkung
Argentinien	2	6	4	14	davon 6 mit Spierentorpedos
Brasilien	8	—	5	9	davon 3 mit Spierentorpedos
Chile	—	1	—	12	
China	1	1	25	16	
Dänemark	4	5	2	19	davon 4 mit Spierentorpedos
Deutschland	55	54	7	2	(White-Boote mit Spierentorpedos)
Frankreich	38	64	96	53	
Großbritannien	12	31	61	28	9 White-Boote mit Spierentorpedos
Griechenland	—	6	6	19	20 Dampfboote mit Spierentorpedos
Italien	7	91	2	59	14 White-Torpedo-Barkassen
Japan	1	3	21	16	
Niederlande	—	10	5	22	davon 17 mit Spierentorpedos
Norwegen	—	—	7	4	davon 2 mit Spierentorpedos
Österreich-Ungarn	—	24	29	10	dazu Torpedoboot I mit Spierentorpedos
Portugal	—	5	4	—	
Rumänien	—	—	3	2	davon 2 mit Spierentorpedos und 6 Torpedo-Schaluppen mit Spierentorpedos
Rußland	5	41	102	—	
Schweden	—	6	9	4	
Spanien	4	2	6	2	davon 2 mit Spierentorpedos
Türkei	3	14	7	1	(mit Lanzierrahmen)
USA	2	1	—	—	

übliche Größeneinteilung gewählt. Auffallend an dieser Tabelle ist nicht nur die Gesamtzahl an Torpedobooten bei Deutschland und Frankreich, sondern auch der Stand an Hochsee-Torpedobooten. Bei Frankreich ist dies sicher auf den Einfluß der „Jeune Ecole" unter Admiral Aube zurückzuführen, der besonders nach seiner Ernennung zum Marineminister die Torpedowaffe forcierte. In der deutschen Marine machte man natürlich alle Anstrengungen, diesen Vorsprung Frankreichs auszugleichen.

Weiter bemerkenswert ist, daß die Vereinigten Staaten nur mit drei Torpedobooten aufscheinen. Die Ursache könnte einerseits darin zu suchen sein, daß man bei der strategisch-geographischen Lage der Vereinigten Staaten eine Waffe mit derart begrenzter Reichweite nicht für unbedingt erforderlich betrachtete und andererseits die Schlachtflotte für stark genug hielt, um feindliche Anriffe von den heimischen Küsten fernzuhalten. Übrigens führten einige der amerikanischen Hochseeschiffe Torpedoboote an Bord, die in dieser Aufstellung nicht aufscheinen.

Obwohl bereits 1893 die Werft Schichau der k.u.k. Marine fünf Doppelschrauben-Torpedoboote vom italienischen Typ „AQUILA" (2.000 PSi, 26 kn, drei Lanzierrohre) zum Kauf angeboten hatte,[3]) ging man, der allgemeinen Entwicklung etwas spät folgend, erst 1895 mit der Baulegung der beiden Boote „VIPER" und „NATTER" zur Einführung von Hochsee-Torpedobooten über.

3) II.G.Gr. 1893 16 D/1-431

Schon Mitte der achtziger Jahre zeichnete sich deutlich eine Teilung in der Entwicklung des Torpedobootes in zwei Grundtypen ab:

1) das — vorläufig — weiter klein gehaltene Torpedoboot II. Klasse für die Verteidigung der Häfen sowie allgemein für den Einsatz im Küstenvorfeld bestimmt; als „Küstentorpedoboot" erreichte dieser Typ bis Beginn des Ersten Weltkrieges eine Größe von 100 bis 130 t.

2) das für den autonomen Einsatz bestimmte Torpedoboot I. Klasse, das als „Hochseetorpedoboot" eine Verdrängung von 200 bis 250 t und darüber erreichte.

Nach dem russisch-japanischen Krieg wurde von den großen Seemächten der Bau von Torpedobooten fast gänzlich aufgegeben und das Gewicht auf die Vermehrung und Vergrößerung der Zerstörer gelegt. Die britische Marine führte ein bereits begonnenes Bauprogramm zu Ende.

Nur Staaten, welche an Binnenmeeren wie Ostsee, Mittelmeer oder dem Schwarzen Meer lagen, fuhren fort, Torpedoboote zu bauen. Dazu gehörten auch Frankreich, Italien und Österreich-Ungarn.

Die deutsche Marine ging in der Entwicklung einen eigenen Weg, der zum Bau von sogenannten Divisionsbooten und Hochseetorpedobooten führte, welche mit einem Deplacement von 530 — 680 t und einer Geschwindigkeit von 30 — 34 kn die Zerstörer anderer Seemächte übertrafen, infolge ihrer Bewaffnung von ein bis zwei 8,8 cm-Geschützen und drei bis vier Lanzierrohren jedoch nicht zu diesen gerechnet wurden.

Stand der Torpedoboote 1914

	Hochseeboote über 100 t	I. Klasse 70—100 t	II. Klasse 40—69 t	III. Klasse unter 40 t	Anmerkung
Argentinien	2	6	4	10	
Brasilien	2	—	—	—	
Chile	6	1	—	10	
China	4	4	2	5	
Dänemark	16	2	1	1	
Deutschland	201	23	—	—	davon 144 mit 400 — 680 t
Frankreich	17	150	10	8	
Griechenland	5	1	1	—	
Großbritannien	60	23	26	2 (Australien)	dazu 2 Motor-Torpedoboote
Italien	96	16	1	6	dazu 32 Küsten-Torpedoboote mit 120 t
Japan	25	20	—	—	
Niederlande	22	4	4	2	
Norwegen	10	8	19	1	
Österreich-Ungarn	57	11	2	—	dazu 12 Küsten-Torpedoboote mit 110 t
Portugal	—	1	4	—	
Rumänien	—	—	3	—	5 Torpedo-Schaluppen mit Spierentorpedos
Rußland	47	4	—	—	
Schweden	29	2	14	—	
Spanien	1	1	3	—	
Türkei	6	4	—	—	
USA	25	—	2	1	

Die in verschiedenen Flotten noch vorhandenen Torpedoboote III. Klasse waren durchwegs veraltete und für den Kriegseinsatz nicht mehr taugliche Boote.
Eine Übersicht über den Stand der Torpedoboote im Jahre 1914 gibt die Tabelle auf Seite 22.
In den vier Jahren Seekriegführung Österreich-Ungarns in der Adria während des Weltkrieges 1914/18 zeigten sich die Erfahrungen aus dem russisch-japanischen Krieg bestätigt: Torpedoangriffe von Überwasser-Fahrzeugen hatten nur Aussicht auf Erfolg, wenn es gelang, unbemerkt von der feindlichen Abwehr nahe genug an das Angriffsobjekt heranzukommen, wie dies bei der Versenkung des Küstenverteidigers „WIEN" und des Schlachtschiffes „SZENT ISTVÁN" der Fall war:

Der im Hafen von Triest vor Anker liegende Küstenverteidiger „WIEN" wurde am 10. Dezember 1917 um 02.30 Uhr von einem italienischen MAS anlanziert und sank binnen zehn Minuten. Wie aus den Akten der Operationskanzlei hervorgeht, war es eine nebelige Nacht, in der es dem MAS möglich war, sich langsam fahrend und unbemerkt dem Schiff zu nähern.[4])

4) PK 1917 I-11/60

Auch die Versenkung des Schlachtschiffes „SZENT ISTVÁN" war ein Überraschungserfolg, der zudem durch einige Zufälligkeiten begünstigt wurde. Den beiden italienischen MAS „15" und „21", die während der Nacht im Kanal von Selve auf Wartestellung gelegen hatten, gelang es in der Morgendämmerung des 10. Juni 1918, mit langsamer Fahrt ungesehen zwischen den Torpedobooten „76" und „81" zu passieren und aus zirka 300 m Distanz ihre Torpedos auf die nur 14 kn laufenden Schlachtschiffe abzufeuern. Die beiden von MAS „21" auf „TEGETTHOFF" lanzierten Torpedos gingen fehl, während die des MAS „15" die „SZENT ISTVÁN" trafen. Infolge des Wassereinbruches kenterte das Schlachtschiff um 06.05 Uhr und sank wenige Minuten später.[5])

Die Tabelle auf dieser Seite gibt einen Überblick über die von k.u.k. Überwasser-Fahrzeugen versenkten feindlichen Schiffe. Dazu muß festgestellt werden, daß in drei Fällen — „BENEFICENT", „BALILLA" und „CARROCCIO" — diese Schiffe durch vorangegangenen Artilleriebeschuß bereits schwer beschädigt und in ihrer Manövrierfähigkeit beeinträchtigt waren. Die Yacht „RUMIJA" trieb nach er-

5) PK 1918 I-11/43

Von k.u.k. Torpedofahrzeugen bzw. Torpedobooten mit Torpedos versenkte feindliche Schiffe

Datum	Torpedo-Fahrzeug bzw. Torpedoboot	versenktes Schiff	Art des Schiffes	Nationalität	Torpedo lanziert / Treffer	Anmerkung
2. 3. 1915	Tb „57"	„RUMIJA"	Yacht	Montenegro	1 / 1	im Hafen von Antivari, da Abschleppen wegen starken Seeganges nicht durchführbar
18. 6. 1915	Tb „74"	„MARIA GRAZIA"	Frachtdampfer	Italien	2 / 2	vor Giulianova, nach Ausschiffen der Besatzung versenkt
1. 6. 1916	Torpedo-Fahrzeug „ORJEN"	„BENEFICENT"	Fischdampfer	Großbritannien	1 / 1	auf der Höhe von Saseno (Otrantostraße) nach Artilleriebeschuß mit Torpedo versenkt
14. 7. 1916	Tb „65" und Tb „66"	„BALILLA"	U-Boot	Italien	4 / 1	nach Artilleriebeschuß, Torpedotreffer von Tb „66" erzielt
21. 4. 1917	Tb „100"	„JAPIGIA"	Frachtdampfer	Italien	1 / 1	während Aufklärungsfahrt in der Otrantostraße, 8,6 sm von Kap Linguetta
15. 5. 1917*	Torp.-Fahrzeuge „BALATON" und „CSEPEL"	„CARROCCIO"	Frachtdampfer	Italien	4 / 1	nach Artilleriebeschuß auf der Fahrt von Taranto nach Valona

*) In diesem Fall ist nicht einwandfrei feststellbar, welches der beiden Torpedofahrzeuge einen Treffer erzielte. Nach den vorhandenen Kriegstagebüchern hatten sowohl „BALATON" als auch „CSEPEL" je zwei Torpedos lanziert, von denen je einer getroffen haben soll. Nach italienischen Berichten erhielt „CARROCCIO" nur einen Torpedotreffer.

folglosem Abschleppversuch im Hafen von Antivari, und der Frachter „MARIA GRAZIA“ wurde versenkt, weil ein Einbringen wegen seiner zu geringen Geschwindigkeit nicht möglich war.

Die Aufgabe, für die das Torpedoboot ursprünglich entwickelt worden war — die Versenkung größerer Schiffe durch Torpedos —, wurde schon in den ersten Monaten des Krieges vom Unterseeboot übernommen. Unter Wasser fahrend, war es diesem neuen Kampfmittel möglich, sich dem feindlichen Schiff ungesehen zu nähern und aus günstiger Position den Torpedo zu lanzieren.

Ein weiterer durchaus brauchbarer Torpedoträger entstand im Laufe des Krieges im Motor-Torpedoboot, das durch seine überlegene Geschwindigkeit die unsichtbare Annäherung des Unterseebootes wettmachen konnte.

Die vorhandenen Torpedoboote der k.u.k. Kriegsmarine wurden, wie auch bei den anderen Seemächten, zur Bewältigung der verschiedensten Aufgaben herangezogen. Viele der älteren Boote wurden als Minensuchboote adaptiert. Gemeinsam mit Torpedofahrzeugen wurden die neueren Hochseeboote bei Vorstößen in die Otrantostraße eingesetzt, doch machte sich — nach einem Bericht des „ORJEN“-Kommandanten über die Aktion vom 31. Mai/1. Juni 1916 — bei diesen Unternehmungen der unzureichende Aktionsradius der Boote bereits störend bemerkbar.

Überwiegend wurden die Hochseetorpedoboote für die Küstenüberwachung, den Aufklärungsdienst, zur Dekkung von Angriffen der eigenen Flugzeuge auf die italienische Küste, als U-Jäger und vor allem im Geleitschutzdienst eingesetzt. Besonders diese Konvoifahrten zum Schutz des Nachschubs entlang der dalmatinischen Küste — nur fallweise unterbrochen durch die notwendigen Überholungs- und Reparaturarbeiten — stellten große Anforderungen an die Boote und deren Besatzungen. Manche der Boote führten mehr als 70 Konvoifahrten im Jahr durch!

Wenn auch ihre Torpedobewaffnung für diese Verwendungszwecke praktisch überflüssig geworden war, erfüllten sie somit im Rahmen der Seekriegführung äußerst wichtige Aufgaben, für die keine besser geeigneten Fahrzeuge als die vorhandenen Torpedoboote eingesetzt werden konnten.

Bezeichnend für den Zustand der Torpedoflottillen gegen Ende des Krieges ist ein Geheimtelegramm des Flottenkommandos vom 9. August 1918 an das Armeeoberkommando und den Admiral zur allerhöchsten Disposition. Im letzten Abschnitt dieses Telegrammes stellt der Flottenkommandant v. Horthy fest:

„Bezüglich der Schlagfertigkeit der Flotte darf ich nicht unerwähnt lassen, daß die Einheiten der Torpedoflottillen durch den Konvoidienst sozusagen restlos aufgebraucht werden. Infolge dieser kontinuierlichen Inanspruchnahme steht mangels Neubauten zu befürchten, daß die Flottillen in absehbarer Zeit zusammenbrechen.“[6])

6) AOK 1918 Op.Geh.Nr. 1828

Mit dem Ende des Ersten Weltkrieges und dem Zerfall der Donaumonarchie hörte diese auf, als Seemacht zu bestehen. Damit findet auch die Geschichte der österreichisch-ungarischen Torpedoboote ihren Abschluß.

Die österreichisch-ungarischen Torpedoboote von 1875 bis 1918

Auf Anordnung der Operationskanzlei wurde erstmals im Februar 1890 eine Zusammenfassung aller Torpedoboote vorgelegt. In dieser sind die vorhandenen Boote — beginnend mit dem ersten Boot — fortlaufend mit römischen Ziffern bezeichnet und in drei Klassen unterteilt:

- Klasse III enthält die von 1875 bis 1881 gebauten Boote I bis VIII,
- Klasse II reicht von den beiden Yarrow-Booten IX und X bis Nr. XXXIX, wobei die Yarrow-Boote IX und X als Typ „Yarrow A“, die im Seearsenal gebauten Boote XI bis XXXII als Typ „Yarrow B“ bzw. „C“ und die Boote XXXIII bis XXXIX als „reduzierter Typ SPERBER“ bezeichnet sind und schließlich
- Klasse I, welche die von 1885 bis 1889 bei Yarrow, Schichau, im Seearsenal und beim S.T.T. erbauten und mit Vogelnamen bezeichneten Boote enthält.

Die ab 1896 in Dienst gestellten Torpedoboote — „VIPER“-, „NATTER“- und „COBRA“-Klasse — wurden ursprünglich als „Hochseetorpedoboote“ bezeichnet. Mit MNV vom 7. Juni 1909 wurde bezüglich der Einteilung bestimmt: *Die Torpedoboote der k.u.k. Flotte sind in Hinkunft nur in die Gruppen „Hochseetorpedoboote“ und „Torpedoboote“ zu scheiden. In die Gruppe der „Hochseetorpedoboote“ werden nur die Boote Klasse „KAIMAN“ eingereiht, alle übrigen in die Gruppe „Torpedoboote“.*

Über Vorschlag des Marinekommandanten, Namen nur mehr für die Hochseetorpedoboote der Klasse „KAIMAN“ zu verwenden, wurde mit Entschließung vom 25. Jänner 1910 eine bis 1. April 1910 durchzuführende Umbenennung der vorhandenen Torpedoboote angeordnet. Die Nummern 1 — 12 (nunmehr alle in arabischen Ziffern) erhielten die neuen 110 t Küstentorpedoboote, 13 — 42 wurden für die Boote „PYTHON“, „KIGYO“, „BOA“, „COBRA“, „VIPER“ und „NATTER“ sowie für die ehemaligen Torpedoboote I. Klasse bestimmt, während die noch vorhandenen Torpedoboote II. Klasse „XXXIII“ — „XXXIX“ mit den Nummern 43 — 49 bezeichnet wurden.

Mit Erlaß vom 18. November 1913[1]) wurden auch für die Hochseetorpedoboote die Namen durch eine Nummernbezeichnung ersetzt. Die Boote der Klasse „KAIMAN" erhielten die Nummern 50 — 73, die neuen, in Triest, Fiume und Monfalcone gebauten, die Nummern 74 — 100. Dieser Ordnungszahl wurde ein Buchstabe in Blockschrift beigefügt, der den Bauort des Bootes bezeichnete und zwar E für England, F für Fiume, T für Triest und M für Monfalcone. Da für die Identifizierung des Bootes die Bugnummer jedoch vollkommen ausreichte, wurde mit Normalverordnung vom 10. Juni 1917 die Weglassung dieser Buchstaben angeordnet. Von diesem Tage an bis zum Ende des Krieges führten alle Torpedoboote nur mehr eine arabische Zahl als Kennung, die auch im schriftlichen und telegraphischen Verkehr zur Benennung diente.

Die k.u.k. Torpedoboote waren in den ersten zwei Jahrzehnten ausschließlich im Zentralkriegshafen Pola stationiert. Jährlich wurden mehrere Boote ausgerüstet. Ebenso standen der Torpedoschule (Torpedo-Offiziers- und Mannschaftskurs) und der Torpedoabteilung einige Boote zur Durchführung praktischer Übungen und zur Erprobung der Torpedos und Lanziereinrichtungen zur Verfügung. Ab 1884 wurde jährlich im Rahmen der Übungseskadre eine Torpedobootdivision (zwei Gruppen zu je drei Booten) mit dem Torpedodepotschiff „ELISABETH" in Dienst gestellt, welche an den Eskadreübungen teilnahm. Nach deren Beendigung wurde eine Übungsfahrt entlang der dalmatinischen Küste durchgeführt, um den Bootskommandanten die Möglichkeit zu geben, die Durchfahrten und Kanäle zwischen den Inseln kennenzulernen.

1886 bot sich die erste Gelegenheit für eine Erprobung der Boote während eines längeren Zeitraumes: Der vor Kreta stationierten k.k. Eskadre wurde eine Torpedobootdivision, bestehend aus den Booten XI — XVI, als Vedetteboote und zur Überwachung eines Küstenabschnittes beigegeben. Vom 9. Mai bis 10. Juni versahen die sechs Boote, in zwei Gruppen geteilt, den Kreuzungsdienst an dem ihnen zugewiesenen Küstenabschnitt. Die dienstfreien Boote wurden außerdem zum Nachrichten- und Postdienst herangezogen.

In Anbetracht des geringen Aktionsradius der Torpedoboote ergab sich die Notwendigkeit, Stützpunkte zu errichten, an denen die Boote Kohlen und Wasser fassen konnten. Nachdem die k.k. Seebehörde ihre Mitarbeit zugesagt hatte, richtete das Präsidialbüro des R.K.M. am 1. Februar 1886 an den Statthalter von Dalmatien eine ausführliche Note,[2]) in der u. a. festgestellt wurde, daß das langgestreckte Küstengebiet der östlichen Adria mit seinen zahlreichen Inseln, Buchten und Kanälen in hohem Grade für die Verteidigung durch Torpedoschiffe und Torbedoboote geeignet sei. Die Schaffung eines Beobachtungsnetzes mit einer ausreichenden Anzahl von Signalstationen zur Überwachung eines genügend großen Seegebietes und die Errichtung von Torpedobootstationen, wurde vorgeschlagen, um es den Torpedobooten im Kriegsfalle zu ermöglichen, unter dem Schutz der Küste und unter günstigen Bedingungen Angriffe durchzuführen. Die k.k. Statthalterei wurde um ihre Unterstützung und entsprechende Einwirkung auf die Gemeindevertretungen bei Verhandlungen zur Überlassung der erforderlichen Grundstücke und Baulichkeiten ersucht.

Zur Festlegung der günstigsten Plätze für Stützpunkte führten im Sommer 1886 Lschlt. Ferdinand Hajek und der Ingenieur der Seebehörde Josef Wilfan eine Küstenbereisung durch und legten anschließend hierüber ein ausführliches Elaborat mit Kostenvoranschlägen vor. Nach Kenntnisnahme des Berichtes stellte die Marinesektion fest, daß in Anbetracht der *„sehr bedeutenden Kosten"* die Ausführung der für die Anlage von Stützpunkten erforderlichen Arbeiten nach diesen Vorschlägen nicht im Interesse der Kriegsmarine sei. Statt dessen wurde verfügt, an den von Hajek und Wilfan vorgeschlagenen Plätzen Wasser- und Kohlenlichter zu vertäuen und — wo es die Beschaffenheit des Ufers unbedingt erforderte — einfache Anlegestellen zu errichten.[3])

Aus den mit 24. November 1888 dem Hafenadmiralat Pola und dem Küstenbeschreibungsbureau Triest übermittelten *„Instruktionen für die Aktivierung der Plätze mit Torpedoboots-Resourcen"*[4]) ist ersichtlich, daß diese Aktivierung erst unmittelbar vor Eintreten des Mobilisierungsfalles erfolgen sollte. Lediglich mit der Einrichtung einer Kohlenstation auf Lussin piccolo wurde sofort begonnen. Mit den Gemeinden Zara, Spalato und Orebić wurden Verhandlungen über die Verlegung einer Wasserleitung zum Hafen aufgenommen. Auch andere Projekte, die zur Erleichterung der Navigation mit Torpedobooten dienten, wurden in Angriff genommen, so die Verbreiterung des Durchstiches bei Ossero, der Durchstich Prevlaka auf Lussin und Baggerungen im Hafen von Zara und Morter.

Bedingt durch den ständigen Geldmangel der k.k. Seebehörde, die die ihr zur Verfügung stehenden Mittel in erster Linie für den Ausbau des Hafens Triest benötigte, gingen die Arbeiten an diesen Projekten in den folgenden Jahren nur sehr langsam voran. 1890 begann man mit der Anlage eines Torpedoboot-Hafens in Grado, 1892 mit der Errichtung von Anlegestellen und Kohlenstationen in Teodo und Gjenovic. Im Jahre 1898 beantragte das Militärkommando Zara die ständige Stationierung einer Torpedobootdivision in der Bocche di Cattaro. In der Ordre de Bataille des Jahres 1899[5]) wurde diesem Antrag entsprochen und eine Torpedobootdivision für die Bocche di Cattaro mit Station Teodo bestimmt.

Mit der Ernennung des Vizeadmirals Graf Montecuccoli zum Marinekommandanten und Chef der Marinesektion des R.K.M. am 5. Oktober 1904 wurde die Errichtung von Stützpunkten energischer vorangetrieben. 1906 waren

1) MNV v. 19. 11. 1913 PK/MS Nr. 5525
2) OK/MS 1886 XII-3/4-184
3) OK/MS 1887 XII-2/2
4) OK/MS 1888 XII-2/2
5) OK/MS 1899 IX-1/1

die Vorstudien soweit abgeschlossen, daß das Reichskriegsministerium mit Erlaß vom 16. Jänner 1907 die Organisierung eines Küstenschutzes anordnen konnte.[6]) Das gesamte österr.-ungarische Küstenland wurde in drei Hauptrayone und zehn Küstenabschnitte aufgeteilt. Im Zusammenhang mit diesen Maßnahmen führte Montecuccoli in einem Vortrag[7]) vor Kaiser Franz Joseph I. am 29. April 1907 unter anderem aus, daß die beiden großen Mittelmeermächte Frankreich und Italien ihre Torpedoboote gleichmäßig an ihren Küsten verteilt hätten, und zwar Frankreich in zehn Torpedoboot- und sechs Unterseebootstationen, Italien in fünf Haupt- und 18 Nebenstationen. Weiters wies er darauf hin, daß die Torpedobootstationen im Krieg hohen strategischen Wert hätten und erheblich zur Stärkung der österreichisch-ungarischen Seeverteidigung beitrügen. Sein Antrag auf die Errichtung von acht Torpedobootstationen wurde mit 4. Mai 1907 genehmigt.

Mit der Anlage der Stationen Triest, Zara und Sebenico wurde sofort begonnen; die bereits bestehende Resourcenstation Grado wurde 1908 zugunsten von Triest aufgelassen. Mit Erlaß OK/MS Nr. 591 ex 1909 wurde die *„Instruktion für Torbedobootstationen"*[8]) als Reservatdienstbuch Nr. 89 herausgegeben. Diese Instruktion enthielt Anweisungen über den Zweck der Stationen, den Dienstbetrieb, die Einteilung der Kreuzungsrayone und die Durchführung des Patrouillendienstes. Sämtliche Torpedobootstationen waren auch für die Versorgung der Boote mit Kohlen, Heizöl und sonstigem Maschinenbetriebsmaterial zuständig. Hiezu kamen die Resourcenstationen Gravosa und Trau, letztere sollte allerdings erst im Mobilisierungsfall errichtet werden.

Im Jahre 1909 bestanden folgende Stationen: Triest, Pola, Lussin piccolo, Zara, Sebenico und Teodo in der Bocche di Cattaro. Für jede Station wurden vier, für Teodo und Sebenico jedoch sechs Torpedoboote bestimmt, die nach und nach durch neuere Boote ersetzt werden sollten. Fallweise wurden Torpedoboote der verschiedenen Stationen der Eskadreflotte zugeteilt oder zu gemeinsamen Übungen vereinigt, wozu Lanzier- und Schießübungen, sowie Legen und Räumen von Minen und Scheinwerferübungen gehörten.

Die Einteilung der Boote für den Kriegsfall wurde durch die *„Ordre de bataille"*[9]) bestimmt. In dieser scheinen für das Jahr 1887 bereits vier Torpedo-Flottillen auf:

1. Torpedo-Flottille für die Verteidigung von Pola und Fasana: Torpedoschiff „ZARA" und die Boote Nr. I — VIII;

2. Torpedo-Flottille für die Verwendung in der Panzerflotte: „PANTHER", „LUSSIN" und „ELISABETH", die Torpedoboote „ADLER" und „FALKE" und die Boote Nr. IX — XVIII;

3. Torpedo-Flottille, selbständig: „LEOPARD" und ein Lloyddampfer sowie die Boote „SPERBER", „HABICHT" und Nr. XIX — XXVIII;

4. Torpedo-Flottille, selbständig: „MINERVA" und die Boote XXIX — XXXIV.

Die der Panzerflotte beigegebenen Boote waren vor allem für den Aufklärungs- und Nachrichtendienst vorgesehen.

Nachdem bereits 1885 ein provisorischer Entwurf für eine Torpedoboot-Taktik ausgearbeitet worden war, legte Fregkapt. G. Brosch, der einige Jahre Stabschef der Torpedo-Flottille war, 1890 einen Entwurf zu einem Manövrier- und Signalbuch für Torpedoboote vor.[10]) Die drei Abschnitte dieses Signalbuches enthalten:

I. Taktische Normen und Manövrierregeln,
II. Instruktionen für die Vornahme von taktischen- und Angriffsübungen,
III. Signalschema.

Im ersten Abschnitt werden u. a. die Verwendungsmöglichkeiten des Torpedobootes angeführt und die taktische Einteilung in Gruppen: drei bis vier Torpedoboote, in Divisionen: zwei bis drei Gruppen unter Führung eines Kreuzers oder Torpedoschiffes, und Torpedobootflottillen: zwei oder mehrere Torpedobootdivisionen unter einem gemeinsamen Oberbefehl — festgelegt. Weiters enthält er Regeln für das Manövrieren und Richtlinien für verschiedene Möglichkeiten von Angriffen auf feindliche Schiffe. Der zweite Teil enthält Instruktionen für die Durchführung von taktischen Manövern und Angriffsübungen, während im dritten Teil alle häufig vorkommenden und für den Torpedobootdienst wichtigen Signale in Tabellenform zusammengefaßt sind.

1891 von der Torpedoboot-Übungsdivision erprobt, wurde der Entwurf mit MNV vom 26. März 1892 außer Kraft gesetzt und zum Teil in die Neuauflage des Manövrier- und Signalbuches für die k.u.k. Kriegsmarine übernommen.

Mit Rücksicht auf die inzwischen neu eingeführten Schiffstypen wie Turmschiffe, Panzerkreuzer und Torpedofahrzeuge wurden mit 26. April 1905 als Nachtrag zu diesem Dienstbuch die *„Manövriernormen"* herausgegeben. Der zweite Abschnitt dieses Nachtrages besteht aus den *„Besonderen Bestimmungen für Torpedoverbände"*, mit Normen für das Manövrieren von Torpedoverbänden, der Einteilung in Flottillen und Gruppen, sowie in einem Anhang mit Bemerkungen über die Aufgaben der Torpedoboote, Bestimmungen über die Angriffe in verschiedenen Formationen und Weisungen zur Durchführung von Angriffsübungen.

1908 wurde das Manövrier- und Signalbuch des Jahres 1892 überarbeitet, den geänderten taktischen Voraussetzungen angepaßt und neu aufgelegt. Das neue Manövrier- und Signalbuch trat mit Wirkung vom 15. April 1909 in Kraft. Es enthält ebenfalls einen geringfügig geänder-

6) OK/MS 1907 VI-2/1
7) PK/MS 1907 XI-3/1-1115
8) siehe Anhang
9) OK/MS 1887 IX-1/1
10) OK/MS 1890 VII-4/1

ten Abschnitt über Torpedoverbände, sowie allgemeine Bemerkungen über den Angriff von Torpedobooten und Instruktionen für die Vornahme von Torpedobootangriffsübungen.[11])

Zur Schaffung eines nur für die Torpedoflottillen bestimmten Manövrier- und Signalbuches, wie bereits 1890 von Fregkapt. Brosch vorgeschlagen, hatte man sich offensichtlich nicht entschließen können. Erst im Oktober 1918 wurde die Einführung eines solchen als Beilage zum Manövrier- und Signalbuch für die k.u.k. Kriegsmarine vorgesehen.[12])

Zu Beginn des Ersten Weltkrieges bestand die österreichisch-ungarische Torpedowaffe aus zwei Torpedoflottillen, welche der Kreuzerflottille unterstellt waren. Ihr Stand ist aus der *„Ordre de bataille"* / erster Nachtrag zur *„Ordre de bataille der operativen Flotte"* vom 28. August 1914 ersichtlich:[13])

I. Torpedoflottille Führerschiff „HELGOLAND"

I. Torpedodivision
1. Fahrzeuggruppe: „CSEPEL", „TÁTRA", „BALATON"
2. Fahrzeuggruppe: „LIKA", „ORJEN", „TRIGLAV"

II. Torpedodivision
3. Fahrzeuggruppe: „VELEBIT", „DINARA", „REKA"
4. Fahrzeuggruppe: „CSIKÓS", „SCHARFSCHÜTZE", „PANDUR"

III. Torpedodivision
1. Torpedobootsgruppe: „74 T", „77 T", „78 T"
2. Torpedobootsgruppe: „75 T", „76 T", „79 T"

XII. Torpedodivision
3. Torpedobootsgruppe: „50 E", „51 T", „73 F"
4. Torpedobootsgruppe: „53 T", „54 T", „56 T"

II. Torpedoflottille Führerschiff „ADMIRAL SPAUN"

IV. Torpedodivision
5. Fahrzeuggruppe: „WILDFANG", „HUSZÁR", „TURUL", „WARASDINER"
6. Fahrzeuggruppe: „STREITER", „ULAN", „USKOKE"

V. Torpedodivision
5. Torpedobootsgruppe: „55 T", „68 F", „70 F"
6. Torpedobootsgruppe: „64 F", „69 F", „72 F"

VI. Torpedodivision
7. Torpedobootsgruppe: „52 T", „58 T", „59 T"
8. Torpedobootsgruppe: „60 T", „62 F", „63 F"

XIV. Torpedodivision
9. Torpedobootsgruppe: „61 T", „65 F", „66 F"
10. Torpedobootsgruppe: „57 T", „67 F", „71 F"

Lokale Verteidigung
Pola (dem Seeverteidigungskommandanten unterstellt):
Tb „14" als Bergungsfahrzeug der Seeflugstation

VII. Torpedodivision
7. Fahrzeuggruppe: „PLANET", „TRABANT", „SATELLIT"
11. Torpedobootsgruppe: 1 Torpedoboot Typ „1", 2 Torpedoboote Typ „7"
13. Torpedobootsgruppe: „21", „24", „32", „39"
Minensuchabteilung: „27", „30", „33", „34", „37", „40"
mobile Lanzierstation: „18"

Triest:
15. Torpedobootsgruppe: „20", „26"
16. Torpedobootsgruppe: „23", „45"

Lussin:
IX. Torpedodivision: „MAGNET"
17. Torpedobootsgruppe: 2 Torpedoboote Typ „1"
18. Torpedobootsgruppe: 2 Torpedoboote Typ „1"

Sebenico:
X. Torpedodivision: „KOMET"
19. Torpedobootsgruppe: 4 Torpedoboote Typ „7"
20. Torpedobootsgruppe: „19", „22", „25", „31"
Minensuchabteilung: „29", „35"

Golf von Cattaro:
XI. Torpedodivision: „BLITZ"
21. Torpedobootsgruppe: „13", „15"
22. Torpedobootsgruppe: „16", „17"
Minensuchabteilung: „36", „38"

Die noch vor Kriegsbeginn bestehende VIII. Torpedodivision ist in dieser *„Ordre de bataille"* mit der VII. vereinigt, während eine XIII. Division in diesem Jahr nicht aufscheint. 1915 wurde die Anzahl der Torpedodivisionen auf 15 erhöht und die taktische Einteilung dahingehend geändert, daß die der ersten Torpedo-Flottille zugeteilten Torpedodivisionen mit den ungeraden Nummern I — IX, die der II. Torpedo-Flottille mit den geraden Nummern II — X bezeichnet wurden, somit jede Flottille aus fünf Divisionen bestand.

Durch die während des Krieges noch in Dienst gestellten Boote erhöhte sich 1916 die Anzahl der Divisionen der I. Flottille auf sechs, ihre Gesamtzahl auf 16. Die XVI. Division war dem Seeverteidigungskommando Pola unterstellt und bestand 1918 aus den Torpedofahrzeugen „MAGNET", „METEOR", „PLANET", „TRABANT", „BLITZ" und den Torpedobooten „1", „2", „4", „6", „7" und „9".

Der Standort der Torpedoeinheiten bei Kriegsende ist aus dem diesbezüglichen Ausweis vom 22. Oktober 1918, welcher allerdings nur die Torpedofahrzeuge und die Torpedoboote von 50 bis 100 erhält, ersichtlich.[14]) Danach befanden sich in

Pola: „TURUL", „CSIKÓS", „HUSZÁR", „ULAN", Tb „74", „77", „78", „81", „86", „94", „98".

Triest: Tb „84", „91".

Sebenico: Tb „52", „58", „61", „66", „71".

11) siehe Anhang
12) OK/MS 1918 VII-3/1-5731
13) OK/MS 1914 IX-1/1-4545

14) OK/MS 1918 IX-1/1

Fiume: Tb „50“, „53“, „55“, „56“, „57“, „60“, „63“, „65“, „69“, „72“.

Cattaro: „TÁTRA“, „ORJEN“, „CSEPEL“, „TRIGLAV“, „LIKA“, „DUKLA“, „UZSOK“, „PANDUR“, „REKA“, „DINARA“, „SCHARFSCHÜTZE“, Tb „76“, „79“, „82“, „83“, „85“, „87“, „88“, „89“, „93“, „96“, „97“, „54“, „62“, „73“, „100“.

In Pola zur Reparatur bzw. Reinigung (Überholung): „BALATON“, „USKOKE“, „VELEBIT“, „WARASDINER“, Tb „75“, „80“, „90“, „92“, „95“, „99“, „51“, „59“, „64“, „67“, „68“, „70“.

Planungen bezüglich Neubauten und Reorganisation für die Nachkriegszeit

Nach Übernahme der letzten Neubauten im Dezember 1916 wurde der Bau von Torpedobooten für die weitere Kriegsdauer gänzlich eingestellt. Unter Reservat Nr. 476/T vom 26. Juni 1917[1]) wies der Flottenkommandant darauf hin, daß infolge der großen Inanspruchnahme der Torpedofahrzeuge und Torpedoboote früher oder später mit dem Ausfall einer größeren Anzahl dieser Fahrzeuge zu rechnen sei und forderte die eheste Inbaulegung von acht Torpedofahrzeugen des verstärkten Typs „LIKA“ und zwölf Torpedobooten mit 300 t Deplacement.

In einem ausführlichen Bericht vom 6. Juli 1917[2]) legte das MTK seine Überlegungen zu den notwendigen Ersatzbauten für Torpedofahrzeuge und Torpedoboote dar. Bezüglich der Torpedoboote wurde festgestellt, daß die Geschwindigkeit bei voller Zuladung nicht unter 32 kn liegen dürfe, daß sie unter allen Umständen die See halten und in der Lage sein sollten, von Cattaro aus mit 2/3 ihrer Geschwindigkeit die Strecke Malta — Kreta und zurück nach Cattaro abzulaufen, woraus sich die Forderung nach einem Fahrtbereich von 1500 sm bei 20 kn ergäbe. Als Antrieb wurden Dampfturbinen mit Ölfeuerung und Doppelschrauben vorgeschlagen. Die Bewaffnung sollte aus drei 12 cm L/50 Geschützen, zwei 8 mm Maschinengewehren und zwei 53 cm Doppel-Lanzierapparaten bestehen. Für diese Forderungen wäre eine Verdrängung von 1000 t auf KWL ausreichend. Mit dieser Verdrängung würden sie den neuen deutschen Torpedobooten entsprechen und mit drei 12 cm-Geschützen auch artilleristisch wertvoll sein. Sie wären als *„große Torpedoboote“* oder *„Hochsee-Torpedoboote“* zu bezeichnen.

1) PK/MS 1917 XV-7/6
2) II.G.Gr.1917 47 C 19/38

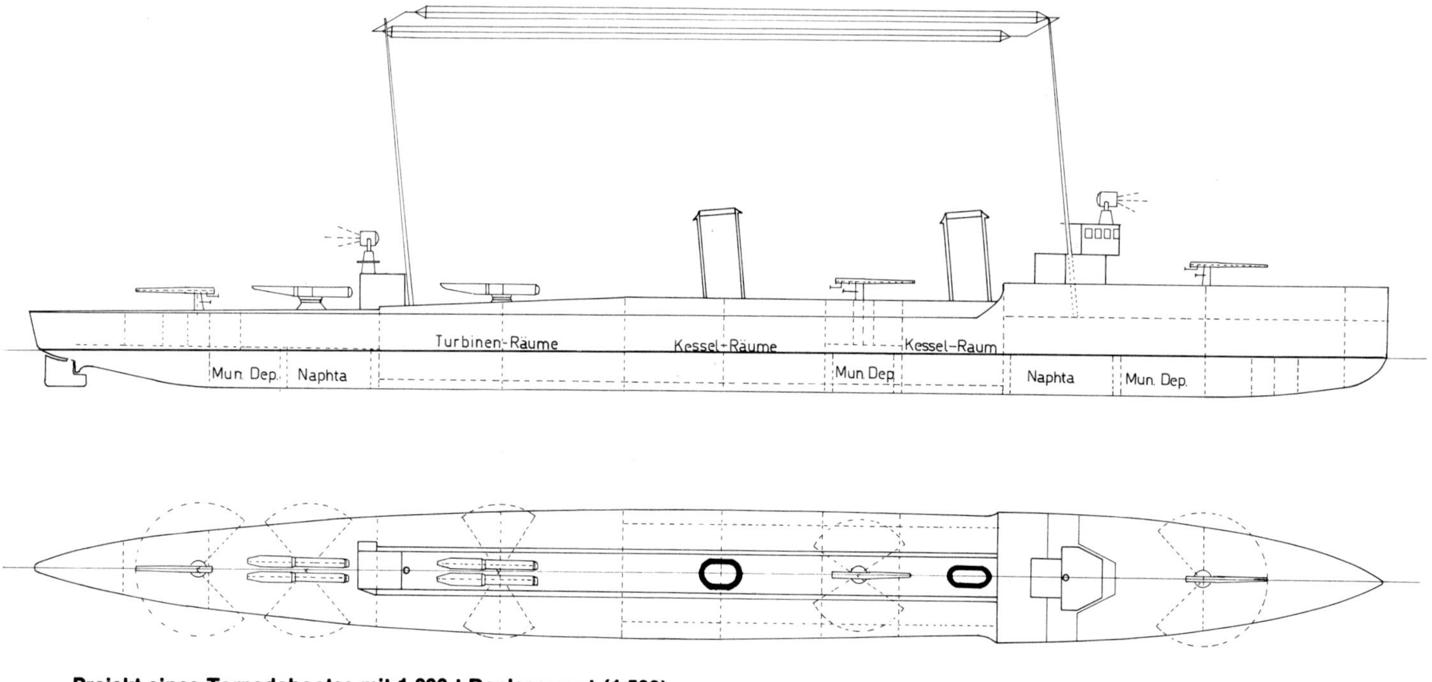

Projekt eines Torpedobootes mit 1.000 t Deplacement (1:500).

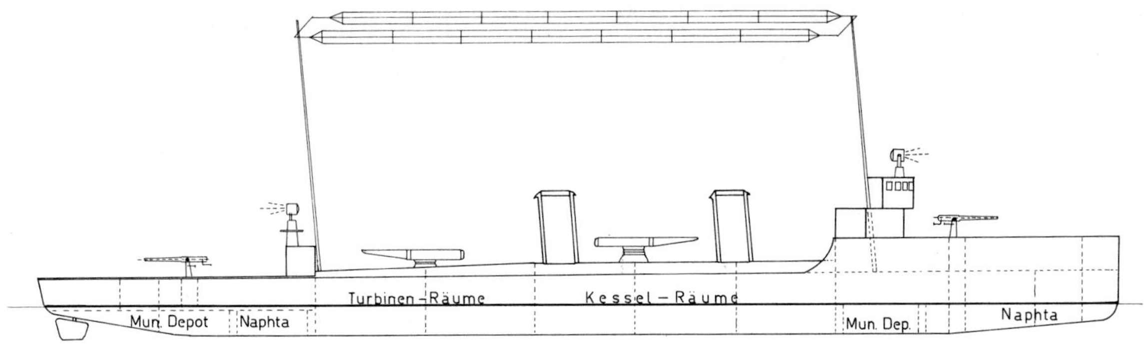

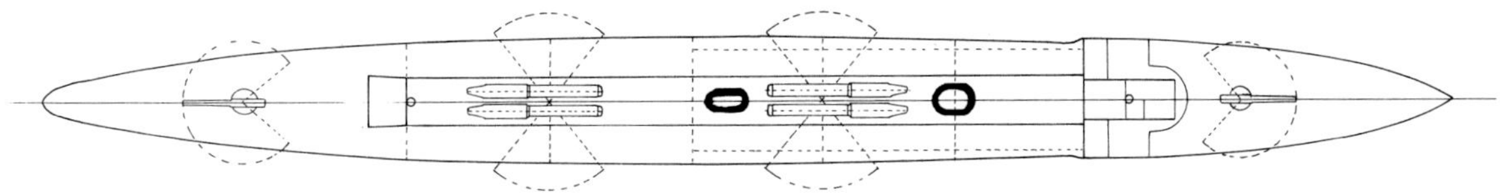

Projekt eines Torpedobootes mit 500 t Deplacement (1:500).

Ausdrücklich wurde festgestellt, daß die vorhandenen 250 t Torpedoboote einen zu geringen Fahrbereich und zu schwache Bestückung hätten. Ihre Geschwindigkeit sei unzureichend und ihre Festigkeit liege bei Seegang an der Grenze der zulässigen Belastung.

Für den Küstendienst und kleinere Operationen wurden Boote mit zirka 500 t Verdrängung vorgeschlagen. Ihre Geschwindigkeit sollte ebenfalls 32 kn, der Fahrbereich bei 20 kn 1000 sm betragen. Als Bestückung wären zwei 9 cm L/45, zwei 8 mm Maschinengewehre und zwei 53 cm Doppel-Lanzierapparate vorzusehen. Sollte es unbedingt nötig sein, für den Küstendienst sofort kleinere Boote nachzubauen, wurde vorgeschlagen, zu diesem Zweck zusätzlich seetüchtige Minendampfer von 330 t und 18 kn Geschwindigkeit in Bau zu legen, welche auch für die Bekämpfung von U-Booten verwendet werden könnten. Für die beiden Torpedoboot-Typen sowie für den Minendampfer wurden Projektzeichnungen vorgelegt.

Anläßlich der Erstellung des Flottenprogrammes für die nächsten Budgetanforderungen im Juli 1918 legten die Vorstände der wichtigsten Abteilungen ihre Stellungnahmen zum Ausbau der k.u.k. Flotte vor. Die unterschiedlichen Ansichten, welche darin bezüglich der Ersatzbauten für die Torpedoflottillen zum Ausdruck gebracht wurden, sind recht interessant und werden nachstehend auszugsweise wiedergegeben.[3])

Im Entwurf des Flottenkommandos von 15. Juli 1918 werden die vorhandenen Torpedoboote und die Torpedofahrzeuge der „HUSZÁR"-Klasse als Küstentorpedoboote eingestuft und ihr Ersatz durch 42 Küstentorpedoboote zu 350 t Deplacement, welche auch für den Vorposten-, Begleit- und Minensuchdienst geeignet sein sollten, vorgesehen. Zusätzlich forderte das Flottenkommando 50 (!) auf die einzelnen Verteidigungsbezirke zu verteilende Motor-Torpedoboote für Offensivzwecke, Fliegerunterstützung und dergleichen.

Der Vorschlag der Marinesektion lautet auf zwölf Torpedoboote zu 1000 t, sowie die erforderliche Anzahl von schnellen Tendern für den Minendienst.

K.Adm. Mirtl stellt in dem von ihm verfaßten Entwurf fest, daß keines der vorhandenen Torpedoboote als Hochseeboot der operativen Flotte zu verwenden wäre. Als Sollbestand an Torpedobooten nach beendetem Ausbau der Flotte werden 96 Hochsee-Torpedoboote von mindestens 500 t und 60 Küstentorpedoboote von zirka 400 t angegeben.

Lschkapt. Accurti, zugeteilt der Präsidialkanzlei, weist darauf hin, daß die k.u.k. Kriegsmarine mit einem bescheidenen Budget zu rechnen habe und ihre Hauptaufgabe im Schutze der heimischen Küste bestehe. Die zu bauenden Torpedoboote hätten aus den seetüchtigsten, modernsten und über einen größtmöglichen Aktionsradius verfügenden Einheiten zu bestehen.

In seiner Stellungnahme vom 2. Mai 1917 macht Lschkapt. Millenkovich — 1917 Vorstand der Operationskanzlei — zu den Erfahrungen mit den Torpedoflottillen unter anderem folgende Bemerkung: *„Die Zeiten, in denen Torpedoboote und Torpedobootflottillen hoffen konnten, feindliche Geschwader des Nachts aufzustöbern, anzugreifen und dann im Schutze der Dunkelheit zu entflie-*

3) PK/MS 1918 XV-7/9-4331

hen, wären vorbei. Sollte man die Tätigkeit der Torpedoboote auf nächtliche Aktionen beschränken, würde ihnen kein nennenswertes Tätigkeitsfeld verbleiben. Um aber bei Tag nicht Opfer des Feindes zu werden, müßten sie über eine bessere Artillerie als bisher und über eine Geschwindigkeit verfügen, die ihnen den Rückzug auch ohne den Schutz der Dunkelheit ermöglicht. Der Aktionsradius unserer Turbinenboote habe sich als unzulänglich erwiesen. Ein großer Aktionsradius würde infolge des für uns in Betracht kommenden beschränkten Seegebietes eine bedeutende Überlegenheit über gleiche feindliche Einheiten ergeben. Für den Ausbau der Torpedoflottille schlägt er 40 Boote mit 1.000 t Verdrängung, einer Bewaffnung von einigen 15 cm-Geschützen und einem möglichst großen Aktionsradius vor."

Ebenso wie Lschkapt. Wickerhauser — Vorstand der Präsidialkanzlei 1917 — und Lschkapt. Accurti tritt Millenkovich dafür ein, vorläufig keine Schlachtschiffe zu bauen und die Entwicklung in anderen Marinen abzuwarten. Eine eventuelle Etwicklung ins Kolossale aber nicht mitzumachen.

K.Adm. Cicoli schlägt vor, Torpedoboote von 1.500 t bis 2.000 t, also eigentlich Torpedofahrzeuge, zu bauen. Die kleinen Torpedoboote sollten durch Motor-Torpedoboote ersetzt und für den Minendienst flachgehende Tender mit 15 bis 20 kn Geschwindigkeit vorgesehen werden.

Um den Erfahrungen der vergangenen Kriegsjahre und der technischen Entwicklung der Torpedowaffe Rechnung zu tragen, wurde im März 1918 vom Torpedoflottillenkommando der Vorschlag zur Einführung eines eigenen *„Manövrier- und Signalbuches für Flottillen"* gemacht und ein entsprechender Entwurf mit vier Beilagen vorgelegt. Diese vier Beilagen betrafen:

1) Ausbildung der Torpedodivision,
2) Theorie des Lanzierens,
3) U-Bootsuche mit Horchapparaten,
4) U-Bootbekämpfung mit dem U-Drachen.

Im Begleitschreiben wurde unter anderem der Antrag gestellt, von der Einrichtung der Kreuzerflottille abzusehen und die Torpedoflottillen dem jeweiligen Befehlshaber zu unterstellen. Abgesehen von einigen Abänderungsvorschlägen wurde in dem Gutachten des Kreuzerflottillenkommandanten und der beiden Torpedoflottillen dem Antrag im allgemeinen zugestimmt. Bemerkenswert ist, daß der Kommandant der Kreuzerflottille, Lschkapt. Heyssler, in seinem Gutachten selbst feststellte, daß die Kreuzerflottille als militärische Behörde zwar eine Entlastung des Flottenkommandos, als operativer Verband jedoch ein Unding sei.

Nach Überprüfung der Gutachten und eingehender Besprechung mit der Leitung des Torpedowesens bestimmte das Flottenkommando mit 19. Oktober 1918:[4]) Das *„Manövrier- und Signalbuch für Torpedoverbände"* sei als Beilage zum Reservat-Dienstbuch Nr. 54 — Manövrier- und Signalbuch der k.u.k. Kriegsmarine — in Buchform in Druck zu legen. Die Beilagen 1 bis 3 wären als Broschüre in Druck zu legen. Mit der Beilage 4 sei zuzuwarten, da die Abschaffung des U-Drachens möglich sei. Die Kreuzerflottille sei abzuschaffen, da sie vom taktischen Standpunkt keinen Wert hätte und die Torpedoflottillen direkt dem Flottenkommando zu unterstellen.

Die bereits 1917 vom MTK aufgeworfene Frage, ob die Bezeichnung *„Torpedofahrzeug"* beizubehalten wäre, oder durch *„Zerstörer"* zu ersetzen sei, sowie der Vorschlag des Torpedokommandos, alle Einheiten einer Torpedoflottille ohne Rücksicht auf ihre Größe *„Torpedoboote"* zu nennen, wurde dahingehend entschieden, daß alle Einheiten bis einschließlich 800 t Deplacement als *„Torpedoboote"*, alle übrigen als *„Torpedofahrzeuge"* zu bezeichnen seien.

Mit dem Ausgang des Krieges wurden alle, zukünftige Neubauten betreffende Überlegungen und Maßnahmen zur Reorganisation der Torpedowaffe, gegenstandslos.

4) OK/MS 1918 VII-3/1-5731

Die Boote

Für die folgende Einteilung wurde die chronologische Reihenfolge angenommen, in welcher die Boote gebaut bzw. in Dienst gestellt wurden. Die 110 t Küstentorpedoboote werden nach den 250 t Torpedobooten, die Motor-Torpedoboote in einem eigenen Abschnitt behandelt.

Für jedes Torpedoboot bzw. für jede Klasse werden gegeben:

1) eine Tabelle mit den wichtigsten technischen Daten,
2) eine Tabelle betreffend Bauwerft, Daten der Baulegung, des Stapellaufs, der Übernahme, bzw. ersten Indienststellung, Streichung, sowie eine kurze Bemerkung über den Verbleib des Bootes,
3) Zeichnungen und Fotos.

Zu 1) das Deplacement ist in metrischen Tonnen, bezogen auf die Konstruktionswasserlinie und — soweit feststellbar — bei voll ausgerüstetem Boot angegeben.
als Geschwindigkeit und Maschinenleistung sind die bei den Probefahrten ermittelten Daten — v mittl. und Ni mittl. — angegeben,
bezüglich Länge und Breite versteht sich Länge über alles und größte Breite; da bei den älteren Booten ein beträchtlicher Unterschied zwischen Rumpf und Hacke bestand, ist bei diesen der Rumpftiefgang im Hauptspant sowie unter dem Bruchstrich der größte Tiefgang an der Schraube bzw. Hacke, angeführt.

Zu 3) die Zeichnungen wurden mit wenigen Ausnahmen — LM-Boot, Eppel-Kletterboot und 7 t Gleitboot — nach den im Österreichischen Kriegsarchiv vorliegenden Plänen angefertigt. Wenn nicht ausdrücklich anders vermerkt, sind sie im Maßstab 1:200 gezeichnet.

Torpedoboot I

Deplacement	Bewaffnung	Antrieb	Geschwindigkeit	Fahrtstrecke	Brennstoff	Länge	Breite	Tiefgang	Besatzung	Anmerkung
7,5 t	2 Spierentorpedos, dann Torpedo-Fallapparate	1 Lokomotivkessel Zweizylinder-zweifach-Expansions-Maschine 1 Schraube 184 PSi	11.9.1875 18,52 kn	12 h	1,5 t	20,7 m	2,61 m	0,60 m / 1,236 m	1/8	bis 1879 Spierentorpedos, dann Lanzierversuche mit Fallapparaten verschiedenen Systems
1892: 11,3 t	2 Spierentorpedos	98 PSi	12-13 kn							durch verschiedene Einbauten erhöhte sich das Deplacement um ca. 50%, ab 1882 Bugruder

Name bzw. Nummer	Werft	Baulegung	Stapellauf	Übernahme / Indienststellung	gestrichen	Anmerkung
I	Thornycroft London	Mai 1874	19. 6. 1875	September 1875 / Dezember 1875	24. 1. 1907	am 6. 8. 1907 an die Fa. Szohner Karoly, Budapest, verkauft

Torpedoboot I

Im Oktober 1873 berichtete der damalige k.k. Marineattaché, Fregkapt. Spaun, aus London, daß bei der Werft Thornycroft je ein Torpedoboot für die norwegische, dänische und schwedische Regierung in Bau wäre und diese Boote derzeit fast fertig seien. Bei den Probefahrten erreichte das im November an Norwegen abgelieferte Boot eine Geschwindigkeit von 17,25 kn.[1]) Aufgrund dieser Nachrichten trat im Jänner 1874 die permanente Schiffbau-Kommission zu eingehenden Besprechungen zusammen. In dem abschließenden Protokoll wurde u. a. festgestellt: *„... obwohl der Stand der Torpedofrage im gegenwärtigen Augenblick ein bestimmtes Urteil über das eine oder andere System nicht zuläßt..., so glaubt man doch, daß ein so schnell laufendes Boot bei der Eigentümlichkeit unserer Küste, welche der norwegischen Küste gleicht, im Krieg als auch im Frieden mit Vorteil verwendet werden kann".*

Im Mai desselben Jahres entschloß sich die Marinesektion ein Torpedoboot bei der Firma Thornycroft in Auftrag zu geben.[2])

1) II.G.Gr. 1873 30/32-6967
2) II.G.Gr. 1874 71/6-4599 und 60/1-4888

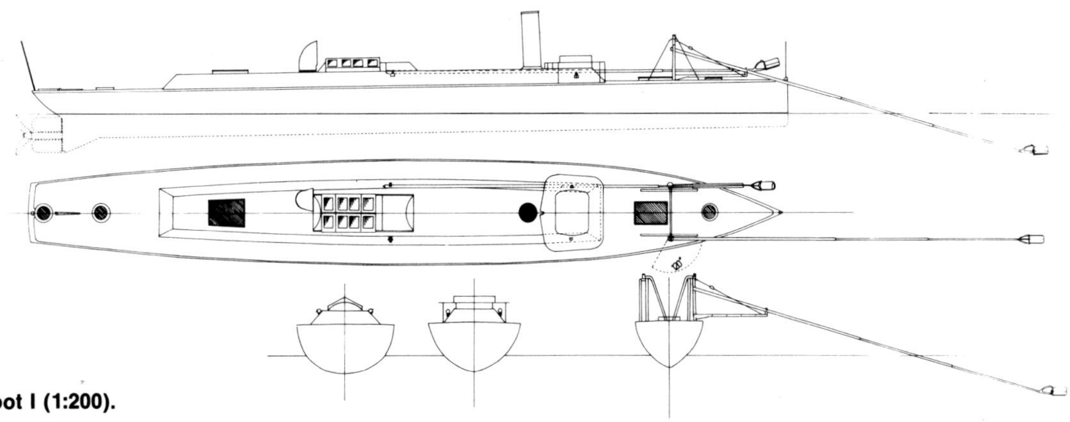

Torpedoboot I (1:200).

Torpedoboot „I“ als Patrouillenboot auf der Donau um 1900.

Gefordert wurden: eine Mindestgeschwindigkeit von 15 kn (für jeden Viertelknoten darüber wurde eine Prämie von 50 Pfund zugesichert), ausreichende Manövrierfähigkeit, Schutz der Bemannung gegen Gewehrfeuer, ausreichender Kohlenvorrat für zwölf Fahrstunden, Drehbarkeit der Spieren (bezeichnet als Outrigger-Takelage), um sie ausschwenken zu können, genügende Seetüchtigkeit, um es als Kundschafterboot längs der Küste verwenden zu können und eine Tragfähigkeit von vier Torpedos.
In Anbetracht der Tatsache, daß der Torpedo in der Monarchie erfunden wurde, mag die Bestellung eines Torpedobootes mit Spierenausrüstung merkwürdig erscheinen. Wie aus dem Kommissionsprotokoll hervorgeht, war man sich jedoch über die Art des Einsatzes dieser neuen Waffe durchaus noch nicht klar. Die zusätzliche Forderung nach Tragfähigkeit von vier Torpedos beweist, daß von Anfang an die Absicht bestand, das Boot auch für die Lanzierung von „Fischtorpedos“ zu verwenden.

Am 19. Juni 1875 ging das Boot vom Stapel. Bei den Probefahrten am 10. und 11. September 1875 wurde eine mittlere Geschwindigkeit von 18,52 kn (maximal 19,08 kn) und eine Maschinenleistung von 184,3 PSi bei n 419 erreicht. Für die Überschreitung der geforderten Mindestgeschwindigkeit erhielt die Firma eine Prämie von 600 Pfund.
Die Antriebsanlage bestand aus einem Lokomotivkessel, einer zweizylindrigen Compoundmaschine mit Oberflächenkondensator und einer dreiflügeligen Thornycroftschraube von 1,29 m Durchmesser. Wegen der tiefgelagerten Schraubenwelle wurde das Ruderblatt zur Erzielung einer genügend großen Fläche unterteilt.
Am 13. November 1875 traf das Boot auf dem britischen Dampfer „EMPEROR“ in Triest ein und fuhr am 21. November mit eigener Kraft nach Pola. Bei den folgenden Probefahrten im Dezember 1875 und Juni 1876 wurden nur mehr Höchstgeschwindigkeiten von 16,1 bzw. 16,67 kn

erzielt. Die nächsten Fahrten dienten vor allem dazu, die Besatzung mit dem Boot und seiner Manövrierfähigkeit vertraut zu machen.

Nach zahlreichen Sprengversuchen mit den Spierentorpedos kam die Artillerie-Kommission am 10. Jänner 1879 zu dem Urteil, daß der Gebrauch von Spierentorpedos auf schnellaufenden Booten mit großen Schwierigkeiten verbunden sei. Ein genaues Einhalten der Distanz sei erforderlich, da der Angriff sonst mißlingen oder das Torpedoboot selbst zum Opfer werden würde. Eine wirksame Verwendung des Spierentorpedos sei nur unter günstigen Umständen möglich und auf seltene Fälle beschränkt. Es wurde beschlossen, das Torpedoboot I trotz seiner geringen See-Eigenschaften mit je einem *„Fischtorpedo"* auf jeder Seite auszurüsten.[3])

Zu diesem Zweck wurden nach dem Vorbild der britischen Torpedoboote II. Klasse kranähnliche Träger konstruiert, welche es ermöglichten, den Torpedo vor Annäherung an das Zielobjekt ins Wasser abzusenken und den Torpedo zu lanzieren. Da die Führung der Torpedos im Wasser einen nachteiligen Einfluß auf die Geschwindigkeit des Bootes hatte, wurde noch ein zweiter, ähnlicher Apparat angefertigt, aus dem der Torpedo über Wasser fallengelassen wurde. In den nächsten Jahren wurden mit diesen Apparaten sowie mit seitlich über Wasser geführten Lanzierrahmen Versuche durchgeführt, die in ihren Ergebnissen nicht sehr befriedigten.

Ab 1885 wurde das Boot für die Schulung des Maschinenpersonals verwendet. 1892 wurde es als Vedetteboot (Patrouillenboot) für die Donau bestimmt. Die Torpedo-Fallapparate wurden demontiert. Trotz der ungünstigen Erfahrungen wurde es wieder für die Verwendung von Spierentorpedos eingerichtet und die Spieren entsprechend den Wasserverhältnissen auf der Donau abgeändert. Die ursprüngliche Thornycroft-Schraube wurde durch eine kleinere mit 1100 mm Durchmesser ersetzt. Bei den Probefahrten — die Verdrängung war inzwischen auf 11,3 t angewachsen — ergaben sich Geschwindigkeiten von 12,5 bis 13 kn.

Im Juni 1893 wurde Torpedoboot I per Bahntransport nach Budapest gebracht. Bei der Probefahrt im Strom

3) II.G.Gr. 1879 30/14

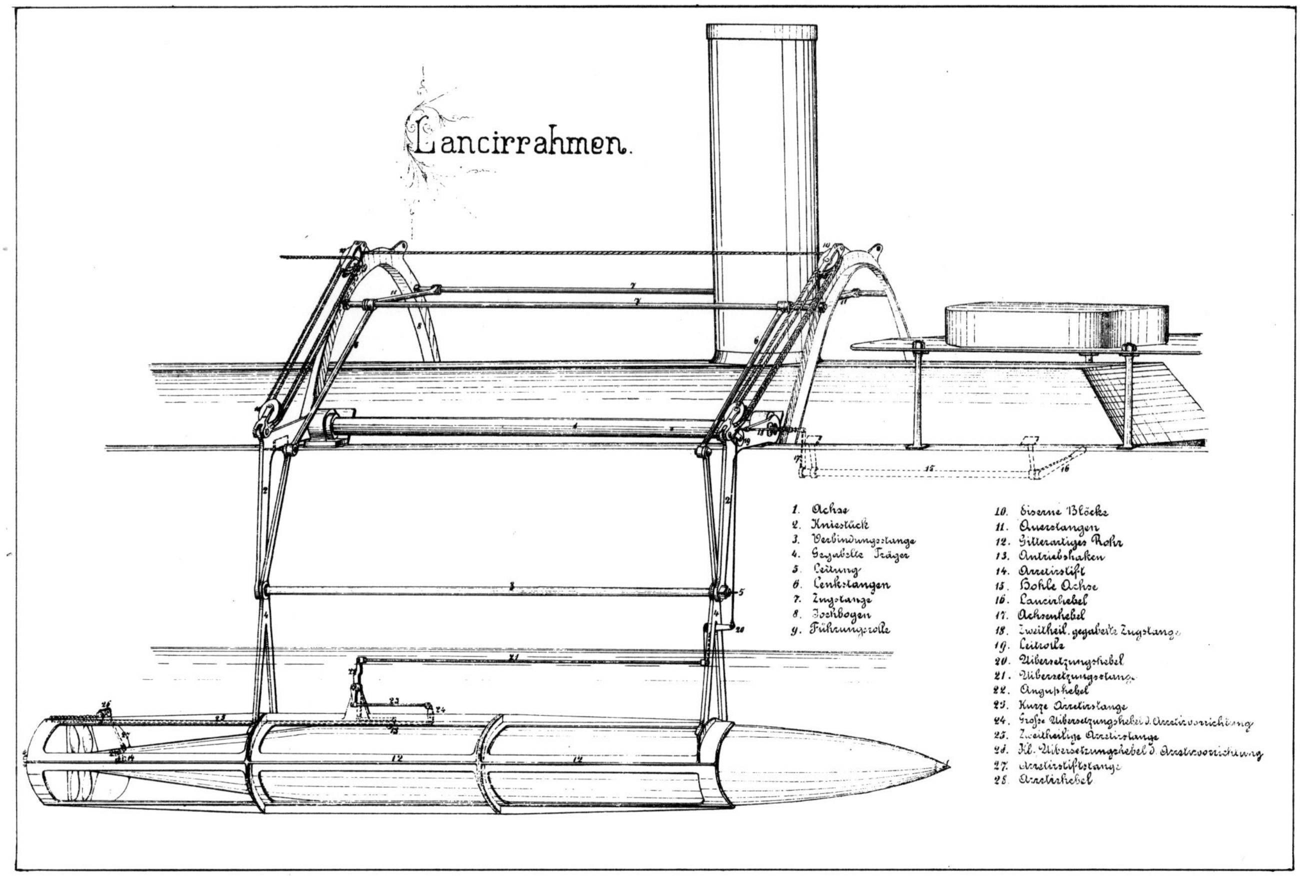

Torpedo-Lanzierrahmen an der Steuerbordseite.

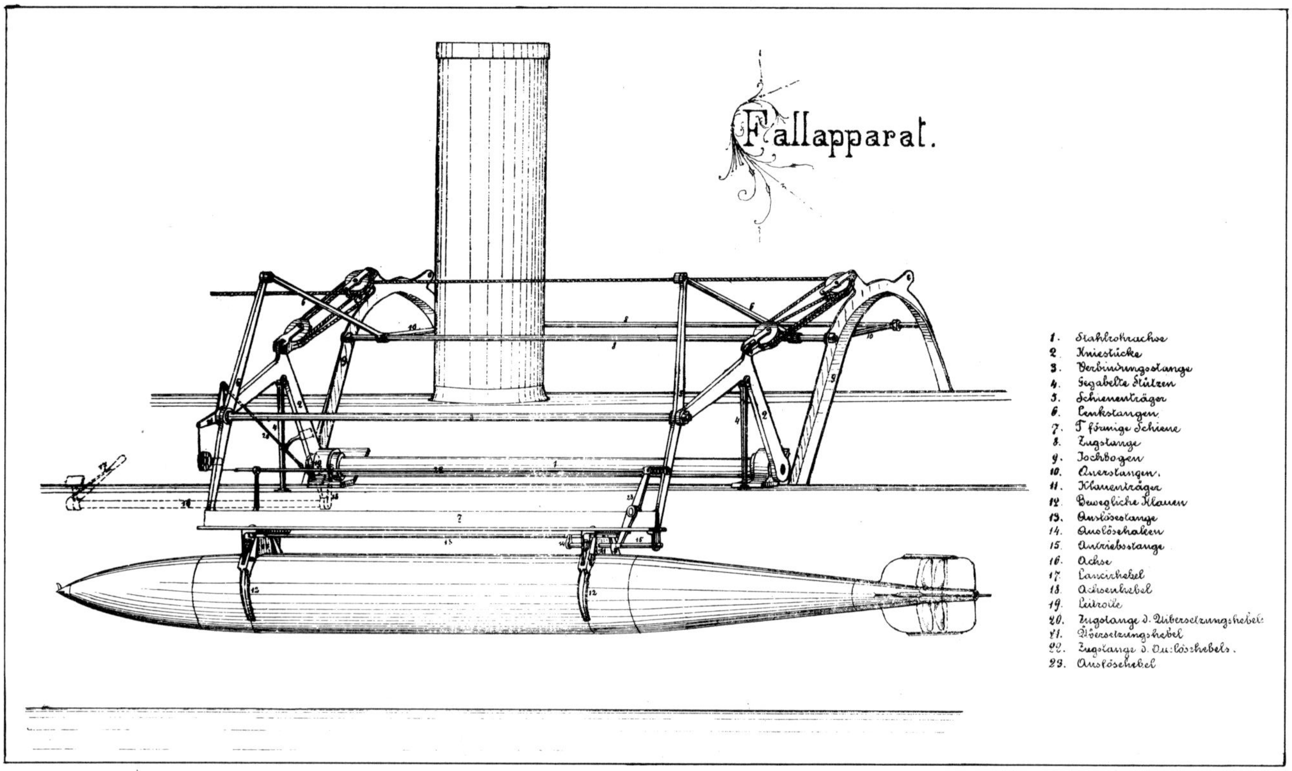

Fallapparat an der Backbordseite von Torpedoboot I.

wurde eine mittlere Geschwindigkeit von 9,16 kn (16,77 km/h) erreicht. Als Ergebnis der Angriffsübungen mit den Spierentorpedos wurde festgestellt, daß sie nur gegen den Strom durchführbar waren, mit dem Strom waren alle mißlungen — das Boot schoß jedesmal über das Ziel hinaus und der Sprengkörper wurde zu spät gezündet. Von einer Bewaffnung mit Maschinengewehren oder Schnellfeuerkanonen wurde abgesehen. 1905 wurden die Spierentorpedos auch auf der Donau endgültig abgeschafft.

Bis 1906 wurde Torpedoboot I als Patrouillenboot der k.u.k. Donauflottille verwendet. Nach der Streichung aus der Flottenliste wurde es im August 1907 an die Firma Szohner Karoly in Budapest verkauft, welche es als Zugdampfer in Betrieb nahm.

Torpedoboot II

Nach der Fertigstellung des britischen Torpedobootes „LIGHTNING" erhielt der k.k. Marineattaché den Auftrag, sich mit der Firma Thornycroft wegen Lieferung eines Torpedobootes nach diesem Vorbild ins Einvernehmen zu setzen.[1]) Am 16. August 1877 wurde der diesbezügliche Kontrakt mit einer Lieferfrist von sieben Monaten unterzeichnet. Nach dem Stapellauf und den Übernahmeprobefahrten, welche eine Geschwindigkeit von 18,2 kn ergaben, wurde das Boot auf dem Dampfer „ENVOY" verladen und traf am 5. September 1878 in Triest ein.

Äußerlich unterschied es sich von seinem Vorbild vor allem dadurch, daß es außer dem Kommandoturm und dem flachen Maschinenhausaufbau keinerlei Decksaufbauten hatte. Ebenso wie Tb I war es durch sechs Schotten in wasserdichte Abteilungen unterteilt. Die Außenhautbleche waren unter Wasser verzinkt, Vor- und Achterschiff innen mit Asphaltzement konserviert.[2])

Vorerst mit Torpedo-Fallapparaten wie auf Tb I ausgerüstet, wurden im Juni 1879 zwei Rohrattrappen mit einer Belastung von 1.070 kg eingebaut, um die Eigenschaften des Bootes mit diesem zwei Buglanzierrohren und zwei Torpedos entsprechenden Gewicht zu erproben. Die Seeeigenschaften wurden nicht wesentlich beeinflußt, als mittlere Geschwindigkeit wurden jedoch nur mehr 15,1 kn erreicht.[3])

Anschließend wurde das Boot an Land geholt, die Dampfmaschine ausgebaut, vermessen und Zeichnungen davon angefertigt, da die Absicht bestand, die beiden nächsten Boote und ihre Maschinen nach dem Muster von Tb II im Arsenal zu bauen.

1) II.G.Gr. 1877 12/39, 12/41
2) II.G.Gr. 1878 12/48
3) II.G.Gr. 1879 12/48, 12/50

Torpedoboot II

Deplacement	Bewaffnung	Antrieb	Geschwindigkeit	Fahrtstrecke	Brennstoff	Länge	Breite	Tiefgang	Besatzung	Anmerkung
28,4 t	ab 1881 zwei Buglanzierrohre	1 Lokomotivkessel Zweizylinder-Compound-Maschine 1 dreiflügelige Schraube ca. 300 PSi	18,2 kn 15 kn	3—4 h bei voller Fahrt	4 t	26,52 m	3,5 m	0,67 m / 1,55 m	1/9	Geschwindigkeit nach Einbau der Bug-Lanzierrohre 15 kn 1882 Bugsteuer eingebaut Maschinenleistung 1897 nur mit 90 PSi angegeben

Name bzw. Nummer	Werft	Baulegung	Stapellauf	Übernahme / Indienststellung	gestrichen	Anmerkung
II	Thornycroft	September 1877	21. 5. 1878	23. 7. 1878 / Oktober 1878	24. 6. 1904	24. 3. 1905 an die Fa. David Stern, Graz, zum Abbruch verkauft

1881 wurde von der Firma Whitehead ein Bug-Doppellanzierapparat eingebaut. Um die Torpedos in die Rohre einführen zu können, waren verschiedene Veränderungen erforderlich. Statt des ursprünglichen Mittelkamines erhielt das Boot zwei seitlich versetzte Kamine, und die Vorder- und Hinterwand des Kommandoturmes mußte durchbrochen werden.[4])

4) II.G.Gr. 1881 30/16

Außerhalb der Teilnahme an den jährlichen Eskadreübungen stand Tb II in den nächsten Jahren der Torpedoschule für Versuchs- und Übungsfahrten zur Verfügung. Ab 1898 der Marineakademie in Fiume zugewiesen, wurde es mit 24. Juni 1904 gestrichen und im folgenden Jahr zum Abbruch verkauft.

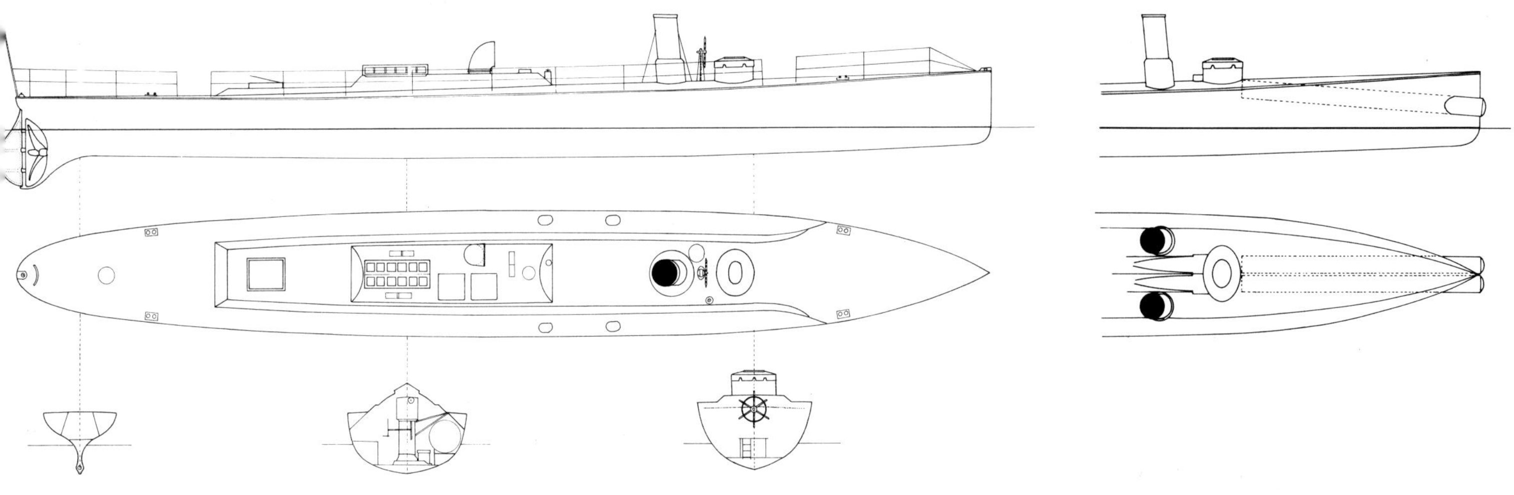

Torpedoboot II. Rechts das Vorschiff nach Einbau der Buglanzierrohre (1:200).

Die Torpedoboote III und IV

Deplacement	Bewaffnung	Antrieb	Geschwindigkeit	Fahrtstrecke	Brennstoff	Länge	Breite	Tiefgang	Besatzung	Anmerkung
26,9 t	2 Buglanzierrohre	1 Lokomotivkessel 1 Zweizylinder-Expansions-Maschine 1 Schraube 430 PSi	17,5 kn	1,5 h bei voller Fahrt 5 h bei 13—14 kn später 3—4 h bei voller Fahrt	1,5 t 3 t	26,42 m	3,33 m	0,88 m 1,50 m	1/9	1880/81 Buglanzierrohre eingebaut in den 80er Jahren Kohledepot für 3 t Kohle erhalten Musterboot für Torpedoboote V—VIII III 1885 Kesselwechsel IV 1886 Kesselwechsel

Name bzw. Nummer	Werft	Baulegung	Stapellauf	Übernahme Indienststellung	gestrichen	Anmerkung
III	Yarrow, London	September 1878	Mai 1879	4. 7. 1879 November 1879	24. 6. 1904	beide am 24. 3. 1905 an die Fa. D. Stern, Graz, zum Abbruch verkauft
IV	Yarrow, London	September 1878	27. 5. 1879	14. 7. 1879 November 1879	24. 6. 1904	

Die Torpedoboote III und IV

Die mit Thornycroft konkurrierende Firma Yarrow hatte sich bereits 1877 betreffs Lieferung von Torpedobooten an den k.k. Marineattaché gewandt. Man ließ daher den ursprünglichen Plan, die beiden nächsten Boote im Arsenal zu bauen, fallen und erteilte der Werft Yarrow 1878 den Auftrag zum Bau von zwei Torpedobooten. Im Mai 1879 gingen beide Boote vom Stapel. Bei den Übernahmeprobefahrten im Juli liefen die Boote mit dem vertraglich bedingten Gewicht 21,12 (III), bzw. 20,67 kn (IV). Torpedoboot IV war von der Werft auf eigene Kosten mit einem Bugruder versehen worden, um die besseren Manövriereigenschaften zu demonstrieren.

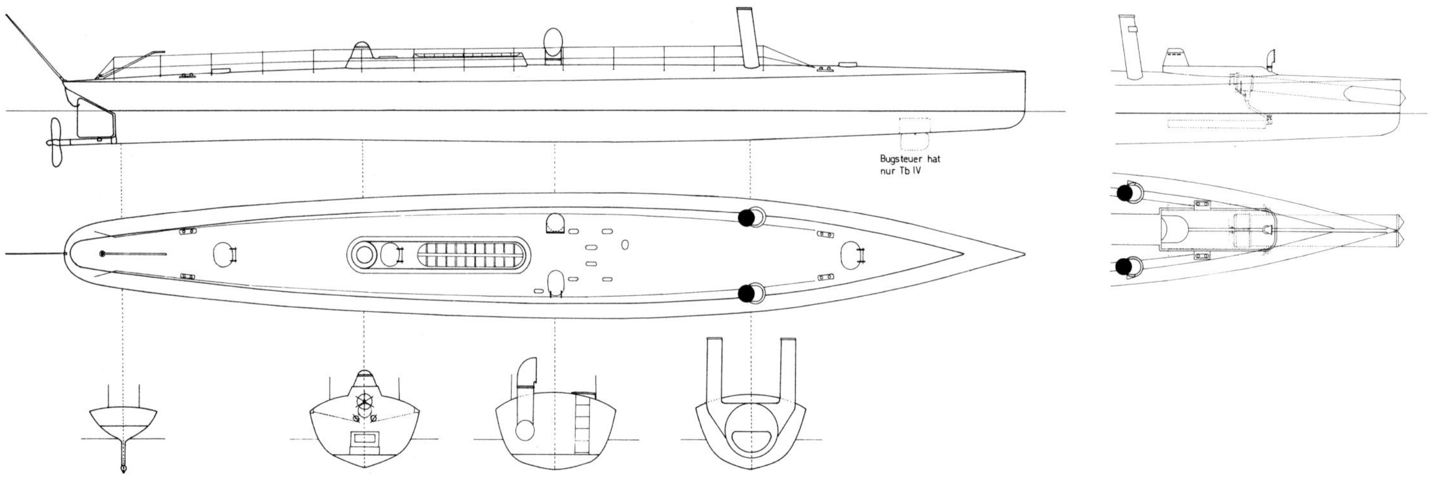

Torpedoboot III und IV. Rechts das Vorschiff nach Einbau der Buglanzierrohre (1:200).

Torpedoboot „IV".

Beide wurden wieder an Deck eines Dampfers nach Triest gebracht. Bei der im Oktober durchgeführten Untersuchung wurde eine im allgemeinen mangelhaft und besonders bezüglich der Vernietung nachlässige Arbeitsausführung festgestellt. Die oft drei bis vier Millimeter betragenden Zwischenräume der Plattenstöße waren mit Eisenkitt verstrichen worden. Die Vernietung mußte zum großen Teil erneuert werden. Nr. IV war etwas sorgfältiger gebaut, wies aber ebenfalls eine mangelhafte Vernietung auf.

Bei einem Vergleich der Materialstärken wurde festgestellt, daß die Außenhautbleche der Yarrowboote, für die allerdings besseres Material verwendet worden war, nur 1,6 mm gegenüber 3,2 mm des Thornycroftbootes, die Deckbleche 3,2 mm (2,5 mm beim Tb II) stark waren. Das Seearsenal stellte in seinem Bericht fest, daß die Boote zwar schnell seien, infolge der schwachen Bauart jedoch keinem Seegang ausgesetzt werden dürften und daher in ihrer Verwendbarkeit sehr beschränkt seien.[1])

1) II.G.Gr. 1879 12/50

Torpedoboot „IV" als Schulboot der Marineakademie in Fiume.

Bei den Probefahrten im Dezember erreichte Tb III eine mittlere Geschwindigkeit von 17,56, maximal 18,04 kn, also 2,5 kn mehr als Tb II.

Der Geschwindigkeitsunterschied zwischen den Probefahrten auf der Themse und jenen vor Pola war vor allem im Heizerpersonal begründet. Die geübten englischen Heizer der Yarrow-Werft verstanden es mit großer Geschicklichkeit, schnell Kohlen aufzulegen und dabei das Feuer in gleichmäßiger Höhe über der ganzen Rostfläche zu erhalten, während die österreichischen Heizer noch wenig Erfahrung in der Bedienung der kleinen Lokomotivkessel hatten. Dazu mußten die 1,5 t Kohle, die das Boot mitführen konnte, in Säcken im Heizraum verstaut werden, wodurch die beiden Heizer in dem ohnehin kleinen Raum weiter in ihrer Bewegungsmöglichkeit behindert wurden.

Nach den Probefahrten wurden die Boote an Land geholt und bis Juni 1880 ein großer Teil der Außenhautbleche neu vernietet. Die Werft schickte einen Ingenieur nach Pola und erklärte sich bereit, die Kosten für diese Arbeiten zu übernehmen. Abschließend wurde festgestellt, daß die Arbeitsausführung zwar mangelhaft, die Linienführung des Rumpfes und besonders die Konstruktion der Maschine dem Thornycroft-Boot zweifellos überlegen waren. Auch die ausgezeichnete Wirksamkeit des Bugruders wurde anerkannt.

1880 wurden in Tb IV, 1881 in Tb III von der Firma Whitehead Bug-Doppellanzierrohre für 35 cm-Torpedos eingebaut.[2])

2) II.G.Gr. 1880 30/16 und 1881 30/16

Tb III wurde in den folgenden Jahren zu Lanzierübungen der Torpedoabteilung verwendet, 1888 und 1889 der Torpedoschule zugeteilt, diente es ab August 1889 zur Einschulung des Torpedoboot-Maschinenpersonals.

Auch Tb IV wurde hauptsächlich zu Übungsfahrten des Torpedo-Offizierskurses verwendet.

Zur Vergrößerung der Fahrtstrecke wurden Kohlendepots mit einem Fassungsraum von 3 t Kohle eingerichtet. 1885 bzw. 1886 erhielten die Boote neue Lokomotivkessel.

Mit 24. Juni 1904 wurden beide Boote aus der Flottenliste gestrichen und anschließend verkauft.

Torpedoboote V — VIII

Obwohl die Pläne für die nächsten, nach dem Muster von Tb II im Arsenal zu erbauenden Boote — ihre Anzahl war inzwischen mit vier Stück festgelegt worden — bereits fertig waren, wurde die Baulegung hinausgeschoben, um die Fertigstellung und Erprobung der zwei bei Yarrow bestellten Torpedoboote abzuwarten.[1])

Als sich bei den Probefahrten erwies, daß die Yarrow-Boote mit voller Belastung um mehr als zwei Knoten schneller waren als das Thornycroft-Boot, erhielten die Schiffbau- und Maschinenbaudirektionen den Auftrag, neue Pläne nach dem Muster der Yarrow-Boote anzufertigen.

1) II.G.Gr. 1879 12/49

Die Torpedoboote V — VIII

Deplacement	Bewaffnung	Antrieb	Geschwindigkeit	Fahrtstrecke	Brennstoff	Länge	Breite	Tiefgang	Besatzung	Anmerkung
27,68 t voll ausgerüstet 30 t	2 Bug-Lanzierrohre	1 Lokomotivkessel Zweizylinder-Compound-Maschine 1 Schraube 430 PSi	18,3 kn	4 h	3,5 t	27,77 m	3,31 m	0,75 m / 1,35 m	1/9	Lanzierapparate 1892 auf Pulverlanzierung umgestellt

Name bzw. Nummer	Werft	Baulegung	Stapellauf	Übernahme / Indienststellung	gestrichen	Anmerkung
V	Seearsenal	März 1880	4. 12. 1880	Dezember 1880 / Dezember 1880	24. 6. 1904	alle vier Boote mit Ermächtigung vom 24. 3. 1905 an die Fa. D. Stern zum Abbruch verkauft
VI	Pola	März 1880	21. 12. 1880	Dezember 1880 / Jänner 1881	24. 6. 1904	
VII	Pola	März 1880	8. 1. 1881	Jänner 1881 / Jänner 1881	24. 6. 1904	
VIII	Pola	März 1880	14. 2. 1881	Februar 1881 / Februar 1881	24. 6. 1904	

Torpedoboot V bis VIII (1:200).

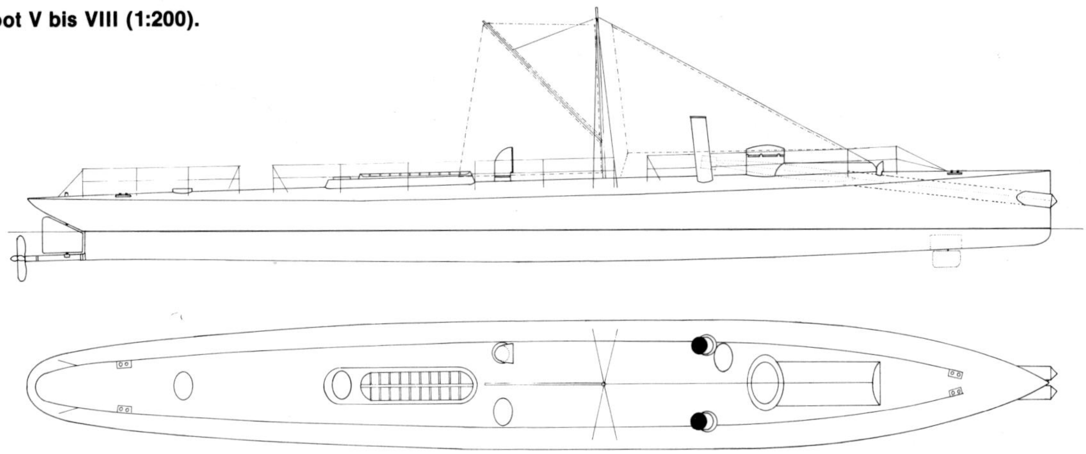

Die Yarrow-Maschinen wurden aufgemessen und die vier Maschinen für die Torpedoboote V — VIII danach gebaut.[2]) Auch die Rümpfe waren, von kleinen Abweichungen abgesehen, mit den Yarrow-Booten identisch. Aus Festigkeitsgründen wurden die Außenhautbleche aus 3,17 bzw. 3,25 mm starken Blechen angefertigt sowie Kiel- und Deckversteifungswinkel angeordnet. Nicht nur der Kommandoturm, sondern auch die Lanzierrohre und der Maschinistenstand wurden durch schußsichere Bleche gegen Gewehrfeuer geschützt. Um das erhöhte Deplacement (27,68 t, voll ausgerüstet ca. 30 t) auszugleichen, wurde der Rumpf um zwei Spantdistanzen verlängert. Ein Antrag der Torpedoabteilung, die Boote für 5,8 m lange Torpedos zu konstruieren, wurde abgelehnt.

Im März 1880 begann man im Seearsenal mit dem Bau. Ebenso wie die Yarrow-Boote waren die Rümpfe durch sieben Schotten unterteilt. Zusätzlich wurden drei Halbschotten eingebaut. Entgegen den herrschenden Gepflogenheiten wurde der vordere Raum für die Unterbringung des Kommandanten verwendet, während die Mannschaft im achteren Raum untergebracht wurde.[3])

Bei den im Dezember 1880 und Jänner/Februar 1881 durchgeführten Probefahrten wurden unbelastet 20,4 kn, mit voller Ausrüstung (30 t) 18,3 kn mittlere Geschwindigkeit erreicht. (Das fehlende Gewicht der Lanziervorrichtung wurde durch entsprechenden Ballast ersetzt.) Von der Fa. Whitehead wurden anschließend die Bug-Doppellanzierrohre mit Kompressoren und Druckluftbehältern eingebaut. Im Sommer unterzog man die Boote eingehenden Erprobungen, u. a. mußte jedes Boot eine Dauerfahrt von Pola nach Fiume und zurück durchführen.

Um die Frage einer eventuellen Panzerung gegen Schnellfeuerkanonen zu klären, wurden im März 1882 mit Tb VII Vergleichsfahrten vorgenommen, wobei das Vorschiff einen aus 17 mm starken Platten bestehenden aufgeschraubten Panzerschutz im Gewicht von 442 kg erhielt.[4])

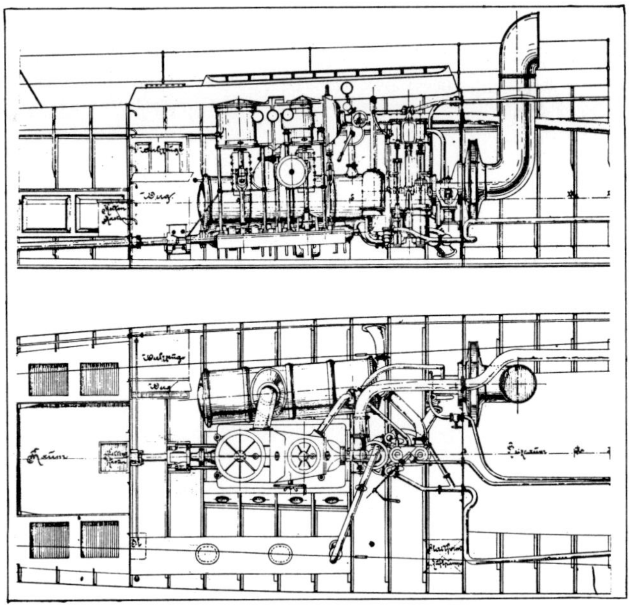

Zweizylinder-Compoundmaschine der Torpedoboote V — VIII.

Ebenso wurden Probefahrten mit einer Zuladung unternommen, welche dem Gewicht einer 37 mm Revolverkanone entsprach. Die mittleren Geschwindigkeiten von 16,5 bis 17 kn (maximal 17,8 kn) wichen nur wenig voneinander ab. Der Geschwindigkeitsverlust gegenüber den Probefahrten im Vorjahr wurde auf verschiedene Faktoren, wie geringeren Dampfdruck, mangelnde Glätte des Unterwasserschiffes, höhere Belastung, Abnützung der Maschine, Deformierung des Propellers und dergleichen zurückgeführt. Als maximale Maschinenleistung wurden bei diesen Fahrten 366,7 PSi gemessen.

2) II.G.Gr. 1880 12/49
3) II.G.Gr. 1880 12/49
4) II.G.Gr. 47 G/2-9

Torpedoboot „VI", Einschiffung eines Fischtorpedos".

In den Weisungen der Marinesektion auf den Bericht über die Vergleichsfahrten wird u. a. festgehalten: *„... obwohl keine nennenswerte Beeinträchtigung der Geschwindigkeit und der Maschinenleistung festgestellt werden konnte, sei von einer Panzerung abzusehen, da bei der Entwicklung der Maschinengeschütze die erprobte Panzerung nicht ausreichen würde."* Auch die Bewaffnung mit Maschinengeschützen wurde auf einen späteren Zeitpunkt verschoben.

Erstmals nahm in diesem Jahr eine aus den Torpedobooten IV — VIII bestehende Torpedoflottille an den Manövern der Sommereskadre teil. Im September führten die fünf Boote gemeinsam mit dem Torpedoschiff „ZARA" mehrwöchige Übungen durch, für welche ein fünf Punkte umfassendes Programm ausgearbeitet worden war:

1) Schulung der Bootskommandanten und der Maschinenmannschaft,
2) Erprobung verschiedener Signalmittel,
3) Angriffsübungen in verschieden großen Gruppen bei Tag und Nacht gegen Schiffe vor Anker und in Fahrt, wobei auch Erfahrungen über die Abwehrmöglichkeiten gesammelt werden sollten,
4) Behandlung und Konservierung von Torpedobooten auf längeren Fahrten,
5) Lanzierübungen.

Um dem während der Manöver in Pola anwesenden Kaiser die Wirksamkeit der neuen Waffe zu demonstrieren, versenkte Tb V am 16. September 1882 mit einem Torpedoschuß den Hulk der Goelette „ARETHUSA".

1885 wurden die Maschinen der vier Boote (ebenso die der Tb I — IV) auf Direktauspuff des Dampfes umgestellt. Tb V erhielt 1888 einen neuen Kessel. Auf den anderen Booten wurde der Betriebsdruck ab 1. Jänner 1897 auf 6 atü herabgesetzt. Die Lanzierapparate stellte man 1892 auf Pulverimpuls um, Luftkompressoren und Druckluftbehälter wurden ausgebaut.

Die Torpedoboote I — VIII wurden als Torpedoboote III. Klasse eingestuft. Mit Ausnahme von Tb I wurde mit Erlaß vom 24. Juni 1904 ihre Streichung aus der Flottenliste verfügt.

Die Torpedoboote IX und X

Deplacement	Bewaffnung	Antrieb	Geschwindigkeit	Fahrtstrecke	Brennstoff	Länge Breite	Tiefgang	Besatzung	Anmerkung
37,1 t konstruiert 47,5 t voll ausgerüstet	1/37 mm SFK 2 Bug-Lanzierrohre ab 1899 nur 1 Bug-Lanzierrohr	1 Lokomotivkessel 1 Zweizylinder-Compound-Maschine 1 Schraube 500 PS max. 620 PS	17,8 kn max. 18,7 kn	8 h bei 16 kn 16 h bei 14 kn	5 t	31,20 m 3,69 m	0,97 m / 1,60 m	2/13	Deplacement bei Probefahrten 1883 47,5 t 1893 Lanziervorrichtung adaptiert für Pulverimpuls ab 1899 statt Rammsteven geraden Vorsteven

Name bzw. Nummer	Werft	Baulegung	Stapellauf	Übernahme / Indienststellung	gestrichen	Anmerkung
IX	Yarrow, London	Februar 1881	9. 8. 1881	12. 9. 1881 / 12. 9. 1881	24. 6. 1904	ursprünglich XI und XII, ab August 1884 IX und X
X	Yarrow, London	Februar 1881	29. 8. 1881	12. 9. 1881 / 12. 9. 1881	24. 6. 1904	beide Boote mit 24. 3. 1905 an die Fa. David Stern, Graz, zum Abbruch verkauft

Die Torpedoboote IX und X

1880 lieferte die Werft Yarrow & Co. ein Torpedoboot für die kaiserlich russische Marine. Als wichtigste Forderung war im Baukontrakt des Bootes, das den Namen „BATUM" erhielt, soviel Seefähigkeit verlangt worden, daß es längere Zeit die See halten konnte. „BATUM" war das erste Boot, das bereits von der Konstruktion her für den Einbau des von Whitehead entwickelten Buglanzierapparates vorgesehen war.

Am Abend des 29. August 1880 lief „BATUM" in Fiume ein. Das Seearsenalkommando Pola sandte eine Kommission, bestehend aus dem Lschkapt. Manfroni, den beiden Schiffbau-Ingenieuren Soyka und Pegan und dem Maschinenbau-Direktor Heusser, mit dem Auftrag nach Fiume, das Boot eingehendst zu besichtigen, was von dem russischen Kommandanten, Schiffsleutnant Sazarenny, bereitwilligst gestattet wurde.[1])

Die Kommission bezeichnete das Boot als *„mittelmäßige Schiffsbauerarbeit"*. Besonders die Verbindung der Bleche und deren Vernietung wurden bemängelt. Die Außenhautbleche (Deck 3—4 mm, Kielplatten 3,5 mm, alle übrigen Bleche 2,5 mm stark) waren nicht durch Überlappung, sondern durch darübergelegte Blechstreifen verbunden. Kessel und Maschinenanlage wurden als *„vortrefflich"* bezeichnet.[2])

Nach Einbau der Lanzierapparate (die beiden Rohre waren bereits von der Werft eingesetzt worden) führte man Probelanzierungen durch. Die Lanzierapparate funktionierten einwandfrei, die Treffer blieben jedoch, wie sich die Kommission ausdrückte, *„fromme Wünsche"*. Die Torpedos bohrten sich nach zirka 30 m ins Wasser und gingen zu tief. (Bei Erprobungsfahrten der „BATUM" zwischen Nikolajew und Odessa traten durch die Erschütterungen im Seegang an den in den Rohren geführten Torpedos Beschädigungen auf. Man versah daraufhin die Torpedorohre der k.k. Boote mit Klemmbacken, welche die Torpedos besser festhielten.)

Am 11. Jänner 1881 wurde mit Yarrow ein Kontrakt für die Lieferung von zwei Torpedobooten des Typs „BATUM" abgeschlossen.[3]) Gefordert wurden eine Geschwindigkeit von 20,5 kn ohne Torpedoeinrichtung und die Verwendung stärkerer Außenhautbleche (3 — 4 mm für die Außenhaut, 4 mm für die Deckbeplattung). Obwohl das Seearsenal vorschlug, die Boote mit geradem Steven zu bauen, erhielten sie — wie „BATUM" — einen Rammsteven und das Vorschiff ein Walrückendeck.

Um die Mängel, die sich bei den Lanzierversuchen mit „BATUM" ergeben hatten, zu vermeiden, wurden die Lanzierrohre mit etwas geringerer Neigung eingebaut.

Die beiden Boote wurden als Typ „Yarrow A" bezeichnet und führten bis 1884 die Nummern XI und XII, die Nummern IX und X sollten zwei Booten kleinerer Gattung vorbehalten werden. Mit MNV vom 16. August 1884 wurde die Umbenennung in IX und X verfügt.

1) II.G.Gr. 1880 12/50
2) II.G.Gr. 1880 12/50

3) II.G.Gr. 1881 12/50

Bei den Probefahrten im August und September 1881 äußerte sich die Übernahmskommission sehr befriedigt über die erreichten mittleren Geschwindigkeiten von 22,12 bzw. 21,13 kn und den verhältnismäßig niedrigen Kohlenverbrauch. Zur Übernahme und Überführung nach Pola schickte man die Linienschiffsleutnante Jedina und Ripper mit den entsprechenden Mannschaften nach London. In Begleitung der Korvette „FASANA" wurde am 15. September 1881 die Reise nach Pola angetreten. Die Reiseberichte der Schiffskommandanten enthalten eine eingehende Beschreibung der Boote und ihrer Eigenschaften.[4])

Infolge der runden Spantform rollten sie natürlich stark im Seegang. Durch das Fehlen eines Außenkieles war auch die Kursstabilität besonders bei mitlaufender See schlecht. Das ausgefahrene Bugruder ergab nicht nur eine Verbesserung der Kursstabilität, sondern wirkte auch dämpfend auf die Rollbewegungen. Die Boote waren erstmals mit einem Dampfsteuerapparat ausgerüstet. Bei den damit angestellten Versuchen legte er das Ruder zu schnell hart steuerbord oder backbord, so daß die Kommandanten wenig davon begeistert waren. Sie vertraten die Ansicht, daß die Handsteueranlage auch mit beiden Rudern leicht von einem Mann zu bedienen sei und der Dampfsteuerapparat im Ernstfalle eher eine Gefahr als einen Nutzen darstelle.

Die Kamine hatten windhutzenähnliche Krümmer, die Spritzwasser von vorne abhalten sollten. Das taten sie auch; da sie jedoch nur sehr begrenzt drehbar waren, blies achterlicher Wind direkt hinein, was besonders beim Anheizen unangenehm war. Bei Geschwindigkeiten von mehr als 10 — 11 kn arbeiteten die Kessel mit einem Unterwind-System (künstlicher Zug), bei dem der Heizraum unter Überdruck stand und daher ständig geschlossen gehalten werden mußte.

4) PK 1881 X-6

Torpedoboot „IX" in der Hafeneinfahrt Pola.

In Fahrt war die Ventilation der Innenräume ausreichend, bei stilliegendem Boot wirkte sich jedoch die Sonneneinstrahlung auf den Eisenrumpf derart aus, daß in den Unterkunftsräumen Temperaturen von über 50° C gemessen wurden. Kennzeichnend für die sanitären Verhältnisse auf diesen alten Torpedobooten sind die betreffenden Ausführungen des Reiseberichtes. Die „sanitären Einrichtungen" bestanden aus je einem Kübel für die Offiziers- und Mannschaftsunterkunft. Ripper bemerkte hiezu, daß der für die Mannschaft bestimmte „Abort" während der ganzen Überfahrt nicht ein einziges Mal benützt wurde, und daß es die Mannschaft vorzog, ihre Bedürfnisse auf andere Weise (über Bord) zu befriedigen, um die Luft in dem engen Wohnraum nicht zu verderben. Als *„zweckentsprechendste Einrichtung"* wurde ein festes Eisengeländer mit einem leichten Trittbrett vorgeschlagen.

Bezüglich der Maschine äußerten beide Kommandanten übereinstimmend, daß sie sich während der 3.349 sm langen Überfahrt vorzüglich bewährte.

Bei Gravosa trennten sich die Boote von der Korvette „FASANA" und trafen am Morgen des 7. November 1881 in Pola ein.

Die für 1882 vorgesehenen Versuchsfahrten mit Tb X mußten am 12. Mai wegen eines größeren Kesselschadens abgebrochen werden und konnten erst in den Monaten März bis Mai 1883 durchgeführt werden. Durch den Einbau der Lanzierrohre, Vergrößerung der Kohlendepots und zusätzlicher Ausrüstungsgegenstände war die Verdrängung auf fast 48 t, der Rumpftiefgang auf 1,06 m gestiegen. Als Höchstgeschwindigkeit wurden 17,14 kn (17. April 1883) gemessen. Die Kommission stellte fest, daß sie Seefähigkeit und Geschwindigkeit durch die Belastung mit den Lanzierapparaten sehr gelitten habe, daß

Torpedoboot „IX" während der Überführungsfahrt im Hafen von Messina, September 1881.

Torpedoboot IX und X (1:200).

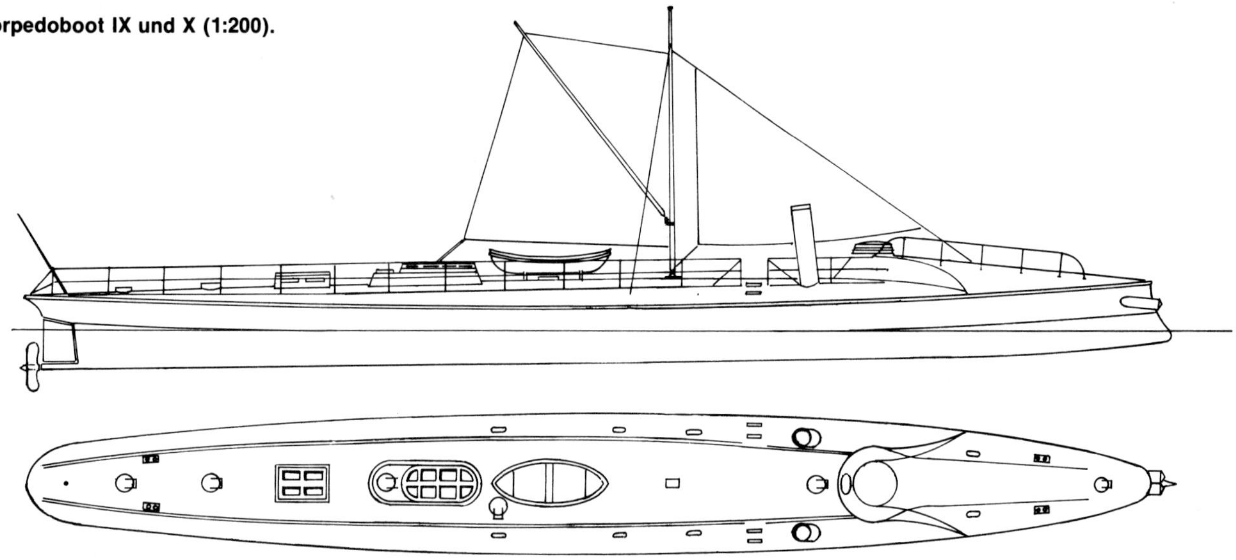

sich der Bug in die See grabe und erst bei zunehmender Fahrt heben würde und der Aufenthalt an Deck bei Seegang äußerst beschwerlich sei.

Als Folge der Erprobungen wurden verschiedene Veränderungen durchgeführt. Wie auf den Booten II — VIII wurde die Mannschaft im achteren Wohnraum und die beiden Offiziere im Vorschiff untergebracht. Die beantragte Versetzung des Kessels um eine Spantdistanz (457 mm) nach achtern wurde nicht genehmigt. Die Schiffbau-Direktion wurde angewiesen, bei den im Seearsenal zu bauenden Booten die Erfahrungen der Probefahrten zu berücksichtigen.

Die Boote waren für die Überfahrt von der Yarrow-Werft mit einem acht Meter langen Mast mit einem Gaffelsegel und einem Focksegel ausgerüstet worden. Nun erhielten sie wie die anderen Boote II. und III. Klasse ein Sprietsegel und eine Fock, die auch als Sonnenzelte verwendet wurden, während Mast und Spriet als Ladegeschirr für die Übernahme der Torpedos dienten.

Die Hilfsbesegelung erwies sich bei einer Havarie des Tb IX als recht brauchbar. Das Boot kreuzte am 18. Juli 1898 an der Westküste Istriens, als es die Schraube verlor. Der Kommandant ließ sich von dem in der Nähe passierenden Dampfer „RISANO" um die „Punta" (Kap Salvore, die Nordwestspitze Istriens) herumschleppen, setzte Segel und lief damit nach Porto Rose, von wo ihn der Marineschlepper „GIGANT" nach Pola brachte.[5])

1893 adaptierte man die Lanziervorrichtungen für Pulverimpuls, so daß der Luftkompressor und die Druckluftbehälter ausgebaut werden konnten. 1899 wurde das Vorschiff umgebaut, beide Boote erhielten statt des Rammbugs einen geraden Vorsteven mit nur einem Lanzierrohr, wodurch eine Gewichtsverminderung von 0,801 t erzielt wurde.

5) PK 1898 1-11/1

In den ersten Jahren der Übungseskadre zugeteilt, wurden Tb IX und X ab 1888 nach Herabsetzen des zulässigen Betriebsdruckes auf 7 bzw. 6,5 atü und des 1901 durchgeführten Ausbaues der Lanzierrohre nur mehr für Übungsfahrten der Torpedoschule und der Maschinenschule verwendet. Mit 24. Juni 1904 wurden sie aus der Flottenliste gestrichen.

Die Torpedoboote XI — XXVI

Nach dem Muster der beiden Yarrow-Boote (Typ „BATUM") wurden Konstruktionspläne für eine im Arsenal zu erbauende Serie von Torpedobooten angefertigt.[1]) Um mit den gleichen Maschinen ausreichende Geschwindigkeiten zu erzielen, baute man die Kessel für einen Betriebsdruck von 10 atü, gegenüber 8 atü der Boote IX und X. Zur Unterbringung des auf 46,7 t erhöhten Konstruktions-Deplacements wurde der Spantenabstand vergrößert, so daß man auf eine Länge zwischen den Perpendikeln von 32,62 m kam.

Anfang 1883 wurden zwei Boote — XIII und XIV — von dieser als „Yarrow B" bezeichneten Serie in Bau gelegt. Nach ihrer Fertigstellung führte man von September bis November 1883 unter einer Kommission, bestehend aus den Marineingenieuren Heusser, Keil und Pegan und drei Seeoffizieren (Lschkapt. Rohrscheidt, Lschlt. Anton und Lschlt. Ripper) zahlreiche Probefahrten durch.

Die Boote wurden als *„solide und fachgerechte Konstruktion"* bezeichnet. Trotz der um mehr als 10 t größeren Verdrängung wurden mittlere Geschwindigkeiten von 18 bis 19 kn (Tb XIII am 25. September: v mittl. 19,04 kn, v max. 19,67 kn bei 584 PSi) erreicht.[2])

1) II.G.Gr. 1881 47 C/5
2) II.G.Gr. 1884 47 C/3

Die Torpedoboote XI — XXVI

Deplacement	Bewaffnung	Antrieb	Geschwindigkeit	Fahrtstrecke	Brennstoff	Länge	Breite	Tiefgang	Besatzung	Anmerkung
46,7 t konstruiert voll ausgerüstet 55—56 t	1/37 mm SFK 2 Buglanzierrohre	1 Lokomotivkessel 1 Zweizylinder-Maschine 1 Schraube 600 PSi (Tb XIV maximal 762 PS)	18—19 kn	12 h bei ganzer Kraft 480 sm bei 15 kn	8 t	34,26 m	3,84 m	1,06 m / 1,69 m	2/14	Tb XIII ab 1894, Tb XXV ab 1896 ein Thornycroft-Wasserrohrkessel Tb XIX ab 1895 ein Du Temple Wasserrohrkessel, Tb XIV ab 1898 ein Yarrow-Wasserrohr-Kessel bei Tb XII, XIV, XV, XVI und XXIV Torpedobewaffnung geändert

Name bzw. Nummer	Werft	Baulegung	Stapellauf	Indienststellung	gestrichen	Anmerkung
XI	Seearsenal	November 1884	4. 7. 1885	August 1885	19. .1. 1907	verkauft an Fa. Leopold Weininger, Wien
XII	Seearsenal	November 1884	10. 9. 1885	September 1885	19. 1. 1907	verkauft am 21. Juli 1907, Fa. D. Stern, Graz
XIII	Seearsenal	Jänner 1883	30. 8. 1883	September 1883	24. 6. 1904	verkauft am 24. März 1905
XIV	Seearsenal	Jänner 1883	18. 9. 1883	September 1883	24. 6. 1904	verkauft am 24. März 1905
XV	Seearsenal	Juni 1883	12. 5. 1884	Mai 1884	13. 12. 1909	verkauft
XVI	Seearsenal	Juni 1883	31. 5. 1884	Juni 1884	9. 8. 1909	verkauft an Fa. Whitehead, Fiume
XVII	Seearsenal	Dezember 1883	8. 11. 1884	November 1884	19. 1. 1907	als Artillerie-Scheibe verwendet
XVIII	Seearsenal	Dezember 1883	6. 12. 1884	Mai 1885	19. 1. 1907	verkauft am 21. Juli 1907 an Fa. D. Stern, Graz
XIX	Seearsenal	Juni 1884	19. 6. 1885	Juli 1885	24. 6. 1904	verkauft am 24. März 1905
XX	Seearsenal	Juni 1884	8. 7. 1885	Juli 1885	9. 8. 1909	verkauft
XXI	Seearsenal	1885	14. 12. 1885	Jänner 1886	13. 12. 1909	umgebaut als Artillerie-Scheibenträger
XXII	Seearsenal	1885	7. 1. 1886	Jänner 1886	9. 8. 1909	verkauft
XXIII	Seearsenal	1885	27. 12. 1885	Jänner 1886	9. 8. 1909	umgebaut zum Verkehrstender „T 55“
XXIV	Seearsenal	1885	18. 1. 1886	Februar 1886	13. 12. 1909	verkauft
XXV	Seearsenal	Dezember 1884	9. 11. 1885	November 1885	24. 6. 1904	verkauft am 24. März 1905
XXVI	Seearsenal	Dezember 1884	5. 12. 1885	Dezember 1885	13. 12. 1909	verkauft

Bezüglich der Bugform (Rammbug) äußerte die Kommission in ihrem abschließenden Bericht vom 3. Dezember 1883, daß diese bei ruhiger See zweckentsprechend sei, bei mehr als 15 kn hebe sich der Bug, wodurch eine Stauung des Wassers *„paralysiert“* werde, und bei bewegter See sei sie ebenso gut wie ein gerader Steven. Außerdem stelle der Rammbug gleichzeitig einen Schutz für die Lanzierrohre bei einem eventuellen Anfahren (z. B. an eine Kaimauer) dar. Die Kommission schlug daher die Beibehaltung des Rammbuges vor.[3])

Im Rahmen der Sommereskadre 1884 wurden drei Boote mit Rammbug — XI, XIII und XIV — und drei Boote mit geradem Steven — VI, VII und VIII — in Dienst gestellt. Ende Juli legte Fregkapt. Müller als Kommandant des Torpedo-Depotschiffes „ELISABETH“ einen Bericht vor, in dem er feststellte, daß die vom Rammbug aufgeworfene Bugwelle im Scheinwerferlicht auffallend sichtbar sei und außerdem das Vorschiff dieser Boote bei Seegang oft bis zum Turm überflutet werde. Er bezeichnete den Rammbug als *„keineswegs entsprechend“* und trat für die Wiedereinführung des geraden Buges ein. Der Bericht wurde an die Marinesektion weitergeleitet.[4])

3) II.G.Gr. 1883 47 C/4-1
4) II.G.Gr. 1884 47 C/3-2

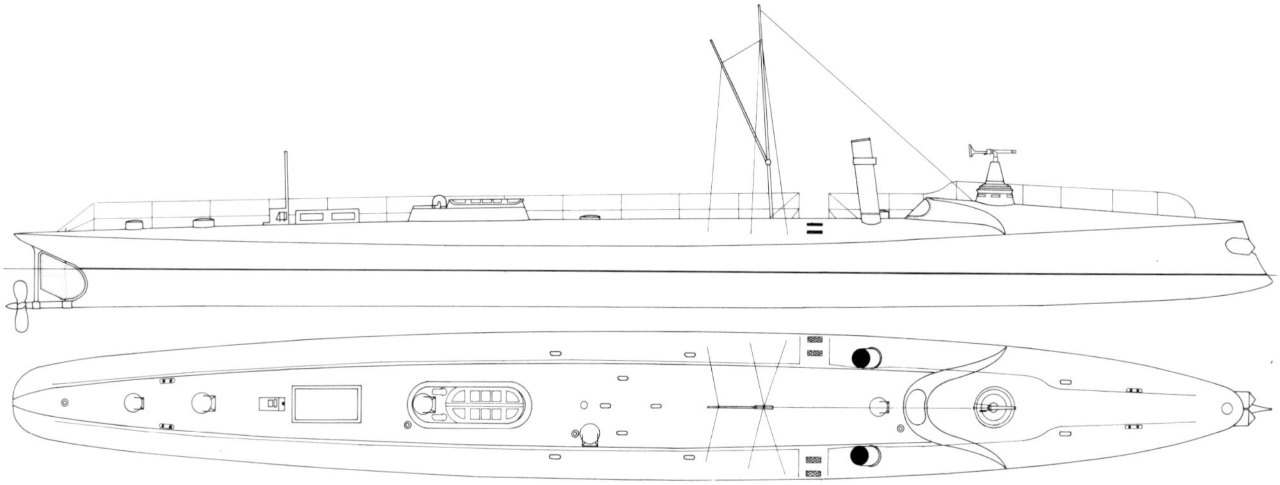

Torpedoboot XI bis XXVI. Die Torpedoboote der Serie XXVII bis XXXII sind mit geradem Vorsteven ausgeführt, ansonsten mit den Booten XI bis XXVI identsich (1:200).

Torpedoboote II. Klasse im Bau, Seearsenal Pola um 1885.

Torpedoboote II. Klasse auf Manöverfahrt.

Torpedoboot „XII".

Torpedoboot „XVI“.

Torpedoboot II. Klasse.

Torpedoboot II. Klasse.

Torpedoboot „XVI" nach Verkauf an die Torpedofabrik Whitehead, August 1909.

Interessant sind die Begleitschreiben zu diesem Bericht: Das Seearsenalkommando bezeichnete die Feststellung Müllers als *„wenn schon nicht übertrieben, so doch als individuelle Ansichten"* und trat für die Beibehaltung des Rammbuges ein. Es stellte weiters fest, daß der Erprobungskommission auch der Lschlt. Ripper angehörte, der Tb IX (XI) von London nach Pola überführte und dem man daher in dieser Frage ein besonderes Urteilsvermögen zugestehen müßte.

Die Stellungnahme von Ripper zugunsten des Rammbuges erscheint merkwürdig, da er selbst am Schluß seines Berichtes bezüglich der wünschenswerten Verbesserungen u. a. anführte: *„Erhöhung des Vorschiffes, damit sich das Vorderteil nicht so stark in die See bohrt und nicht jede See, selbst die geringste, über das Vorderdeck spüle".*[5])

Die Torpedoabteilung der Marineartillerie-Kommission wies mit Recht darauf hin, daß die Erprobungsfahrten nur mit zwei Rammbug-Booten (XIII und XIV) und keine Vergleichsfahrten mit Booten mit geradem Steven durchgeführt wurden. Das Urteil der Kommission müsse daher als einseitig bezeichnet werden. Zudem hätte Fregkapt. Müller als Kommandant des Begleitschiffes monatelang Gelegenheit gehabt, die Boote bei jeder Wetterlage zu beobachten und müsse daher seinen Ausführungen die gebührende Beachtung geschenkt werden.

Mit Schreiben vom 14. September 1884 ordnete die Marinesektion die Beibehaltung des Rammbuges für die weiteren Bauten an.[6])

5) PK 1881 X-6
6) II.G.Gr. 1884 47 C/3-2

Bis Jänner 1886 stellte das Seearsenal 16 Boote fertig. Nach einer vorliegenden Aufstellung wurde in den Jahren 1889 bis 1894 das Vorschiff aller Boote dieser Serie umgebaut und der Rammbug durch einen geraden Vorsteven ersetzt. Die Lanziervorrichtungen wurden für Pulverimpuls adaptiert. Gelegentlich des Vorschiffumbaues änderte man auch bei einigen Booten die Torpedobewaffnung; die Boote XII, XIV, XV, XVI und XXIV erhielten ein Bug-Lanzierrohr und einen Deck-Lanzierapparat. Zur Erprobung von Wasserrohrkesseln ersetzte man auf den Torpedobooten XIII (1895) und XXV (1896) den Lokomotivkessel durch einen Thornycroft-Wasserrohrkessel, Tb XIX erhielt 1895 einen Du Temple- und Tb XIV 1898 einen Yarrow-Wasserrohrkessel.

Bei den 1895 bis 1899 durchgeführten Probefahrten hatten die Boote durchwegs eine Verdrängung von 52 bis 55 t und erreichten nur mehr mittlere Geschwindigkeiten von 15 kn, während jene mit neuen Wasserrohrkesseln noch 17 bis 19 kn (Tb XIII: v mittl. 19,35 kn bei 580 PSi) liefen.

Anläßlich der ungarischen Landesausstellung 1885 unternahm Tb XIV unter Kommando von Lschlt. Ripper vom 16. April bis 20. September eine Fahrt die Donau aufwärts bis Budapest und Wien, wobei es 5.270 sm zurücklegte.

Während der Kreta-Krise war im Rahmen der internationalen Demonstrationsflotte eine aus den Booten XI bis XVI bestehende Torpedoflottille zur Blockade des der k.k. Eskadre zugewiesenen Küstenabschnittes eingesetzt.

Bis Ende des Jahrhunderts abwechselnd für die Eskadre oder für Übungsfahrten in Dienst gestellt, wurden die Boote in den letzten Jahren nur mehr für Schulzwecke (Torpedo- oder Maschinenschule), als Wachboote oder für die lokale Verteidigung der verschiedenen Seebezirkskommandos verwendet. In den Jahren 1904 bis 1909 wurden alle aus der Flottenliste gestrichen und mit wenigen Ausnahmen zum Abbruch verkauft.

Tb XVII verwendete man nach Ausheben der Maschine einige Jahre als Artilleriescheibe, auch Tb XXI wurde

Torpedoboote II. Klasse im Hafen von Triest.

Torpedoboote II. Klasse, Gruppenfahrt.

1910 als Scheibenträger adaptiert. Tb XXIII baute man zum Verkehrstender für die Bocche di Cattaro um und stellte es mit der Bezeichnung „T 55“ in Dienst. Von dem beabsichtigten Umbau weiterer Torpedoboote dieser Klasse wurde wegen der damit verbundenen hohen Kosten abgesehen.

Die Torpedoboote XXVII — XXXII

Mit der beabsichtigten Baulegung einer weiteren Serie von Torpedobooten II. Klasse im Seearsenal wurde die Frage „Rammbug oder gerader Steven“ neuerlich aktuell. Das MTK legte am 3. Jänner 1886 ein ausführliches Referat darüber vor. Darin wurde u. a. ausgeführt, daß der gerade Steven bezüglich Widerstand und Geschwindigkeit keinen Vorteil biete und die Seeigenschaften durch den geraden Bug *„nicht besonders tangiert“* würden. Aus den Erfahrungen der Übungs-Eskadres der vorhergegangenen Jahre sei jedoch festzustellen, daß der gerade Steven eine bedeutend weniger auffällige Bugwelle erzeuge als der Rammbug. Das MTK beantragte daher für die in Bau zu legenden Boote die gerade Bugform.[1])

Die Marinesektion stimmte diesem Vorschlag zu und ordnete die sofortige Inbaulegung von vier Torpedobooten *„vollkommen gleich den letzten Booten, jedoch mit geradem Steven“* an.[2]) Der Antrag, die Boote im Hinblick auf einen geringeren Kohlenverbrauch mit dreifach Expansionsmaschinen auszurüsten, wurde abgelehnt. Die Maschinen dieser vier Boote wurden — ebenso wie die der Tb XXI bis XXIV — von der Wr. Neustädter Lokomotivfabrik geliefert.[3]) Diese Serie wurde als Typ „Yarrow C“ bezeichnet.

Nach Fertigstellung von Tb XXX unternahm eine Kommission am 15. März 1887 Vergleichsfahrten mit diesem Boot und Tb XVIII. Die Kommission kam zu dem Ergebnis, daß der Unterschied betreffend Seeigenschaften nicht wesentlich und ein Einfluß auf die Geschwindigkeit nicht festzustellen sei. Die gerade Bugform sei jedoch zweifellos vorteilhafter, da sie nicht nur eine geringere Bugwelle aufwerfe, sondern bei Seegang auch weniger Wasser an Deck komme. Nach fast drei Jahren wurde somit den von Fregkapt. Müller 1884 vorgebrachten Ansichten über die Vorteile des geraden Buges zugestimmt.[4])

1) II.G.Gr. 1886 47 C/5-9819
2) II.G.Gr. 1886 47 C/2-93
3) II.G.Gr. 1886 32 E/1
4) II.G.Gr. 1887 47 C/2

Die Torpedoboote XXVII — XXXII

Deplacement	Bewaffnung	Antrieb	Geschwindigkeit	Fahrtstrecke	Brennstoff	Länge	Breite	Tiefgang	Besatzung	Anmerkung
46,7 t voll ausgerüstet 55,8 t	1/37 mm SFK 2 Bug-Lanzierrohre	1 Lokomotivkessel 1 Zweizylinder-Maschine 1 Schraube 600 PSi	18—19 kn	12 h bei ganzer Kraft 480 sm bei 15 kn	8 t	34,26 m	3,84 m	1,06 m 1,69 m	2/14	1893/94 Lanzierapparate auf Pulverimpulse umgestellt XXVII bis XXX: Maschinen von der Lokomotivfabrik Wr. Neustadt, XXXI und XXXII vom Seearsenal

Name bzw. Nummer	Werft	Baulegung	Stapellauf	Indienststellung	gestrichen	Anmerkung
XXVII	Seearsenal Pola	Jänner 1886	19. 6. 1886	November 1886	13. 12. 1909	demoliert
XXVIII	Seearsenal Pola	Jänner 1886	23. 6. 1886	November 1886	24. 6. 1904	verkauft mit 23. März 1905 an D. Stern, Graz
XXIX	Seearsenal Pola	April 1886	26. 1. 1887	Jänner 1887	24. 6. 1904	verkauft mit 23. März 1905 an D. Stern, Graz
XXX	Seearsenal Pola	April 1886	1. 2. 1887	Februar 1887	19. 1. 1907	April 1907 verkauft an die Werft Danubius, Fiume
XXXI	Seearsenal Pola	Juni 1887	23. 12. 1887	Jänner 1888	24. 6. 1904	verkauft mit 24. März 1905 an D. Stern, Graz
XXXII	Seearsenal Pola	Juni 1887	7. 1. 1888	Jänner 1888	13. 12. 1909	1910 adaptiert als Scheibenträger, dann demoliert

Dem Bericht ist zu entnehmen, daß bei Tb XXX der Kommandoturm nicht mehr im überhöhten Vorschiff versenkt war, sondern daß man ihn an dessen Ende auf Deck versetzt hatte. Auch die Seiten des Walrückendecks waren etwas nach achtern verlängert worden. Die Kommission stellte fest, daß dadurch nicht nur ein leichterer Zugang zum Turm, sondern auch ein besserer Ausblick und eine geringere Beeinträchtigung der Sicht durch Spritzwasser gegeben sei. Diese Verlegung des Turmes wurde auch auf den Booten XXVII bis XXIX vorgenommen. Die Marinesektion genehmigte die Versetzung des Kommandoturmes grundsätzlich auch für die anderen Torpedoboote II. Klasse, jedoch unter der Bedingung, daß sie nur anläßlich größerer Reparaturen vorgenommen werden dürfe.[5]) Es läßt sich nicht feststellen, ob sie tatsächlich auch bei Booten der Serie „Yarrow B" durchgeführt wurde.

Im Juni wurden zwei weitere Boote dieses Typs auf Stapel gelegt und bis Jänner 1888 fertiggestellt. (Diese beiden Boote hatten ursprünglich die Nummern XLI und XLII.) Für sie wurden die Maschinen wieder in der Maschinenbau-Werkstätte des Seearsenals erzeugt.

Obwohl alle Boote in der Rumpfform und der Maschinenanlage gleich waren, zeigt eine Zusammenstellung der Probefahrtergebnisse der Torpedoboote II. Klasse aus dem Jahre 1888 erstaunliche Unterschiede in den Maschinenleistungen und den erzielten mittleren Geschwindigkeiten.

So erreichte z. B. Tb XIV im Oktober 1883 19,47 kn bei 762 PSi; Tb XXXI im Februar 1888 jedoch nur 16,6 kn mit 550 PSi.

Die Unterschiede sind überwiegend auf drei Faktoren zurückzuführen:

1) schwankte die Verdrängung bei den Probefahrten zwischen 51,5 und 56 t,

2) in den verschiedenen Propellerdurchmessern und -steigungen. Obwohl alle mit 1.500 mm Durchmesser angegeben waren, differierte dieser bis zu 40 mm; in der Steigung der Schraube bestanden oft Unterschiede von 200 mm, und

3) in der Höhe des Dampfdruckes, mit dem das Boot in die Meßstrecke einlief und in der Fähigkeit der Heizer, den vollen Dampfdruck von 10 atü während der ganzen Probefahrt zu halten.

5) II.G.Gr. 1887 47 C/2

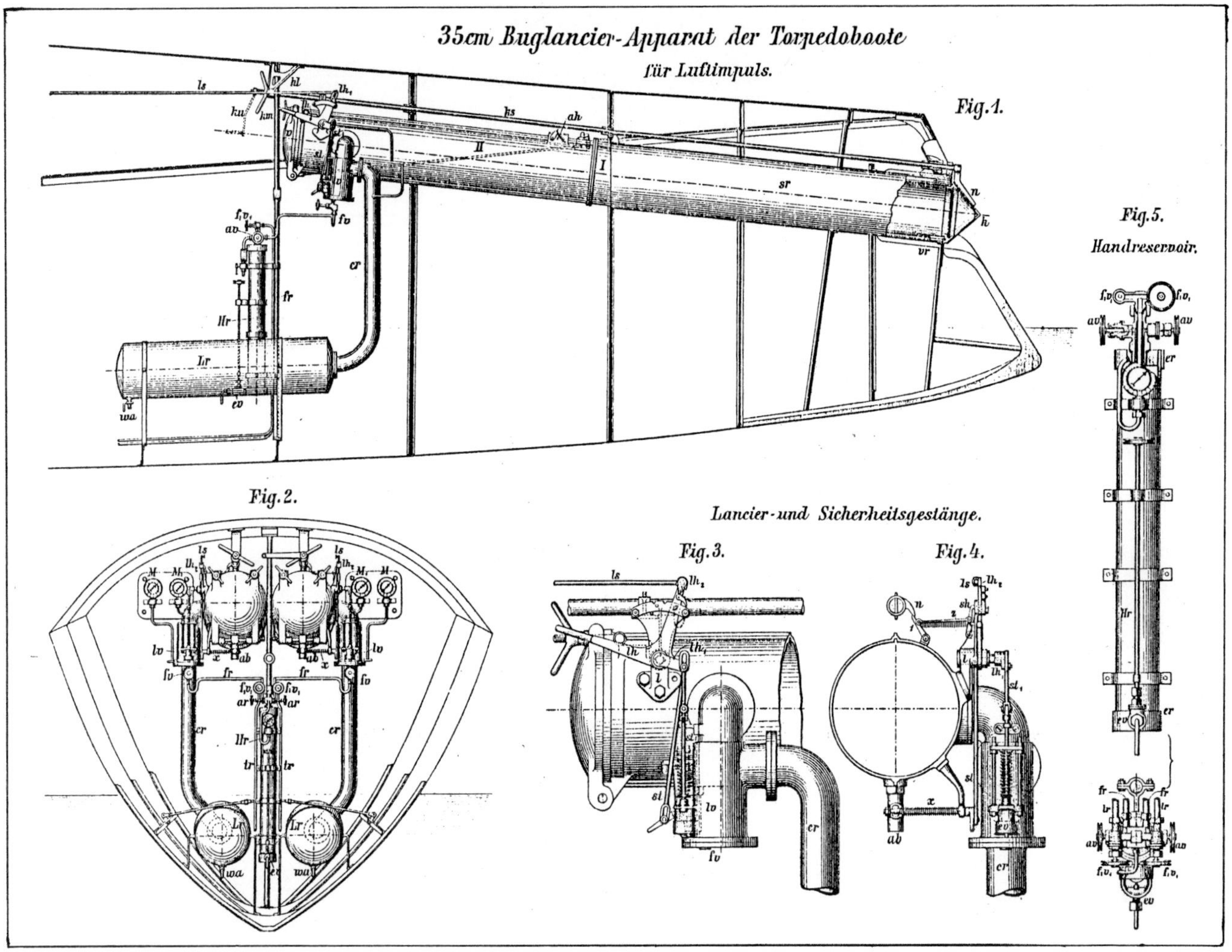

35 cm Bug-Lanzierapparat für Luftimpuls.

Abgesehen von verschiedenen Kesselreparaturen (Tb XXVII und XXXII erhielten 1902, bzw. 1904 neue Kessel) bewährten sich die Boote recht gut. Selbstverständlich sanken die Leistungen mit zunehmendem Alter der Boote. Bei den nach 1900 durchgeführten Probefahrten wurden nur mehr mittlere Geschwindigkeiten von 15 bis 16 Knoten erreicht.

Nr. XXVII, XXVIII und XXIX waren 1902 der Torpedoschule zugewiesen. Zwischen 1904 und 1909 wurden alle Boote dieser Serie gestrichen und mit Ausnahme von XXVII und XXXII verkauft.

Tb XXVII wurde am 18. Februar 1908 bei Nebel vor Brioni grande von dem Dampfer „BRIONI" gerammt und schwer beschädigt.[6]) Da eine Wiederherstellung mit zu hohen Kosten verbunden und somit unwirtschaftlich gewesen wäre, wurde es über Antrag des MTK im folgenden Jahr abgebrochen. Tb XXXII fand einige Zeit für den Hafendienst Verwendung. Nach der Streichung aus der Flottenliste wurde es 1910 als Scheibe für Übungsschießen benützt und anschließend demoliert.

Torpedoboot XXXIII

Nach Übernahme der beiden bei Schichau gebauten Torpedoboote I. Klasse „HABICHT" und „SPERBER" erteilte die Marinesektion mit Schreiben vom 10. Oktober 1886 dem MTK den Auftrag zur Ausarbeitung von Plänen für vier (eventuell sechs) Torpedoboote II. Klasse nach dem Muster von „HABICHT"/„SPERBER". Mit etwas verringerten Abmessungen — 36 m zwischen Pp und 66 t Verdrängung, sowie einer Maschine von 750 PS — sollten die Boote dieselbe Bewaffnung wie „HABICHT" führen und womöglich die gleiche Geschwindigkeit erzielen.[1])

6) PK 1908 1-11/1-454

1) II.G.Gr. 1886 32 E/4 und
II.G.Gr. 1887 47 C/2

Torpedoboot XXXIII

Deplacement	Bewaffnung	Antrieb	Geschwindigkeit	Fahrtstrecke	Brennstoff	Länge	Breite	Tiefgang	Besatzung	Anmerkung
65,58 t konstruiert voll ausgerüstet 70 t	2/37 mm SFK 2 Bug-Lanzierrohre	1 Lokomotivkessel 12 atü 1 Dreizylinder-dreifach-Expansions-Maschine 1 Schraube 700 PS	16,5—17 kn	24 h	17 t	36,83 m	4,51 m	0,98 m / 1,90 m	2/14	Maschine von der Lokomotivfabrik Wr. Neustadt

Name bzw. Nummer	Werft	Baulegung	Stapellauf	Indienststellung	gestrichen	Anmerkung
XXXIII ab 1910 — 43	Seearsenal	Jänner 1887	29. 9. 1887	Dezember 1887	12. 5. 1911	erbaut als Nr. XXXIX, nach Streichung demoliert

Stapellauf von Torpedoboot XXXIII, dahinter Torpedoboot XXXVIII.

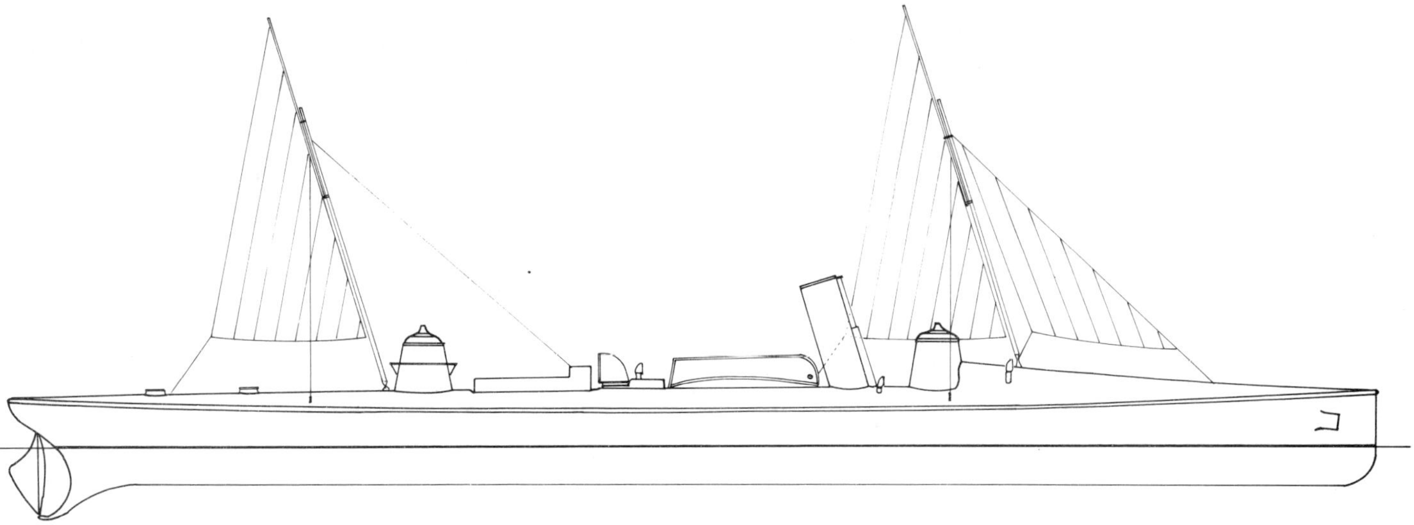

Torpedoboot XXXIII, reduzierter Typ „SPERBER" (1:200).

Hier trat wieder einmal die ständige Tendenz — oder richtiger: der ständige Zwang — zur Sparsamkeit zu Tage, der die Entwicklung der k.u.k. Kriegsmarine von ihrem Anfang bis zu ihrem Ende hemmte. Die Marinesektion forderte damit nichts anderes, als mit geringerem Aufwand — kleinerer Schiffskörper, schwächere Maschine — ein Boot mit der gleichen Leistungsfähigkeit wie „HABICHT" zu konstruieren. Am 9. November 1886 legte das MTK die Pläne für dieses als „reduzierter Typ HABICHT" bezeichnetes Boot vor.

Im Jänner 1887 erfolgte die Baulegung. Die Dreizylinder dreifach Expansionsmaschine wurde von der Lokomotivfabrik A.G. Wr. Neustadt geliefert. Der für 12 atü gebaute Lokomotivkessel hatte zwei Feuerungen.

Zu Beginn des Jahres 1888 begann man mit den Probefahrten, welche wegen einer Kesselhavarie unterbrochen werden mußten und erst im April wieder aufgenommen werden konnten. Bei diesen Probefahrten wurden (25. April 1888) 707 PS und eine Durchschnittsgeschwindigkeit von 17 kn erreicht. Bei Drehzahlen über 300 begann jedoch die Maschine schwer und stoßweise zu arbeiten, ebenso traten heftige Erschütterungen im Achterschiff auf. Das Boot wurde an Land geholt und verschiedene Arbeiten an der Maschine zur Beseitigung der vermutlichen Ursachen durchgeführt.[2])

Die am 3. Juni 1890 mit einem neuen Schichau-Propeller vorgenommene Probefahrt mußte jedoch wegen der abermals auftretenden starken Erschütterungen im Achterschiff und des schweren Ganges der Maschine über n 330 abgebrochen werden. Die Probefahrtkommission kam zu der Überzeugung, daß die Durchführung weiterer Probefahrten vorläufig zwecklos sei.

Auf den vier Booten des Typs „IBIS", welche ebenfalls 1887 im Seearsenal erbaut und mit Maschinen der Wr. Neustädter Lokomotivfabrik ausgerüstet worden waren, hatten sich die gleichen Mißstände gezeigt. Man beschloß daher, die Ergebnisse der auf „IBIS" vorgenommenen Arbeiten und die Probefahrten des Bootes abzuwarten.[3])

Im Juni 1894 wurde die Maschine von Tb XXXIII ausgebaut und bis Ende des nächsten Jahres dieselben Arbeiten wie auf „IBIS" durchgeführt. Bei den — wieder mit einem Schichau-Propeller — durchgeführten Probefahrten im Februar und März 1896 wurde ein nunmehr anstandsloses Arbeiten der Maschine festgestellt, das Boot kam jedoch nicht über eine mittlere Geschwindigkeit von 16,2 kn bei 669 PS.

Die Torpedobewaffnung von Tb XXXIII bestand aus zwei Bug-Lanzierrohren. Ebenso wie „HABICHT" und „SPERBER" hatte es einen vorderen und einen achteren Kommandoturm mit je einer auf den Turmkappen montierten Schnellfeuerkanone. Der achtere Kommandoturm muß zwischen 1894 und 1896 entfernt worden sein, da er in einem Verzeichnis vom März 1894 noch erwähnt ist, in der Liste vom 31. Dezember 1896 bezüglich der Bewaffnung jedoch vermerkt ist: *„zwei 37 mm SFK breitseits auf Ständern".*

1904 der Torpedoschule, in den Jahren 1905 und 1906 der Eskadre zugeteilt, war es ab März 1907 einige Monate in Sebenico stationiert. 1908 der Maschinenschule zugewiesen, wurde es 1909 (4. März bis 10. Juni) als Wachboot in Pola verwendet. 1910 umbenannt auf „43", wurde es mit 12. Mai 1911 gestrichen und anschließend demoliert.

2) II.G.Gr. 1888 47 G/3-590

3) II.G.Gr. 1890 47 G/15-4956

Die Torpedoboote XXXIV — XXXIX (44 — 49)

Am 22. September 1888, eine Woche vor Stapellauf des im Seearsenal Pola gebauten Torpedobootes XXXIII, beauftragte die Marinesektion die Firma Schichau mit dem Bau eines (zweiten) Mustertorpedobootes II. Klasse. Unter Einhaltung der vom MTK für Tb XXXIII festgelegten Hauptabmessungen sollte es die gleiche Torpedobewaffnung wie Typ „ELSTER“ führen (ein Buglanzierrohr und einen Decklanzierapparat statt zwei Buglanzierrohren) und während einer dreistündigen Dauerfahrt eine mittlere Geschwindigkeit von 19,5 kn halten können.[1])

Laut Kontrakt sollte das Boot bereits Ende Februar fertig sein. Infolge der schlechten Witterungsverhältnisse kam es jedoch zu einer beträchtlichen Terminüberschreitung.

1) II.G.G. 1888 47 B/24

Nachdem im Laufe des Monats April das Haff eisfrei geworden war, konnte am 24. April 1889 eine Vorprobefahrt durchgeführt werden, wobei 21,6 kn erreicht wurden. Am 30. April fand die offizielle Probefahrt statt. Nach weiteren Probefahrten am 2. und 9. Mai (v mittl. 20,3 kn bei 754 PS) stellte die Übernahmekommission fest, daß die Maschine zur vollsten Zufriedenheit arbeite und die kontraktlich bedingte Geschwindigkeit um 0,8 kn überschritten wurde.

Nach Übernahme des Bootes in das Eigentum der Kriegsmarine wurde am 20. Mai die Überführungsfahrt nach Pola angetreten. Bezüglich der Seeigenschaften berichtete der Kommandant, Lschlt. Pebal, daß das Boot *„etwas steif“* im Wasser liege, bei Windstärke 5 — 6 und Dwarssee in kurzen Intervallen rolle, bei 12 kn Fahrt gegen die See jedoch keineswegs heftige Bewegungen mache. Das Boot scheine gegen Gewichtsverlagerungen (Längstrimm) sehr empfindlich zu sein.

Torpedoboot XXXIV in Elbing. Der Anstrich, mit dem das Boot von der Schichauwerft abgeliefert wurde, entsprach nicht den Normen der k.u.k. Kriegsmarine.

Die Torpedoboote XXXIV — XXXIX

Deplacement	Bewaffnung	Antrieb	Geschwindigkeit	Fahrtstrecke	Brennstoff	Länge	Breite	Tiefgang	Besatzung	Anmerkung
63,75 t	2/37 mm SFK 1 Bug-Lanzierrohr 1 Deck-Lanzierapparat	1 Lokomotivkessel 1 Dreizylinder-dreifach-Expansions-Maschine 1 Schraube 750 PS	20,3 kn	ca. 20 h bei ganzer Kraft	14 t	36,88 m	4,78 m	1,00 m 1,90 m	2/14	Maschinen aller Boote von Schichau

Name, ab 1910 Nummer	Werft	Baulegung	Stapellauf	Indienststellung	gestrichen	Anmerkung
XXXIV / 44	Schichau / Elbing	Okt. 1888	März 1889	Mai 1889	12. 5. 1911	bis 10. Juni 1911 im Dienst, 1912 an die Heeresverwaltung verkauft („MAMULA")
XXXV / 45	Seearsenal	Mai 1890	Jänner 1891	August 1891	März 1915	am 11. April 1915 der Heeresverwaltung als Tender übergeben („OBOSTNIK")
XXXVI / 46	Seearsenal	Mai 1890	Jänner 1891	August 1891	12. 5. 1911	zum Verkauf bestimmt
XXXVII / 47	Seearsenal	Mai 1890	Jänner 1891	August 1891	12. 5. 1911	zum Verkauf bestimmt
XXXVIII / 48	Seearsenal	Mai 1890	Jänner 1891	August 1891	27. 9. 1911	1912 an die Heeresverwaltung verkauft („ARSA")
XXXIX / 49	Seearsenal	Mai 1890	Jänner 1891	August 1891	30. 11. 1912	

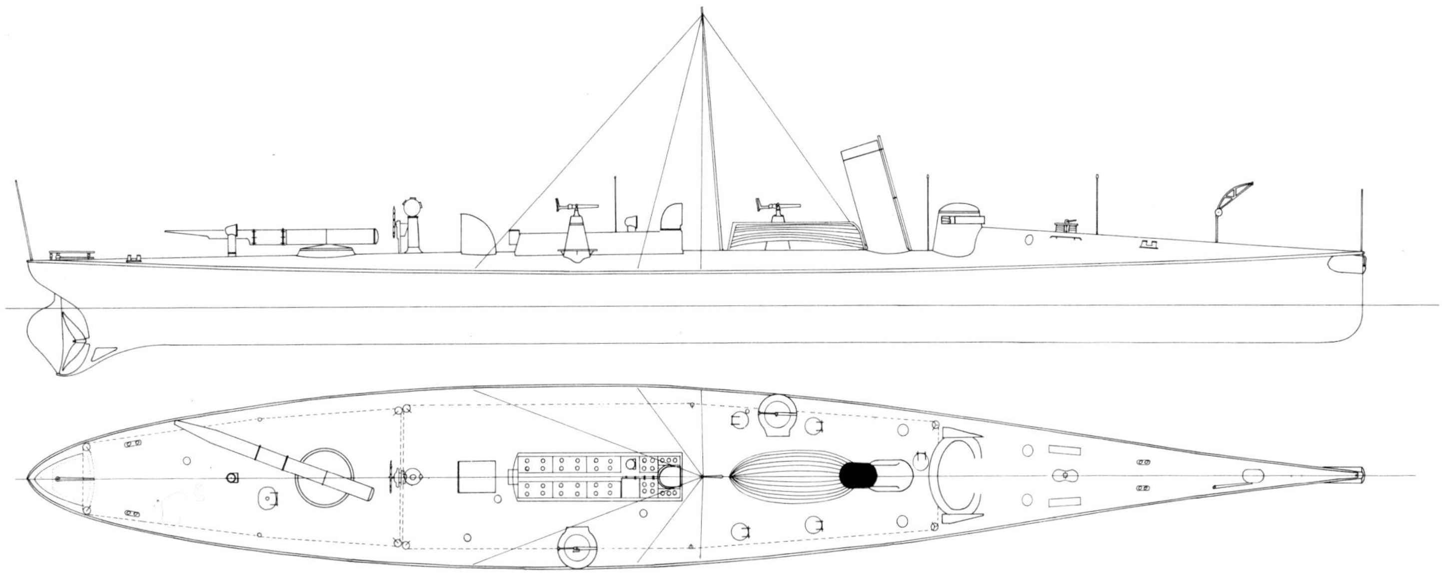

Torpedoboot XXXIV (1:200).

Torpedoboot „XXXVIII" in bewegter See.

Nach Eintreffen des Bootes wurden im Sommer 1889 eingehende Probefahrten unternommen, die offensichtlich zur Zufriedenheit ausfielen. Im März 1890 erteilte die Marinesektion den Auftrag, fünf Torpedoboote nach den Plänen von Tb XXXIV zu bauen.[2]) Die Maschinen hiezu wurden von der Firma Schichau geliefert.[3]) Im Mai begann das Seearsenal mit dem Bau dieser Boote und bereits im Jänner des folgenden Jahres wurde der Marinesektion gemeldet, daß alle fünf Boote vom Stapel gegangen seien. Im August wurden die Boote in Dienst gestellt und mit den Probefahrten begonnen, bei denen durchschnittliche Geschwindigkeiten von 19 kn (maximal 19,7 kn) erzielt wurden.

Mit Entschließung vom 25. Jänner 1910 wurde die Bezeichnung mit arabischen Ziffern — „44" bis „49" — angeordnet.

2) II.G.G. 1890 47 D/6-509
3) II.G.G. 1890 32 E/3-675

Aus dem Lebenslauf der Boote dieser Serie sind einige Unfälle besonders erwähnenswert:

Um 06.30 Uhr des 25. Dezember 1910 lief das Torpedoboot „44" (ex „XXXIV") von Fasana nach Pola aus. Beim Ankermanöver in Pola wurde der Marsgast Árpád Popovics vermißt. Der Kommandant nahm sofort die Suche auf dem zurückgelegten Kurs auf. Es stellte sich heraus, daß der Posten der Strandbatterie Punta Cristo bei Passieren des Bootes Hilferufe gehört hatte. Die Suche wurde bis Sonnenuntergang fortgesetzt, von dem Vermißten jedoch keine Spur gefunden. Das Hafenadmiralat Pola meldete telegraphisch an die Marinesektion: *„... anscheinend bei Verrichtung eines leiblichen Bedürfnisses über Bord gefallen, alle Suchaktionen ergebnislos".*[4])

4) PK 1910 1-11/1

Während einer Angriffsübung auf das vor Anker liegende Schlachtschiff „ÁRPÁD" wurde Tb XXXVI am 31. August 1905 um 22.00 Uhr — wie bei Manöverübungen üblich fuhren die Boote ohne Positionslichter — eine Seemeile südlich der Klippe Porer von Tb „COBRA" steuerbord vorne gerammt, wobei der Bug von „COBRA" über einen Meter in das Vorschiff des Torpedobootes eindrang. „COBRA" übernahm sofort die Mannschaft und nahm Tb XXXVI an der nun aus dem Wasser ragenden Schraube in Schlepp. Mit Hilfe von Tb XXX gelang es, das Boot an die nahe Küste zu schleppen und in der Bucht Maricchio (bei Barbariga) in fünf Meter Tiefe auf Grund zu setzen. Im Laufe des nächsten Tages wurde das Boot von dem Bergungstender „GIGANT" mit Hilfe einiger Lichter gehoben und unter ständigem Pumpen nach Pola geschleppt. Im äußeren Hafen auf der Höhe von Vergarolla brachen um 03.00 Uhr des 2. September plötzlich sämtliche Stropps, mit denen das Torpedoboot unterfangen war und es sank abermals. In den nächsten Tagen wurde es wieder gehoben und am 7. September im Arsenal an Land geholt. Auch das bei diesem zweiten Untergang gänzlich abgebrochene Vorschiff wurde geborgen. Im Arsenal wurde ein neues Vorschiff angebaut und das Boot im Jänner 1906 wieder für die Eskadre in Dienst gestellt.[5])

Havarien von Torpedobooten waren keine Seltenheit; Tb XXXVI scheint jedoch in dieser Beziehung besonders vom Unglück verfolgt gewesen zu sein: im Dezember 1906 hatte es eine Kollision mit Tb XXXV, April 1907 erlitt es Havarien durch einen Zusammenstoß mit Tb XXXVIII und am 7. September desselben Jahres wurde es von Tb „IBIS" gerammt.

5) PK 1905 1-11/1

Torpedoboot „XXXVIII" nach der Havarie vom 30. August 1905 im Seearsenal Pola.

Torpedoboot „XXXVIII" auf der Slipanlage des Seearsenals.

Tb XXXVIII stieß am 30. August 1905 um 23.00 Uhr bei Verudella mit Torpedofahrzeug „SATELLIT" zusammen, wobei der Bug stark beschädigt wurde. Das Boot war jedoch schwimmfähig und der Kommandant versuchte, den nahe gelegenen Zentralhafen zu erreichen. In der Nähe von Musil sank das Boot durch plötzlichen Wassereinbruch, wobei zwei Mann des Maschinenpersonals den Tod fanden. Ein Matrose konnte schwimmend das Ufer erreichen, die übrige Besatzung wurde von Tb XXXIII aufgenommen. Nach einigen Tagen wurde das Boot von Tauchern 800 m südlich von Stoja di Musil in 35 m Tiefe gefunden, gehoben und am 7. September zur Reparatur in das Arsenal gebracht.[6])

Die Torpedoboote „44", „45" und „48" baute das Seearsenal nach ihrer Streichung aus der Flottenliste zu Verkehrstendern um, und verkaufte sie an die Heeresverwaltung, welche sie für den Personenverkehr in der Bocche di Cattaro verwendete.[7])

---

6) PK 1905 1-11/5
7) II.G.G. 1911 47 B/4-14055

Torpedoboot „XXXIX".

Torpedoboot „XXXIX" in Vierkantvertäuung.

Die Torpedoboote I. Klasse „ADLER" und „FALKE"

Im Juli 1883 übermittelte die Firma Yarrow der Marinesektion ein Angebot auf ein 125 Fuß-Torpedoboot, welches mit einer 1.100 PS-Maschine 23 bis 24 kn laufen sollte. In einem ausführlichen Referat wies Schiffbau-Ing. Soyka darauf hin, daß die Yarrow-Boote zwar nur mittelmäßige Schiffbauerarbeit darstellten, man aber mit ihnen in den Besitz erstklassiger Maschinenanlagen käme und daher der Ankauf eines Bootes zu empfehlen sei.

Im Februar des nächsten Jahres wurden über den Marineattaché in London Verhandlungen mit der Werft Yarrow aufgenommen und folgende Bedingungen gestellt: das Boot mußte vollkommen wasserdicht, die Beplattung und Vernietung tadellos sein, der Stab (Offiziere) sei im Bugraum, die Mannschaft achtern unterzubringen, Fundamente für eine Lichtmaschine und einen Projektor seien anzubringen. Das Boot müßte bei den Probefahrten ohne Ausrüstung 24 kn, mit voller Ausrüstung und 10 t Kohle an Bord während einer Stunde mindestens 22 kn laufen. Die vorgesehene Torpedoarmierung von vier Bug-Lanzierrohren wurde auf zwei reduziert. Für die beiden 37 mm Hotchkiss-Schnellfeuerkanonen wurde die Anbringung eines Sockels auf jeder Bordseite in der Nähe des Hauptspantes verlangt.[1])

Die Dampfsteuerapparate der Boote XI und XII (IX und X) hatten den Anforderungen nicht entsprochen, da sie das Ruder stets nur hart backbord oder hart steuerbord legten und deshalb ausgebaut worden waren. Es wurde nun verlangt, daß mit ihrer Hilfe jeder gewünschte Ruderwinkel einzustellen sei.

---

1) II.G.G. 1885 47 D/3

Die Torpedoboote I. Klasse „ADLER" und „FALKE"

Deplacement	Bewaffnung	Antrieb	Geschwindigkeit	Fahrtstrecke	Brennstoff	Länge	Breite	Tiefgang	Besatzung	Anmerkung
95 t voll ausgerüstet 100 t	2 Buglanzierrohre 2/37 mm SFK	1 Lokomotivkessel 1 Dreizylinder-Maschine 1 Schraube 1300 PS	22 kn	1200 sm bei 14 kn 1580 sm bei 10 kn	29 t	41,14 m	4,20 m	1,25 m 1,68 m	2/16	ab 1900 gerader Vorsteven

Name bzw. Nummer	Werft	Baulegung	Stapellauf	Übernahme Indienststellung	gestrichen	Anmerkung
„ADLER" („41")	Yarrow, London	Dezember 1884	9. 10. 1885	11. Februar 1886 13. Februar 1886	12. 5. 1911	ab 1910 Nr. „41"
„FALKE" („42")	Yarrow, London	Dezember 1884	September 1885	11. Februar 1886 14. Februar 1886	12. 5. 1911	ab 1910 Nr. „42"

Torpedoboot „ADLER“ und „FALKE“ (1:200).

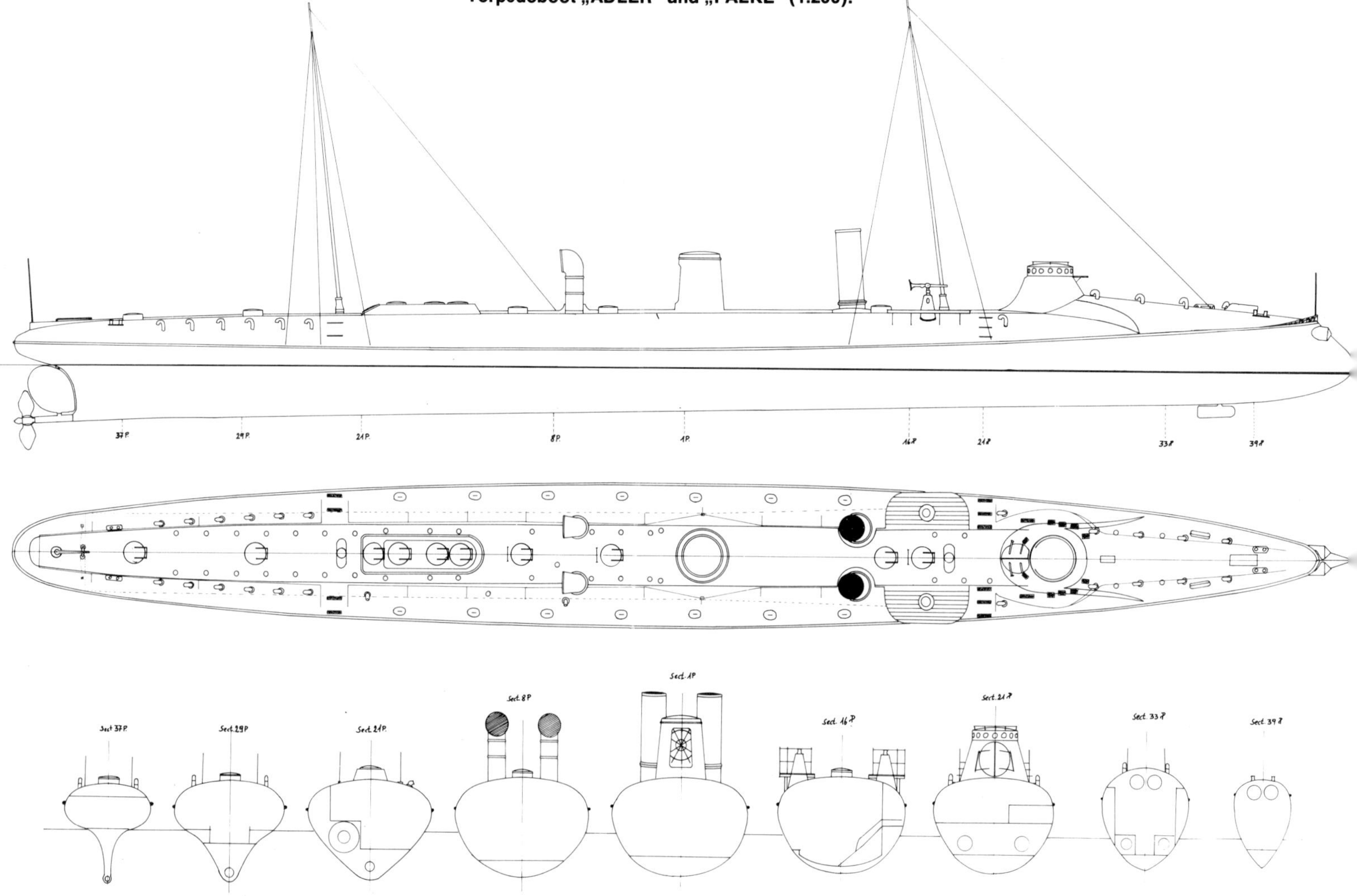

Größere Differenzen gab es bezüglich der Kesselanlage. Über die Vorteile von zwei Kesseln war man sich zwar einig (das Boot hätte mit einem Kessel noch eine ausreichende Marschfahrt von 18 kn erreichen sollen), die beabsichtigte Aufstellung der beiden Kessel hintereinander wurde jedoch abgelehnt. Die Firma schickte zur Klärung dieser Frage einen Ingenieur nach Wien und schließlich einigte man sich auf einen Kessel mit zwei getrennten Feuerbüchsen.
Am 4. Dezember 1884 meldete der k.k. Marineattaché aus London, daß er, *„um weitere Verzögerungen zu vermeiden“*, auf Grund seiner Vollmachten der Firma den Bauauftrag für zwei Boote erteilt habe. Als äußersten Termin für die Ablieferung wurden dreizehn Monate nach Auftragserteilung festgesetzt.[2])

2) II.G.G. 1884 47 E/2

Mitte September lief „FALKE“, und am 9. Oktober 1885 „ADLER“ vom Stapel. Um die verschiedenen Forderungen der Marinesektion erfüllen zu können, war die Länge inzwischen auf 135 Fuß vergrößert worden. Außer dem ausgeprägten Rammbug ist die Ähnlichkeit der Spantformen mit denen eines Unterseebootes auffallend. Bei rauher See befanden sich die Boote wohl auch mehr unter Wasser als über Wasser. Im November wurden mit „FALKE“ Probefahrten mit verschiedenen Schrauben vorgenommen. Bei der offiziellen Probefahrt am 24. Dezember 1885 wurde mit voller Zuladung — die fehlende Ausrüstung hatte man durch Ballast ersetzt — und 10 t Kohle an Bord eine mittlere Geschwindigkeit von 22,44 kn und maximal 23,52 kn erreicht.[3])
Am 18. Februar 1886 verließen die beiden Boote die Reede von Greenhithe und trafen am 20. März bzw.

3) II.G.G. 1885 47 D/3

22. März in Pola ein. Bezüglich der Seeigenschaften bemerkten die Kommandanten (Lschlt. Kneissler und Lschlt. Soltyk) in ihrem Reisebericht u. a.: „... *die Form des Buges ist mit Hinblick auf Fahrten gegen Seegang minder zweckmäßig als ein gerader Vorsteven, das stark gewölbte Deck bietet wenig Raum und ermüdet beim Auf- und Abgehen".* Der achtere (Navigations-) Turm wurde als gänzlich überflüssig bezeichnet. Die Maschinen arbeiteten während der Überfahrt vollkommen zufriedenstellend. Bei voller Ausnützung der Kohlendepots (25 t) und Unterbringung von 4 t in Säcken im Heizraum konnten mit 10 kn Marschfahrt 1.580 und mit 14 kn 1.200 sm zurückgelegt werden.[4])

Nach Installierung einer Lichtmaschine und eines Scheinwerfers nahmen die Boote in der Torpedoflottille an der Sommereskadre teil. Aus einem Juli 1893 datierten Plan ist ersichtlich, daß man den achteren Kommandoturm bereits entfernt hatte.

4) PK/MS 1886 1-4/9

Torpedoboot „ADLER" nach der Übernahme auf der Themse, Februar 1886.

Torpedoboot „ADLER", Aussehen vor 1899.

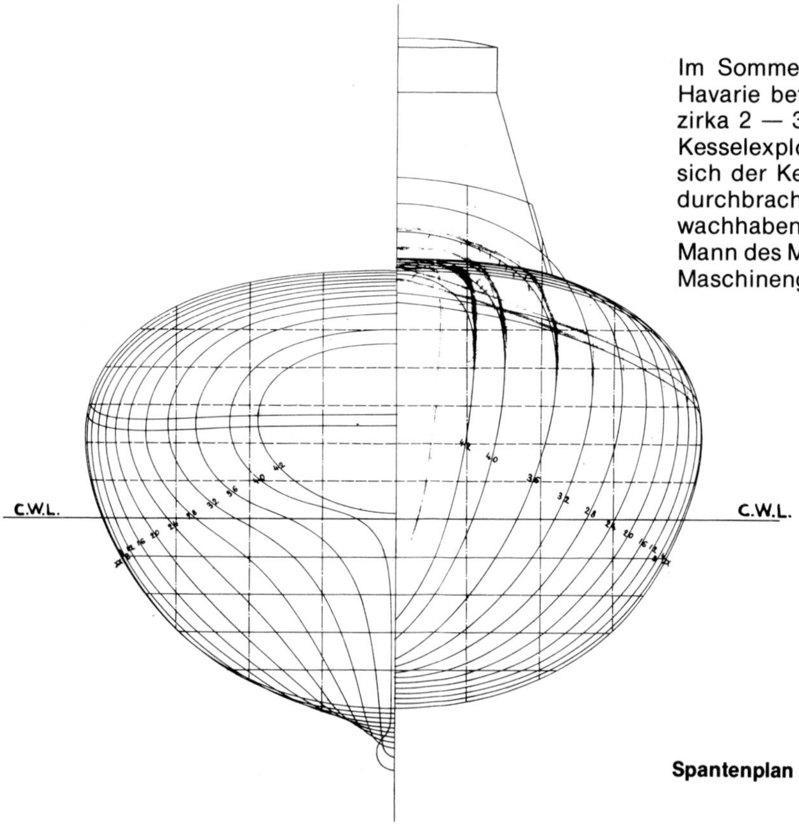

Im Sommer 1899 wurde „ADLER“ von einer schweren Havarie betroffen: Am Nachmittag des 22. Juli kam es zirka 2 — 3 sm nordwestlich der Insel Torcola zu einer Kesselexplosion. Die Explosion war derart heftig, daß sich der Kessel von den Fundamenten losriß, das Deck durchbrach und ins Wasser geschleudert wurde. Der wachhabende Linienschiffsfähnrich Grabmayer und drei Mann des Maschinenpersonals wurden sofort getötet, der Maschinengast Ulijič sprang unter der Schockwirkung

Spantenplan der Torpedoboote „ADLER“ und „FALKE“.

Torpedoboot „ADLER“ nach der Kesselexplosion am 22. Juli 1899 in einer Bucht der Insel Torcola auf Strand gesetzt.

unverletzt über Bord und konnte — da die Jolle auch über Bord gegangen war — nicht mehr gerettet werden. Zwei Mann wurden schwer, zwei leicht verletzt.

Der Kommandant ließ aus dem vorhandenen Klüver und einigen Sonnenzelten eine Nottakelage errichten, womit es ihm gelang, das Boot in Fahrt zu bringen und in einer Bucht an der NW-Spitze der Insel Torcola auf den Strand zu setzen. In der folgenden Nacht wurde es vom Kreuzer „ZENTA" und dem Torpedoboot „GEIER" geborgen.

Bei dieser Fahrt befand sich auch die Frau des Bootskommandanten, Linienschiffsleutnant Schwarzl, an Bord. Die Marinesektion ordnete an, die Torpedoboot-Kommandanten ausdrücklich darauf hinzuweisen, daß die Mitnahme von Passagieren nur mit Genehmigung der vorgesetzten Dienststelle statthaft sei; Linienschiffsleutnant Schwarzl habe sich diesbezüglich zu verantworten. Gleichzeitig wurde ihm jedoch für die nach der Kesselexplosion bewiesene Tatkraft und seemännische Umsicht eine belobende Anerkennung ausgesprochen.[5])

Seiner Frau Margarethe wurde für die kaltblütige erste Hilfeleistung und anschließende Pflege der Verletzten über Anordnung des Kaisers die Elisabeth-Medaille verliehen.

Während der Reparaturarbeiten wurde — ebenso wie bei „FALKE" — das Vorschiff umgebaut und die Boote mit einem geraden Vorsteven versehen.[6]) In den folgenden Jahren wurden sie als Wachboote in Pola, „ADLER" 1908 als Übungsboot der Maschinenschule verwendet. 1910 erhielten sie die Nummern „41" und „42" und wurden mit 12. Mai 1911 aus der Flottenliste gestrichen.

5) PK/MS 1899 1-11/1
6) II.G.G. 1899 47 D/7

Torpedoboot „ADLER" zur Reparatur im Seearsenal an Land geholt.

Die Torpedoboote I. Klasse Typ „SPERBER“ / „HABICHT“

Name	Deplacement	Bewaffnung	Antrieb	Geschwindigkeit	Fahrtstrecke	Brennstoff	Länge	Breite	Tiefgang	Besatzung	Anmerkung
„SPERBER“	78 t voll ausgerüstet 83 t	2/37 mm L/23 SFK 2 Bugtorpedorohre	1 Lokomotivkessel 13 atü 1 Dreizylinder-Maschine 1 Schraube	maximal 21,8 kn	bei voller Kraft 350 sm	19 t	39,88 m	4,80 m	1,00 m / 1,90 m	2/14 im Krieg 2/16	1904 Yarrow-Wasserrohrkessel
„HABICHT“		2 Bugtorpedorohre									1908 Yarrow-Wasserrohrkessel 1910 Ölfeuerung
„BUSSARD“		2 Bugtorpedorohre	950 — 1.000 PSi	maximal 20,2 bis 20,9 kn							1903 Yarrow-Wasserrohrkessel
„CONDOR“		2 Bugtorpedorohre									
„GEIER“		2 Bugtorpedorohre									1898 Yarrow-Wasserrohrkessel
„UHU“		2 Bugtorpedorohre									
„WÜRGER“		1891 1 Bug- u. 1 Decklanzierapparat	ca. 800 PSi	19,5 kn							1897 Thornycroft-Wasserrohrkessel
„KRANICH“											1902 Yarrow-Wasserrohrkessel
„REIHER“		2 Bugtorpedorohre									1906 Yarrow-Wasserrohrkessel
„IBIS“		2 Bugtorpedorohre									1907 Yarrow-Wasserrohrkessel
„GAUKLER“		2/37 mm L/23 SFK	850 PSi	19,1 kn	bei voller Kraft 350 sm	19 t	39,88 m	4,80 m	1,00 m / 1,90 m	2/14 im Krieg 2/16	
„HARPIE“		1 Bug- und 1 Decklanzierapparat									1907 Ölfeuerung
„FLAMINGO“											
„SEKRETÄR“			ca. 900 PSi	19,5 bis 20,5 kn							1895 Ölfeuerung 1912 Bugtorpedorohr ausgebaut, Bug geschlossen
„WEIHE“											1899 Yarrow-Wasserrohrkessel
„MARABU“											1899 Yarrow-Wasserrohrkessel
„KUKUK“			950 — 1000 PSi	21,5 bis 22,3 kn							1908 Yarrow-Wasserrohrkessel
„STAR“											
„KRÄHE“											1906 Yarrow-Wasserrohrkessel
„RABE“											1896 White-Wasserrohrkessel

Name	Deplacement	Bewaffnung	Antrieb	Geschwindigkeit	Fahrtstrecke	Brennstoff	Länge	Breite	Tiefgang	Besatzung	Anmerkung
„ELSTER“			950—1000 PSi	21,5 bis 22,3 kn							1909 Yarrow-Wasserrohrkessel, 1911 Ölfeuerung
„KIBITZ“			1240 PSi	22,8 kn							

Name, ab 1910 Nummer		Werft	Baulegung	Stapellauf	Indienststellung	Anmerkung / Verbleib nach Kriegsende
„SPERBER“	31	Schichau	Dezember 1885	Mai 1886	6. 8. 1886	ab 1916 MSB, 1920 an Italien, abgebrochen
„HABICHT“	32	Schichau	Dezember 1885	Mai 1886	6. 8. 1886	ab 1918 MSB, 1920 an Italien, als Zollwachboot verwendet, 1925 abgebrochen
„BUSSARD“	33	Seearsenal	1886	Mai 1887	7. 5. 1887	ab 1912 MSB, August 1918 schwer beschädigt, nicht mehr instandgesetzt
„CONDOR“	34	Seearsenal	1886	1887	7. 5. 1887	ab 1912 MSB, 1920 an Italien, abgebrochen
„GEIER“	35	Seearsenal	1886	1887	6. 6. 1888	ab 1912 MSB, 1920 an Italien, abgebrochen
„UHU“	36	Seearsenal	1886	1887	6. 6. 1888	ab 1912 MSB, 1920 an Jugoslawien, („D 2“)
„WÜRGER“	37	Seearsenal	1887	1887	14. 4. 1890	ab 1912 MSB, 1920 an Italien, abgebrochen
„KRANICH“	38	Seearsenal	1887	1887	31. 8. 1894	ab 1912 MSB, 1920 an Jugoslawien, („D 3“), 1927 abgebrochen
„REIHER“	39	Seearsenal	1887	1887	2. 7. 1893	ab 1918 MSB, 1920 an Italien, abgebrochen
„IBIS“	40	Seearsenal	1887	1887	29. 4. 1894	ab 1913 MSB, 1920 an Italien, abgebrochen
„GAUKLER“	25	S. T. T.	Dezember 1888	10. 7. 1889	3. 4. 1890	1916 MSB, 1920 an Italien, bis 1925 Zollwachboot, dann abgebrochen
„FLAMINGO“	26	S. T. T.	Dezember 1888	29. 8. 1889	17. 3. 1890	23. August 1914 bei Porer auf eigene Mine gelaufen und gesunken
„SEKRETÄR“	27	S. T. T.	Dezember 1888	Oktober 1889	9. 2. 1890	1913 MSB, 1920 an Italien, abgebrochen
„WEIHE“	28	S. T. T.	Dezember 1888	17. 9. 1889	18. 1. 1890	15. Juli 1912 dem Verteidigungs-Bezirks-Kommando Cattaro übergeben (Tender „28“)
„MARABU“	29	S. T. T.	Dezember 1888	10. 8. 1889	30. 1. 1890	ab 1912 MSB, 1920 an Italien, Zollwachboot bis 1925, dann abgebrochen
„HARPIE“	30	S. T. T.	Dezember 1888	22. 6. 1889	18. 2. 1890	1912 MSB, 1920 an Italien, abgebrochen
„KUKUK“	20	Schichau	1888	Dezember 1888	Mai 1889	1916 MSB, 1920 an Italien, abgebrochen
„STAR“	21	Schichau	1888	5. 11. 1888	Mai 1889	1918 MSB, 1920 an Jugoslawien, „D 1“, 1929 abgebrochen
„KRÄHE“	22	Schichau	1888	19. 10. 1888	Mai 1889	1916 MSB, 1920 an Italien, Zollwachboot, 1925 abgebrochen
„RABE“	23	Schichau	1888	September 1888	10. 11. 1888	1918 MSB, 1920 an Italien, abgebrochen
„ELSTER“	24	Schichau	1888	19. 9. 1888	5. 11. 1888	1918 MSB, 1920 an Italien, Zollwachboot, 1925 abgebrochen
„KIBITZ“	19	Seearsenal	Juni 1891	1892	1. 7. 1892	1918 MSB, 1920 an Jugoslawien, „D 4“, 1927 abgebrochen

Die Torpedoboote I. Klasse Typ „SPERBER“ und „HABICHT“

Im Jahre 1885 richtete die Firma Schichau/Elbing über ihren Vertreter in Wien zwei Eingaben an das Reichskriegsministerium betreffs Lieferung von Torpedobooten.[1]) Die Firma wies darauf hin, daß sie von 1877 bis 1884 bereits vierzig Torpedoboote für Deutschland sowie für ausländische Regierungen gebaut habe. Über Aufforderung wurde ein Offert über ein Torpedoboot von 39 m Länge und 74 t Verdrängung (ohne Torpedoausrüstung und Geschütze) vorgelegt. Zugesichert wurde

1) II.G.G. 1885 47 D/6 und 32 E/4

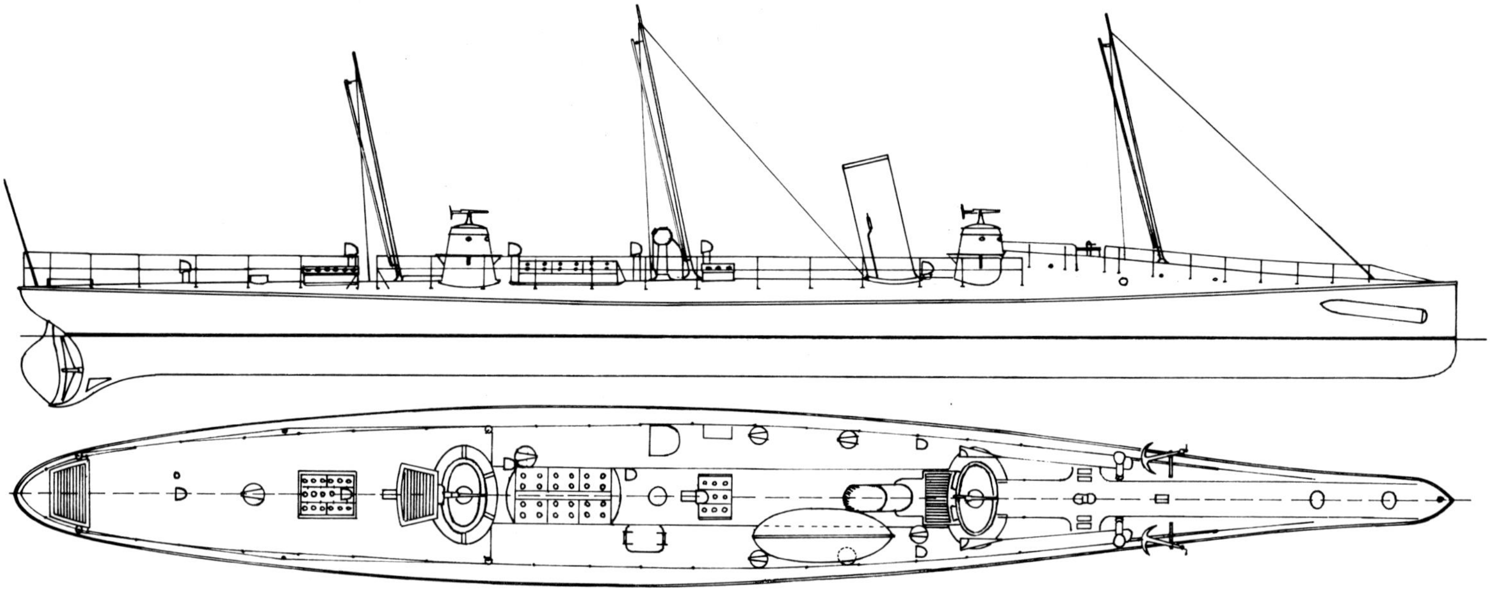

Torpedoboot „SPERBER". Die Torpedoboote der Klasse „SPERBER" / „HABICHT" hatten ursprünglich drei Masten mit Sprietsegeln als Hilfs- bzw. Notbesegelung. Später wurde die Anzahl der Masten auf zwei bzw. einen reduziert (1:200).

Torpedoboot „SPERBER", im Hintergrund die Schiffbauhallen auf der Oliveninsel des Seearsenals Pola.

Torpedoboot „SPERBER“ — klar zum Anlegen. Das Walrückendeck ist zum Schutz gegen Rutschen mit einer Kokosmatte belegt.

eine Durchschnittsgeschwindigkeit von 20 kn während einer dreistündigen Dauerfahrt. Außerdem wurde darauf hingewiesen, daß die Boote vollkommen mit jenen für die kaiserlich deutsche Marine gelieferten übereinstimmten. Die Probefahrtberichte der deutschen Torpedoboote S 7 und S 10 wurden beigeschlossen. Ende November wurde mit der Firma ein Vertrag über die Lieferung von zwei Torpedobooten abgeschlossen.[2])

Die Boote waren in acht wasserdichte Abteilungen unterteilt, zwei elliptische Kommandotürme sollten Kommandant und Rudergänger einen gewissen Schutz bieten. Vom vorderen Turm führte der Niedergang zum Mannschaftsraum, vom achteren zum Offiziers-Wohnraum. Als Not- und Stützbesegelung konnte an drei leichten Pfahlmasten je ein dreieckiges Segel sowie ein Stagsegel am Fockstag geführt werden. Als Bewaffnung erhielten die Boote zwei nebeneinanderliegende Bugtorpedorohre und statt der ursprünglich vorgesehenen fünfläufigen Revolverkanonen zwei 37 mm L/23 Hotchkiss-Schnellfeuerkanonen auf je einem der beiden Kommandotürme. Zu ihrer Bedienung wurde in halber Höhe des Turmes eine Gräting montiert.

Am 7. Mai 1886 teilte Schichau mit, daß das erste Boot vom Stapel gelaufen sei. Mit Entschließung vom 22. Mai 1886 erhielten die beiden Boote die Namen „SPERBER“ und „HABICHT“. Als Bemannung wurden zwei Offiziere, zwei Mann Steuerdienst, vier Mann Torpedodienst und acht Mann Maschinenpersonal festgelegt. Bei den Probefahrten erreichte „HABICHT“ mit einem Deplacement von 83 t eine Höchstgeschwindigkeit von 21,85 kn bei einer Maschinenleistung von 970 PSi.

Am 6. August 1886 traten die Boote die Heimreise über Kopenhagen, Dartmouth, Lissabon und Gibraltar nach Pola an, wo sie am 12. September eintrafen.

Noch im selben Jahr wurde dem Seearsenal der Auftrag zum Bau von vier Booten nach den Plänen von „SPER-

Einbau eines Wasserrohrkessels auf einem Torpedoboot der „SPERBER“-Klasse.

2) II.G.G. 1886 47 D/6

BER" / „HABICHT" erteilt.[3]) 1887 wurde eine zweite Serie von vier Torpedobooten des gleichen Musters in Bau gelegt. Alle Acht erhielten wie ihre Vorbilder zwei Bugtorpedorohre und zwei Kommandotürme. Die Maschinen für die ersten vier Boote („BUSSARD", „CONDOR", „UHU" und „GEIER") wurden von Schichau geliefert. Um die heimische Industrie zu beschäftigen, entschloß man sich, den Bau der Maschinen für die Boote der zweiten Serie („WÜRGER", „KRANICH", „REIHER" und „IBIS") der Wr. Neustädter Lokomotivfabrik A.G. zu übertragen. Es sollte sich bald herausstellen, daß dies keine gute Entscheidung war.[4])

Bei der Probefahrt von „IBIS" im November 1888 traten starke Vibrationen des Schiffskörpers auf, die Maschine arbeitete *„unruhig und lärmend"*. Es wurden 18,4 kn und eine Maschinenleistung von 790 PSi erreicht. Nach Austausch der Schraube gegen eine Schichau-Schraube mußte eine neue Probefahrt am 3. Juni 1890 wieder wegen heftiger Schläge im Achterschiff und schwerem stoßweisem Arbeiten der Maschine über einer Drehzahl von n 300 abgebrochen werden. Die Vornahme weiterer Probefahrten wurde für zwecklos erachtet, das Boot an Land geholt und bis zur Klärung der Ursachen liegengelassen.[5])

Nach sorgfältiger Untersuchung der Maschine und des Schiffskörpers wurde festgestellt, daß sich sowohl die Wr. Neustädter Lokomotivfabrik bei der Erzeugung der Maschine als auch das Seearsenal bei der Ausführung des Schiffskörpers nicht genau an die Konstruktion der Maschine bzw. an die Dimensionen des Musterbootes gehalten hatten.

3) II.G.G. 1886 47 C/5
4) II.G.G. 1886 32 E/1
5) II.G.G. 1890 32 H/14

Torpedoboot „SPERBER" mit zwei Kaminen nach Einbau der Wasserrohrkessel 1904.

Torpedoboot „WÜRGER“.

Die Schichau-Maschinen waren mit führender Niederdruckkurbel konstruiert, während die Wr. Neustädter Lokomotivfabrik ihre Maschinen mit führender Hochdruckkurbel gebaut hatte. Die Dampfverteilung wurde dadurch ungünstig beeinflußt. Außerdem wurde festgestellt, daß der Mitteldruck-Receiver zu klein war. Das Seearsenal hatte den Booten eine wesentlich stärker dimensionierte Hacke und weniger scharfe Linien im Achterschiff gegeben, wodurch der Wasserzufluß zur Schraube gestört und die Erschütterungen verursacht wurden. Nach Erzeugung und Einbau eines neuen Achterstevens sowie Anfertigung einer neuen Kurbelwelle konnten im März 1894 wieder Probefahrten durchgeführt werden, wobei 985 PSi und eine mittlere Geschwindigkeit von 19,25 kn erreicht wurden. Die Maschine arbeitete nun vollkommen ruhig, die Vibrationen waren auf ein erträgliches Maß gesunken. Auch an den anderen drei Booten der Serie („WÜRGER“, „KRANICH“ und „REIHER“) mußten diese Änderungen durchgeführt werden.[6])

1888 wurde dem S. T. T. der Bau einer dritten Serie nach den gleichen Plänen übertragen.[7]) Die Maschinen für „GAUKLER“ und „HARPIE“ wurden wieder von der Wr. Neustädter Lokomotivfabrik geliefert, während die der vier anderen Boote im S.T.T. erzeugt wurden. Schichau legte im gleichen Jahr fünf Boote für den Stock der Werft auf Stapel und bot diese um 186.500,— Mark per Stück der österreichisch-ungarischen Regierung an. Sie wurden im November 1888 bzw. Mai 1889 übernommen.[8])

6) II.G.G. 1889 47 B/1-159 und 32 E/6
7) II.G.G. 1889 47 D/6
8) II.G.G. 1888 47 B/24

Torpedoboot „WEIHE“ nach 1899.

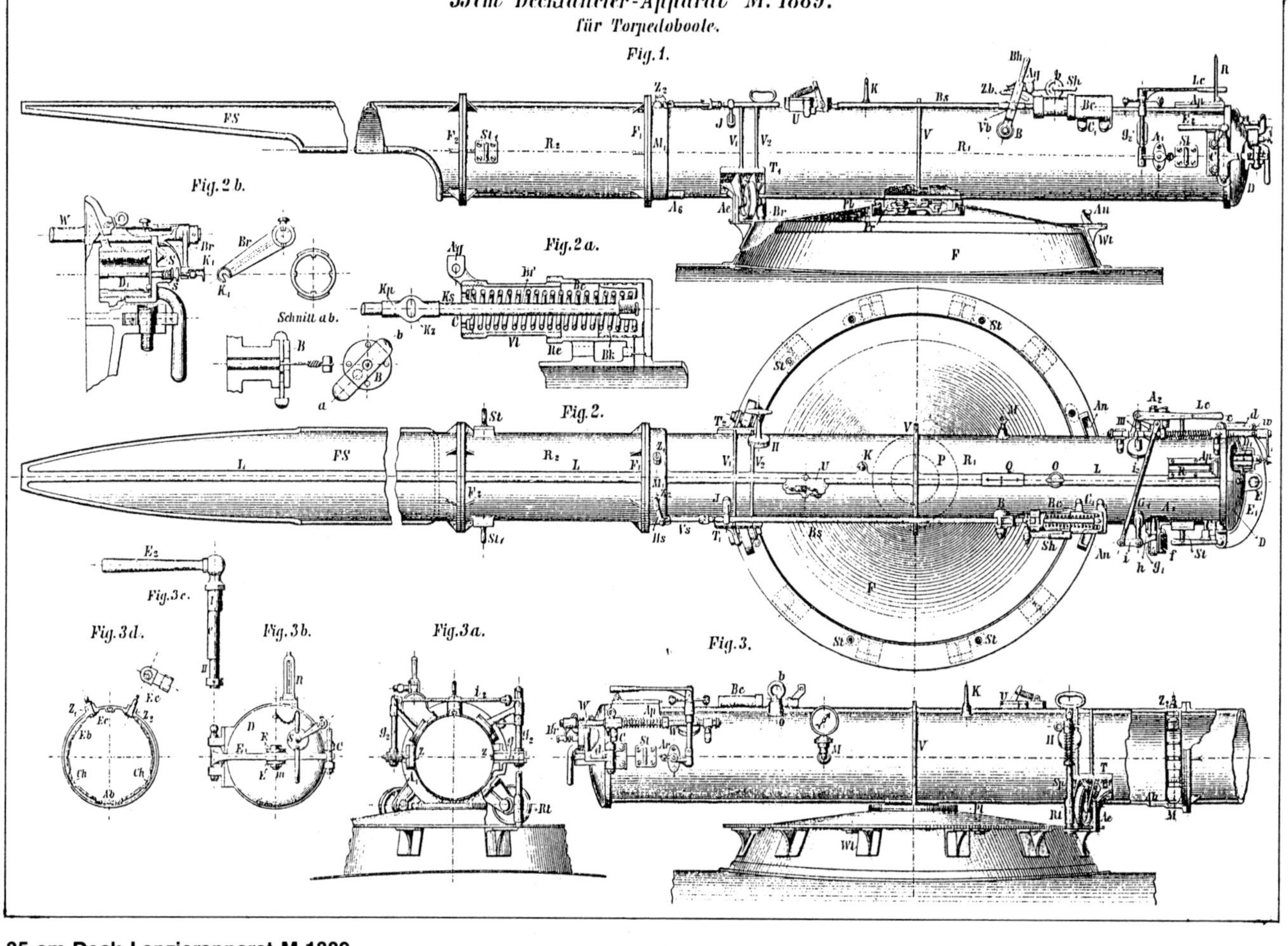

35 cm Deck-Lanzierapparat M 1889.

Als letztes Boot dieser Klasse wurde „KIBITZ“ 1891 /92 im Seearsenal erbaut.[9])

Die Boote der dritten und vierten Serie (S.T.T. und Schichau) sowie „KIBITZ“ erhielten als Torpedobewaffnung ein Bugtorpedorohr und einen drehbaren Decklanzierapparat auf dem Achterdeck. Ebenso wurde auf den achteren Kommandoturm verzichtet und die beiden 37 mm SFK auf seitlich versetzten Ständern an der Decksaußenkante montiert.

Die für die Schichau-Boote typische tiefe Hacke, die einerseits die Schraube schützen sollte und andererseits das untere Lager des Ruderstammes bildete, erwies sich als äußerst empfindlicher Bauteil. Nicht nur durch Grundberührungen, sondern allein schon durch die auftretenden Vibrationen kam es häufig zu Brüchen der Hacke und zu Rissen der anliegenden Außenhautbleche.

9) II.G.G. 1892 47 C/9-776

Dreizylinder-Maschine der Fa. Schichau vom Torpedoboot „WEIHE“ im Technischen Museum Wien.

Torpedoboot „RABE" nach Einbau der Wasserrohrkessel 1896.

Nachdem man Torpedoboot „RABE" 1896 mit White-, und „GEIER" 1898 mit Yarrow-Wasserrohrkesseln ausgerüstet hatte, nahm man Verhandlungen mit Yarrow betreffs Erzeugung der Wasserrohrkessel im Seearsenal auf. Nach Zustimmung der Firma Yarrow wurden nunmehr die Kessel in Lizenz im Seearsenal erzeugt. 1900 wurde die allgemeine Einführung von Yarrowkesseln für die Torpedoboote I. Klasse verfügt. Mit dem Einbau der Wasserrohrkessel — für den die Boote zwei Kamine erhielten — konnte der Kohlenverbrauch auf 0,63 bis 0,74 kg pro PS und Stunde gesenkt werden.[10])

Ab 1912 bzw. während des Krieges wurden die Torpedoboote dieser Klasse mit wenigen Ausnahmen zu Minensuchbooten adaptiert.

Von den zahlreichen Havarien seien hier nur einige der schwersten angeführt:

Während einer Gefechtsübung am 19. Juli 1899 wurde „BUSSARD" um 10.38 Uhr im Kanal von Žut von SMS „MONARCH" backbords gerammt. Der Vorsteven von „MONARCH" riß die Seite des Torpedobootes vom Kiel bis zur Scheuerleiste auf. Dem Kommandanten gelang es, das Boot in einer Bucht an der Nordwestseite der Insel Žut auf Strand zu setzen, so daß nur das Achterschiff bis über das Deck überflutet wurde. Mit Hilfe einer Mannschaftsabteilung von SMS „BUDAPEST" begann man sofort mit den Bergungsarbeiten. Am nächsten Tag traf der Pumpentender „GIGANT" ein und brachte „BUSSARD" zur Reparatur nach Pola.[11])

Die Untersuchungskommission kam zu der Ansicht, daß den Kommandanten, Lschlt. Balzar, kein strafbares Verschulden träfe. Die Marinesektion konnte sich jedoch dieser Ansicht nicht anschließen und verfügte, unter Be-

10) II.G.G. 1900 32 C/1

11) PK 1899 1-11/10

rücksichtigung seines entschlossenen und umsichtigen Verhaltens nach der Kollision, seine Bestrafung mit einem strengen Verweis.

„ELSTER" fuhr am 12. März 1902 um 14.30 Uhr bei der Spitze Glavica der Insel Planik auf einen Felsblock auf. Das Boot kam sofort wieder frei, Ejektor und Pumpe konnten das schnell eindringende Wasser jedoch nicht bewältigen. „ELSTER" wurde von „RABE" längseits genommen und in die Bucht Slatina geschleppt, wo es auf zwei Meter Wassertiefe sank. Von dem Bergungstender „GIGANT" am 13. und 14. gehoben, konnte es am 18. März in Pola an Land geholt werden. Es hatte beträchtliche Schäden erlitten, welche Reparaturarbeiten in der Dauer von zwei Monaten erforderten. Wegen *„Außerachtlassung der gebotenen Vorsicht"* wurde der Kommandant, Lschlt. Anton Pawlik, mit acht Tagen Stationsarrest bestraft.[12])

12) PK 1902 1-11/1-669

Tb „26", ex „FLAMINGO" befand sich in der Nacht vom 22. auf 23. August 1914 auf Vedettestellung östlich der Linie Porer — Peneda als es um 02.30 Uhr von einer heftigen Explosion an steuerbord achtern erschüttert wurde. Der Wassereinbruch war vorerst gering, so daß sich das Boot bis 03.30 Uhr halten konnte. Der Kommandant ließ die Jolle und das Rettungsfloß zu Wasser bringen. Auf seine Scheinwerfersignale an das Küstenfort Verudella wurde ihm geantwortet, daß zwei Torpedoboote zur Rettung auslaufen würden. Um 03.30 Uhr begann Tb „26" schnell zu sinken und die Besatzung verließ das Boot. Die kleine Jolle war bald vollgeschlagen. Stundenlang gegen den frischen NO-Wind (Bora) ankämpfend und immer wieder von den Wellen überspült, waren die Leute bald derartig erschöpft, daß sich viele von ihnen nicht mehr über Wasser halten konnten. Als die Torpedoboote „20" und „30" um 08.45 Uhr erschienen, konnten sie nur mehr den Kommandanten und sechs Mann retten. Der Seekadett und zehn Mann waren ertrunken.[13])

13) PK 1914 1-11/17

Torpedobootsgruppe im Manöver, dahinter Turmschiff „KRONPRINZESSIN ERZHERZOGIN STEFANIE". Die Kaminkennungen wurden nur während der Manöver geführt.

Ein Torpedoboot II. Klasse als Yacht „verkleidet" mit britischer Handelsflagge(!). Jahr und Identität des Bootes lassen sich nicht feststellen.

Torpedoboot „34" ex „CONDOR" mit lichtgrauem Kriegsanstrich 1917/18.

Torpedoboot „ELSTER“ (1:200).

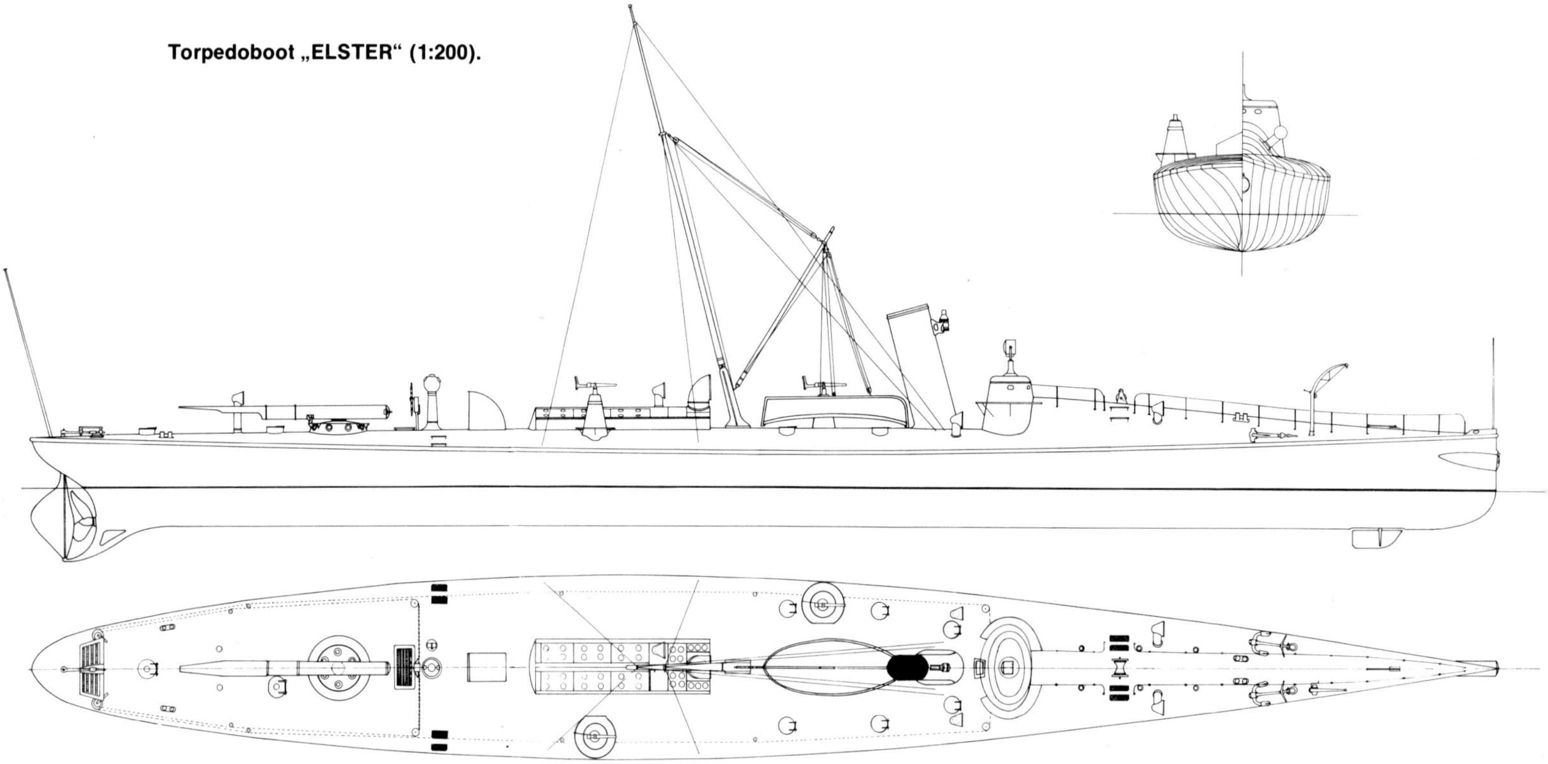

Torpedoboot „ELSTER“ vor der Schichauwerft in Elbing mit Werftanstrich.

Torpedoboot „24“ ex „ELSTER“ 1918 als Minensuchboot.

Torpedoboot „24“ nach der Rammung durch den Dampfer „BRIONI III“ am 2. Mai 1914 aufgeholt zur Reparatur im Seearsenal.

Gegen den Kommandanten, Lschlt. Josef Konić, wurde ein Ermittlungsverfahren eingeleitet, welches am 4. Dezember 1914 mangels strafbaren Verschuldens eingestellt wurde.

Die Ursache der Explosion konnte nie ganz geklärt werden, es wurde jedoch angenommen, daß Tb „26" auf eine von der eigenen Minensperre losgerissene Mine geraten sei. Unerklärlich bleibt jedenfalls, weshalb es sechs Stunden dauerte, bis die beiden von Pola ausgelaufenen Torpedoboote zur Rettung erschienen.

Am 2. März 1916 steuerte Tb „22" — ex „KRÄHE" — bei hohem Seegang die Enge zwischen den Inseln Logorun und Tiat an. Mit beginnender Dunkelheit setzte starker NO-Wind (Bora), begleitet von schweren Regenböen, ein. Um 18.10 Uhr kam es vor der Südspitze von Logorun zu einer Grundberührung, wobei zwei Lecks entstanden. Die Bora trieb das Boot an die Nordspitze der Insel Tiat, wo es auf einer Wassertiefe von vier bis fünf Meter sank. In den nächsten Tagen wurde es mit Hilfe von zwei Penichen und vier Hebezylindern gehoben und vom Bergungsdampfer „HERKULES" nach Pola geschleppt. Der entstandene Schaden war beträchtlich: außer den beiden Lecks war das Ruderblatt verbogen, die Schraube und die Hacke abgebrochen und verloren gegangen.

Der Kommandant, Korvettenleutnant Josef Cattarinich, wurde am 17. Oktober 1916 durch das Seebezirkskommando Sebenico wegen *„Nichtbeachtung der vorgeschriebenen und gebotenen Vorsichtsmaßregeln, wodurch dem Aerar ein Schaden in der Höhe von 10.053,92 Kronen erwachsen ist"* zum Ersatz des genannten Betrages verurteilt.[14])

14) PK 1916 1-11/13

Am 2. August 1918 wurde im Mannschaftsraum des Torpedobootes „33" — ex „BUSSARD" — eine Flasche mit zwei Liter Schwefelkohlenstoff zerbrochen. Der Rest der Flüssigkeit wurde notdürftig aufgewischt, während sich das entstandene Schwefelkohlenstoffgas (schwerer als Luft) in der Bilge lagerte. Ungefähr zweieinhalb Stunden später betraten zwei Matrosen den Mannschaftsraum und warfen ihre noch glühenden Zigaretten auf den Fußboden. Im nächsten Augenblick erfolgte eine heftige Explosion, die nicht nur schwere Verletzungen der beiden Matrosen, sondern auch beträchtlichen Sachschaden zur Folge hatte: die Querschotten des Mannschaftsraumes wurden ausgebaucht und teilweise von der Außenhaut losgerissen, die Einrichtung vollständig zerstört, die Außenhaut an beiden Seiten ausgebaucht, das Walrükkendeck angehoben, die Decke des Kommandoturmes weggerissen und mehrere Spanten und Decksbalken beschädigt. Da für eine Reparatur drei bis vier Wochen erforderlich gewesen wären, wurde auf eine Wiederherstellung des Bootes verzichtet.[15])

15) PK 1918 1-11/51

Torpedoboot „VIPER" / „17"

Anfang 1894 kam man in der Leitung der k.u.k. Kriegsmarine zu der Überzeugung, daß die vorhandenen Torpedoboote den Anforderungen hinsichtlich Seefähigkeit, Geschwindigkeit und Aktionsradius nicht mehr genügten.

In einem Schreiben der Marine-Zentralstelle in Wien an das MTK Pola vom 12. Mai 1894 heißt es darüber wörtlich:

Torpedoboot „VIPER" / „17"

Deplacement	Bewaffnung	Antrieb	Geschwindigkeit	Fahrtstrecke	Brennstoff	Länge	Breite	Tiefgang	Besatzung	Anmerkung
124 t	2/47 mm L/33 SFK 3/45 cm Decklanzierapparate	Dreizylinder-dreifach-Expansions-Maschine 2 Yarrow-Wasserrohrkessel 15,5 atü 1.800 PSi (maximal 1.910)	24 kn (maximal 26,6)	650 sm mit 17,5 kn 1.500 sm mit 10 kn	28 t	44,96 m	4,50 m	1,20 m 2,25 m	2/20	

Name bzw. Nummer	Werft	Baulegung	Stapellauf	Übernahme	Anmerkung / Verbleib
„VIPER" / „17"	Yarrow, London	Dezember 1894	16. 12. 1895	17. 2. 1896	1920 an Frankreich und abgebrochen

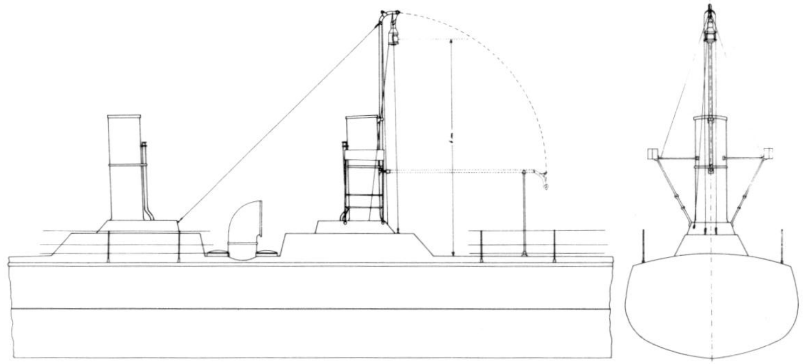

Torpedoboot „VIPER“ — Führung der Positionslaternen (1:200).

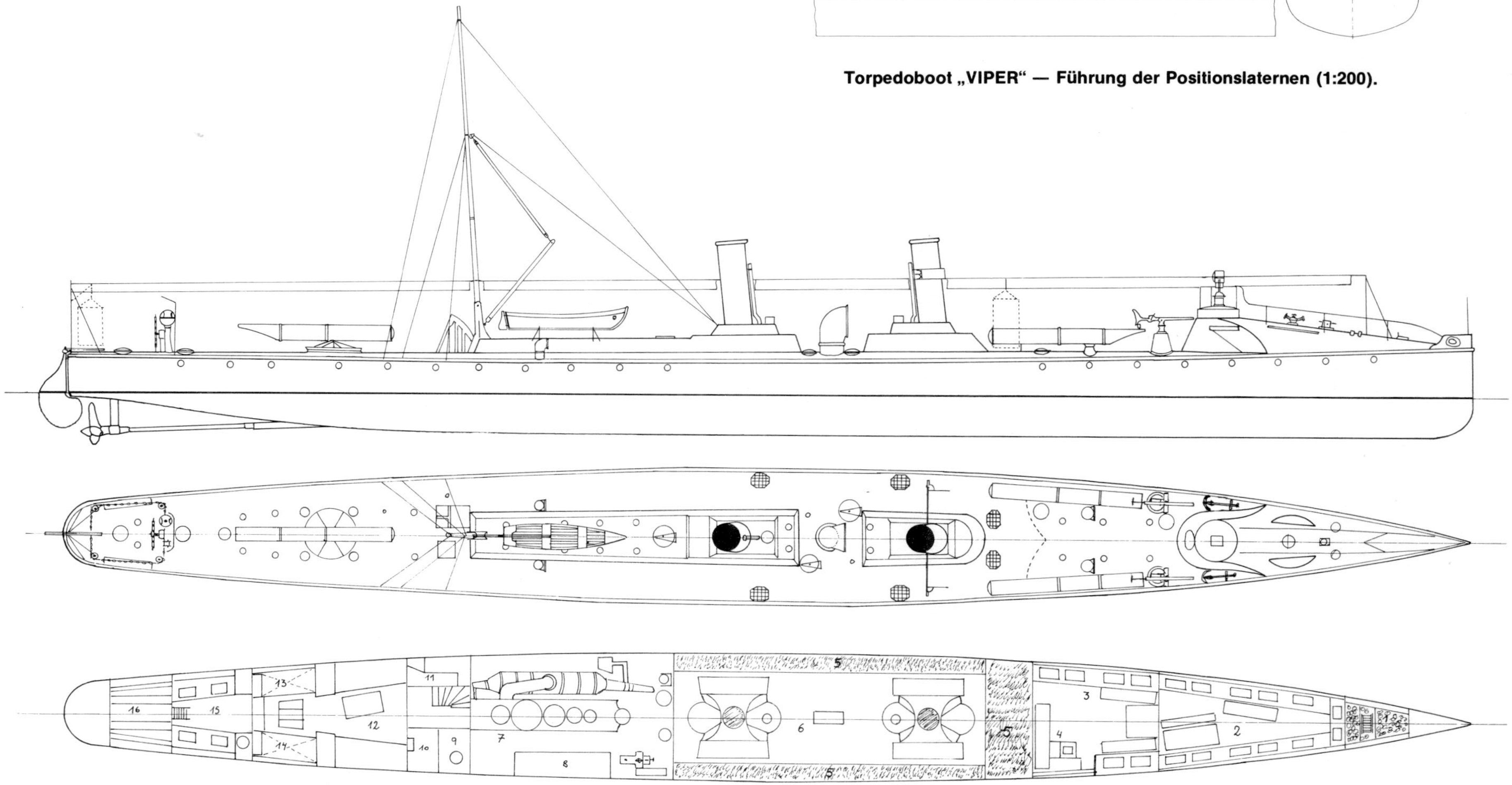

Torpedoboot „VIPER“ (1:200).

Torpedoboot „VIPER".

„Zur Deckung des nächsten Bedarfes an Torpedobooten hat die Marine-Zentralstelle beschlossen, auf einen neuen Typ überzugehen, welcher vermöge seiner Größe eine sichere Gewähr für Seetüchtigkeit und Dauergeschwindigkeit bieten würde".

Drei englische Werften und die Firma Schichau wurden zur Erstellung eines Offertes eingeladen. Gefordert wurden: eine Verdrängung von 130 — 140 t, als Torpedoausrüstung ein Bug- und ein Decklanzierapparat (die Forderung nach dem Bugtorpedorohr wurde später zugunsten von zwei weiteren Decklanzierapparaten aufgegeben), zwei 47 mm SFK, elektrischer Projektor sowie ein Aktionsradius von mindestens 1.500 sm. Die Geschwindigkeit während einer dreistündigen Dauerfahrt war von den Firmen im Offert anzugeben.[1])

Die von den Werften Yarrow, Thornycroft, Maudsley und Schichau eingegangenen Offerte wurden vom MTK einer Prüfung unterzogen. Zwei von ihnen — Maudsley und Thornycroft — wurden als *„nicht annehmbar"* abgelehnt; Maudsley wegen zu geringer Geschwindigkeit (23 kn) sowie konstruktiver Mängel des Bootskörpers und des Kessels. Thornycroft hatte zwar eine Geschwindigkeit von 24,5 kn angegeben, verlangte jedoch die Abnahme auch dann zugesichert, wenn bei den Probefahrten nur 22 kn erreicht werden sollten. Im Dezember 1894 wurde den Werften Schichau und Yarrow der Auftrag zum Bau von je einem Torpedoboot erteilt.[2])

Am 16. Dezember 1895 wurde bei Yarrow das erste Boot, das den Namen „VIPER" erhielt, vom Stapel gelassen. Bei den Vorprobefahrten am 15. und 16. Jänner 1896 wurde eine mittlere Geschwindigkeit von 25,1 kn (maximal 25,5 kn) gemessen. Die dreistündige Übernahmeprobefahrt wurde am 31. Jänner 1896 mit einer Zuladung von 30 t (als Ersatz für das Gewicht der noch fehlenden Bewaffnung und Ausrüstung) durchgeführt, wobei mit einer Maschinenleistung von 1.910 PSi eine Durchschnittsgeschwindigkeit von 26,6 kn erreicht wurde. Die Übernahmekommission war von den Ergebnissen der Probefahrten sehr befriedigt; am 17. Februar 1896 wurde das Boot in das Eigentum der Kriegsmarine übernommen und nach Pola überführt. Die drei Decklanzierapparate wurden von der Firma Whitehead in Fiume erzeugt und montiert.[3])

In den folgenden Jahren nahm das Boot an den jährlichen Manövern der Sommereskadre teil.

1) II.G.G. 1894 47 C/12

2) II.G.G. 1895 47 C/6

3) II.G.G. 1896 47 C/4

Torpedoboot „VIPER“ im Schwimmdock nach der Havarie vom 31. Dezember 1908.

Am Morgen des 31. Dezember 1908 verschuldete der Kommandant beim Auslaufen aus Sebenico eine schwere Havarie des Bootes. Durch falsches Maschinenmanöver lief das Boot mit dem Bug gegen eine Mole. Das Vorschiff wurde bis Spant zwölf eingedrückt und mußte zum größten Teil erneuert werden. Der Kommandant, Lschlt. Franz Gauss, wurde zu einem Monat strengen Arrest und zur Zahlung von 7.274,— Kronen verurteilt. Die Geldstrafe wurde ihm mit Zustimmung des Finanzministers am 23. Februar 1910 nachgesehen.[4])

Kurz nach Beendigung der Reparatur kollidierte „VIPER“ am 2. März 1909 beim Einlaufen in Pola/Fisella mit Tb „KROKODIL“ und der Bug wurde abermals beschädigt.

1910 erhielt „VIPER“ statt des Namens die Nummer „17“ und wurde für dieses Jahr der Torpedoschule zugewiesen. Ab Juli 1911 in der Bocche di Cattaro stationiert, nahm es am 14. Februar 1915 mit Torpedofahrzeug „CSIKÓS“ an einer Aktion gegen Antivari teil. Bis Kriegsende wurden zahlreiche Minensuch- und Konvoifahrten durchgeführt.

1920 wurde Torpedoboot „17“ Frankreich zugesprochen und abgebrochen.

Torpedoboot „NATTER“ / „18“

„NATTER“, das zweite, gleichzeitig mit „VIPER“ bestellte Boot, wurde bei der Schichauwerft in Elbing auf Stapel gelegt.[1]) Obwohl die Werft eine Lieferzeit von zehn Monaten nach Kontraktabschluß zugesagt hatte, war der Baufortschritt von Anfang an recht mäßig. Im Februar 1896 war das Boot erst zu 90 Prozent fertig. Am 18. März und

4) PK/MS 1909 1-11/1

Torpedoboot „VIPER“ nach der Kollision mit Torpedoboot „KROKODIL“ am 2. März 1909.

Torpedoboot „NATTER“ / „18“

Deplacement	Bewaffnung	Antrieb	Geschwindigkeit	Fahrtstrecke	Brennstoff	Länge Breite	Tiefgang	Besatzung	Anmerkung
166,2 t	2/47 mm L/33 SFK 3/45 cm Decklanzierapparate	2 Thornycroft-Wasserrohrkessel 14 atü Dreizylinder-dreifach-Expansions-Maschine 1 Schraube 2.050 PSi (maximal)	22,6 kn (maximal 23,7)	1.400 sm mit 12 kn 1.600 sm mit 10 kn	33 t	47,25 m 5,30 m	1,47 m 2,80 m	2/20	1897/98 teilweise Änderung des Hecks, Hacke entfernt, Ruder durch Balanceruder ersetzt, ab 1911 ein Torpedorohr zwischen den Kaminen, 1917 durch Doppellanzierapparat ersetzt

Name bzw. Nummer	Werft	Baulegung	Stapellauf	Übernahme	Anmerkung / Verbleib
„NATTER“ / „18“	Schichau	Jänner 1895	Jänner 1896	9. August 1896	1920 Großbritannien zugesprochen, abgebrochen in Italien

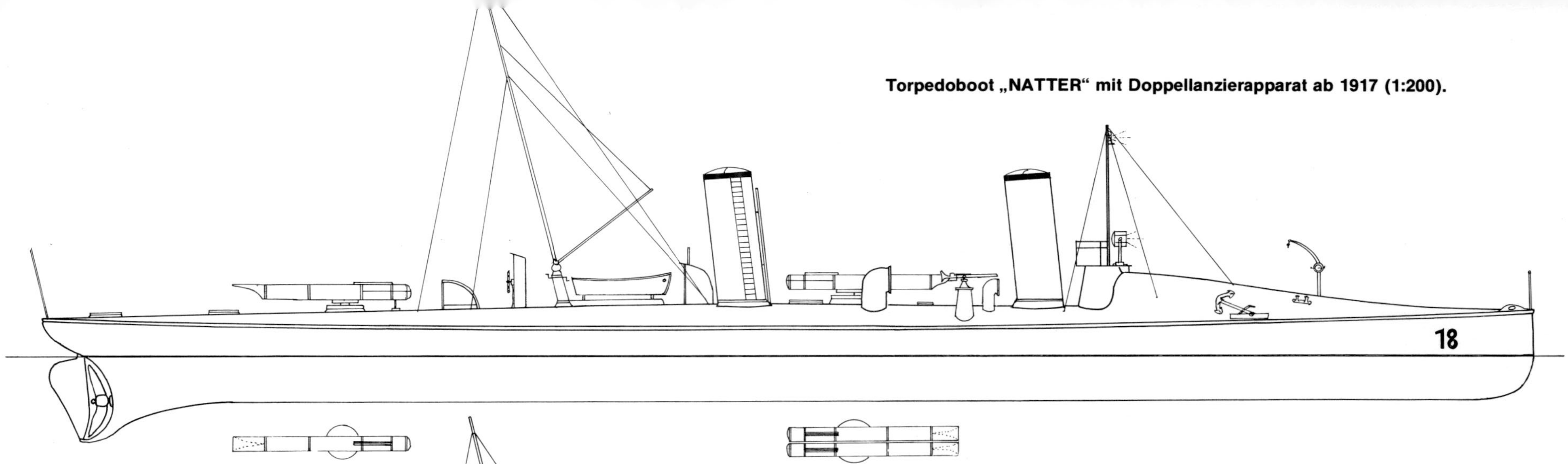

Torpedoboot „NATTER“ mit Doppellanzierapparat ab 1917 (1:200).

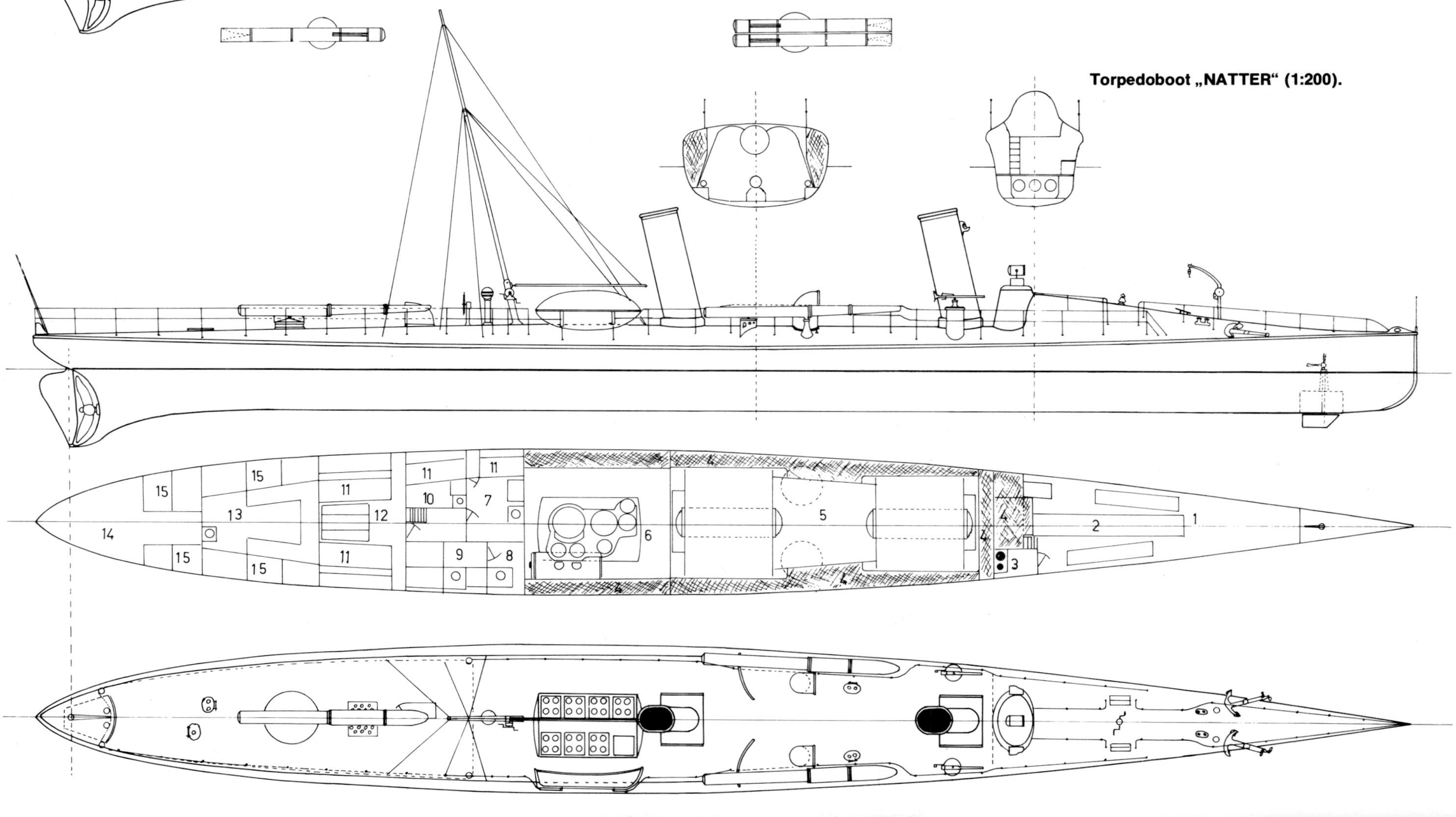

Torpedoboot „NATTER“ (1:200).

Torpedoboot „18“ ex „NATTER“, 4. September 1916.

27. März wurden auf dem Frischen Haff die Maschinenprobefahrten durchgeführt. Wegen Lieferverzögerungen der elektrischen Anlage konnte das Boot nicht vor Mitte April fertiggestellt werden. Am 28. April fand die offizielle Probefahrt statt, wobei 26,1 kn bei einer Maschinenleistung von 1.958 PSi erreicht wurden. Bei der Erprobung der Steuerfähigkeit trat — ohne Grundberührung — eine Havarie ein. Die anschließende Dockung ergab, daß die Hacke unter dem Wellenlager gebrochen, das Ruderblatt stark beschädigt und die Kanten der Schraube angeschlagen waren. Nach fünfwöchiger Reparatur (Achtersteven und Ruderblatt mußten neu erzeugt werden) sollte am 9. Juni die Abnahmefahrt wiederholt werden.[2])

Bei der Überfahrt nach Elbing stellte der anwesende k.u.k. Maschinenbau-Ingenieur einen ungefähr 1,30 m langen Riß in der Maschinen-Fundamentplatte fest, worauf die Probefahrt unterbleiben mußte. Die Hauptmaschine und der Kondensator mußten ausgehoben und eine neue, stärkere Fundamentplatte gegossen werden.

Endlich konnte am 29. Juli die Abnahmefahrt durchgeführt werden. Während einer dreistündigen forcierten Dauerfahrt wurde eine mittlere Geschwindigkeit von 24,53 kn und eine Maschinenleistung von 2.050 PSi gemessen. Das Deplacement bei der Probefahrt betrug nur 128,76 t, da das Boot noch nicht voll ausgerüstet war.

Am 9. August wurde „NATTER“ in das Eigentum der Kriegsmarine übernommen. Nach dem Eintreffen in Pola wurde „NATTER“ ins Dock genommen und untersucht. Dabei fand man, daß die Schraubenwelle im Stevenrohr mehrere Längsrisse und konzentrische Risse (bis 0,5 mm Tiefe) aufwies. Außerdem war ein Achterschiffspant gebrochen. Nach Behebung der Schäden wurden im November und Anfang Dezember Probefahrten mit einer neuen, inzwischen von Schichau gelieferten, zweiflügeligen Schraube vorgenommen. Bei diesen Fahrten wurden Geschwindigkeiten von maximal 23,48 kn und 23,58 kn erreicht, jedoch waren die auftretenden Erschütterungen so stark, daß von einer weiteren Forcierung abgesehen wurde. Eine neuerliche Untersuchung ergab weitere Brüche an vier Achterschiffspanten.[3])

Mit einer neuen dreiflügeligen Schraube führte man am 9. und 10. Februar 1897 wieder Probefahrten durch. Die

1) II.G.G. 1895 47 C/6
2) II.G.G. 1896 47 C/4
3) II.G.G. 1896 47 C/4

Vibrationen waren nun etwas geringer, bei über 300 U/min. traten jedoch wieder heftige Erschütterungen der Bodenkonstruktion im Achterschiff auf, und mit der Höchstgeschwindigkeit kam man nicht über 23,6 kn hinaus. Abermals wurden zwei neue Spantbrüche festgestellt.
Die Ursache der Vibrationen und den damit verbundenen Spantbrüchen wurde vor allem der mangelnden Ausbalancierung der beweglichen Maschinenteile sowie der schwachen Konstruktion des Bootskörpers zugeschrieben. Außerdem kam man zur Überzeugung, daß die Hacke wesentlich zur Verstärkung der Vibrationen beitrage. Das Seearsenal mußte nun der Marinesektion mitteilen, daß das Boot bis auf weiteres nicht in Dienst gestellt werden könne.[4])
Da zu wesentlichen Änderungen an der Maschine keine Möglichkeit bestand, entschloß man sich, das Spantgerippe soweit als möglich zu versteifen und die Hacke zu entfernen, wozu eine teilweise Umkonstruktion des Hecks erforderlich war. Das Ruder wurde durch ein Balanceruder ersetzt.

Schichau erklärte sich bereit, die Kosten für die nachträglichen Versteifungen *„zum Teil oder auch ganz“* zu tragen.

Nach Beendigung der Arbeiten wurde im Juni 1898 eine Serie von Probefahrten durchgeführt. Das Boot lief nun wesentlich ruhiger, kam bei den Dauerfahrten jedoch nicht über 22,6 kn (v max. 23,7 kn). Auch mit einer zweiflügeligen Schraube wurde am 11. Juli nochmals ein Versuch unternommen. Bei 335 U/min. waren die wiederum auftretenden Erschütterungen im Heck so heftig, daß sie in den beiden achtersten Räumen zu Beschädigungen der Einrichtung führten. Nach fünf Minuten wurde der Versuch, mit ganzer Kraft zu fahren, aufgegeben. Die Probefahrtkommission stellte fest, daß die Verwendung einer zweiflügeligen Schraube vollständig ausgeschlossen sei.

4) II.G.G. 1897 47 D/4

Lanzierübung auf Torpedoboot „18“ ex „NATTER“.

Die während der dreistündigen Dauerfahrt erzielte Geschwindigkeit lag fast einen Knoten unter der von Schichau im Offert zugesagten Geschwindigkeit von 23,5 kn, aber mit der dreiflügeligen Schraube und nach den vorgenommenen Versteifungen waren die Vibrationen doch soweit gedämpft, daß „NATTER" ohne Risiko weiterer Havarien in Dienst gestellt werden konnte.[5])

Im Jänner 1910 erhielt „NATTER" die Bezeichnung Torpedoboot Nr. „18" und wurde als mobile Lanzierstation für den Zentralhafen bestimmt. Anläßlich eines 1910/1911 durchgeführten Kesselwechsels und einer dadurch bedingten Verbreiterung der Kamine wurde die Torpedobewaffnung geändert.[6]) Die beiden vorderen Torpedorohre wurden entfernt und statt ihrer ein Lanzierapparat mittschiffs zwischen den beiden Kaminen installiert. Im Mai 1917 ersetzte man dieses Einzellanzierrohr durch einen Zwillingslanzierapparat.

Bis zum Kriegsende in Pola stationiert, diente das Boot zu Lanzierübungen und zur Ausbildung des Torpedopersonales. 1920 wurde es Großbritannien zugesprochen und einer italienischen Firma zum Abbruch übergeben.

5) II.G.G. 1898 47 D/42
6) II.G.G.

Die Torpedoboote der Klasse „COBRA"

Nach eingehender Erprobung der neuen Torpedoboote „VIPER" und „NATTER" wurde im November 1896 das MTK beauftragt, festzustellen, welches der beiden Boote sich als Vorbild für den Bau weiterer Hochsee- Torpedoboote eignen würde. Am 5. Dezember 1896 trat unter Vorsitz des Vizeadmirals Spaun eine aus fünf Ingenieuren und vier Seeoffizieren bestehende Kommission zu einer gründlichen Beratung dieser Frage zusammen. Im Referat des Vorstandes der I. Abteilung (Schiffbau) wurde u. a. ausgeführt: „VIPER" habe bei den letzten Probefahrten ohne Anstrengung eine mittlere Geschwindigkeit von 23,85 kn erreicht, während „NATTER" im Mittel nur 23,3 kn lief, wobei auf „VIPER" die Dampfspannung noch 20 Prozent unter dem zulässigen maximalen Betriebsdruck lag, auf dem Schichau-Boot aber schon mit dem Betriebsdruck von 14 atü gefahren wurde. Das Gewicht der Maschinenanlage auf „NATTER" sei bedeutend höher als das von „VIPER" (45,84% des Gesamtdeplacements gegenüber 33,65% — tatsächlicher Gewichtsunterschied 25,5 t!). Die Vibrationen auf „VIPER" seien minimal, auf „NATTER" jedoch so heftig, daß sie zu Spantbrüchen geführt hätten. Außerdem seien besonders die Längsverbindungen des Yarrow-Bootes bedeutend besser, während „NATTER" weder einen Vertikalkiel noch Kielwinkel oder Seitenkielschweine habe.

Bezüglich der Stabilität und Seefähigkeit sei kein nennenswerter Unterschied festzustellen.

Interessant ist ein Vergleich der Einrichtung: Die Mannschaftsräume auf „VIPER" waren größer und besser eingerichtet als auf „NATTER", dafür waren auf letzterer die Wohnräume der Offiziere schöner und bequemer.

Der Maschinenbaureferent wies darauf hin, daß die Maschinenanlage des englischen Bootes nicht nur bedeutend leichter, sondern in ihrer ganzen Konstruktion auch einfacher sei, ebenso die beweglichen Massen viel besser ausbalanciert wären.

Die Torpedoboote der Klasse „COBRA"

Deplacement	Bewaffnung	Antrieb	Geschwindigkeit	Fahrtstrecke	Brennstoff	Länge	Breite	Tiefgang	Besatzung	Anmerkung
131,5 t voll ausrüstet 135 t	2/47 mm L/33 SFK 3/45 cm Decklanzierapparate	2 Yarrow-Wasserrohrkessel 16,5 atü Dreizylinder-dreifach-Expansions-Maschine 1 Schraube 2.000 PSi	24 kn maximal 25 kn	1.000 sm mit 13 kn	30 t	46,52 m	4,65 m	1,38 m 2,50 m	2/20	„KIGYO": v maximal 26,96 kn N maximal 2.700 PSi

Name, ab 1910	Nummer	Werft	Baulegung	Stapellauf	Übernahme	Anmerkung / Verbleib
„COBRA"	16	Yarrow	Juli 1897	16. 7. 1898	24. 9. 1898	1920 an Frankreich
„BOA"	15	Yarrow	Februar 1898	20. 8. 1898	24. 9. 1898	1920 an Frankreich
„KIGYO"	14	Yarrow	August 1897	25. 1. 1899	11. 4. 1899	1920 an Großbritannien
„PYTHON"	13	Yarrow	Juni 1898	25. 2. 1899	11. 4. 1899	1920 an Frankreich

Torpedoboot „BOA“ (1:200).

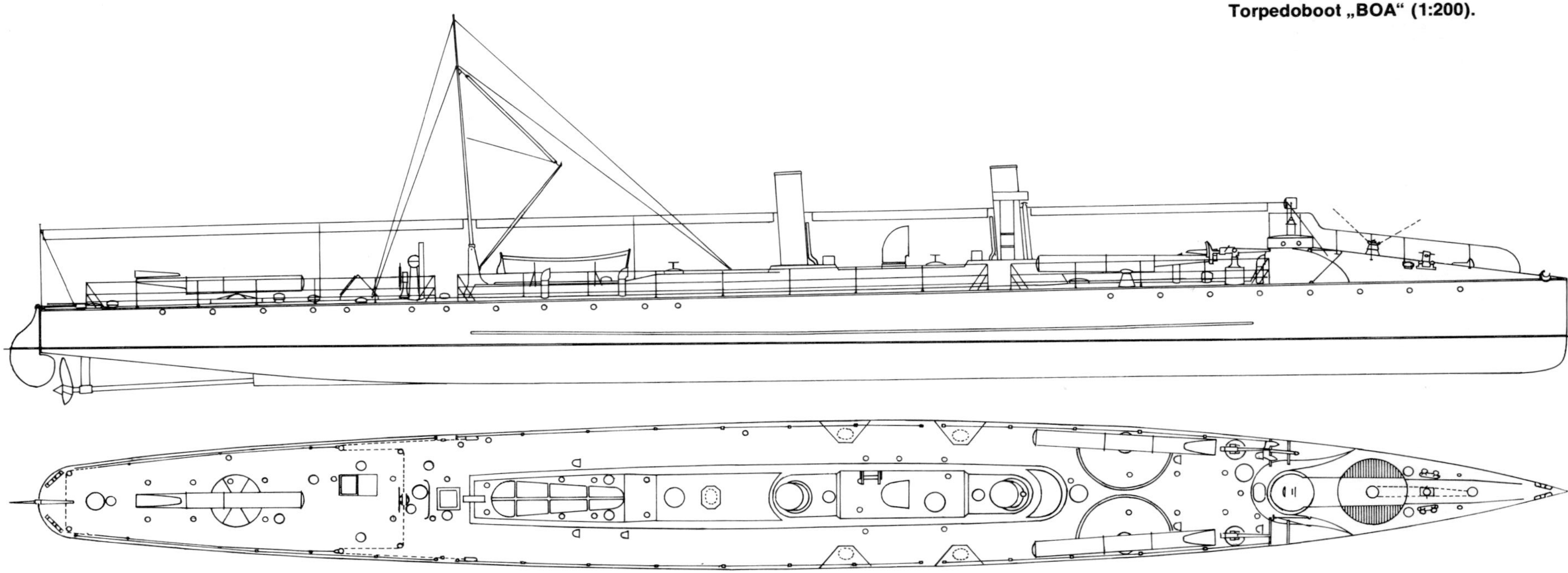

Torpedoboot „14“ ex „KIGYO“ als Bergungsfahrzeug der Seeflugstation Pola (1:200).

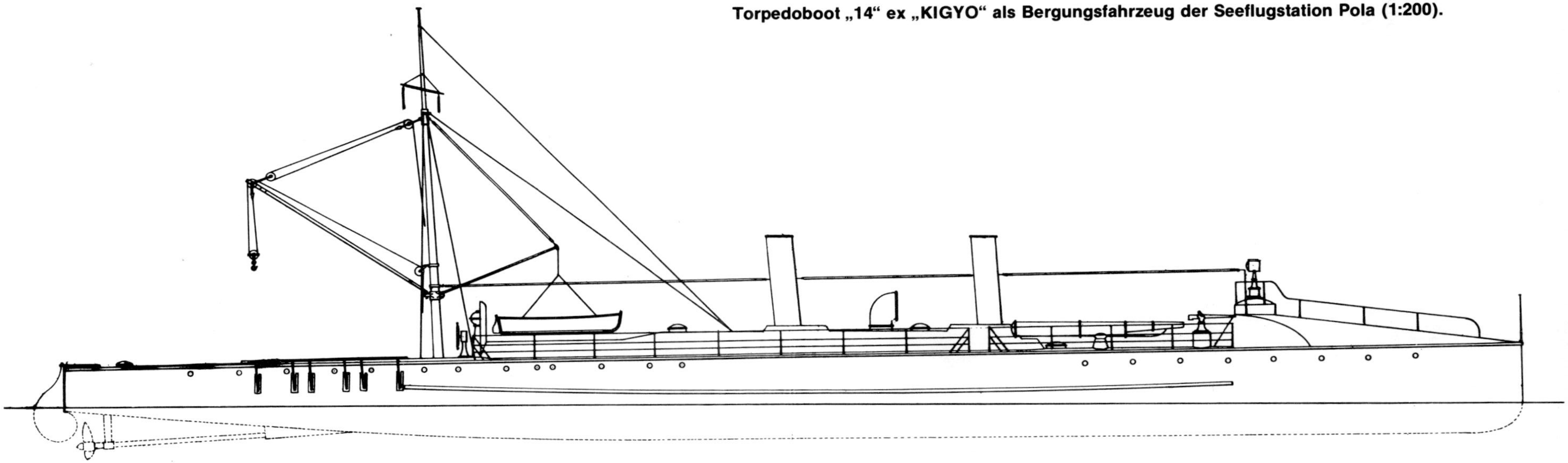

Nach Abschluß der Beratungen wurde übereinstimmend festgestellt, daß mit Rücksicht auf seine hohe Geschwindigkeit und sonstigen Vorzüge „VIPER" als Modell für die weiter zu bauenden Hochsee-Torpedoboote zu dienen hätte.[1])

Das MTK hatte jedoch für die in Bau zu legenden Boote verschiedene Verbesserungswünsche, so unter anderem: Verstärkung der Deckskonstruktion, bessere Einteilung der Unterkunft des Stabes und die Möglichkeit, die Maschine von Hand und von Dampf umsteuern zu können. Yarrow erklärte sich bereit, diese Forderungen zu erfüllen, wenn die Hauptabmessungen etwas vergrößert und die Verdrängung geringfügig (von 124 auf 131,5 t) erhöht werden könnten.

Am 17. Mai 1897 erfolgte der Vertragsabschluß über den Bau von vier Hochsee-Torpedobooten. Als Lieferzeit wurden für die zwei ersten Boote 15 Monate, für die beiden letzten zwei Jahre festgelegt.[2])

Im Juli bzw. August 1897 wurden Nummer 1 und 2, im Februar und Juni 1898 Nummer 3 und 4 auf Stapel gelegt. Aus nicht feststellbaren Gründen entschloß sich die Werft im Laufe des Jahres 1898, die Arbeiten an Boot Nr. 2 (später „KIGYO") fast ganz einzustellen und statt dessen Boot Nr. 3 (später „BOA") und Nr. 1 fertigzustellen. Mit Entschließung vom 9. Juli 1898 wurden die Namen für die vier Boote festgelegt.

1) II.G.G. 1896 47 C/4-7631, 11360
2) II.G.G. 1897 47 C/4

Die am 31. August („COBRA") und am 16. September 1898 („BOA") vorgenommenen Abnahmeprobefahrten ergaben Durchschnittsgeschwindigkeiten von 24,27 kn und eine Höchstgeschwindigkeit von 27 kn. Die Übernahmekommission äußerte sich sehr befriedigt über die erreichten Geschwindigkeiten, die geringen Vibrationen des Rumpfes und das tadellose Arbeiten der Maschine.[3])

Am 6. Dezember 1898 trafen „COBRA" und „BOA", am 6. Mai 1899 „KIGYO" und „PYTHON" im Zentralhafen Pola ein, wo sie mit 47 mm Schnellfeuerkanonen und den Torpedolanzierrohren ausgerüstet wurden.

In den folgenden Jahren fanden die Boote Verwendung im Eskadre- und Stationsdienst. „KIGYO" und „PYTHON" waren zeitweise der Torpedoschule als Übungsboote zugeteilt.

Erwähnenswert ist das Schicksal der „BOA", welche ab 1910 als Bezeichnung die Nummer „15" führte. Auf der Fahrt von Teodo nach Pola strandete das Torpedoboot am 22. September 1911 um 02.45 Uhr bei stürmischem SO-Wind und starken Regenböen auf der kleinen Felseninsel Gruica. Noch am selben Morgen lief das Schlachtschiff „ERZHERZOG FRIEDRICH" mit einem 40 t-Pontonkran im Schlepp, begleitet von dem Bergungsschiff „HERKULES" und zwei weiteren Fahrzeugen, von Pola aus. Nach mehrtägigen Bergungsarbeiten, welche durch das schlechte Wetter sehr erschwert wurden, konnte das Boot nach Pola ins Dock gebracht werden.[4])

3) II.G.G. 1898 47 C/1
4) PK/MS 1911 1-11/19

Torpedoboot „14" ex „KIGYO" als Bergungsfahrzeug der Seeflugstation Cattaro.

Torpedoboot „14" mit Seeflugzeug an Bord, Aufnahme vom 9. September 1915.

Eine Kommission des MTK stellte fest, eine Reparatur sei in Anbetracht der schweren Schäden — der Rumpf war stark deformiert, die Bodenbleche aufgerissen, Spanten, Maschinen- und Kesselfundamente an vielen Stellen gebrochen — nicht mehr lohnend und beantragte, das Boot gänzlich zu demolieren. Die Marinesektion lehnte jedoch diesen Antrag ab und beauftragte das Seearsenal, unter Verwendung des brauchbaren Materials einen neuen Rumpf zu bauen und in diesen die gründlich überholte Maschinen- und Kesselanlage einzubauen. Ein Vorgang, der in der k.u.k. Kriegsmarine durchaus üblich war. Bei diesem als *„Rekonstruktion"* bezeichneten, praktisch jedoch neuen Rumpf wurde der Bug zur Verbesserung der Seefähigkeit um 0,45 m erhöht.[5])

Tb „13" ab 1910 Station Teodo, bei Kriegsbeginn 21. Torpedobootgruppe (Bocche di Cattaro), 6. September 1914 südlich Punta d'Ostro feindliches U-Boot gesichtet und verfolgt, 17. Oktober von französischem Panzerkreuzer „WALDECK-ROUSSEAU" beschossen, 7. Mai 1915 von montenegrinischer Batterie erfolglos beschossen, 26. Juni 1916 14 sm südlich von Punta Remo von feindlichem U-Boot zweimal erfolglos anlanziert, bis Kriegsende zahlreiche Minensuch- und Konvoifahrten, 1920 an Frankreich und abgebrochen.

Tb „14" ab 1910 Station Teodo, mit 18. Jänner 1914 als Bergungsfahrzeug für Flugzeuge bestimmt, mit stärkerem Mast, Ladebaum und Plattform am Achterdeck zur Aufnahme von Seeflugzeugen ausgerüstet, 14. März 1914 der Flugstation Pola übergeben, laut Bericht des SAK vom 19. September 1915 als Bergungsfahrzeug nicht bewährt,[6]) Oktober vordere Lanzierapparate wieder eingebaut, ein MG zur Luftabwehr installiert, Plattform am Achterdeck beibehalten, anschließend der Torpedobootstation Sebenico zugewiesen, 1916 Runden- und Konvoifahrten, Dezember zur Überholung in Pola, ab 30. Dezember wieder in Sebenico, 1917 Konvoifahrten, 1. April bis 3. April havariertes Seeflugzeug nach Kumbor gebracht, 4. Mai havariertes Flugboot von Rogoznica nach Sebenico gebracht, 17. Juli, 27. Juli und 12. August Flugzeugtransporte zwischen Sebenico und Curzola, 23. August bei Sicherungsfahrt im Kanal von Sabbioncello von „BUDAPEST" mittschiffs gerammt,[7]) von Tb „73" nach Val Pedocchio geschleppt, Bootskörper abgedichtet und nach Pola zur Reparatur bis 27. September 1917, anschließend wieder Sebenico, 5. Oktober bis 8. Oktober Suchaktion nach Tb „11", 5. November bei Spitze Goli angetriebenes Flugzeug und Leiche geborgen, 19. Jänner 1918 L 121 von Flugstation Sebenico nach Curzola gebracht, 3. Juni bei Rogoznica ein Flugzeug geborgen, 7. Juni drei Flugzeuge von Zara nach Sebenico gebracht, 14. Juni vor Spalato ein Flugzeug geborgen, 15. Juni ein Flugzeug vor Makarska geborgen, 5 Konvoifahrten, 3. Juli 1918 deutsches U-Boot bis Kukuljan begleitet, 30. Juli nach Cattaro, 31. Juli mit italienischem Seeflugzeug von Cattaro über Zara nach Pola, 3. August Sebenico, 26. August vor Spalato ein Flugzeug geborgen, bis Kriegsende noch mehrere Sicherungsfahrten, 1920 Großbritannien zugesprochen und in Italien abgebrochen.

5) II.G.G. 1911 47 D/5-12701, 12821

6) II.G.G. 1915 47 D/14-146, 154

7) PK/MS 1917 1-11/46

Torpedoboot „PYTHON“.

Tb „15“ ab 1910 Station Teodo, am 22. September 1911 auf Gruica gestrandet, in Pola rekonstruiert, 1. Dezember wieder in Dienst, Station Teodo, bei Kriegsbeginn 21. Torpedobootgruppe (Bocche di Cattaro), 28. Juli Signalstation XXII und XXIIa errichtet, Überwachungskreuzungen seewärts Punta d'Ostro, 13. August von montenegrinischer Batterie beschossen, 1. September Kreuzung mit Tb „17“ zwischen Punta d'Ostro und Mamula, von französischen Einheiten beschossen, 6. September mit Tb „13“ Jagd auf feindliches U-Boot vor Punta d'Ostro, 14. Februar 1915 mit Tfzg „CSIKÓS“ und Tb „68“ nach Antivari, 3. Mai vor Traste Oblt. Mainx von abgestürztem Heeresflugzeug geborgen, 31. Mai abgestürztes Heeresflugzeug vor Kobila geborgen, 25. Mai und 18. August Jagd auf feindliche U-Boote vor Punta d'Ostro, bis Kriegsende zahlreiche Konvoi- und Minensuchfahrten, 16. Februar 1918 bei Konvoifahrt nach Auslaufen von Antivari von Dampfer „HEGEDÜS SANDOR“ gerammt.[8]) Bug eingedrückt, nach Pola zur Reparatur, bei Kriegsende in Cattaro, 1920 an Frankreich, abgebrochen.

Tb „16“ ab 1910 Station Teodo, November 1913 bis Juli 1914 der Maschinenschule zugeteilt, Kesselwechsel, 16. August in Dienst gestellt für 22. Torpedobootgruppe (Bocche di Cattaro), 15. November südwestlich von Volovica von montenegrinischen Batterien erfolglos beschossen, 9. März 1916 bei Auslaufen von Antivari von Dampfer „ANDRASSY“ gerammt,[9]) Vorschiff beschädigt, Reparatur in Pola, bis Kriegsende in der Bocche stationiert, Konvoi- und Minensuchfahrten, 1920 an Frankreich und abgebrochen.

8) PK/MS 1918 I-11/19
9) PK/MS 1916 I-/1118

Torpedoboot „COBRA".

Die Torpedoboote der Klasse „KAIMAN"

Nach Übernahme der vier Torpedoboote der „COBRA"-Klasse kam es in den folgenden Jahren zu einem gänzlichen Stillstand im Bau von Torpedobooten. Im September 1903 teilte die Firma Yarrow der Marinesektion mit, daß sie ein Dreischrauben-Torpedoboot mit gemischtem Antrieb von derselben Größe wie die zuletzt abgelieferten in Bau gelegt habe. Das Boot hatte für die Höchstfahrt zwei auf die Außenwellen arbeitende Turbinen, während eine, auf die mittlere Schraube wirkende Dreizylinder-Kolbenmaschine die Antriebsleistung für eine Marschfahrt von 10 kn lieferte. Yarrow bot der Marinesektion an, Offiziere der Kriegsmarine an den Probefahrten teilnehmen zu lassen.[1]) Zu Beginn des folgenden Jahres wurden Schiffbauingenieur Popper und Maschinenbauingenieur Totz auf eine Studienreise nach England, Frankreich und Deutschland entsandt, um Informationen über den Bau von Torpedobooten und Zerstörern sowie über die Verwendung von Dampfturbinen und Petroleummotoren zu sammeln. Die beiden Ingenieure nahmen am 9. Februar 1904 an den Probefahrten des Yarrow-Turbinenbootes teil. Sie stellten in ihrem Bericht fest, daß der Dreischraubenantrieb die Betriebssicherheit wesentlich erhöhe, das Boot aber keine höhere Durchschnittsgeschwindigkeit als die Boote der „COBRA"-Klasse entwickle und die Manövrierfähigkeit unbefriedigend sei, da die Turbinen nicht für Rückwärtsgang eingerichtet seien.[2]) Die Kriegsmarine machte daher von dem Angebot der Werft keinen Gebrauch, nahm jedoch im Juli 1904 Verhandlungen mit Yarrow über den Bau eines Torpedo-

1) II.G.G. 1903 47 C/7-11324

2) II.G.G. 1904 47 C/6-306, 765, 1825

Die Torpedoboote der Klasse „KAIMAN“

Name	Deplacement	Bewaffnung	Antrieb	Geschwindigkeit	Fahrtstrecke	Brennstoff	Länge	Breite	Tiefgang	Besatzung	Anmerkung
50 E bis 73 F	konstruiert 210,7 t ausgerüstet 203,3 t	4/47 mm L/33 SFK 3/45 cm Decklanzierapparate ab 1915 1/8 mm MG für BA	2 Yarrow-Wasserrohrkessel 18,6 atü Vierzylinder-dreifach-Expansions-Maschine 1 Schraube 3.000 PSi maximal („ANACONDA“) 3.433 PSi	26,2 kn maximal 27 kn	500 sm bei voller Fahrt	36 t	56,09 m	5,42 m	1,35 m	3/35	51 T ab Dezember 1915 1-7 cm L/30 TAG 2-47 mm L/33 SFK, 1 Doppellanzierapparat, 1 Einzellanzierapparat Dezember 1917 wurden bei Skoda 20 Stück 7 cm L/30 BAG bestellt. Auslielerung in den Sommermonaten 1918 (Rohre 180 und 181 am 23. 10. 1918), tatsächlicher Einbau nicht feststellbar.[1]) Juli 1918 wird für Tb Typ „50“ je ein zweites 8 mm MG in LFA-Lafette bestimmt. 1) II.G.G. 4 B-3/24, 31

Name		Werft	Baulegung	Stapellauf	Indienststellung	Anmerkung / Verbleib
„KAIMAN“	50 E	Yarrow	November 1904	2. 6. 1905	14. 9. 1905	1920 an Großbritannien, demoliert
„ANACONDA“	51 T	S. T. T.	11. 10. 1905	7. 5. 1906	21. 9. 1906	1920 an Großbritannien, demoliert
„ALLIGATOR“	52 T	S. T. T.	20. 10. 1905	30. 6. 1906	31. 12. 1906	Oktober 1919 gestrandet, November 1920 gesunken
„KROKODIL“	53 T	S. T. T.	14. 11. 1905	25. 7. 1906	31. 12. 1906	1920 an Großbritannien, demoliert
„WAL“	54 T	S. T. T.	12. 12. 1905	10. 9. 1906	15. 6. 1907	1920 an Jugoslawien („T 12“)
„SEEHUND“	55 T	S. T. T.	29. 12. 1905	15. 9. 1906	15. 6. 1907	1920 an Großbritannien, demoliert
„DELPHIN“	56 T	S. T. T.	12. 5. 1906	29. 11. 1906	15. 6. 1907	1920 an Großbritannien, demoliert
„NARWAL“	57 T	S. T. T.	19. 6. 1906	17. 12. 1906	15. 6. 1908	1920 an Großbritannien, demoliert
„HAI“	58 T	S. T. T.	9. 7. 1906	23. 3. 1907	15. 6. 1908	1920 an Großbritannien, demoliert
„MÖVE“	59 T	S. T. T.	1. 8. 1906	30. 3. 1907	15. 6. 1908	1920 an Großbritannien, demoliert
„SCHWALBE“	60 T	S. T. T.	14. 9. 1906	9. 4. 1907	20. 3. 1909	1920 an Jugoslawien („T 9“)
„PINGUIN“	61 T	S. T. T.	18. 9. 1906	18. 4. 1907	20. 3. 1909	1920 an Jugoslawien („T 10“)
„DRACHE“	62 T	S. T. T.	Jänner 1907	13. 7. 1907	20. 3. 1909	1920 an Großbritannien, demoliert
„GREIF“	63 T	S. T. T.	Jänner 1907	8. 7. 1907	20. 3. 1909	1920 an Großbritannien, demoliert
„TRITON“	64 F	Danubius, Fiume	26. 7. 1907	18. 7. 1908	31. 12. 1908	1920 an Großbritannien, demoliert
„HYDRA“	65 F	Danubius, Fiume	31. 7. 1907	11. 10. 1908	19. 1. 1909	1920 an Großbritannien, demoliert
„SKORPION“	66 F	Danubius, Fiume	14. 8. 1907	15. 11. 1908	22. 1. 1909	1920 an Großbritannien, demoliert

Name		Werft	Baulegung	Stapellauf	Indienststellung	Anmerkung / Verbleib
„PHÖNIX“	67 F	Danubius, Fiume	7. 1. 1908	10. 1. 1909	3. 8. 1909	1920 an Großbritannien, demoliert
„KRAKE“	68 F	Danubius, Fiume	2. 6. 1908	7. 2. 1909	15. 9. 1909	1920 an Großbritannien, demoliert
„POLYP“	69 F	Danubius, Fiume	27. 7. 1908	17. 4. 1909	15. 9. 1909	1920 an Jugoslawien („T 11“)
„ECHSE“	70 F	Danubius, Fiume	22. 10. 1908	8. 5. 1909	15. 6. 1910	1920 an Großbritannien, demoliert
„MOLCH“	71 F	Danubius, Fiume	21. 11. 1908	14. 7. 1909	15. 6. 1910	1920 an Großbritannien, demoliert
„KORMORAN“	72 F	Danubius, Fiume	13. 1. 1909	31. 7. 1909	5. 3. 1910	1920 an Großbritannien, demoliert
„ALK“	73 F	Danubius, Fiume	12. 2. 1909	2. 10. 1909	15. 6. 1910	1920 an Großbritannien, demoliert

fahrzeuges von 390 t und eines Torpedobootes von 200 t auf. Nach Vorlage von Entwurfsskizzen wurde am 6. August der Kontrakt über die Lieferung eines Torpedofahrzeuges und eines Torpedobootes abgeschlossen. Für das Torpedoboot wurde eine Geschwindigkeit von 25,75 kn gefordert und eine Lieferzeit von zehn Monaten festgelegt. Beide Fahrzeuge sollten als Prototypen für die anschließend im Inland zu bauenden Torpedoboote und Torpedofahrzeuge dienen.[3])

Mit dem Bau des Maschinenkomplexes wurde sofort begonnen, das Boot wurde erst im November auf Stapel gelegt. Am 2. Juni 1905 — fast genau zehn Monate nach Vertragsabschluß — wurde das Torpedoboot, das den Namen „KAIMAN“ erhielt, vom Stapel gelassen. Die erste Probefahrt am 6. Juni mußte wegen starkem Seegang und zunehmendem Wind abgebrochen werden. Bei der dreistündigen Dauerfahrt am 17. Juni 1905, an der auch zwei Vertreter des S.T.T. teilnahmen, wurde eine Höchstgeschwindigkeit von 28,57 kn und eine Durchschnittsgeschwindigkeit von 26,15 kn erreicht.[4])

3) II.G.G. 1904 47 C/8
4) II.G.G. 1905 47 C/5

Torpedoboot „KAIMAN“ nach der Übernahme am 4. Juli 1905 auf der Themse.

Torpedoboot „ANACONDA“ (1:200).

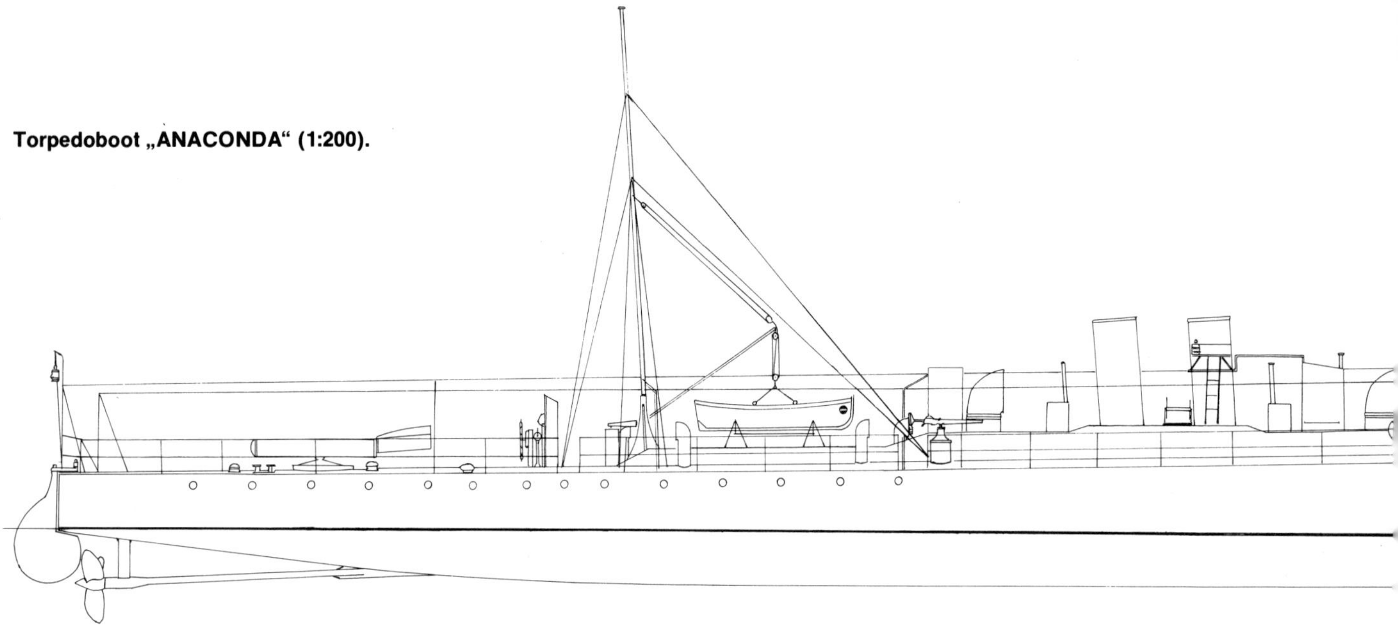

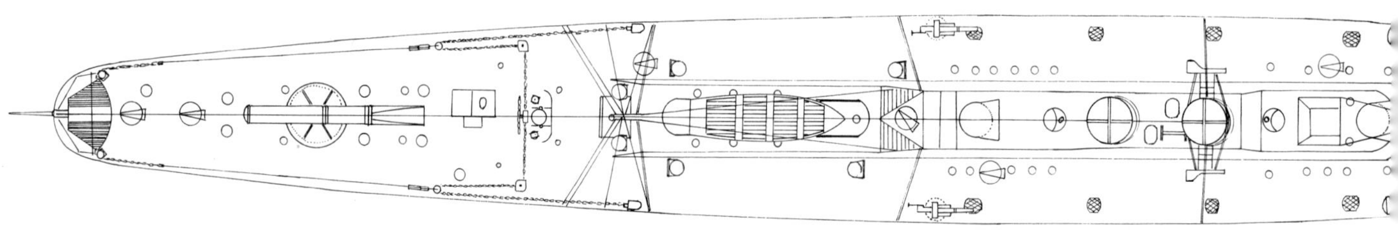

Im allgemeinen liegt die Verdrängung eines voll ausgerüsteten Schiffes mehr oder weniger über dem Konstruktionsdeplacement. Bei den Booten dieser Klasse trat nun der seltene Fall ein, daß das Maximaldeplacement mit 203,3 t fast 7,5 t unter dem Konstruktionsdeplacement lag; ein Beweis für die sorgfältige Planung der Yarrow-Konstrukteure.

Nach der offiziellen Übernahme am 4. Juli 1905 wurde „KAIMAN“ zusammen mit dem neuen Torpedofahrzeug „HUSZÁR“ nach Pola überführt, wo es mit den Torpedolanzierapparaten und vier 47 mm SFK ausgerüstet wurde. Inzwischen waren Vorbereitungen für den Bau weiterer Torpedoboote im Inland getroffen worden. Dem S.T.T. teilte man im Februar 1905 mit, daß es mit dem Bau von 13 Torpedobooten betraut werde.[5]) Über Anregung des ungarischen Handelsministers wurde im gleichen Jahr eine Fusionierung des Stabilimento Lazarus Fiume — dem die alte Werft in Porto Rè (Kraljevica) gehörte — mit der Schiffswerft und Maschinenbau A.G. Danubius-Schönichen-Hartmann, Budapest, herbeigeführt. Der neuen Gesellschaft wurde vom ungarischen Staatsärar ein Gelände in Fiume zur Errichtung einer Werft zur Verfügung gestellt.[6])

5) II.G.G. 1905 47 C/5
6) PK/MS 1905 1-4/6

Im Mai 1905 wurde ihr die Bauvergabe von zehn Torpedobooten zugesichert. Beide Werften beschafften sich von Yarrow die Baupläne und sicherten sich die erforderliche technische Beratung von Seiten der englischen Werft. In den Jahren 1906 bis 1909 liefen beim S. T. T. und bei Danubius/Fiume (wie die neue Werft allgemein bezeichnet wurde) 23 Boote dieser Klasse vom Stapel.[7])

Mit MNVBl. vom 19. November 1913 wurde eine Umbezeichnung der Torpedoboote angeordnet. Statt des Namens erhielten sie eine Nummer mit anschließendem Buchstaben, der den Bauort des Bootes bezeichnete: E = England, T = Triest, F = Fiume, M = Monfalcone. Dieser Buchstabe entfiel mit Anordnung vom 21. Mai 1917, so daß die Boote nur noch Nummern führten.

Nachstehend die wichtigsten Unternehmungen und Stationierungen während des Krieges:

50 E 1914 I. Torpedoflottille, 1915 II. Torpedoflottille Sebenico, acht U-Boot-Suchfahrten, mehrere Minensuchfahrten, elf Konvoifahrten, 1916 bis August in Sebenico, 27. August Gefecht mit feindlichem U-Boot, dann Kreuzungsdienst im Quarnerolo, 1917 Jänner bis Mai abwechselnd in Pola und Fiume stationiert, Juni bis Oktober in

7) II.G.G. 1906 47 C/5, 1907 47 C/5, 1909 47 C/6

der Bocche di Cattaro, 24. Oktober von Sebenico nach Pola, mehrere Minensuch- und 26 Konvoifahrten, 1918 bis April in Sebenico, dann nach Cattaro verlegt, am

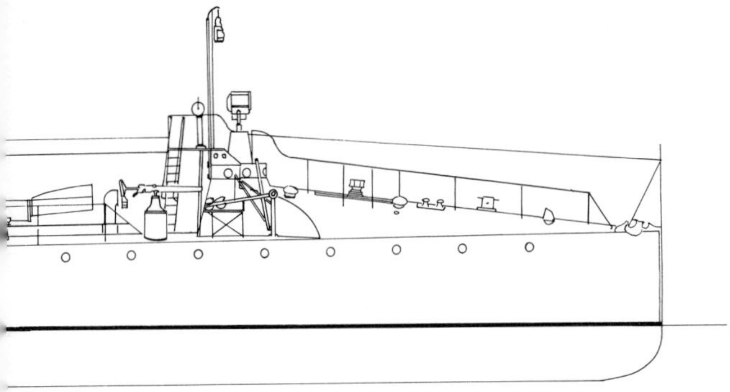

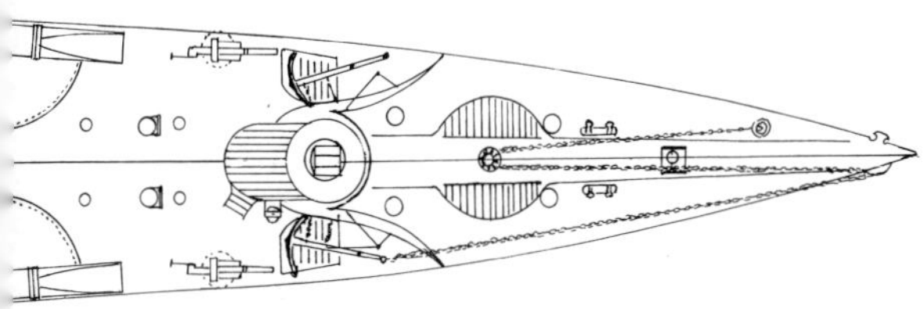

22. Oktober von Sebenico nach Pola, zwei Ub-Suchfahrten, 86 Konvoifahrten, 1920 Großbritannien zugesprochern, an italienische Firma verkauft und abgebrochen.

51 T Kriegsbeginn bis März 1915 in Sebenico stationiert, ab 13. April in Pola, 6. Juni Minen vor Spalato, 19. Juli Minen bei Lissa gelegt, am 9. September bei Aktion gegen Pelagosa von französischem U-Boot „PAPIN" torpediert[8]) (17 Tote, 5 Verwundete). Obwohl das Vorschiff bis zum Schott des vorderen Kesselraumes abgerissen worden war, blieb das Boot schwimmfähig und wurde nach Rogoznica und anschließend nach Pola geschleppt. Im Seearsenal erhielt es ein neues Vorschiff und wurde am 8. Dezember für Station Sebenico wieder in Dienst gestellt. 29. Dezember Leiche des Maschinisten des torpedierten Dampfers „KUPA" geborgen, mehrere Minensuch- und Konvoifahrten, Jänner bis März 1916 Sicherungs- und Konvoifahrten zwischen Sebenico und Curzola, 2. April Gjenovic, 21. April U „18" nach Gravosa geschleppt, vom 30. Juni bis 15. Juli zur Überholung in Pola, 16. Juli Gjenovic, ab 1. Oktober in Pola stationiert, 31 Konvoitage, Kreuzungen im Quarnerolo, 12. Februar Suche nach Flugboot „A 15", 17. und 18. April Suche nach dem vermißten Flugboot „K 188", 22. Mai Sebenico, vom 24. Oktober bis 6. November zur Reparatur in Pola, ab 7. November wieder Aufklärungs- und Sicherungsfahrten zwischen Sebenico und Rogoznica, 1918 Aufklärungs- und Sicherungsfahrten an der dalmatinischen Küste, bei Kriegsende im Seearsenal Pola zur Reparatur, 1920 an Großbritannien, in Italien abgebrochen.

52 T am 1. Mai 1914 durch falsches Maschinenmanöver beim Anlegen in Pola Kaimauer und Tb „7" gerammt, Vorsteven zirka 70 Grad nach Steuerbord verbogen, nach Reparatur wieder Aufnahme des Kreuzungsdienstes, 1. Jänner 1915 nachts vor Pola von feindlichem U-Boot erfolglos anlanziert, 17. August mit Torpedoflottille Angriff auf Pelagosa, 10 Konvoifahrten, 1916 in Pola stationiert, Juli bis September in Rogoznica, 26. September 1916 treibende Mine eingebracht, bei Entschärfung im Vorhafen

8) PK/MS 1915 1-11/14 und OK/MS 1915 8-1/I 6466, 6470, 6943

Torpedoboot „51 T" ex „ANACONDA" nach der Rekonstruktion 1916 (1:200).

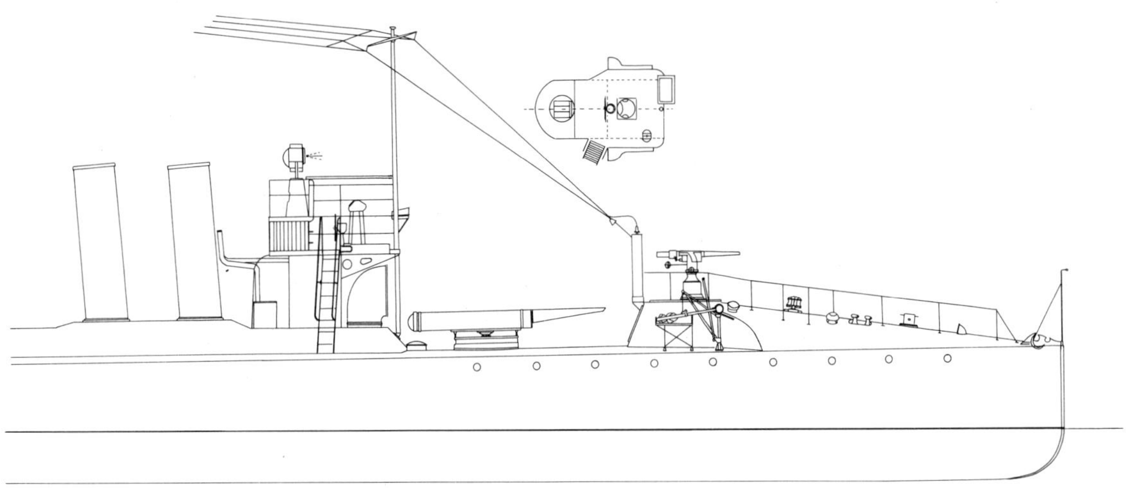

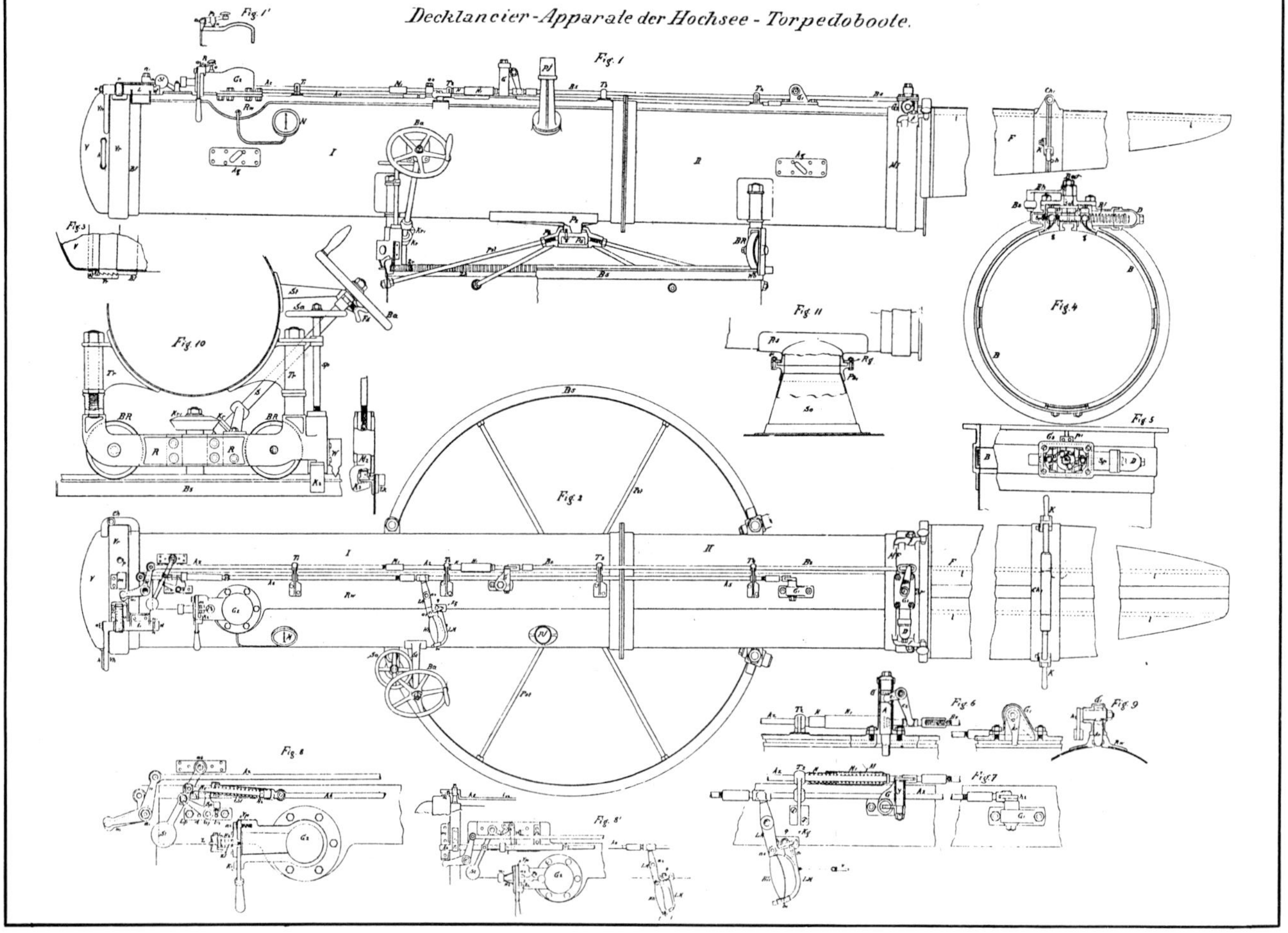

Deck-Lanzierapparat der Torpedoboote der „KAIMAN"-Klasse.

von Rogoznica explodiert diese und tötet Freglt. Artur Esch und zwei Mann von Tb „52 T" sowie Freglt. Hans Buchler und zwei Mann von Tb „66 F", 1917 stationiert in Sebenico und Pola, Oktober in Lussin, ab Dezember in Pola, fünf Minensuch-, 13 Konvoifahrten, 1918 Kreuzungsdienst, 28. Mai nach der Bocche di Cattaro, ab Oktober in Sebenico, mehrere Minensuch-, 55 Konvoifahrten, Italien zur Demolierung zugesprochen, 17. Oktober 1919 in der Bai Castelli (nördlich Spalato) gestrandet, 7. November 1920 gesunken, später gehoben und in Italien abgebrochen.

53 T bei Kriegsbeginn 3. Torpedobootsgruppe, 1914 und 1915 Minenverlegungen und Minensuchfahrten an der istrianischen und dalmatinischen Küste, 23. Mai 1915 ausgelaufen mit der Flotte zur Beschießung von Ancona, 24. Mai Minensuchen und Sicherung gegen Angriffe während der Aktion, 27. Mai mit „SAIDA" nach Sebenico, 8. und 9. September mit „SAIDA" und „HELGOLAND" Beschießung von Pelagosa, 22. September Fiume, 23. bis 30. September Sicherung bei Schleppen des Whitehead-Docks von Fiume bis Città vecchia, zahlreiche U-Such- und Minensuchfahrten, 16. Dezember bis 12. Jänner 1916 Generalreparatur und Dockung in Pola, 15. März Bocche di Cattaro, 29. und 30. März Sicherung des bei Prevlaka aufgefahrenen Dampfers „STYRIA", 4. Mai Sicherung des torpedierten Tfzg „CSEPEL", 24. Juni deutsches Ub „U 15" bei Spitze Remo in Schlepp genommen, später an Tfzg „TÁTRA" übergeben, 4. Oktober Pola, Kreuzungsdienst im Quarnero, 25 Konvoifahrten, 20. Jänner 1917 bis 11. Februar in Pola zur Instandsetzung, 20 März bis 4. April Maschinenüberholung in Pola, 25. Mai bis 22. Juni Curzola, 25. Juni bis 24. Juli Maschinen- und Kesselinstandsetzung in Sebenico, 25. Juli bis 16. September in Rogoznica stationiert, 7 Minensuch- und 3 U-Boot-Suchfahrten, 55 Konvoitage, Jänner 1918 bis 4. April Sicherungsdienst zwischen Spalato und Curzola, ab 5. April Bocche di Cattaro, am 18. Juni notgewassertes Flugboot „L 131" eingebracht, ab 22. Oktober in Fiume, Kreuzungsdienst und Minensuchfahrten, 74 Konvoifahrten, 1920 an Großbritannien, in Italien abgebrochen.

Torpedoboot „KAIMAN".

54 T September 1914 in Sebenico (3. Torp.-Div.), 31. Dezember U-Suche vor Sebenico, 28. Jänner 1915 Kesselwechsel in Pola, 6. Juni Minen vor Spalato gelegt, 19. Juli Minen bei Lissa gelegt, 20. September 3 sm vor Arcangelo von feindlichem U-Boot erfolglos anlanziert, vier U-Suchfahrten, mehrere Minensuch- und acht Konvoifahrten, ab 14. Februar 1916 in Sebenico stationiert, 26. Oktober mit Konvoi nach Pola, 1917 Kreuzungen im Quarnero, ab 31. Oktober in Sebenico, mehrere Minensuch-, 29 Konvoifahrten, 5. Jänner 1918 von Sebenico nach Pola verlegt, am 19. Juni bei Konvoifahrt von Dampfer „SZÉGED" gerammt, bis 28. August Reparatur in Pola, am 5. September in die Bocche di Cattaro verlegt, 1920 an Jugoslawien — „T 12" —, 1928 abgebrochen.

55 T August 1914 in der II. Torp.-Flottille (5. Torp.-Div.), 17. und 18. Juni 1915 mit „NOVARA" und „ADMIRAL SPAUN" Vorstöße an die italienische Küste, 23. Juli Minenverlegung im Golf von Triest, diverse Minensuchfahrten, Jänner 1916 Minenverlegung an der italienischen NO-Küste, Februar 1917 Überholung in Pola, ab 18. April in Cattaro, 19. Mai in Pola, 4. Mai 1918 von Pola nach Sebenico verlegt, 11. August mit „MAGNET" und Tb „64 F" 925 Mann von dem bei Novaglia torpedierten Dampfer „EUTERPE" gerettet, drei Minensuch-, 80 Konvoifahrten, bei Kriegsende in Fiume. 1920 an Großbritannien, demoliert bei Vallelunga.

56 T August 1914 I. Torp.-Flottille/3. Torp.-Division, 23. Februar 1915 in Pola, 18. März bis 12. April in Sebenico, 6. Juni Minen vor Spalato gelegt, 8. und 9. September Teilnahme an der Aktion gegen Pelagosa, das torpedierte Tb „51 T" in Schlepp genommen und nach Rogoznica gebracht, überwiegend in Spalato stationiert, 10. April 1916 nach Gjenović verlegt, 29. Juni Minenverlegung vor Kap Rodoni, zahlreiche Konvoifahrten zwischen Gjenović und Spalato, 4. Oktober nach Pola, 1917 Kreuzungsdienst im Quarnero, 17. und 18. April Suchaktion nach vermißtem Flugboot „K 188", ab 13. Juli in Rogoznica stationiert, 10. Februar 1918 notgelandetes Flugboot „K 172“ eingeschleppt, 17. März an der Südspitze von Lesina aufgefahrenes deutsches U-Boot „UC 74“ abgeschleppt, U-Boot kann Fahrt nach Pola fortsetzen, 10. April Cattaro, 26. April wegen Wellenhavarie in Pola zur Dockung und Überholung, 8. Mai von Pola nach Cattaro, zahlreiche Minenräum- und Konvoifahrten, 1920 an Großbritannien, verkauft und in Italien abgebrochen.

57 T am 29. Dezember 1908 nördlich Sp. Dugi Rat — Südküste der Insel Lesina — gestrandet, schwer beschädigt, Bergung durch „KAISER KARL VI“, „ZENTA“, „USKOKE“, „GIGANT“ und „PLUTO“, am 1. Jänner 1909 nach Lesina (Hafen) eingebracht, dann nach Pola zur Reparatur, August 1914 II. Torp.-Flottille (6. Torp.-Division), Kreuzungen an der istrianischen und dalmatinischen Küste, Oktober nach Cattaro, 29. November Verfolgung des französischen U-Bootes „CUGNOT“, 1. und 2. März 1915 Teilnahme an der Unternehmung gegen Antivari, Yacht „RUMIJA“ mit Torpedo versenkt, 17. Juni mit „SANKT GEORG“ Angriff auf italienische Ostküste, acht U-Such- und neun Minensuchfahrten, 29. August 1916 Aufklärung Pelagosa, 19. Dezember in Pola, 22. Dezember bei Fliegerangriff Bombentreffer am Bug erhalten, sechs Mann verletzt, bis März 1917 Kreuzungen im Quarnero, ab Mai in Sebenico, einige Minensuch-, 58 Konvoifahrten, Jänner 1918 Kesselwechsel, 8. Juni Sicherung von „VIRIBUS UNITIS“ und „PRINZ EUGEN“ bei geplantem Angriff auf Otrantosperre, 9. August mit „NOVARA“ nach Cattaro, 16. Juni in Pola, 1. Juli in Fiume, zehn Minensuch-, 51 Konvoifahrten, bei Kriegsende in Fiume, 1920 an Großbritannien, verkauft und demoliert.

58 T 6. Torp.-Div., 17. Juni 1915 Teilnahme an der Aktion gegen Rimini, 20. Juli bei Porer von feindlichem U-Boot erfolglos anlanziert, acht U-Such-, sieben Minensuch- und vier Konvoifahrten, 4. Jänner 1916 Minenverlegung im Golf von Triest, 29. August Aufklärung Pelagosa, September Reparatur in Pola, 2. Oktober Sebenico, 12. Jänner 1917 bei Einlaufen in Sebenico Kohlenplätte gerammt, Bug bis Kollisionsschott eingedrückt,[9]) 18. Jänner zur

9) PK/MS 1917 1-11/9

Torpedoboote der „KAIMAN“-Klasse in Bau auf der Werft Danubius & Co., Fiume.

Reparatur in Pola, 27. Mai Sebenico, 4. Juni Cattaro, 64 Konvoifahrten, 16. Jänner 1918 von Cattaro nach Pola, am 23. und 24. Mai Teilnahme an der Verfolgung und Vernichtung eines feindlichen U-Bootes im Golf von Fiume, 8. Juni in der Deckungsgruppe für „VIRIBUS UNITIS", 9. Juni mit „NOVARA" nach Cattaro, am 13. Juni bei Luftangriff auf Cattaro werden durch eine neben dem Boot explodierende Bombe zwei Mann schwer, 13 Mann leicht verletzt,[10]) Beschädigungen an den Lanzierapparaten und zahlreiche Lecks im toten Werk, ab 15. Juni Reparatur in Pola, anschließend in Sebenico stationiert, zwölf Minensuch-, 38 Konvoifahrten, 1920 an Großbritannien, verkauft und demoliert in Italien.

59 T 1914 II. Torp.-Flottille (6. Torp.-Div.), Kreuzung an der istrianischen Küste, 1915 diverse Aufklärungsfahrten, vier Konvoifahrten, 4. Jänner 1916 Minenverlegung an der NO-Küste Italiens, 11. Februar Station Sebenico, Oktober Überholung in Pola, am 24. Oktober wieder in Sebenico, 24. Mai 1917 Stationswechsel von Sebenico nach Cattaro, 60 Konvoifahrten, 10. Jänner 1918 von Cattaro nach Pola, 14., 15. Mai und 23., 24. Mai Mitwirkung an der Vernichtung feindlicher U-Boote im Golf von Fiume, ab 1. Juli in Fiume, bei Kriegsende in Pola zur Reparatur, 1920 an Großbritannien und demoliert.

60 T 1914 II. Torp.-Flottille (6. Torp.-Div.), Kreuzungen an der istrianischen Küste und im Golf von Fiume, 24. Juni 1915 Räumen feindlicher Minen vor Salvore, beim Entschärfen explodiert eine Mine und tötet Freglt. Janata und zwei Mann, 4. Jänner 1916 Minenverlegung an der italienischen NO-Küste, 16. März nach Sebenico, November Überholung in Pola. Mai 1917 nach Sebenico, 15. November mit „SZIGETVÁR" nach Triest, fünf Minensuch-, 25 Konvoifahrten, 23. März 1918 Sebenico, 3. Juli in Cattaro, 21. Juli Teile eines abgeschossenen englischen

10) OK/MS 1918 VIII-1/1-3886

Torpedoboote der „KAIMAN"-Klasse in Bau auf der Werft Danubius & Co., Fiume.

Torpedoboot „52 T“ ex „ALLIGATOR“.

Flugzeuges und Leiche eines englischen Leutnants geborgen, 7. September von Cattaro nach Curzola, drei U-Suchfahrten, acht Minensuch-, 42 Konvoifahrten, 1920 an Jugoslawien („T 9“).

61 T 1914 5. Torp.-Div., Kreuzungen an der dalmatinischen Küste, 1915 in der Bocche di Cattaro, am 17. Juli 16 sm von Punta d'Ostro notgewassertes „L 45“ mit Besatzung von „L 49“ in Schlepp genommen und in die

Torpedoboot „51 T“ ex „ANACONDA“ nach Torpedierung am 9. September 1915.

Torpedoboot „52" nach der Strandung am 17. Oktober 1919 in der Bucht Sette Castelli.

Bocche gebracht, zwei Minensuch-, zwei Konvoifahrten, 1916 Kreuzungen und Aufklärungsfahrten an der dalmatinischen Küste, Mai 1917 Kesselwechsel, dann Sebenico, am 25. August nach Cattaro, ab November in Triest, am 15. November bei Minenräumen von italienischen Batterien in Cortelazzo beschossen und von Flugzeugen angegriffen, 19. Dezember Teilnahme an der Beschießung von Cortelazzo, zwei Minensuch-, drei Konvoifahrten, 15. Jänner 1918 nach Cattaro, drei Minensuch-, 58 Konvoifahrten, bei Kriegsende in Sebenico, 1920 an Jugoslawien („T 10").

62 T 1914 6. Torp.-Div., Kreuzungen im Golf von Fiume, 17. Juni 1915 Teilnahme an der Aktion gegen Rimini, 23. Juli Minenlegen im Golf von Triest, zwei U-Suchfahrten, vier Minensuch- und vier Konvoifahrten, Februar 1916 Reparatur in Pola, Juni 1916 bis Mai 1917 in Sebenico stationiert, 15. November mit „SZIGETVÁR" nach Triest, 23. November Beteiligung an U-Boot-Verfolgung bei Porer, 23. November Pola, zwei Minensuch-, 49 Konvoifahrten, 1918 bis Juli in Pola stationiert, nach Reparatur von Pola nach Cattaro verlegt, 7. September Curzola, 4. Oktober nach Triest, drei Fliegerunterstützungen, vier U-Boot-Suchfahrten, vier Minensuch- und 44 Konvoifahrten, 1920 an Großbritannien, verkauft, bei Vallelunga demoliert.

63 T 1914 6. Torp.-Div., Kreuzungen an der istrianischen Küste, 17. Juni 1915 Teilnahme an der Aktion gegen Rimini, 24. Juli Verfolgung eines feindlichen U-Bootes vor Triest, zwei U-Suchfahrten, zwei Fliegerunterstützungen, acht Minensuch- und zwei Konvoifahrten, 12. Mai 1916 in Curzola, September bis Mai 1917 in Sebenico, 23. Oktober bei Minenlegen von italienischem Flugzeug angegriffen, 15. November mit „SZIGETVÁR" nach Triest, 4. Dezember Lussin, sechs Minensuch-, 52 Konvoifahrten, 1918 bis Juni in Pola, 1920 an Großbritannien, verkauft und demoliert.

64 F 1914 II. Torp.-Flottille (5. Torp.-Div.), Kreuzungen und Minensuchfahrten, November Kesselwechsel in Pola, Jänner 1915 Minensuchfahrten bis Sebenico, 17. Juni Teilnahme an der Aktion gegen Rimini, ab August in Cattaro, mehrere Minensuch- und Konvoifahrten, Juni 1916 Minen vor Rodoni gelegt, 12. September Reparatur in Pola, ab Oktober bis Mai 1917 in Cattaro, 9. Mai Überholung in Pola, 27. Mai bis Oktober in Cattaro, ab 31. Oktober Sebenico, 34 Konvoifahrten, 11. August Beteiligung an der Rettung der auf „EUTERPE" eingeschifften Soldaten, 69 Konvoifahrten, bei Kriegsende zur Reparatur in Pola. 1920 an Großbritannien und demoliert.

65 F 1914 5. Torp.-Div., ab August in Cattaro, 18. August 1915 3 sm vor Punta d'Ostro von feindlichem U-Boot zweimal erfolglos anlanziert, Torpedos ausmanövriert, U-Boot Periskop abgeschossen und zwei Torpedos lanziert, beide Fehlschüsse, Oktober Aufklärungsfahrten, zwei U-Bootsuch-, neun Konvoifahrten, 17. Jänner 1916 wegen Motorschadens bei Traste gewassertes Flugboot „L 66" eingebracht, 25. Jänner 1916 Reparatur in Pola, 14. Juli mit Tb „66 F" italienisches U-Boot „BALILLA" versenkt, dabei durch eigenen U-Drachen schwer beschädigt,[11])

11) OK/MS 1916 VIII-1/1-4228

bis September Reparatur in Pola, anschließend bis Mai 1917 wieder in Sebenico, 11. November in Triest, 15. November bei Cortelazzo von italienischen Batterien beschossen, 19. Dezember Teilnahme bei Angriff auf Cortelazzo, 31. Jänner 1918 Sebenico, 1. Februar Cattaro, 12. Mai bei Grundberührung im Kanal Sabbioncello Schraubenwelle verbogen, Boot muß nach Fiume eingeschleppt werden, Reparatur, drei U-Suchfahrten, sechs Minensuch- und 21 Konvoifahrten, 1920 an Großbritannien, verkauft und demoliert.

66 F 1914 5. Torp.-Div., 24. Juli in der Bocche di Cattaro, 11. Oktober Minensuchen zwischen Metkovich und Cattaro, 16. Dezember nach Pola, 21. Dezember Cattaro, 1. März 1915 Angriff auf Antivari, 5. Dezember Angriff auf S. Giovanni di Medua, vier Minensuch-, mehrere Konvoifahrten, 28. Februar 1916 Kaimauer in Rovigno gerammt (Bruch des Vorstevens), Reparatur, 13. Mai in Sebenico, 14. Juli mit Tb „65 F“ italienisches U-Boot „BALILLA“ versenkt, Juli Minensuchfahrten im Quarnerolo, 26. September bei Entschärfung einer von Tb „52 T“ eingebrachten Mine (Bucht Kakola, Rogoznica) explodiert diese und tötet Freglt. Buchler und zwei Mann, 28. November Überholung in Pola, 27. Mai 1917 Sebenico, 27. Oktober Curzola, 11. November Triest, drei Minensuch-, zehn Konvoifahrten, ab 19. Jänner 1918 in Cattaro, Oktober in Sebenico, fünf Minensuch-, 52 Konvoifahrten, 1920 an Großbritannien, verkauft und demoliert.

Maschinenüberholung auf Torpedoboot „KROKODIL“.

67 F 1914 6. Torp.-Div., Kreuzungen an der istrianischen Küste, 30. Oktober nach Cattaro, 2. November Aufklärungsfahrt gegen Lissa, 1. März 1915 Angriff auf Antivari, 17. Juni Teilnahme an der Aktion gegen Rimini, 10. November von Pola nach Cattaro, 5. Dezember Angriff auf S. Giovanni di Medua, zwei U-Boot-Suchfahrten, sieben Minensuch- und acht Konvoifahrten, Mai 1916 Sebenico,

Torpedoboot „KROKODIL“ in bewegter See.

Torpedoboot „ECHSE".

Torpedoboot „66 F" ex „SKORPION".

am 20. Juni von Rogoznica nach Pola, 4. Juli feindliches U-Boot im Golf von Fiume verfolgt, 27. Mai 1917 Sebenico, 21. Dezember nach Cattaro, 24. Dezember Pola, vier Minensuch-, neun Konvoifahrten, Mai 1918 Reparatur in Pola, 1. Juli Cattaro, Minenverlegung vor Punta d'Ostro, am 17. September von Dampfer „VODICE" gerammt,[12]) schwer beschädigt, ein Mann schwer verletzt, nach Porto Pedocchio eingeschleppt, anschließend Reparatur in Pola, eine Minensuch-, 55 Konvoifahrten, bei Kriegsende in Pola, 1920 an Großbritannien, verkauft und demoliert in Vallelunga.

68 F 1914 5. Torp.-Div., 24. Juli nach Cattaro, Blockade der montenegrinischen Küste, 16. September Landeabteilung bei S. Giovanni di Medua an Land gesetzt, 14. Februar 1915 Aufklärungsfahrt (in den Hafen von Antivari eingedrungen), 17. Juni Teilnahme an der Aktion gegen Rimini, fünf U-Bootsuch-, acht Minensuchfahrten, März 1916 Rogoznica, 17. April Pola, 8. Oktober bei Fahrt nach Durazzo von drei italienischen Zerstörern beschossen, 17. November Pola, 21. Dezember durch Fliegerbomben leicht beschädigt, ein Mann verletzt, 31. Dezember nach Cattaro, 1. Februar 1917 in Pola, 19. Mai Cattaro, 48 Konvoifahrten, 8. Jänner 1918 nach Pola, Oktober Reparatur, zwei Minensuch-, 61 Konvoifahrten, bei Kriegsende in Pola, 1920 an Großbritannien, verkauft und demoliert.

69 F August 1914 II. Torp.-Flottille (5. Torp.-Div.), in der Bocche di Cattaro, Blockade der montenegrinischen Küste, 2. November Aufklärungsunternehmen gegen Lissa, 3. März 1915 Aufklärung vor Antivari, 17. Juni Teilnahme an der Aktion gegen Rimini, 23. Juli Minenverlegung im Golf von Triest, sechs U-Bootsuch-, neun Minensuchfahrten, 22. Jänner 1916 nach Sebenico, 22. Juli Minensuchen im Quarnero, 1. August 1916 abgeschossenes feindliches Flugzeug nach Pola eingeschleppt, 20. September nach Cattaro, April 1917 zur Überholung in Pola, 27. Mai nach Cattaro, 33 Konvoifahrten, 14. April 1918 bei schwerer Südostsee das in der Bucht Žukovik (Insel Brazza) aufgelaufene deutsche U-Boot „UC 25" (U „89") abgeschleppt (Flottmachung), Oktober von Fiume nach Cattaro, zwei Minensuch-, 61 Konvoifahrten, 1920 an Jugoslawien („T 11").

12) PK/MS 1918 1-11/67

Torpedoboot „HAI".

70 F 1914 5. Torp.-Div., 29. Juli Bocche di Cattaro, Blockade der montenegrinischen Küste, 16. September eine Abteilung des Landheeres bei S. Giovanni di Medua an Land gesetzt, Oktober Minensuchfahrten bis Metkovich, 17. Juni 1915 Teilnahme an der Aktion gegen Rimini, 20. Dezember in Cattaro, zwei U-Bootsuchfahrten, drei Minensuch-, dreizehn Konvoifahrten, 16. März 1916 in Pola, 13. Mai Rogoznica, 17. Juli Curzola, Jänner 1917 in Pola zur Überholung, 21. Februar Cattaro, 18. Oktober Pola, 8. Dezember Sebenico, 44 Konvoifahrten, 27. Jänner 1918 Aufklärung Pelagosa, Oktober Reparatur in Pola, 1920 an Großbritannien, verkauft und demoliert.

71 F 1914 6. Torp.-Div., September Kreuzungen an der istrianischen Küste, 18. Dezember Bocche di Cattaro, 1915 zwei U-Bootsuch-, mehrere Minensuch- und Konvoifahrten, 21. Jänner 1916 mit „POLA" nach Cattaro, 12. Mai bei Lacroma von feindlichem U-Boot erfolglos anlanziert, 14. Mai Sebenico, 14. Juni Curzola, 17. Juli Sebenico, Oktober 1917 Kreuzungen im Golf von Fiume, mehrere Minensuch-, sechs Konvoifahrten, 6. Jänner 1918 nach Cattaro, 7. Februar Minenleger vor Punta d'Ostro, 26. März nach Pola, April/Mai Kesselwechsel und Reparatur in Pola, 30. Juli nach Cattaro, 4. September Sebenico, zwei U-Bootsuchfahrten, vier Minensuch- und 46 Konvoifahrten, 1920 an Großbritannien, verkauft und demoliert.

72 F 1914 6. Torp.-Div., in der Bocche di Cattaro, Blockade der montenegrinischen Küste, Bekämpfung feindlicher Batterien, 6. November Kesselwechsel, Februar 1915 Versuche mit U-Drachen, 3. März Aufklärung Antivari, 17. Juni Teilnahme an der Aktion gegen Rimini, zwei U-Bootsuchfahrten, mehrere Konvoifahrten, 19. März 1916 Rogoznica, 4. Juli U-Boot-Jagd im Golf von Fiume, November bis Mai 1917 in Cattaro, August Kesselwechsel in Pola, 19. Oktober Sebenico, 69 Konvoifahrten, 14. April 1918 Tb „56" von Sebenico nach Pola geschleppt, am 22. Oktober in Fiume, eine Minensuch-, 70 Konvoifahrten. 1920 an Großbritannien, verkauft und demoliert.

Torpedoboot „KORMORAN" vor der Ablieferung in der Werft Danubius & Co., Fiume, längsseits Torpedofahrzeug „VELEBIT".

Torpedoboote der „KAIMAN"-Klasse im Zentralkriegshafen Pola.

73 F 1914 6. Torp.-Div., 14. November Sebenico, 27. Dezember während U-Bootsuche bei Zlarin von feindlichem U-Boot erfolglos anlanziert, 29. Jänner 1915 Sebenico, 6. Juni Minen bei Spalato gelegt, 19. Juli Minen vor Lissa gelegt. 9. Dezember Angriff auf Pelagosa, 20. Dezember von Sebenico nach Pola, neun U-Bootsuchfahrten, sieben Minensuch-, 14 Konvoifahrten, 8./9. Jänner 1916 Sicherung „ASPERN" bei Beschießung und Eroberung des Lovčen, 21. August nach Pola, März 1917 Kreuzungen im Quarnero und vor Pola, 8. Juni Cattaro, drei Fliegerdeckungs-, eine Minensuch- und 23 Konvoifahrten, 10. und 18. August 1918 erfolglose U-Boot-Jagden vor Remo und Cattaro /Meleda, zwei Minensuch-, 69 Konvoifahrten, Ende Oktober von Cattaro nach Pola, 1920 an Großbritannien und demoliert.

Die 250 t Torpedoboote „74 T" — „81 T"

Im März 1910 erhielt das MTK den Auftrag, ehestens Vorschläge über neu zu bauende Torpedoboote vorzulegen. In zwei Kommissionssitzungen, an denen auch mehrere Torpedobootkommandanten teilnahmen, wurden alle damit zusammenhängenden Fragen behandelt und die Forderungen, die an ein Hochseetorpedoboot und an ein Boot für lokale Küstenverteidigung zu stellen wären, festgelegt.[1])

Für das Hochseetorpedoboot wurde eine Verdrängung von 500 — 550 t, eine Geschwindigkeit von 30 kn (mindestens 4 kn mehr als die feindlichen Kreuzer) und eine Fahrtstrecke von 480 sm (16 Stunden bei voller Kraft) verlangt. Die Fahrtstrecke ergab sich aus folgender Forderung: Fahrt Cattaro—Otranto, Fühlunghalten, Angriff noch vor Tagesanbruch und Rückzug mit voller Fahrt.

1) II.G.G. 1910 47 C/15

Die Torpedoboote „74 T" — „81 T"

Deplacement	Bewaffnung	Antrieb	Geschwindigkeit	Fahrtstrecke	Brennstoff	Länge	Breite	Tiefgang	Besatzung	Anmerkung
262 t voll ausgerüstet 267,3 t	2/7 cm L/30 2/45 cm Doppellanzierapparate	2 Yarrow-Wasserrohrkessel 2 Parsons-Turbinen 2 Schrauben 5.000 WPS maximal 5.700 WPS	28 kn maximal 29,4 kn	1.000 sm bei 16 kn	Kohle 18,2 t H.Öl 24,3 t	57,84 m	5,75 m	1,54 m	3/38	ab Juli 1914 1/8 mm MG in B.A.-Lafette, 1917 achtern 7 cm T.A.G. durch 7 cm B.A.G. ersetzt

Name bzw. Nummer	Werft	Baulegung	Stapellauf	Indienststellung	Anmerkung / Verbleib
74 T	S. T. T.	16. 4. 1913	28. 8. 1913	1. 2. 1914	Indienststellung wegen Turbinenhavarie verschoben, Wiederholung der Übernahmefahrt am 17. Juni 1914 1920 an Rùmänien („VIFORUL")
75 T	S. T. T.	28. 5. 1913	20. 11. 1913	11. 7. 1914	1920 an Rumänien („VIRTEJ")
76 T	S. T. T.	24. 6. 1913	15. 12. 1913	20. 7. 1914	1920 an Jugoslawien („T 1")
77 T	S. T. T.	24. 8. 1913	30. 1. 1914	11. 8. 1914	1920 an Jugoslawien („T 2")
78 T	S. T. T.	22. 10. 1913	4. 3. 1914	23. 8. 1914	1920 an Jugoslawien („T 3")
79 T	S. T. T.	1. 12. 1913	30. 4. 1914	1. 10. 1914	1920 an Jugoslawien („T 4")
80 T	S. T. T.	19. 12. 1913	3. 8. 1914	8. 11. 1914	1920 an Rumänien („VIJELIA")
81 T	S. T. T.	6. 2. 1914	6. 8. 1914	2. 12. 1914	1920 an Rumänien („ZBORUL")

Die Mitglieder der Kommission rechneten also bereits — vier Jahre vor Beginn des Ersten Weltkrieges — mit der Notwendigkeit nächtlicher Torpedobootangriffe auf feindliche Einheiten in der Otranto-Straße. Die Bewaffnung sollte aus drei Lanzierrohren für 45 cm-Torpedos und vier bis sechs 7 cm L/30 Geschützen bestehen. Als Maschinenanlage wurde ein Zweischrauben-Turbinenantrieb mit gemischter Feuerung (Kohle und Heizöl) vorgesehen.

Für das Küstentorpedoboot einigte man sich auf eine Mindestverdrängung von 275 t, eine Geschwindigkeit von ebenfalls 30 kn und eine Fahrtstrecke von zehn Stunden mit voller Kraft.

Im Referat des MTK an die Marinesektion vom 8. April 1910 wurde den Vorschlägen der Kommission voll zugestimmt. Auch für Torpedofahrzeuge wurde die Erhöhung des Deplacements auf 1.000 t als notwendig gefunden, um sie für einen wirkungsvollen Aufklärungsdienst verwenden zu können. Das Referat behandelte eingehend die Vorteile des Antriebes mit Dieselmotoren sowie des turbo-elektrischen Antriebes, stellte jedoch abschließend fest, daß Dieselmotoren noch nicht in der erforderlichen Größe gebaut würden. Bezüglich des turbo-elektrischen Antriebes wurde darauf hingewiesen, daß mit diesem ein bedeutend höherer Wirkungsgrad der Maschinenanlage zu erreichen sei. Da es jedoch noch kein Torpedoboot mit einem derartigen Antrieb gäbe, sei er vorläufig nur für ein Versuchsboot in Betracht zu ziehen.

Korvkapt. Grassberger führte in einem Separatvotum aus, daß Hochseetorpedoboote ungefähr die Verdrängung der Torpedofahrzeuge des Typs „HUSZÁR" haben müßten und als artilleristische Bewaffnung die Armierung der italienischen 370 t Boote der „CARABINIERE"-Klasse (vier 7,6 cm SFK) wünschenswert sei. Interessant ist, daß Grassberger unter Hinweis auf den ständigen Mangel an Maschinenpersonal, die Überanstrengung der Mannschaft beim Kohleneinschiffen und die Schädigung des Sehvermögens durch Kohlenstaub die reine Ölfeuerung für erforderlich hielt.

Im Juni 1910 wurden schließlich die beiden Werften S. T. T. in Triest und Danubius & Co. in Fiume zur Vorlage von Offerten auf ein 250 t Torpedoboot mit 28 kn Geschwindigkeit aufgefordert. Diese Boote wurden später stets als *„Hochsee-Torpedoboote"* bezeichnet, obwohl sie hinsichtlich Deplacement und Bewaffnung nur den von der Kommission vorgeschlagenen Küstentorpedobooten entsprachen. Die Geschwindigkeit von 28 kn lag allerdings noch 2 kn unter der für notwendig erachteten. Erstaunlicherweise verging ein ganzes Jahr, bis das S.T.T. einen Entwurf vorlegte, der in verschiedenen Punkten nicht die Zustimmung des MTK fand. Unter anderem wurde zur Verbesserung der Seefähigkeit statt des von der Werft vorgesehenen Walrückendecks ein durchwegs erhöhtes Vorschiff verlangt. Weiters forderte das MTK die Installierung der Geschütze und Lanzierrohre mittschiffs, eine richtige Kommandobrücke mit

Torpedoboot „74 T" bis „81 T" (1:200).

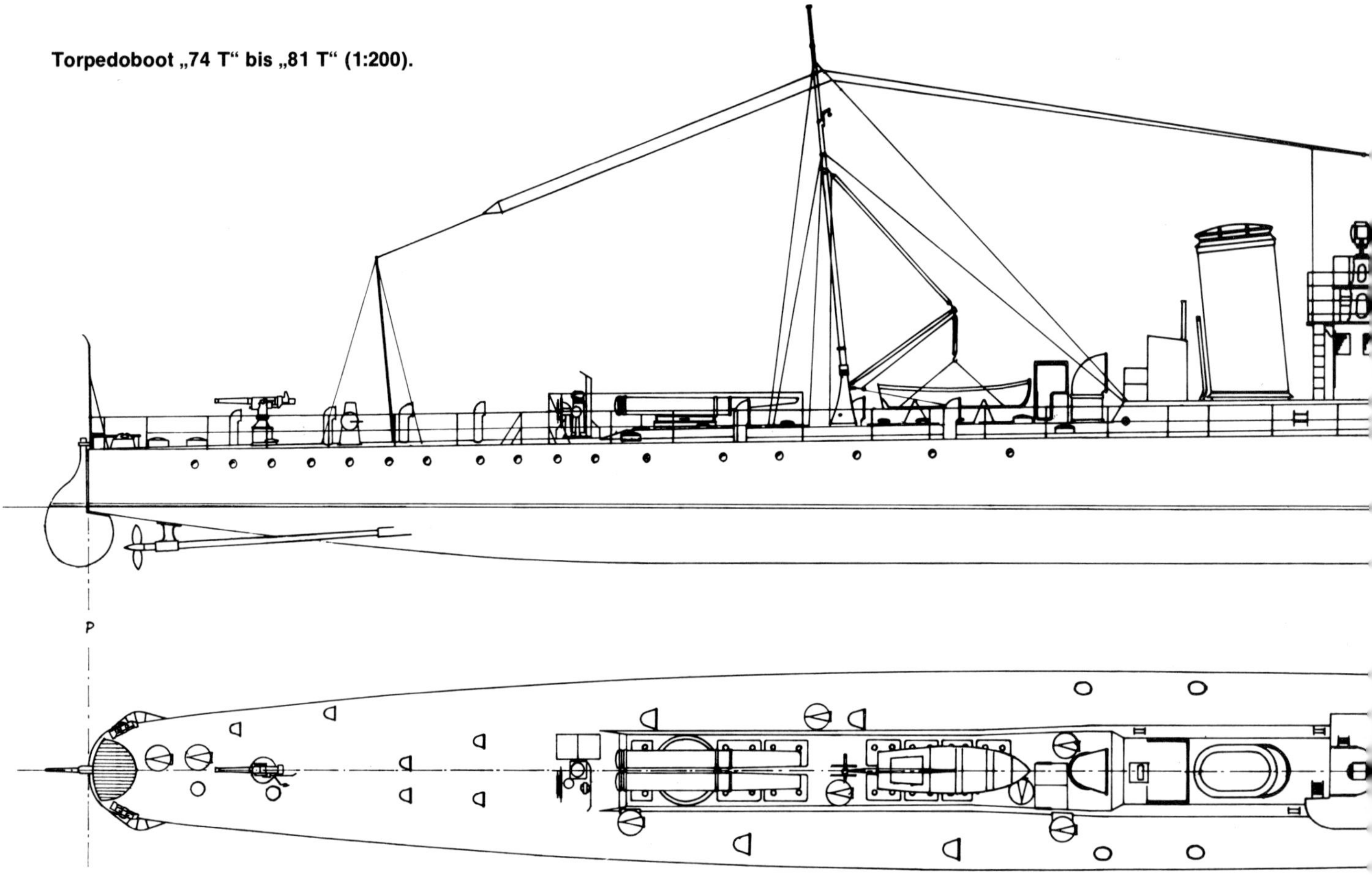

allen wichtigen Kommandoelementen, sowie die Vergrößerung der Brennstoffdepots.[2])

Nach Vorlage der geänderten Pläne erhielt das S. T. T. am 16. Jänner 1912 den Bauauftrag über acht Torpedoboote von 250 t Verdrängung. Als Bewaffnung waren drei 7 cm L/30 Geschütze und drei 45 cm Lanzierrohre (ein Doppel- und ein Einfachrohr), als Maschinenanlage zwei Parsonsturbinen mit einer Leistung von 5000 WPS vorgesehen. Das erste Boot sollte am 1. August 1913, das letzte am 1. Mai 1914 abgeliefert werden.[3])

Bei den ersten Booten dieser Serie kam es zu beträchtlichen Schwierigkeiten mit dem Turbinenantrieb. Bei der Übernahmefahrt am 17. November 1913 bzw. der Progressivfahrt am 20. November 1913 — die festgelegten Liefertermine konnten von der Werft nicht eingehalten werden — wurde von „74 T" anstandslos eine mittlere Geschwindigkeit von 28,76 kn und eine Maximalgeschwindigkeit von 29,43 kn erreicht. Als das Boot jedoch am 1. Februar 1914 in Dienst gestellt werden sollte, wurde am Rotor der Steuerbordturbine ein größerer Schaden festgestellt. Nach Reparaturarbeiten an Bord blieb am 7. Februar die Backbordturbine stehen. „74 T" mußte zur Reparatur in die Werft gebracht und die Turbinen ausgebaut werden. Auch bei der Übernahmefahrt von Torpedoboot „75 T" blieb die Backbordturbine bei Rückwärtsfahrt plötzlich stehen. Seine Turbinen sowie die des bereits betriebsklaren Bootes „76 T" wurden ebenfalls wieder ausgebaut.[4])

Als Ursache der Schäden stellte die Werft fest, daß durch die Verwendung des überhitzten Dampfes die radiale Ausdehnung der Lauf- und Leitradschaufeln größer als erwartet war. Der Spielraum zwischen Gehäuse und Rotorschaufeln wurde vergrößert und die Befestigung der Schaufeln am Rotor verbessert.

Nicht zu Unrecht wies das Seebezirkskommando darauf hin, daß die Werft bei Einrichtung eines Turbinenprüfstandes diese Fehlerquellen rechtzeitig erkennen und beseitigen hätte können.

Am 19. Mai und 17. Juni fanden neuerliche Übernahmefahrten statt und am 24. Juni konnte „74 T" endgültig übernommen werden. Bis Ende 1914 konnten alle acht Boote von der Werft abgeliefert werden.[5])

2) II.G.G. 1911 47 C/16 und 47 C/17
3) II.G.G. 1912 47 C/9
4) II.G.G. 1913 47 C/8
5) II.G.G. 1914 47 C/8

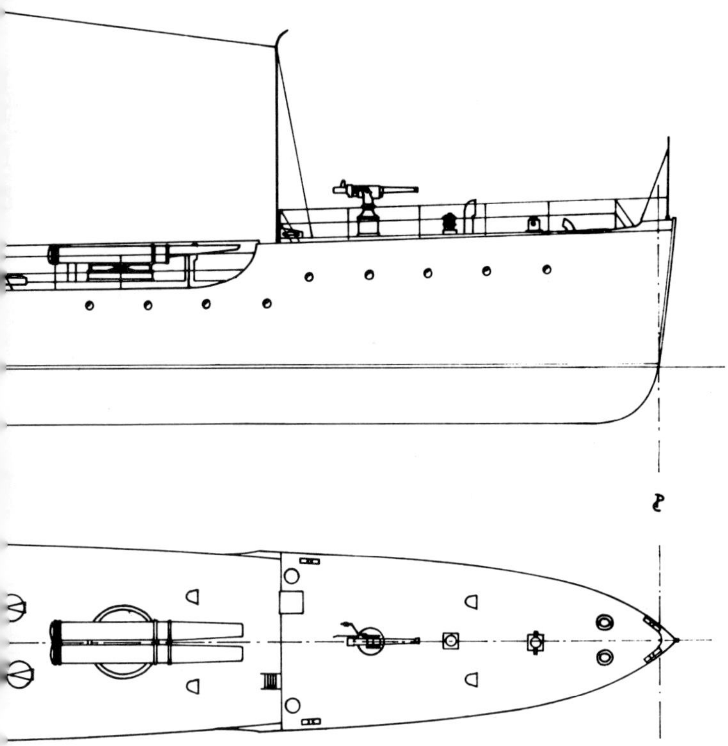

Bezüglich der Bewaffnung trat eine Änderung ein: statt der vorgesehenen drei 7 cm L/30 und drei Lanzierrohre erhielten sie aus Gründen der Einheitlichkeit die gleiche, wie die bei Danubius in Bau befindlichen Boote: zwei 7 cm L/30 und zwei 45 cm Doppellanzierrohre, 1917 wurde auf allen 250 t Booten das achtere 7 cm Geschütz durch ein B.A.G. gleichen Kalibers ersetzt. Zusätzlich erhielten sie ein 8 mm MG in Ballonabwehrlafette.

Stationierungen und Aktionen während des Krieges:

74 T Juli 1914 in der 3. Torp.-Division, 16. August nach Sebenico, 17. Oktober Aufklärungsfahrt an der italienischen Küste, 23. Februar 1915 nach Pola, 17. Juni Teilnahme an der Aktion gegen Rimini, 18. Juni italienischen Dampfer „MARIA GRAZIA" vor Giulianova nach Ausschiffen der Besatzung mit zwei Torpedos versenkt, 23. Juli Beschießung der italienischen Küste, 28. Juli und 17. August Angriffe auf Pelagosa, 9. Dezember Cattaro, 18. Dezember Vorstoß mit „NOVARA" in die Otrantostraße, sechs U-Suchfahrten, 6. Februar 1916 Aufklärungsfahrt mit „HELGOLAND", 1. September in Pola, 24. September Minenlegen vor der Po-Mündung, 28. August 1917 nach Cattaro, Fliegerdeckungen bei Angriffen auf italienische Küste, mehrere Minensuch-, 28 Konvoifahrten, 9. Juli 1918 vergeblicher Versuch, das durch Mine vor Caorle schwer beschädigte U „10" abzuschleppen, Mannschaft an Bord genommen, drei Minensuch-, 37 Konvoifahrten, bei Kriegsende in Pola, 1920 an Rumänien — „VIFORUL" — 1927 gestrichen.

75 T bei Kriegsbeginn in der 3. Torp.-Division, 16. August nach Sebenico, 17. Oktober Aufklärung an der italienischen Küste, 23. Februar 1915 nach Pola, 18. März Sebenico, 17. Juni Teilnahme an der Aktion gegen Rimini, 6. Juli Minen vor der Po-Mündung gelegt, 27. Juli Aktion gegen Pesaro-Fanò, 5. Oktober Pola, sechs U-Such-, fünf Minensuchfahrten, 4. Jänner 1916 Minenlegen an der NO-Küste Italiens, 23. Mai Deckung eines Fliegerangriffes auf Italien, um 23.00 Uhr OSO von Malamocco kurzes Feuergefecht mit zwei feindlichen Einheiten, 1 Treffer erhalten, Backbordturbine ausgefallen, 1 Mann tot, 3 Mann verletzt, am 24 Mai von Tb „99 M" nach Pola geschleppt, Reparatur, 10. Juli Gefecht mit vier feindlichen Torpedofahrzeugen, 17. April 1917 mit „DINARA" Suche nach „K 192", 35 sm westlich von Parenzo gefunden, Besatzung bereits von italienischem Flugzeug aufgenommen, eigenes und zwei italienische Flugzeuge zerstört, eigene und vier italienische Flieger eingebracht, 2 Minensuch-, 30 Konvoifahrten, 15. März 1918 von Cattaro nach Pola, 8. Juni Sicherung „PRINZ EUGEN", 9. Juni mit „NOVARA" nach Cattaro, 12. Juni zur Reparatur nach Pola, 2 U-Such-, 3 Minensuch- und 35 Konvoifahrten, Kriegsende in Pola, 1920 am Rumänien — „VIRTEJ" — 1927 gestrichen.

76 T 29. Juli 1914 in der 3. Torp.-Division, 16. August Sebenico, 17. Oktober Aufklärungsfahrten Bari—Pelagosa und Tremiti, 23. Februar 1915 Pola, ab 5. Mai in der Bocche di Cattaro, 27. Juli Aktion gegen italienische Küste, vor Ancona von feindlichen Batterien beschossen, 3 U-Suchfahrten, mehrere Fliegerdeckungen, 4. Jänner 1916 Minenlegen im Golf von Triest, 13. Oktober Cattaro, 2. November Pola, 3 Minensuch- und zahlreiche Geleitfahrten, 9. Mai 1918 Vorstoß mit „HUSZÁR"-Gruppe an italienische Küste, 24. Mai Jagd auf feindliches U-Boot bei Galiola, 9. Juni Sicherung „TEGETTHOFF" und „SZENT ISTVÁN", 26. Juli U-Boot „10" nach Flottmachung nach Triest geschleppt, 12. Oktober nach Cattaro, 5 Minensuch-, 27 Konvoifahrten, bei Kriegsende in der Bocche di Cattaro, 1920 an Jugoslawien — „T 1" —, April 1941 italienisch, 7. Dezember 1943 an Jugoslawien zurückgestellt, umbenannt in „GOLESNICA", 1959 gestrichen.

77 T 1914 3. Torp.-Division, 16. August Sebenico, 6. November Lagosta, 24. Dezember Sebenico, 23. Februar 1915 in Pola, 10. Mai Minensuchen vor Ancona, 6. Juni Minen vor Spalato gelegt, 17. Juni Teilnahme an der Beschießung von Rimini, 20. Juni zur Reparatur in Pola, 28. Juli, 17. August und 9. September Angriffe auf Pelagosa, Oktober Aufklärungsfahrten Cazza—Bari—Pelagosa und Lagosta, Dezember Vorstöße mit „NOVARA" in die Otrantostraße, 17. Jänner 1916 bei Castellastua wegen Motorschadens niedergegangenes Flugboot „L 83" in die Bocche eingeschleppt, 22. Februar Minen vor Antivari gelegt, 11. März bis 2. Mai zur Instandsetzung in Pola,

Torpedoboot „74 T“ um 1916.

Lanzierübung auf Torpedoboot „74 T“.

Ein Torpedoboot der Klasse „74 T" im Hafen.

4. Mai Bocche di Cattaro, 31. Mai und 1. Juni mit „ORJEN", „BALATON", Tb „79 T" und „81 T" Vorstoß in die Otrantostraße, 29. Juni Minenlegen vor Kap Rodoni, Juli nach Pola verlegt, 23. September Minen vor der Po-Mündung verlegt, 12. Oktober 12 sm westlich Peneda von feindlichen Seeflugzeugen beschossen, 3. Februar 1917 von Pola nach Cattaro, 7. Februar mit deutschem Admiral Kraft von Cattaro nach Pola, 8. Februar im Quarnero bei schwerem Wetter einen Mann verloren, 17. August nach Cattaro, 2 Minensuch-, 36 Konvoifahrten, 8. Februar 1918 zur Reparatur in Pola, 14. und 15. Mai Beteiligung an der Vernichtung eines feindlichen U-Bootes, 9. Juni Sicherung „TEGETTHOFF", 10. Juni Rettung von Besatzungsangehörigen „SZENT ISTVÁN", 7 U-Boot-Jagden, 6 Minensuch-, 23 Konvoifahrten, 1920 an Jugoslawien — „T 2" —, 1939 abgebrochen.

78 T 14. September 1914 Sebenico, Oktober Aufklärungsfahrten an der italienischen Küste, 23. Februar 1915 Pola, 24. Mai Angriff mit „NOVARA" auf Porto Corsini, 14. Juni Minen vor Lagosta gelegt, 17. Juni und 23. Juli Teilnahme an Angriffen auf italienische Küste, mehrere Angriffe auf Pelagosa, 7. Dezember Cattaro, 17. Dezember und 30. Dezember Vorstöße mit „NOVARA" gegen Otrantostraße, 6. Februar 1916 Vorstoß mit „HELGOLAND" gegen Otrantostraße, 4. August U-Jagd im Golf von Fiume, 23. September Minenlegen vor der Po-Mündung, 2. Mai 1917 westlich Pola von feindlichem U-Boot erfolglos anlanziert, 12. August von Pola nach Cattaro, 16. September Pola, 19. November Minenlegung vor der Po-Mündung, November/Dezember mehrere Aufklärungsfahrten an der italienischen Küste, 1 Minensuchfahrt, mehrere U-Jagden, 8 Konvoifahrten, 2. Mai und 24. Mai 1918 U-Bekämpfung bei Galiola, 9. Juni Sicherung „TEGETTHOFF", 10. Juni Rettung von Besatzungsangehörigen „SZENT ISTVÁN", 13. Juni Pola, mehrere U-Jagden, 9 Minensuch-, 22 Konvoifahrten, Kriegsende in Pola, 1920 an Jugoslawien — „T 3" —, April 1941 an Italien, September 1943 deutsch („TA 48"), 20. Februar 1945 versenkt durch Bombentreffer in Triest.

Versenkung des italienischen Dampfers „MARIA GRAZIA“ am 18. Juni 1915 durch Torpedoboot „74 T“.

79 T Oktober 1914 Aufklärungsfahrt Cazza—Pelagosa, 6. November Lagosta, 24. Mai 1915 Angriff mit „NOVARA“ auf Porto Corsini, 17. Juni und 27. Juli Teilnahme an Angriffen auf italienische Küste, 5. August abgeschossenes italienisches Luftschiff „CITTÀ DI JESI“ eingebracht, 9. November während Minensuchfahrt vor Parenzo von feindlichem U-Boot erfolglos anlanziert, mehrere Fliegerdeckungen, Minensuch- und U-Bootsuchfahrten, 4. Jänner 1916 Minenlegung im Golf von Triest, 3. April Vorstoß in die Otrantostraße, 29. Juni Minenlegen vor Rovigno, 10. August nach Cattaro, 1917: Minensuchfahrten, 34 Konvoifahrten, 10. März 1918 Stationswechsel von Cattaro nach Pola, 9. Mai Vorstoß mit „HUSZÁR“ gegen italienische Küste, 9. Juni Sicherung „TEGETTHOFF“, 10. Juni Rettung von Besatzungsangehörigen „SZENT ISTVÁN“, 16. Juni Triest, 4 Minensuch-, 47 Konvoifahrten, bei Kriegsende in Cattaro, 1920 an Jugoslawien — „T 4“ —, 1932 an der dalmatinischen Küste gestrandet, Totalverlust.

80 T 8. November 1914 in Dienst gestellt, 16. Dezember Sebenico, 23. Februar 1915 Pola, 18. März Sebenico, 24. Mai Angriff auf Porto Corsini (Treffer in der Offiziersmesse, 3 Mann verwundet), 28. Juli, 19. August und 9. September Beschießung von Pelagosa, 30. Dezember Vorstoß mit „NOVARA“ gegen Brindisi, drei U-Such-, sechs Konvoifahrten, 6. Februar 1916 Vorstoß mit „HELGOLAND“ gegen Otrantostraße, 1. Juni bis 26. Juni Reparatur in Pola (Probefahrt 25,3 kn), 27. Juni mit „TEODO“ ausgelaufen, 1. Juli Bocche di Cattaro,

Torpedoboot „74 T“ — der eingebrachte Übungstorpedo wird an Bord genommen.

Torpedoboot „78 T".

2. August mit „ASPERN" von Gjenovic ausgelaufen, Gefecht mit italienischer Zerstörergruppe, 25. September Pola, mehrere Minensuch-, zwölf Konvoifahrten, 3. Jänner 1917 bis 7. März Reparatur- und Überholungsarbeiten in Pola, 26. Juni U-Suche, 28. und 29. Juli Aufklärungsfahrt an die italienische Küste, 1. November bis 12. Dezember Kesselwechsel, vier Minensuch-, sechs Konvoifahrten, 6. Jänner 1918 Sebenico, mehrere Dampfer nach Cattaro geleitet, 20 Jänner Dampfer „STYRIA" vor der Bojanamündung gerammt, Ruderhavarie, anschließend nach Pola zur Dockung, 23. Jänner bis 21. März Dockung und Reparatur in Pola, anschließend in Pola stationiert, 14. Mai 5,5 sm vor Rovigno notgewassertes Flugboot „A 70" nach Puntisella eingebracht, Juni Reparatur der Steuerbordturbine, mehrere U-Jagden und Fliegerdekkungen, sechs Minensuch- und 27 Konvoifahrten, bei Kriegsende in Pola, am 25. März 1919 nach Venedig überführt, 1920 Rumänien zugesprochen — „VIJELIA" —, 1927 gestrichen.

Ein dieses Boot betreffender Vorfall soll nicht unerwähnt bleiben: verleitet von der gelungenen Desertion der Besatzung des Tb „11" planten der Marsgast Ljubomir Kraus und der Quartiermeister Franz Koucky ein gleiches Unternehmen mit Tb „80". Am 5. Mai und 6. Mai 1918 versuchten sie andere Besatzungsangehörige zum Mitmachen bei der Aktion — Überwältigung der Offiziere und Flucht mit dem Boot an die italienische Küste — zu überreden. Die Angesprochenen weigerten sich nicht nur mitzumachen, sondern erstatteten offensichtlich auch Meldung. Bereits am 10. Mai wurden Kraus und Koucky vor Gericht gestellt, wegen Verbrechens der versuchten Desertionskomplottstiftung und Meuterei zum Tode verurteilt und am 12. Mai in Pola erschossen.[6])

81 T 23. November 1914 Übernahmeprobefahrt, v mittl. 29,06 kn, 2. Dezember 1914 in Dienst gestellt, 23. Februar 1915 Pola, 18. März Sebenico, 24. Mai Angriff auf Porto

6) I.G.G. 1918 23 b/2-45

Ausbringen des U-Drachens auf Torpedoboot „80 T".

Corsini, 14. Juni Minenlegen vor Lagosta, 23. Juli Sicherung eines Unternehmens von „LIKA" und „TRIGLAV" gegen die italienische Küste, 28. Juli, 17. August und 9. September Aktionen gegen Pelagosa, ab 20. Dezember in Cattaro, sieben U-Suchfahrten, sechs Konvoifahrten, 23. Jänner 1916 die aus montenegrinischer Kriegsgefangenschaft befreite „ZENTA"-Besatzung nach Pola gebracht, 17. März Minen vor Durazzo gelegt, 31. Mai Vorstoß in die Otrantostraße, 29. Jänner 1917 bis 16. Februar Reparatur in Pola, 21. Februar, 28. Februar, 3. März, 20. März, 24. Juni und 29. Juni Sicherung von Fliegeraktionen, 5. Oktober bis 22. Oktober Reparatur, ab 25. Oktober Gjenovič, sechs Minensuch-, 27 Konvoifahrten, 8. Jänner 1918 nach Pola verlegt, 1. Februar bis 15. Februar Kesselwechsel, 26. Februar und 27. Februar Abwehr von Fliegerangriffen auf Pola, 23. April bei Geleitfahrt von sieben feindlichen Flugzeugen angegriffen, vor S. Giovanni in Pelago eigenes abgeschossenes Flugboot in Schlepp genommen, später an Tb „32" übergeben, 19. Mai 17 sm westlich Rovigno niedergegangenes italienisches Flug-

Torpedoboot „80 T".

Torpedoboot „75 T", am 23. Dezember 1916.

boot in Schlepp genommen, Flugzeug auseinandergebrochen und gesunken, 9. Juni Sicherung „TEGETTHOFF", 10. Juni Rettung von Besatzungsangehörigen „SZENT ISTVÁN", 29. Juli nach Cattaro, 31. Juli von Cattaro nach Pola, 17. August nach Cattaro, bei Kriegsende in Pola, mehrere U-Jagden, neun Minensuch-, 31 Konvoifahrten, 25. März nach Venedig geschleppt, 1920 an Rumänien — „ZBORUL" —, 1958 noch in der rumänischen Marine geführt.

Die 250 t Torpedoboote „82 F" — „97 F"

Vier weitere 250 t Torpedoboote sollten 1912/13 bei Danubius & Co., Fiume, in Bau gelegt werden. Zu den von der Werft vorgelegten Plänen stellte das MTK in einem Gutachten vom 29. Oktober 1912 fest, daß die Festigkeit des Rumpfes als ausreichend zu betrachten sei. Ebenso wie bei dem ursprünglichen Projekt des S. T. T. wurde jedoch das Walrückendeck abgelehnt und ein erhöhtes Vorschiff verlangt.[1])

Am 7. Dezember 1912 wurden die Bauverhandlungen abgebrochen, da Danubius pro Boot 850.000,— Kronen forderte. Gegenüber 766.000,— Kronen für die beim S. T. T. in Bau gelegten Boote fand die Marine diesen Preis reichlich überhöht. Nachdem die Werft über Intervention des ungarischen Handelsministers ihre Forderung auf 800.000,— Kronen herabgesetzt hatte, wurde ihr im Februar 1913 der Bau von 16 Torpedobooten übertragen.[2])

Die nunmehr mit geändertem Vorschiff vorgelegten Pläne wurden vom MTK genehmigt, für bestimmte Bauteile jedoch höhere Materialstärken angeordnet. Eine Mehrforderung der Werft von 210,— Kronen (pro Stück) für die Installierung der 7 cm-Geschütze wurde mit dem Hinweis abgelehnt, daß auch vom S. T. T. die Montage der Geschütze nicht als Mehrleistung betrachtet werde.[3])

Erst im August 1916 konnte das letzte Boot dieser Serie — welche zum Teil in Bergudi/Fiume, zum Teil in Porto Rè gebaut wurde — vom Stapel gelassen werden.[4])

Bei den Übernahmeprobefahrten der ersten Boote lagen die erreichten mittlerem Geschwindigkeiten mit 26,45 und 26,16 kn beträchtlich unter der vertraglich festgelegten von 28 kn. Diese Ergebnisse dürften auf die nicht entsprechenden Schrauben zurückzuführen sein. Ab „85 F" — später auch die vorhergehenden — erhielten die Boote im Seearsenal hergestellte Zeise-Bronzeschrauben. Mit diesen neuen Schrauben wurden bei den Probefahrten durchwegs mittlere Geschwindigkeiten von 28,2 bis 28,6 kn erreicht („88 F": v mittl. während der vierstündigen Übernahmeprobefahrt 29,86 kn).[5])

Kriegsverwendung:

82 F erbaut in Porto Rè, bei Beginn des Krieges mit Italien nach Pola geschleppt, Mai 1916 zur Fertigstellung wieder nach Fiume geschleppt, 17. August 1916 Übernahmeprobefahrt, 23. September Minenlegen vor der Po-Mündung, 5. November nach Cattaro, 28. November Vorstoß in die Otrantostraße, 9. Februar 1917 Reparatur in Pola, 4. März wieder nach Cattaro, 11. August Stationswechsel von Cattaro nach Pola, 19. November Minenlegen vor der Po-Mündung, November und Dezember Aufklärungsfahrten an der italienischen Küste, 2 Minensuch-, 7 U-Bootsuchfahrten, 38 Konvoifahrten, 5. März 1918 nach Cattaro, 8. April mit Tb „61" 60 sm von Punta d'Ostro das notgelandete Flugboot „K 310" geborgen, 19. August Sicherung Dampfer „GORIZA", 1. Oktober Minenlegen im Dringolf, 13. Oktober Begleitschutz Dampfer „OCEANIA", mehrere U-Boot-Jagden, 6 Minensuchfahrten, 67 Tage Konvoifahrten, 1920 an Rumänien, „NALUCA"; 1944 im Hafen von Constanza von russischen Bombenflugzeugen versenkt.

83 F erbaut in Porto Rè, 22. Juli 1915 Übernahmefahrt (v mittl. 26,16 kn), 24. Oktober Deckung eines Fliegerangriffes auf Venedig, 4. Jänner 1916 Minenlegen im Golf

1) II.G.G. 1912 47 C/8
2) II.G.G. 1913 47 C/8
3) II.G.G. 1914 47 C/8
4) II.G.G. 1915 47 D/14
5) II.G.G. 1916 47 H/3

von Triest, 2. Februar nach Cattaro, 6. Februar mit „HELGOLAND“ Vorstoß in die Otrantostraße, 17. März Minenlegen vor Durazzo und Kap Rodoni, 3./4. Juli Vorstoß in die Otrantostraße, 28. August mit „SANKT GEORG“ und „KAISER KARL VI“ Angriff auf italienische Küste, 4. November nach Pola, 8. Juli 1917 von Pola nach Cattaro, 29. November bei Konvoifahrt von feindlichem U-Boot erfolglos anlanziert, mehrere Minenuch-, 39 Konvoifahrten, 8. Jänner 1918 geht Stabsmasch. Josef Slavik bei schwerer See über Bord und ertrinkt, 2. Februar mit der III. Division nach Cattaro und zurück, 13. Februar Kollision mit Tb „95“ (Bug beschädigt), 2. Juli mit „BALATON“ und „CSIKÓS“ Deckung eines Fliegerangriffes auf italienische Küste, südlich von Caorle Gefecht mit italienischer Torpedodivision, einen Treffer erhalten, ein Leichtverwundeter, 9. August nach Cattaro verlegt, mehrere U-Bootbekämpfungen, 6 Minensuch-, 20 Konvoifahrten, bei Zusammenbruch in Cattaro, dann nach Pola, 1920 an Rumänien — „ZMEUL“ —, 1958 noch in der rumänischen Marine geführt, 1959/60 abgebrochen.

84 F erbaut in Porto Rè, bei Kriegseintritt Italiens nach Pola geschleppt, im Juni 1916 nach Fiume zu Fertigstellung, 19. Oktober 1916 Übernahmsfahrt, 27. November nach Cattaro, 21. April 1917 Vorstoß in die Otrantostraße mit Torpedobooten „92“, „94“ und „100“, 17. Juli Stationswechsel nach Pola, 14. November Feuergefecht mit italienischen Batterien vor Cortelazzo, 15. November Minensuchfahrt, abermals von Cortelazzo-Batterien beschossen, 16. November mit „WIEN“ und „BUDAPEST“ Beschießung der Cortelazzo-Batterien, 30. November zwei Seemeilen südwestlich der Livenzamündung Flugboot „K 210“ am Strand gefunden, geborgen und nach Triest geschleppt, 2 Minensuch-, 7 U-Bootsuch-, 38 Konvoifahrten, 25. Jänner 1918 Sebenico, 28. Jänner havariertes Flugboot „K 385“ von Curzola nach Cattaro geschleppt, 12. Mai mit Dampfer „BREGENZ“ nach Durazzo, am 13. Mai wird Dampfer „BREGENZ“ von italienischem MAS torpediert und sinkt, 125 Personen übernommen, 28. Juni Fliegerdeckung, „K 183“ eingeschleppt, 12. August von Cattaro nach Pola, 1920 an Rumänien — „FUL-

Torpedoboot „82 F“.

Die Torpedoboote „82 F" — „97 F"

Deplacement	Bewaffnung	Antrieb	Geschwindigkeit	Fahrtstrecke	Brennstoff	Länge	Breite	Tiefgang	Besatzung	Anmerkung
243,9 t voll ausgerüstet 267 t	2/7 cm L/30 1/8 mm MG 2/45 cm Doppellanzierapparate	2 Yarrow-Wasserrohrkessel 2 AEG-Curtis-Turbinen 2 Schrauben 5.000 WPS maximal 6.000 WPS	28 kn maximal 29 kn	1.200 sm bei 16 kn	Kohle 20,2 t H.Öl 31 t	58,76 m	5,84 m	1,50 m	3/38	82 F und 83 F erreichten bei den Übernahmeprobefahrten mit 26,45 bzw. 26,16 kn nicht die vertraglich festgelegte Geschwindigkeit von 28 kn, 83 F auch mit neuen Schrauben nur 27 kn 88 F bei Übernahmeprobefahrt v maximal 30,8 kn (!) bei N maximal 7.070 WPS 1917 acht 7 cm T.A.G. durch 7 cm B.A.G. ersetzt

Name bzw. Nummer	Werft	Baulegung	Stapellauf	Indienststellung	Anmerkung / Verbleib
82 F	Danubius & Co. Porto Rè	30. 10. 1913	11. 8. 1914	30. 8. 1916	nach Stapellauf zur Dockung nach Pola geschleppt. 1916 in Fiume/Bergudi fertiggestellt, 1920 an Rumänien („NALUCA")
83 F	Porto Rè	17. 11. 1913	7. 11. 1914	21. 7. 1915	1920 an Rumänien („ZMEUL")
84 F	Porto Rè	27. 11. 1913	21. 11. 1914	18. 10. 1916	nach Stapellauf Dockung in Pola, Fertigstellung 1916 in Porto Rè, 1920 an Rumänien („FULGERUL")
85 F	Porto Rè	7. 1. 1914	5. 12. 1914	1. 12. 1915	1920 an Portugal („ZÊZERE")
86 F	Porto Rè	26. 1. 1914	19. 12. 1914	10. 5. 1916	nach dem Stapellauf zur Dockung nach Pola geschleppt, 1916 in Bergudi fertiggestellt, 1020 an Portugal („AVE")
87 F	Bergudi	5. 3. 1914	20. 3. 1915	28. 9. 1915	1920 an Jugoslawien („T 5")
88 F	Bergudi	7. 3. 1914	24. 4. 1915	5. 11. 1915	1920 an Portugal („CÁVADO")
89 F	Bergudi	13. 5. 1914	12. 5. 1915	6. 2. 1916	1920 an Portugal („SADO")
90 F	Bergudi	9. 9. 1914	28. 5. 1915	24. 6. 1916	nach dem Stapellauf nach Novigrad geschleppt, März 1916 zur Fertigstellung nach Porto Rè, 1920 an Portugal („LIS")
91 F	Bergudi	24. 11. 1914	21.6. 1915	28. 6. 1916	nach dem Stapellauf nach Novigrad, März 1916 zur Ferigstellung nach Fiume/Bergudi geschleppt, 1920 an Portugal („MONDEGO")
92 F	Porto Rè	30. 11. 1914	29. 9. 1915	3. 3. 1916	1920 an Griechenland („PANORMOS")
93 F	Bergudi	9. 1. 1915	25. 11. 1915	4. 4. 1916	1920 an Jugoslawien („T 6")
94 F	Porto Rè	19. 1. 1915	8. 3. 1916	26. 5. 1916	Fertigstellung in Fiume, 1920 an Griechenland („PROUSSA")
95 F	Porto Rè	9. 2. 1915	24. 6. 1916	19. 9. 1916	Fertigstellung in Fiume, 1920 an Griechenland („PERGAMOS")
96 F	Porto Rè	24. 2. 1915	8. 7. 1916	10. 11. 1916	Fertigstellung in Fiume/Bergudi, 1920 an Jugoslawien („T 7")
97 F	Bergudi	5. 3. 1915	20. 8. 1916	9. 12. 1916	1920 an Jugoslawien („T 8")

GERUL" —, am 8. Februar 1922 auf der Fahrt nach Rumänien bei Hisasar Kaiasi (drei Meilen westlich von Kilios an der europäischen Küste der Türkei) bei Sturm gekentert und gesunken.

85 F erbaut in Porto Rè, 3. Dezember 1915 Übernahmefahrt, 27. Dezember Minensuchen, 31. Dezember nach Gjenovič, 5. Jänner 1916 bei Sp. Menderes 250 m vom Strand Flugzeug ohne Besatzung gefunden, da Bergung nicht möglich, Flugzeug in Brand geschossen, 18. Februar zur Reparatur nach Pola, 19. März nach Cattaro, 4. Juli Vorstoß mit „HELGOLAND" in die Otrantostraße,

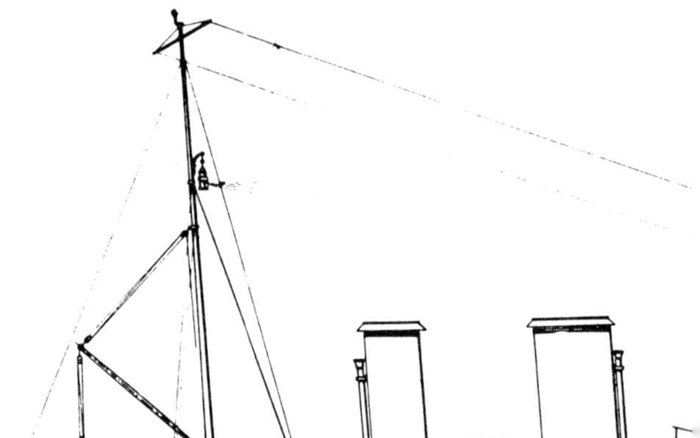

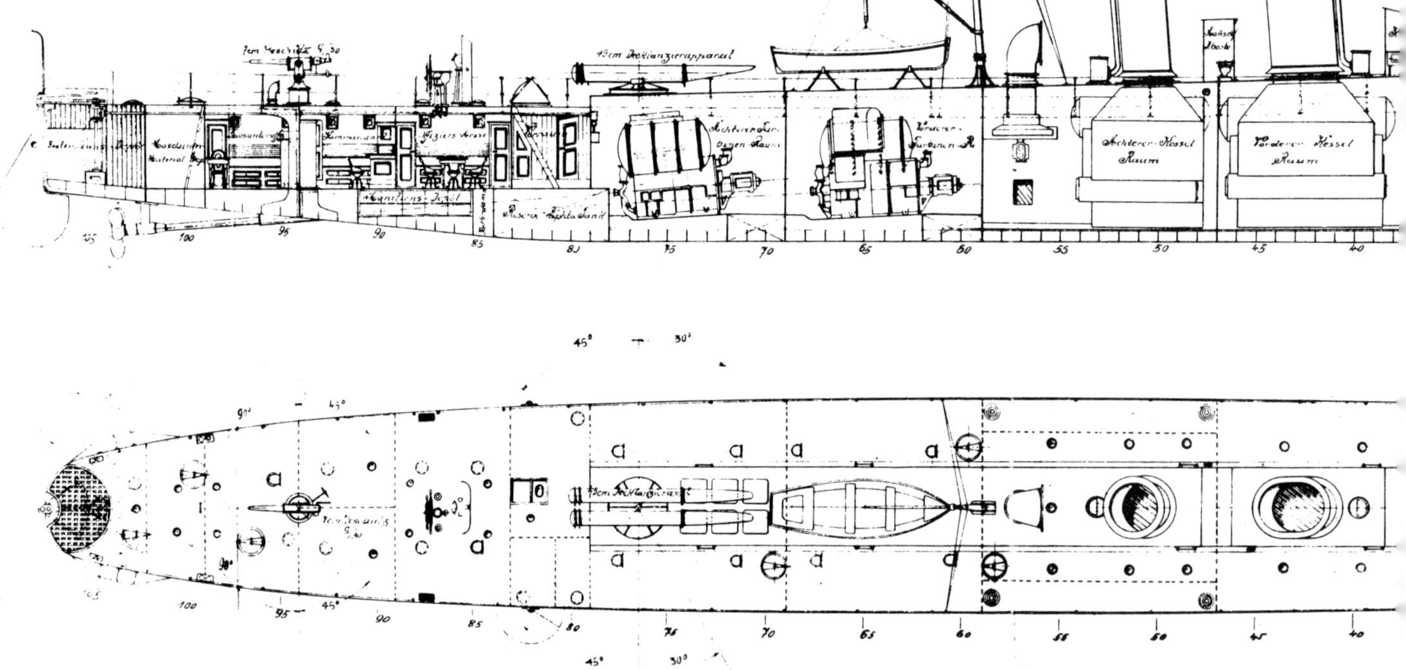

2. August U-Bootsicherung mit „ASPERN" und Tb „80", Gefecht mit zwei italienischen Zerstörern, 25. August Flugboot „L 81" von Durazzo nach Cattaro gebracht, 28./29. August mit „SANKT GEORG" Vorstoß gegen Brindisi, 7. Oktober Pola, mehrere Minensuch-, zahlreiche Konvoifahrten, 18. Mai 1917 Jagd auf feindliches U-Boot, 16./17. Juli Stationswechsel nach Gjenovič, mehrere Minensuch-, 46 Konvoifahrten, 25. Februar 1918 Pola, 11. März bei Fliegerunterstützung von feindlichem Flugzeug mit Bomben beworfen, kein Treffer, 22. April Sicherung „TEGETTHOFF" bei Schießübung, Fliegerangriff abgewehrt, 15. Mai verlegt nach Triest, 27. Juli bei Vernichtung eines feindlichen U-Bootes mitgewirkt, 3. August Reparatur in Pola, 29. August Fiume, nach Konvoifahrt am 12. September in die Bocche di Cattaro eingelaufen, zahlreiche Minensuch-, 5 U-Bootsuch- und 51 Konvoifahrten, 1920 an Portugal — „ZÊZERE" —, am 29. Dezember 1921 in Schlepp des portugisischen Marineschleppers „PATRAO LOPES" zwischen Tunis und Algier gestrandet, Totalverlust.

86 F erbaut in Porto Rè, nach Kriegsausbruch nach Pola geschleppt, später in Fiume fertiggestellt, 11. Mai 1915 Übernahmefahrt, 16. Oktober Gjenovič, 28./29. November Vorstoß in die Otrantostraße, 3. August 1917 von Cattaro nach Pola, 19. November Minenlegen vor der Po-Mündung, 20. November und 28. November Aufklärungsfahrten an der italienischen Küste, kurzes Feuergefecht mit italienischen Batterien, 5 Minensuch-, 31 Konvoifahrten, 2. Februar 1918 mit III. Division nach Cattaro und zurück, 2. Mai bei Antivari zwei Offiziere eines abgeschossenen italienischen Flugzeuges an Bord genommen, 5. September Deckung einer Minensuchgruppe bei Dulcigno, Gefecht mit 5 feindlichen Zerstörern, zwei feindliche Flugzeuge abgeschossen, 49 Konvoifahrten, 1920 an Portugal — „AVE" —, gestrichen Juli 1940.

87 F 29. September 1915 Übernahmsfahrt, 4. Jänner 1916 Minenlegen im Golf von Triest, 2. Februar nach Cattaro, 6. Februar mit „HELGOLAND" Vorstoß in die Otrantostraße, Nachtgefecht mit feindlichen Zerstörern, 15./

Torpedoboot „82 F“ bis „97 F“ (1:200).

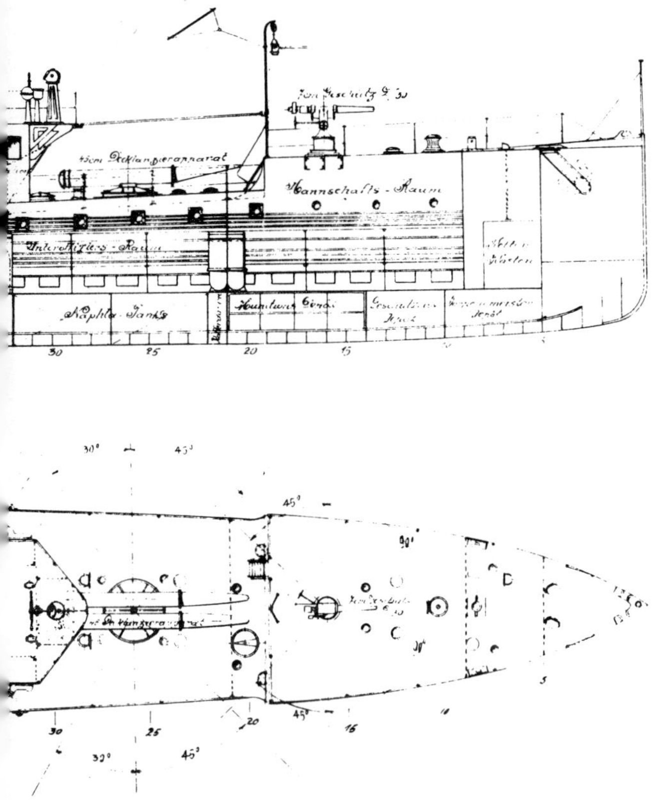

16. August Deckung eines Fliegerangriffes auf Valona, Bergung des Flugbootes „L 87“, 4./5. Oktober Vorstoß in die Otrantostraße, 4./5. November verlegt nach Pola, Beschießung von S. Elpidio und Cittanuova, 24./25. Mai Aufklärung an der italienischen Küste, 29. Oktober Minensuchen zwischen Sistiana und Sdobbamündung, 31. Oktober mit „ADMIRAL SPAUN“ Besetzung Grados, 18./19. November Minenlegen vor der Po-Mündung, 7. Dezember notgelandetes Flugboot „K 219“ 20 sm vor Ancona in Schlepp genommen, Flugboot kentert und wird versenkt, acht Fliegerdeckungen, drei Minensuch-, zehn Konvoifahrten, am 1. Mai 1918 Flugboot „K 210“ vor Umago geborgen, 9./10. Juni Sicherung „SZENT ISTVÁN“ und „TEGETTHOFF“, 113 Mann von „SZENT ISTVÁN“ gerettet, 18. Juli Teilnahme an der Versenkung eines feindlichen U-Bootes bei Porer, 12. August in die Bocche di Cattaro verlegt, 2. Oktober während Gefechts mit italienischen Zerstörern von Torpedo getroffen der nicht explodiert (Boot zieht mäßig Wasser), mehrere U-Boot-Jagden, sechs Minensuch-, 49 Konvoifahrten, 1920 an Jugoslawien — „T 3“ —, April 1914 an Italien, Dezember 1943 zurück an jugoslawische Marine, unter dem Namen „CER“ bis 1963 in der jugoslawischen Marine geführt.

88 F in Bergudi gebaut, Übernahmsfahrt am 9. November 1915, 4. Jänner 1916 Minenlegen im Golf von Triest, 11. Jänner mit S.M.S. „SAIDA“ Deckung eines Fliegerangriffes auf die italienische Küste, 3. Februar mit „ST. GEORG“, „WILDFANG“, Tb „83 F“ und „87 F“ Aktion gegen Ortona, 4. Februar Gjenovič, 6. Februar Vorstoß mit „HELGOLAND“ in die Otrantostraße, Gefecht mit feindlichen Einheiten, 2. April bei Prevlaka aufgefahrenen Dampfer „STYRIA“ gegen feindliche U-Boote gesichert, 13. Mai 4 sm westlich Kap Rodoni niedergegangenes Flugboot „L 88“ nach Cattaro eingebracht, 24. Juni mit Tb „53 T“ Unterseeboot „15“ eingebracht, 29. Juni Minenlegen vor Kap Rodoni, 30./31. Juli mit „NOVARA“ und Tb „83 F“ Vorstoß an die italienische Küste, 11. August, 28. und 29. August Vorstöße an die italienische Küste (Suche nach feindlichen Schlachtschiffen), 4. November Magazine bei S. Elpidio in Brand geschossen, Jänner 1917 in Pola, 12. Februar, 14., 17., 19. und 20. Februar Minensuchfahrten vor der Westküste Istriens, 1. März Bocche di Cattaro, 9. März deutsches U-Boot „U 39“ ausgelotst, 15. Mai mit „SANKT GEORG“ der „NOVARA“-Gruppe entgegen, 12. November mit „NOVARA“, Tb „85“ und „96“ ausgelaufen, bei Arza umgekehrt, 54 Konvoitage, 11. Jänner 1918 Bergungsarbeiten von „CYKLOP“ bei einem gestrandeten Segler gesichert, 28. Februar 1918 Pola, 3. Februar Cattaro, 4. Februar Pola, 6. Februar Deckung eines Fliegerangriffes auf die italienische Küste, 7., 10. und 13. März Minensuchfahrten, 22. April Sicherung der Schießübung von „TEGETTHOFF“, bei Bergung des eigenen Flugzeuges „R 1“ von fünf italienischen Flugzeugen angegriffen, am gleichen Tage Bergungsversuch eines bei Rovigno niedergegangenen feindlichen Bombenflugzeuges, Pilot an Bord, Flugzeug in Schlepp genommen, wegen Seeganges und neuerlichen Angriffes Einschleppen unmöglich, mit Hilfe von Tb „85“ Motor und Ausrüstung an Bord genommen, Flugzeug versenkt, 11. Mai bei Geleitfahrt südlich Grado von feindlichen Flugzeugen angegriffen, 3. Juni bei Auslaufen von Triest vom Tender „D“ der Seebehörde gerammt und am Vorschiff beschädigt, 1./2. Juli mit „BALATON“, „CSIKÓS“ und Tb „83“ Deckung eines Fliegerangriffes, südlich Caorle Gefecht mit überlegener feindlicher Torpedodivision, 17. August Cattaro, mehrere Minensuch- und 48 Konvoifahrten, 1920 an Portugal — „CÁVADO“ —, am 29. Dezember 1921 in Schlepp des portugisischen Marineschleppers „PATRAO LOPES“ zwischen Tunis und Algier gestrandet, Totalverlust.

89 F Übernahmefahrt am 18. Februar 1916, 27. März Unterstützung einer Fliegeraktion gegen Piave vecchia, 10. August während Fliegerdeckung kurzes Gefecht mit feindlichen Zerstörern, 9. Oktober „L 124“ eingeschleppt nach Parenzo, 23. Oktober Geleit von S.M.S. „TEODO“ nach Cattaro, 29. Oktober Gjenovič, 28. November Vorstoß in die Otrantostraße, von Tb „82 F“ gerammt, Bug eingedrückt, am 29. November zur Reparatur nach Pola,

25. Jänner Gjenovič, 21. April Minenräumen, 24. Mai deutsche U-Boote „U 88" und „U 93" durch SW-Passage geleitet, „U 88" durch Explosion (Torpedierung) gesunken, 1 Offizier und 1 Mann gerettet, 17. Juli bei Reinigungsarbeiten U-Bomben-Initialladung explodiert, 1 Uffz. (Torp.-Meister Christanell) getötet, 2 Mann schwer verletzt,[6]) 5. August von Cattaro nach Pola, 13./14. August Deckung eines Fliegerangriffes auf Venedig, 28. November 1917 bei Auslaufen zu einer Aktion gegen die italienische Küste Kollision mit Tfzg „DUKLA", Bug beschädigt (teilweise aufgerissen), zurück nach Pola, Reparatur, acht Minensuch-, 28 Konvoifahrten, 2. Februar 1918 mit III. Division nach Cattaro und zurück, 12. Februar Mannschaft des torpedierten Dampfers „PELAGOSA" an Bord genommen, 18. April Cattaro (Gjenovič), 12. Juni Pola, 22. August notgelandetes Flugboot „K 400" eingebracht, zahlreiche Minensuchfahrten, 54 Konvoifahrten, 1920 an Portugal — „SADO" —, gestrichen 30. Juli 1940.

90 F nach Stapellauf nach Novigrad geschleppt, März 1916 zur Fertigstellung nach Porto Rè, 20. November Gjenovič, 28. November Vorstoß in die Otrantostraße, 11. August 1917 Pola, 14. August Flugboot „K 203" vor der Tagliamentomündung geborgen, während Schleppfahrt mehrfach Angriffe feindlicher Flugzeuge, „K 203" kentert und wird durch einige Granatschüsse versenkt, 29. September Deckung eines Fliegerangriffes, nachts Feuergefecht mit italienischen Zerstörern, 4 Minensuch-, 46 Konvoifahrten, 2. Februar 1918 mit III. Division nach Cattaro und zurück, 24. Februar von Pola nach Cattaro verlegt, 19. August 106 Personen des torpedierten Dampfers „GORITIA" gerettet, 7. September von Cattaro nach Pola, 1920 an Portugal, — „LIS" —, gestrichen September 1934, abgebrochen.

6) PK/MS 1917 1-11/40

Torpedoboot „89 F" im Schwimmdock am 25. August 1916.

Torpedoboot „89 F" im Schwimmdock.

91 F nach dem Stapellauf nach Novigrad geschleppt, März 1916 zur Fertigstellung nach Fiume, 29. Juni Übernahmefahrt, 10. August bei Deckung eines Fliegerangriffes Feuergefecht mit vier italienischen Torpedofahrzeugen, 23. Oktober mit „TEODO" ausgelaufen nach Cattaro, 26. Oktober Gjenovič, 28. November Vorstoß in die Otrantostraße, 2. Juni 1917 Reparatur in Pola, 11. Juli Bocche di Cattaro, 8. August Pola, 19. und 20. November Aufklärungsfahrten an der italienischen Küste, 28. November südlich Fanò Eisenbahnzug beschossen, mehrere Minensuchfahrten und Fliegerdeckungen, 31 Konvoifahrten, 26. Februar 1918 von Pola nach Cattaro, 11. Juni bei Sabbioncello aufgefahren, von Tb „96" nach Pola geschleppt, acht Minensuchfahrten, 41 Konvoitage, 1920 an Portugal — „MONDEGO" —, gestrichen 14. Jänner 1938.

92 F 10. März 1916 Übernahmefahrt, 12. Juni und 11. Juli Jagd auf feindliche Torpedofahrzeuge bei Parenzo, 26. Juli Versuch mit Nebelapparat, 9. September Cattaro, 13. Dezember nach Pola zur Reparatur, 24. Februar 1917 nach Cattaro, 28. März Hilfeleistung bei aufgefahrenem Dampfer „VESTA", 21./22. April Vorstoß mit der VII. Torpedodivision in die Otrantostraße, zwei Torpedos auf italienischen Dampfer „JAPIGIA" abgeschossen, beide gehen fehl, Dampfer wird von Tb „100" mit Torpedo versenkt, 4. Juli Pola, 9. August bei Abwehr eines Fliegerangriffes B.A.G. durch Rohrkrepierer beschädigt (keine Verletzten), Geschütz wird ausgetauscht, 31. Oktober mit „ADMIRAL SPAUN" Besetzung von Grado, 6. November mit Sr. Majestät von Triest nach Grado und zurück, 14. November Feuergefecht mit italienischen Batterien bei

Torpedoboot „93 F".

Piave vecchio, zahlreiche Minensuch- und Fliegerdekkungsfahrten, 29 Konvoitage, 22. Jänner 1918 Cattaro, 2. Februar von einigen Leuten rote Flagge gesetzt, Kommandant gelingt es die Mannschaft zu beruhigen, worauf die rote Flagge vom ältesten Unteroffizier wieder entfernt wird, unverläßliche Leute werden ausgeschifft, Torpedoboot in der Hand des Kommandanten, 5. Juni Pola, 8. Juni Cattaro, 8. August Pola, 53 Konvoitage, 1920 an Griechenland — „PANORMOS" —, im März 1928 vor der Insel Ägina aufgelaufen und gesunken.

93 F 5. April 1916 Übernahmefahrt, 12. Juni Jagd auf feindliche Torpedofahrzeuge bei Parenzo, 19. Juli U-Boot-Jagd bei Porer, 12./13. Oktober Versuche mit Nebelapparat, 29. Oktober Maschinenreparatur in Pola, Mai 1917 mehrere Minensuchfahrten, 3./4. Juni Fliegerdeckung mit „WILDFANG", „CSIKÓS" und „VELEBIT", bei Rückfahrt „WILDFANG" torpediert und gesunken, ein Mann gerettet, 11. Juli von Pola nach Cattaro, 23. September nachts vor Bojanamündung von U-Boot anlanziert, Torpedo passiert unter dem Boot, mehrere Minensuch-, 38 Konvoifahrten, 22. Jänner 1918 Pola, 2. Februar mit III. Division nach Cattaro und zurück, 12. April Sicherung von „VIRIBUS UNITIS" und „SZENT ISTVÁN" bei Schießübung, 22. Juli Sicherung von „CHAMÄLEON" bei Minenverlegung, 13. August Teilnahme an der Vernichtung eines feindlichen U-Bootes, 20. August Bocche di Cattaro, bei Kriegsende in der Bocche, 55 Konvoifahrten, 1920 an Jugoslawien — „T 6" —, April 1941 an Italien, am 11. September 1943 bei Cesenatico selbst versenkt.

94 F 27. Mai 1916 Übernahmefahrt (v max. 29,17 kn), U-Boot-Jagd im Golf von Fiume, 22. Juli Minensuche im Quarnerolo, 10. August kurzes Feuergefecht mit vier feindlichen Torpedofahrzeugen, 4. — 20. September Kesselreparatur in Fiume, 25. September verlegt nach Gjenovič (Bocche di Cattaro), 28. März 1917 Sicherung des bei der Insel Ruda aufgefahrenen Dampfers „VESTA", 21./22. April Vorstoß in die Otrantostraße, 4. Juli Pola, 13. Oktober während Minensuchfahrt vor Salvore von

Boote der II. Torpedoflottille 1917 in der Bocche di Cattaro. Torpedoboot „51 T" nach Wiederherstellung mit Kommandobrücke und erhöhtem Vorschiff.

Torpedobootsgruppe in Pola, Kennzeichnungen bereits ohne Buchstaben.

zehn feindlichen Flugzeugen angegriffen, 31. Oktober Besetzung Grados, 14. November Feuergefecht mit italienischen Batterien bei Cortelazzo, 15. November während Minensuchfahrt vor Grado von Cortelazzo-Batterie beschossen, 16. November mit „WIEN" und „BUDAPEST" Beschießung der Batterien bei Cortelazzo, Abwehr italienischer Motortorpedoboote, 18. November Bergung einer gekenterten Barkasse vor der Sdobbamündung, 23 Konvoifahrten, 3. Februar 1918 Gjenovič, 27. Mai bei Fliegerangriff in Durazzo durch Sprengstücke zwei Mann getötet, zwei Mann schwer, Freglt. Kalcher und sechs Mann leicht verletzt, notgelandetes englisches Flugzeug versenkt, 8. Juni Sicherung „VIRIBUS UNITIS" und „PRINZ EUGEN", 26. Juni bei Luftangriff zwei Mann verwundet, 14. August Pola, mehrere U-Bootsuch- und Minenräumfahrten, 49 Konvoitage, 1920 an Griechenland — „PROUSSA" —, am 4. April 1941 bei deutschem Luftangriff vor Korfu schwer beschädigt und selbst versenkt.

95 F erbaut in Porto Rè, 16. September 1916 Übernahmefahrt, 4. November Gjenovič, 4. März 1917 bei Dulcigno notgelandetes Flugboot „L 131" eingeschleppt, 28. März Hilfeleistung Dampfer „VESTA", 2. September Pola, 24. September kurzes Feuergefecht mit vier italienischen Torpedobooten, 28. November mit „ADMIRAL SPAUN" Vorstoß an die italienische Küste (bei Rimini von italienischen Batterien beschossen), 7. Dezember mit Tfzg „TRIGLAV" Vorstoß an die italienische Küste, 28 Konvoifahrten, 2. Februar mit der III. Division nach Cattaro und zurück, 13. Februar Kollision mit Tb „83", 22. März nach Gjenovič verlegt, 26. August während der Hilfeleistung an Flugboot „K 398" bei Durazzo aufgefahren, schwere Schraubenhavarie, 31. August zur Reparatur nach Pola, vier U-Such-, zahlreiche Minensuch- und 47 Konvoifahrten, 1920 an Griechenland — „PERGAMOS" —, am 25. April 1941 während Überholung im Marinearsenal Salamis beim deutschen Einmarsch selbst versenkt.

96 F erbaut in Porto Rè, fertiggestellt in Bergudi, Übernahmefahrt 11. November 1916, 12./13. März 1917 U-Suche Ulbo—Selve, 1. Mai Sicherung von „KAISER KARL VI" auf der Fahrt von Tajer nach Pola, 11. Mai kurzes Gefecht mit feindlichen Torpedobooten, 19. bis 24. Mai Sicherung der Bergungsarbeiten von U-Boot „5", 3./4. Juni Unterstützung einer Fliegeraktion gegen italienische Küste, bei Rückfahrt 25 Überlebende des nach Minentreffer gesunkenen Tfzg „WILDFANG" an Bord genommen, 18. August Gjenovič, 17. März 1918 von Pola Deckung eines Aufklärungsfluges, notgelandetes Flugboot „A 87" SW von Musil in Schlepp genommen und eingebracht, am 4. April Abteilung des Lschlt. Veith an Bord und Motorbarkasse in Schlepp genommen und 15 sm NO Ancona abgesetzt, 8. Juni Sicherung von „VIRIBUS UNITIS" und „PRINZ EUGEN", 15. September nach Cattaro, 6. Oktober Minenlegen bei Durazzo, 1920 an Jugoslawien — „T 7" —, April 1941 in die italienische Marine eingereiht,

September 1943 von der deutschen Marine übernommen, am 25. Juni 1944 während Gefechts mit britischen Schnellbooten schwer beschädigt und bei Insel Murter gestrandet, Totalverlust.

97 F erbaut in Bergudi, 9. Dezember 1916 Übernahmefahrt, 14. Juli 1917 nach Cattaro, 28. September Deckung eines Fliegerangriffes auf Brindisi, 29. November bei Bojanamündung erfolglos von U-Boot anlanziert, 36 Konvoitage, 9. Jänner 1918 während U-Bootsuche verschiedene Havarien durch schweren Seegang, 22. Februar Cattaro, 12. und 13. Juni Sicherung bei Bergung von U „10", 22. Juli Deckung von „CHAMÄLEON" bei Minenverlegung, 8. September Cattaro, 7 U-Boot-Jagden, 43 Konvoitage, 1920 an Jugoslawien — „T 8" —, April 1941 in die italienische Marine eingereiht, am 10. September 1943 bei Ragusa von deutschen Flugzeugen bombardiert und versenkt.

Die 250 t Torpedoboote „98 M" — „100 M"

Die Werft Danubius & Co., Fiume, sollte ursprünglich nur den Auftrag für vier 250 t Boote erhalten. Die restlichen Boote (86 — 100) sollten im Seearsenal Pola auf Stapel gelegt werden. Im Dezember 1912 erhielt das MTK den Auftrag, die Pläne für diese 15 Torpedoboote auszuarbeiten. Dem MTK wurden folgende Richtlinien hiefür gegeben: durchwegs erhöhtes Vorschiff, ausfallende Vorschiffspanten, eine mittlere Geschwindigkeit von 28 kn und als Bewaffnung zwei 7 cm L/30 sowie zwei 45 cm Doppellanzierapparate.

Nachdem jedoch der Danubius-Werft der Bauauftrag für 16 Boote erteilt worden war, entschloß sich die Marineleitung, die restlichen drei Boote bei der in Monfalcone liegenden Werft Cantiere Navale Triestino bauen zu lassen. Ende März 1913 wurden Verhandlungen mit der Werftleitung aufgenommen und ihr die vom MTK ausgearbeiteten Pläne sowie die für eine Kalkulation erforderlichen Unterlagen übergeben. Zur besseren Information wurde den Werftingenieuren die Besichtigung der Torpedoboote Typ „KAIMAN" gestattet. Am 5. Juli 1913 wurden die Verhandlungen mit dem Auftrag zum Bau von drei 250 t Torpedobooten abgeschlossen.[1])

Als Ablieferungstermine wurden der 1. Mai, 1. Juni und 1. Juli 1915 festgesetzt. Ein Streik der Werftarbeiter führte im August 1914 zu einer Unterbrechung der Arbeiten, welche am 13. August wieder aufgenommen wurden. Infolge weiterer Verzögerungen, wie langsame Materialanlieferung, konnten die Boote erst mit 19. August 1915, 29. Oktober 1915 und 15. März 1916 für die Durchführung der Probefahrten in Dienst gestellt werden. Dieses Datum wurde auch als Tag der Übernahme in das Eigentum der Kriegsmarine festgesetzt.[2])

Bemerkenswert ist, daß diese in Monfalcone gebauten Boote bei den Übernahmefahrten mittlere Geschwindigkeiten von 28,5 bis 29,2 kn („98 M" v max. 29,94 kn) erreichten.

1) II.G.G. 1913 47 C/8
2) II.G.G. 1915 47 D/14 und II.G.G. 1916 47 H/3

Die Torpedoboote „98 M" — „100 M"

Deplacement	Bewaffnung	Antrieb	Geschwindigkeit	Fahrtstrecke	Brennstoff	Länge	Breite	Tiefgang	Besatzung	Anmerkung
250 t voll ausgerüstet 265 t	2/7 cm L/30 1/8 mm MG 2/45 cm Doppellanzierapparate	2 Yarrow-Wasserrohrkessel 2 Melms-Pfenninger Turbinen 2 Schrauben 5.000 PSi maximal 6.000 PSi	28 kn maximal 29,5 kn	1.200 sm bei 16 kn 280 sm bei 28 kn	Kohle 17,5 t Öl 24 t	60,36 m	5,60 m	1,54 m	3/38	

Name	Werft	Baulegung	Stapellauf	Übernahme	Anmerkung / Verbleib
98 M	Cantiere navale triestino Monfalcone	19. 3. 1914	18. 11. 1914	19. 8. 1915	1920 an Griechenland „KYZIKOS"
99 M	Cantiere navale triestino Monfalcone	22. 3. 1914	17. 12. 1914	29. 10. 1915	1920 an Griechenland „KIOS"
100 M	Cantiere navale triestino Monfalcone	28. 3. 1914	15. 1. 1915	15. 3. 1916	1920 an Griechenland „KIDONIAI"

Kriegsverwendung:
98 M 21. August 1915 Übernahmeprobefahrt, 20. September Dockung und Schraubenwechsel, 1. Oktober Minensuchfahrt Parenzo—Pelago, 5. Oktober Sicherung von „HELGOLAND“ nach Sebenico, 25. Oktober Deckung eines Fliegerangriffes auf Venedig, vier Minensuchfahrten, 11. Jänner 1916 Schraubenwechsel (an allen sechs von einer Berliner Firma gelieferten Schrauben traten Sprünge auf), 2. Februar Aktion gegen Ortona mit „ST. GEORG“, 23. Mai Sicherung eines Fliegerangriffes gegen Italien, 12. Juni Verfolgung feindlicher Torpedofahrzeuge bei Parenzo, 22. Juli Minensuchen im Quarnerolo, 10. August Deckung eines Fliegerangriffes auf Venedig, Feuergefecht mit feindlichen Torpedofahrzeugen, 4. September nach Cattaro, 12. Oktober Reparatur in Pola (Versteifung des Hecks), 31. Oktober Probefahrt (v max. 30,6 kn), 17. Februar 1917 Reparatur in Fiume, ab 2. März in Pola stationiert, 29. September während Deckung eines Fliegerangriffes Feuergefecht mit italienischen Zerstörern vor der Po-Mündung, 13. November mit Sr. Majestät von Grado nach Triest, 15. und 16. November während Minensuchfahrten vor Grado von italienischen Batterien beschossen, bei Caorle notgelandetes Flugboot „K 373“ in Schlepp genommen und eingebracht, zahlreiche Minensuch-, 12 Konvoifahrten, 2. Februar 1918 mit der III. Division nach Cattaro und zurück, 8. Februar von Pola nach Cattaro verlegt, 19. März Sicherung Dampfer „LINZ“, hiebei von U-Boot erfolglos anlanziert, 13. Mai Geleit Dampfer „BREGENZ“ welcher vor Durazzo torpediert wird, 23. Juni bei Kap Remo notgelandetes Flugboot „K 157“ eingebracht, 10. Juli Minenlegen vor Kap Laghi, 3. August während Geleitschutz angreifendes U-Boot durch Wasserbomben und Geschützfeuer vertrieben, mehrere U-Jagden und Minensuchfahrten, 46 Konvoitage, 25. März 1919 nach Venedig gebracht, 1920 an Griechenland — „KYZIKOS“ —, am 25. April 1941 im Marinearsenal Salamis beim deutschen Einmarsch selbst versenkt.

Torpedoboot „99“ nimmt notgelandetes Flugboot „K 375“ nach Aktion gegen Venedig in Schlepp.

Torpedoboot „98 M“ bis „100 M“ (1:200).

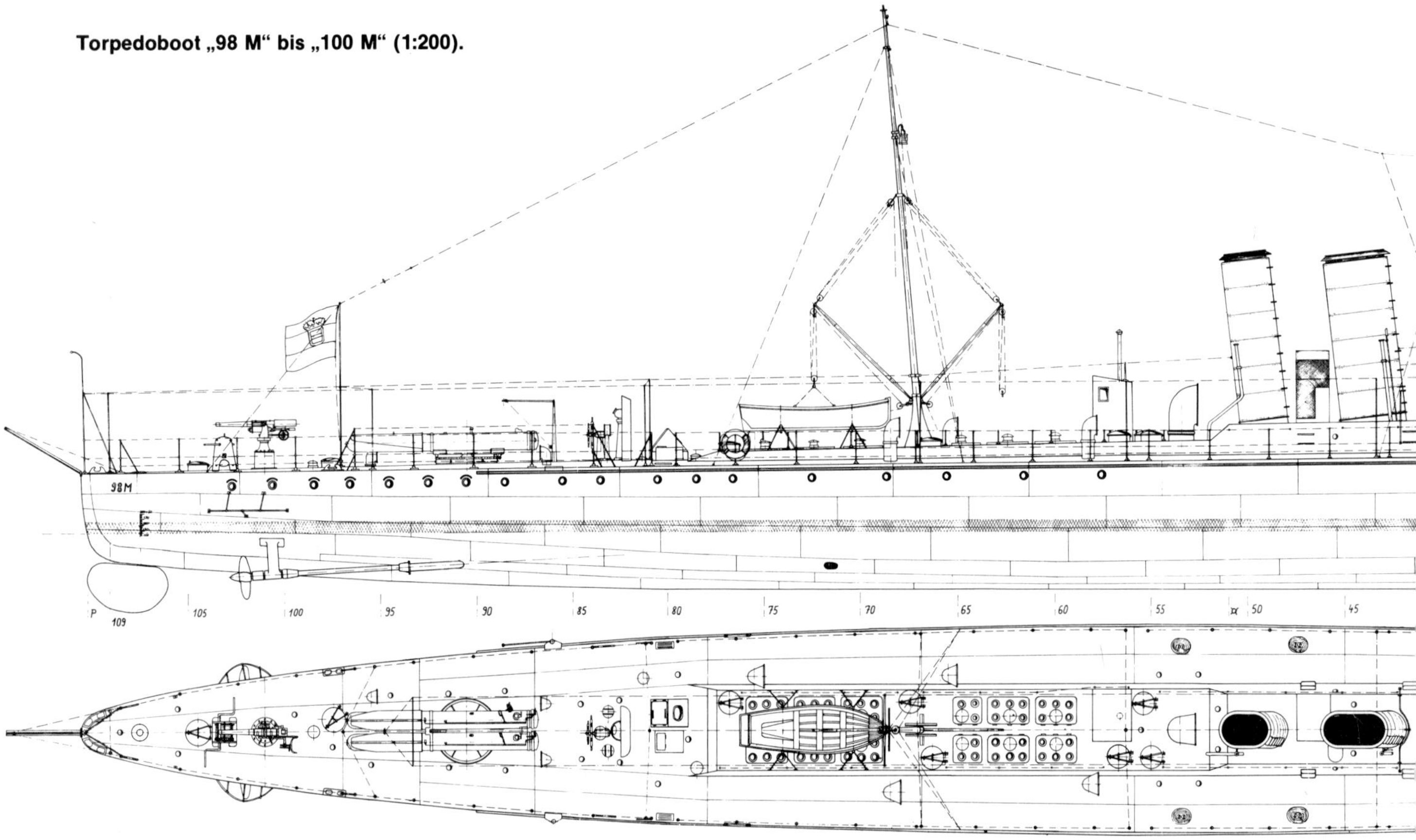

99 M Übernahmefahrt am 30. Oktober 1915 (v mittl. 28,8 kn), 17. März 1916 Dockung zum Einbau von Heckversteifungen, 27. März Deckung eines Fliegerangriffes gegen Piave vecchia, havariertes Flugboot „L 107“ nach Parenzo geschleppt, 23. Mai Deckung eines Fliegerangriffes auf Venedig, dabei 15 sm von Malamocco von feindlichem U-Boot dreimal erfolglos anlanziert, 12. Juni Verfolgung italienischer Torpedofahrzeuge bei Parenzo, 22. Juli Minensuche im Quarnerolo, 4. September Cattaro, 4. Oktober Vorstoß in die Otrantostraße, 4. März 1917 von Cattaro nach Pola, bis 18. März Kesselreparatur und Instandsetzung der Maschinenanlage, 26. April nach Gjenovič, 15. Mai mit „ST. GEORG“ der „NOVARA“-Gruppe entgegen, 15. Juli Pola, 29. September während Deckung eines Fliegerangriffes längeres Feuergefecht mit feindlichen Torpedoeinheiten vor der Po-Mündung, 17. bis 19. Oktober mit deutscher Marinekommission nach Cattaro und zurück, 29. Oktober Minensuchen zwischen Sistiana und Sdobbamündung, 31. Oktober Minensuchen vor Grado, 1. bis 8. November täglich Minenräumfahrten, 14. und 15. November von italienischen Batterien bei Cortelazzo beschossen, 16. November Minenräumen vor „WIEN“ und „BUDAPEST“, Feuergefecht mit italienischen Batterien, durch zwei neben der Bordwand einschlagende Fliegerbomben vorübergehend Ausfall der Steuerbord-Turbine, Abwehr italienischer MAS und mehrfacher Fliegerangriffe, notgelandetes Flugboot „K 210“ bei Livenzamündung gefunden, Bergung wegen Ebbe nicht möglich („K 210“ wird nach Eintreten der Flut von Tb „84“ eingebracht), 19. Dezember während Minenräumen Feuergefecht mit Cortelazzo-Batterien, zahlreiche Minensuch-, 19 Konvoifahrten, 6. Februar 1918 Gjenovič, 31. Mai Aufklärungsfahrt Dringolf, 19. und 30. Juni Aufklärungsfahrten, 26. Juli bei Fliegerangriff auf Cattaro Kessel durchschlagen, 1 Heizer verletzt, 27. Juli zur Reparatur in Pola, 49 Konvoitage, 1920 an Griechenland — „KIOS“ —, am 23. April 1941 bei deutschem Luftangriff in Vougliameni schwer beschädigt und selbst versenkt.

100 M Übernahmefahrt am 15. März 1916 (v mittl. 29,19 kn), 23. Mai Sicherung bei Fliegerangriff auf italienische Küste, 10. August notgelandetes Flugboot „G 3“ nach Pola eingeschleppt, 4. September Gjenovič, 15. September Besatzung des versenkten französischen U-Bootes „FOUCAULT“ (2 Offz. und 25 Mann) an Bord genommen, 4./5. Oktober Vorstoß in die Otrantostraße und an die italienische Küste, 4. Jänner 1917 mit „CSEPEL“ Dampfer „DALMATIA“ nach Durazzo geleitet, 21. April Aufklärungsfahrt Otrantostraße, 8,6 sm von Kap Linguetta Dampfer „JAPIGIA“ versenkt, 22. April Minen vor Durazzo gelegt, 15. Mai mit „ST. GEORG" der „NOVARA"-Gruppe entgegen, 29. Juni havariertes Flugboot nach Cattaro eingeschleppt, 15. Juli bis 5. September in Pola zur Instandsetzung der Maschinen- und Kesselanlage, 13. Oktober bei Minenräumen von sieben feindlichen Flugzeugen angegriffen, 14. November vor Cortelazzo Feuergefecht mit italienischen Landbatterien, 30. November mit Tb „84" und Tb „99" nach Caorle, um notgelandetes Flugboot zu bergen (wird nach Eintreten der Flut von Tb „84" eingeschleppt), 8. Februar Gjenovič, 20. Februar Sicherung von Truppentransporten mit Dampfer „GALICIA" und Dampfer „LINZ" nach Durazzo, 17. März vor Gjenovič Tfzg „DINARA" gerammt, Bug schwer beschädigt, von „DINARA" nach Gjenovič geschleppt,[3]) 11. August Sicherung des havarierten Torpedofahrzeuges „LIKA", 29. September und 1. Oktober Minenlegen im Dringolf, 13. Oktober Sicherung des Dampfers „OCEANIA", mehrere U-Boot-Bekämpfungen, zahlreiche Minensuchfahrten, 42 Konvoifahrten, 1920 an Griechenland — „KIDONIAI" —, am 26. April 1941 bei deutschem Luftangriff beschädigt und gesunken.

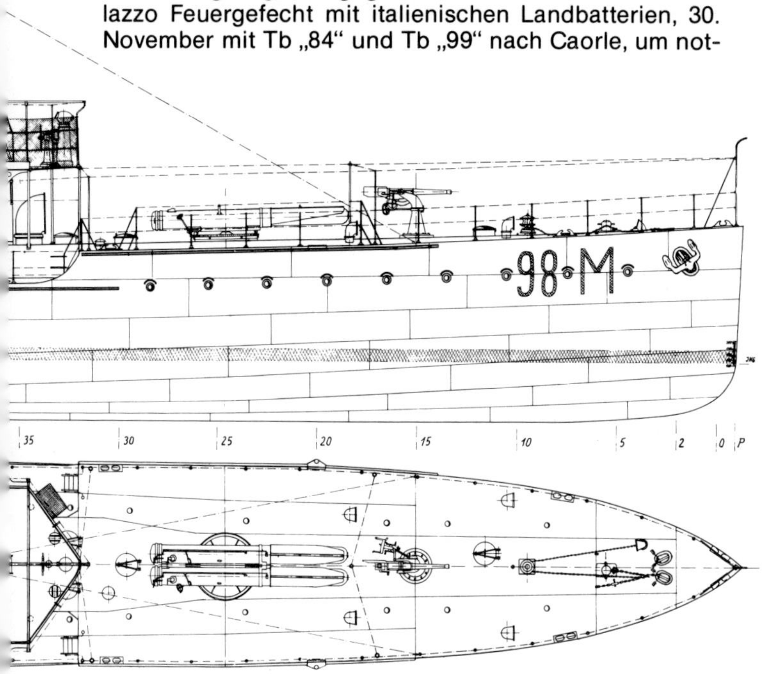

3) PK/MS 1918 1-11/17

Die 110 t Küsten-Torpedoboote

Über Auftrag der Marinesektion legte das MTK mit 30. August 1905 folgende Alternativ-Planskizzen für ein 100 t Küsten-Torpedoboot vor:[1])

Projekt 1: Verkleinerung des Typs „COBRA", Länge 42,4 m, Breite 4,24 m, Tiefgang 1,10 m, 1.500 PSi, 23 kn, 22 t Kohle, Reichweite 1.000 sm bei 11,5 kn, 240 sm bei voller Kraft,

Projekt 2: gleiche Abmessungen, jedoch 2.000 PSi, 26 kn, 14 t Kohle, 500 sm bei 11,5 kn, 120 sm bei voller Fahrt,

Projekt 3: Länge 43,4 m, Breite 4,24 m, Tiefgang 1,10 m, 26 kn, nur Turbinenantrieb oder gemischter Antrieb (eine Kolbenmaschine und zwei Dampfturbinen), 1.800 PS.

1) II.G.G. 1905 27 D/1-14

Torpedoboot „100 M" am 12. August 1916.

Die 110 t Küsten-Torpedoboote
I — VI (1—6)

Deplacement	Bewaffnung	Antrieb	Geschwindigkeit	Fahrtstrecke	Brennstoff	Länge	Breite	Tiefgang	Besatzung	Anmerkung
116,1 t konstruiert	2/47 mm L/44 SFK 2/45 cm Lanzierrohre	2 Yarrow-Wasserrohrkessel 18 atü 1 Dreizylinder-dreifach-Expansions-Maschine 1 Schraube 2.500 PSi	28 kn maximal 28,5 kn	600 sm bei 17 kn	21,2 t	44,16 m	4,32 m	1,20 m	2/18	Ölfeuerung System Thornycroft, sechs Brenner pro Kessel

VII — XII (7 — 12)

Deplacement	Bewaffnung	Antrieb	Geschwindigkeit	Fahrtstrecke	Brennstoff	Länge	Breite	Tiefgang	Besatzung	Anmerkung
131,5 t (konstruiert)	2/47 mm L/44 SFK 2/45 cm Lanzierrohre	2 White-Forster-Wasserrohrkessel 19,2 atü 1 Dreizylinder-dreifach-Expansions-Maschine 1 Schraube 2.400 PSi	26,5 kn maximal 27,5 kn	520 sm bei 17 kn	22,5 t	44,20 m	4,27 m	1,46 m	2/18	Ölfeuerung System Babkock & Wilcox, fünf Brenner pro Kessel

Name	Werft	Baulegung	Stapellauf	Indienststellung	Anmerkung / Verbleib
I / 1	S. T. T. Triest	9. 4. 1909	12. 8. 1909	31. 12. 1909	1920 an Italien, demoliert
II / 2	S. T. T. Triest	20. 4. 1909	27. 9. 1909	31. 12. 1909	1920 an Italien, demoliert
III / 3	S. T. T. Triest	5. 5. 1909	8. 11. 1909	31. 12. 1909	1920 an Italien, Fahrzeug der italienischen Finanzbehörde bis 1925
IV / 4	S. T. T. Triest	7. 5. 1909	2. 12. 1909	31. 12. 1909	1920 an Italien, demoliert
V / 5	S. T. T. Triest	20. 5. 1909	30. 12. 1909	24. 2. 1910	1920 an Italien, demoliert
VI / 6	S. T. T. Triest	22. 5. 1909	Jänner 1910	30. 11. 1910	1920 an Italien, demoliert
VII / 7	Danubius, Fiume	13. 7. 1909	30. 1. 1910	29. 7. 1910	1920 an Italien, Fahrzeug der italienischen Finanzbehörde bis 1926
VIII / 8	Danubius, Fiume	11. 8. 1909	24. 2. 1910	20. 5. 1910	1920 an Großbritannien, an italienische Firma zum Abbruch verkauft
IX / 9	Danubius, Fiume	28. 8. 1909	22. 3. 1910	20. 5. 1910	1920 an Großbritannien, an italienische Firma zum Abbruch verkauft
X / 10	Danubius, Fiume	1. 10. 1909	14. 5. 1910	13. 7. 1910	1920 an Großbritannien, an italienische Firma zum Abbruch verkauft
XI / 11	Danubius, Fiume	23. 10. 1909	24. 5. 1910	31. 12. 1910	1917 5. Oktober desertiert, als „FRANCESCO RISMONDO" in der italienischen Marine bis 1925
XII / 12	Danubius, Fiume	10. 11. 1909	31. 5. 1910	23. 5. 1911	17. Oktober 1919 bei Paludi (nördlich Spalato) gestrandet, gesunken, später gehoben und in Italien abgebrochen

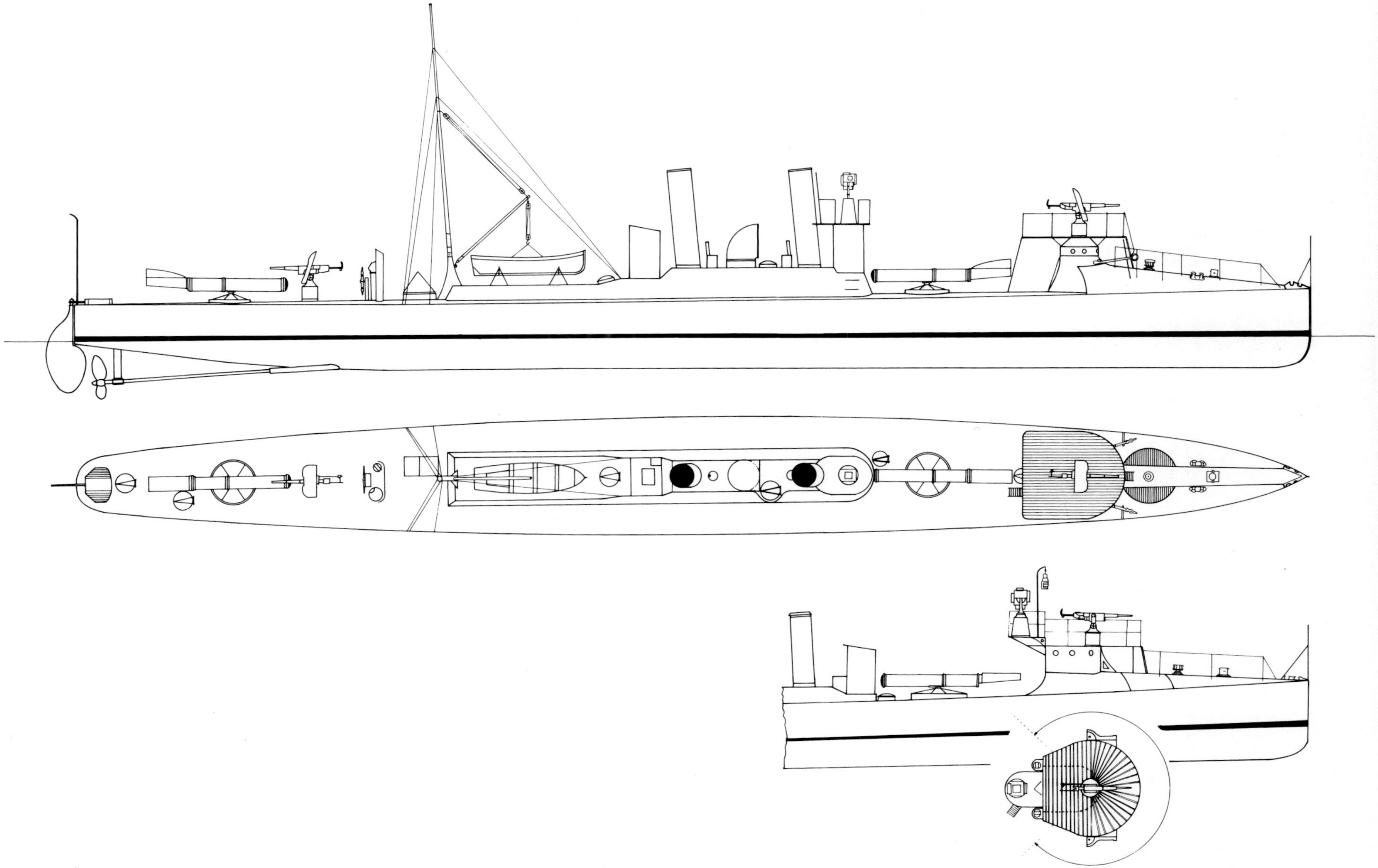

Torpedoboot I bis VI. Rechts Torpedoboot VII bis XII (1:200).

Die Bewaffnung sollte bei allen Projekten aus zwei 47 mm SFK und zwei 45 cm Torpedorohren bestehen.

Das MTK empfahl die Projekte Nr. 2 und 3, und erhielt im Dezember die Weisung zur weiteren Ausarbeitung von Plänen für ein 100 t Boot mit Kolbenmaschinen sowie für ein solches mit gemischtem Antrieb. Die Arbeiten an dem letztgenannten Projekt wurden im Mai 1907 über Anordnung der Marinesektion eingestellt, da man zur Überzeugung kam, daß für den Antrieb mit Dampfturbinen noch keine ausreichenden Erfahrungen vorlägen.[2])

Am 7. Juni 1907 legte das MTK den ausgearbeiteten Entwurf vor und im November desselben Jahres wurde das S.T.T. zur Vorlage eines Offertes nach diesem Entwurf aufgefordert. Zu Beginn des Jahres 1908 wurden weitere Offerte von ausländischen Werften eingeholt. Ende Mai lagen dem MTK die Angebote der Firma Krupp/Germaniawerft, der Firma Schichau und der Yarrow-Werft vor. Die Firma Schnabl & Co. bot ein amerikanisches Motor-Torpedoboot von 70 t, 1.500 PS und drei Torpedorohren sowie drei Schnellfeuergeschützen an. Auf dieses Offert wurde nicht weiter eingegangen, da sich nach Ansicht des MTK eine derartige Bewaffnung in einem Boot mit nur 70 t Verdrängung nicht unterbringen ließ. In der Beurteilung der eingegangenen Projekte wurde bezüglich des Krupp-Bootes festgestellt, daß der Maschinenkomplex zu schwer, die Rumpfkonstruktion schwach und das Boot im übrigen zu teuer sei. Das Yarrow-Boot mit zwei Turbinen und 24 kn Geschwindigkeit stelle keine Verbesserung gegenüber dem Typ „COBRA" dar.

Das Schichau-Boot sei dem Entwurf des S.T.T. qualitativ gleich, jedoch sei letzteres vorzuziehen, da das S.T.T. als Baumaterial durchwegs die Verwendung von Spezialstahl hoher Festigkeit garantiere und zudem ein heimischer Betrieb sei.

Am 10. Juni 1908 wurde dem S.T.T. der Bau von acht Torpedobooten mit Ölfeuerung übertragen, diese Anzahl in den abschließenden schriftlichen Vereinbarungen vom September 1908 jedoch auf sechs reduziert. Nunmehr lud man auch die Schiffbau- und Maschinenfabriks-A.G. Danubius/Fiume zur Vorlage eines Offertes ein. Zu dem vorgelegten Entwurf äußerte das MTK, daß das Kesselsystem (White-Forster Wasserrohrkessel) gut und erprobt sei und gegenüber den Yarrow-Kesseln den Vorteil hätte, daß die Rohre leichter gewechselt werden könnten. Die Dimensionierung verschiedener Bauteile sei jedoch zu schwach und die Längsfestigkeit des Rumpfes nicht einwandfrei gewährleistet. Von der Werft wurde die Vorlage einer Festigkeitsberechnung gefordert. Mit 3. November 1908 erhielt Danubius den Auftrag zum Bau von sechs Küsten-Torpedobooten mit 26 kn Geschwindigkeit.[3])

Ende August bzw. Anfang September 1909 konnten die Probefahrten mit Torpedoboot I durchgeführt werden.[4])

Bis Februar 1910 hatte das S.T.T. alle sechs Boote abgeliefert. Nach den Übernahmefahrten wurden sie zur Fertigstellung nach Pola geschleppt. Die beiden ersten der bei Danubius gebauten Boote wurden am 30. April 1910, das letzte am 1. Juli 1910 übernommen.

Äußerlich unterschieden sich die beiden Serien dadurch, daß sich bei den Triestiner Booten der 40 cm-Scheinwerfer auf einer Plattform vor dem ersten Kamin befand, während er bei den Fiumaner-Booten auf dem Kommandostand montiert war.

Die Vergabe von sechs Booten dieser Klasse an die erst seit einigen Jahren bestehende Danubiuswerft hatte sicher innenpolitische Gründe, organisatorisch war sie ein Fehler. Da die Danubius-Boote nicht nur andere Kesselanlagen hatten, sondern auch die Haupt- und Hilfsmaschinen, die Wellen und Schrauben andere Abmessungen aufwiesen, mußte für jede der beiden Serien ein eigenes Ersatzteillager gehalten werden. Es sollte sich bald herausstellen, daß sie auch in anderer Hinsicht ein Fehler war.

Nach Übernahme des Torpedobootes „I" wurden von einer Kommission der Torpedobootsdirektion im Quarnero bei Bora, Windstärke 5 — 6, Fahrten zur Feststellung der Seeigenschaften unternommen. In dem vorliegenden Bericht vom 5. Jänner 1910 heißt es u. a.: *„... das Boot weist auch bei hoher Geschwindigkeit gute Seeigenschaften auf, es rollt und stampft mäßig (Rollbewegung 10° bis 15°), das Deck wird ständig überflutet, der Kommandostand (der gleichzeitig die Geschützplattform bildete) bietet zu wenig Platz, 20 bis 22 kn können gehalten werden, doch gehen bei dieser Geschwindigkeit dauernd Sprühseen über den Kommandostand, so daß der Kommandant praktisch keine Sicht hat."*[5])

Die von der Kommission beantragte Verlegung des Kommandostandes auf die etwas höher gelegene Scheinwerferplattform wurde von der Marinesektion genehmigt. Auf direkten Befehl des Marinekommandanten, welcher im Mai 1910 die neuen Boote besichtigte, wurde jedoch davon abgesehen, da sie die Stabilitätsverhältnisse ungünstig beeinflußt hätte.

Nach Ablieferung des ersten Bootes der Danubiuswerft wurden auch mit diesem Versuchsfahrten durchgeführt. Die Kommission fand, daß die Detailausführung gediegen, der Kommandostand jedoch ebenfalls etwas eng sei. Eine unangenehme Überraschung war, daß das Boot auch bei ruhiger See bei Wendungen mit mehr als 18 kn Fahrt ungewöhnlich stark krängte. Außerdem wurde der gegenüber den Triestiner Booten höhere Heizölverbrauch bemängelt. Aus den Berichten über diese Probefahrten, die bis in den Winter 1910/11 fortgesetzt wurden, ist folgendes ersichtlich:[6])

2) II.G.G. 1907 47 C/8
3) II.G.G. 1908 47 C/8
4) II.G.G. 1909 47 C/8 und 47 C/12

5) II.G.G. 1910 16 D/17 und
II.G.G. 1910 47 C/8
6) II.G.G. 1910 47 C/12

Torpedoboot VII hatte — wie auch die anderen Danubius-Boote — bei Geradeausfahrt mit 23 kn und vollkommen ruhiger See eine ständige Krängung von 7,5° nach backbord, welche durch das Drehmoment der Schraube hervorgerufen wurde. Besonders bei Wendungen über steuerbord legte sich das Boot soweit nach backbord über, daß die Deckskante fast an die Wasseroberfläche kam. Krängungen von 20° bis 25° waren sehr häufig, schon bei 22° tauchte die Leitschaufel des ausgeschwenkten achteren Lanzierrohres in die Heckwelle. Die Torpedobootsdirektion sprach die Befürchtung aus, daß bei einem Torpedoangriff die Bedienungsmannschaft der Lanzierrohre über Bord gehen könnte. Nach Abschluß der Versuchsfahrten stellte die Kommission fest, daß diese Mängel auch durch größere Umbauten nicht zu beheben wären. Um die ständige Backbord-Krängung zu verringern, wurde angeordnet, die schweren Ersatz- und Ausrüstungsteile möglichst tief an der Steuerbordseite zu stauen und die Backbord-Öltanks zuerst leerzufahren. Der Werft wurde vorgehalten, bei der Konstruktion das Drehmoment der Schraube nicht berücksichtigt zu haben.

Zur Herabsetzung des Drehmoments erhielten die Boote VIII bis XII Schrauben mit etwas kleinerem Durchmesser. Noch ein weiterer Fehler kam in der nächsten Zeit zum Vorschein: bei Dockungen während des Jahres 1911 wurden an den sechs Danubius-Booten Risse der achteren Boden- bzw. Heckbleche — wo sie durch die Schraubenvibrationen besonders beansprucht waren — festgestellt. Die vom MTK durchgeführten Zerreißproben ergaben, daß die Werft minderwertiges Material verwendet hatte. Die Festigkeit der Bleche lag bedeutend unter den in den Lieferbedingungen vorgeschriebenen Werten. Die aufgebrochenen Bleche wurden auf Kosten der Werft durch stärkere ersetzt.[7])

Vor Kriegsbeginn waren diese Küsten-Torpedoboote in Lussin, Zara und Sebenico stationiert, zwei von ihnen der Maschinen- bzw. Torpedoschule zugewiesen. Während des Krieges wurden sie für die Küstenüberwachung, jedoch auch für Minensuch- und Konvoifahrten, zur U-Bootsuche und zur Deckung eigener Fliegerangriffe verwendet.

7) II.G.G. 1911 47 D/5 und
II.G.G. 1912 47 D/33

Torpedoboot „I".

Torpedoboot „II".

Die ursprüngliche Bezeichnung mit römischen Ziffern auf dem Walrückendeck wurde später (1914) durch große arabische Ziffern an den Seiten des Vorschiffs ohne die Buchstaben „T. B." ersetzt. Für den Schriftverkehr wurde die arabische Schreibweise bereits 1910 angeordnet.[8])

Nachstehend die wichtigsten Unternehmungen und Havarien bis Kriegsende:

TB 1 vor Kriegsbeginn hauptsächlich in Lussin, ab 1914 bis Kriegsende zur lokalen Verteidigung in Pola stationiert, Patrouillen- und Minensuchfahrten an der istrianischen Küste, 1920 an Italien, demoliert.

TB 2 1910 Station Lussin, 12. Februar an der Spitze Tarei, Ostküste der Insel Cherso, gestrandet, am 15. Februar von „ZENTA", „DROMEDAR", „PLUTO" und „SEBENICO" geborgen und nach Pola zur Reparatur geschleppt, ab August 1914 lokale Verteidigung Pola, 18. Jänner 1915 westlich Peneda einen Mann des italienischen Dampfers „VARESE" gerettet, 15. März 1916 bei Pericoloso von feindlichem U-Boot erfolglos anlanziert, 30. Juli 1917 während Minensuchfahrt im Kanal von Zara durch Bruch der Schraubenwelle leck geschlagen, starker Wassereinbruch, von Tb „7" in die Bucht Hrvatin eingeschleppt, weitere Bergungsarbeit von Bergungsdampfer „HERKULES" und Tfzg „METEOR". Anschließend von „HERKULES" nach Pola geschleppt und instandgesetzt. 1918 Konvoi- und Minenräumfahrten, 1920 an Italien und demoliert.

Tb 3 ab 31. Dezember 1909 Station Lussin, Juli 1914 17. Torpedobootsgruppe Lussin, am Abend des 23. Mai mit dem Flottenverband zur Aktion gegen die italienische Küste ausgelaufen, 24. Mai mit Tb „4" Minensuchen vor Senigallia, 05.00 Uhr mit S.M.S. „ZRINYI" Rückfahrt nach Pola angetreten, 05.10 Uhr von italienischem Luftschiff erfolglos mit Bomben angegriffen, 11.00 Uhr Pola eingelaufen, ab 1916 in Pola stationiert, 1917 dem Hafenadmiralat Pola unterstellt, 16. Torp.-Division, 2. November Grado, 1918 Minensuch- und Konvoifahrten, bei Zusammenbruch in Triest, 1920 an Italien, bis 1925 als Fahrzeug der italienischen Finanzbehörde verwendet.

Tb 4 ab 31. Dezember 1909 Station Lussin, 14. November 1910 werden bei Windstärke 7—8 (Scirocco), 3 sm südlich von der Klippe Porer, durch Sturzsee drei Mann (Bootsmann-Maat G. Faydetić, Steuerquartiermeister Fr. Gartner und Matrose Ive Kaćan) über Bord gerissen, ein Mann verletzt (1912 wird eine Gedenktafel für den Marinefriedhof Pola gestiftet), 19. September 1913 österreichischer Segler „FEDELTA" bei Sansego von Legerwall abgeschleppt, 23./24. Mai 1915 Teilnahme an der Aktion gegen die italienische Küste (Minensuchen vor Senigallia), 8. Juni 1915 Bergung der Besatzung des abgeschossenen italienischen Luftschiffes „CITTÀ DI FERRARA", 31. Juli 1916 Boot mit Besatzung des bei Klippe Galiola aufgefahrenen italienischen U-Bootes „GIACINTO PULLINO" eingebracht, 27. Oktober 1917 mit Tb „6" und Tb „9" Feuerüberfall auf Sdobba-Batterien, 30. Oktober beim Anlegen in Triest Kai gerammt: Steven gebrochen,

8) MNV vom 30. Jänner 1910, PK/MS Nr. 331

Bug bis Kollisionsschott eingedrückt, 1918 als Minensuchboot in Triest, 1920 an Italien und demoliert.

TB 5 24. Februar 1910 Station Lussin, Juli 1914 18. Torpedobootsgruppe Lussin, 27. Mai 1915 Jagd auf feindliches U-Boot vor Rovigno (Treffer erzielt), 31. Oktober 1917 Flugboot „K 226" eingeschleppt, 1918 Station Pola, 17. Mai Hilfeleistung Dampfer „GIULIA", Patrouillen- und Konvoifahrten, 1920 an Italien und demoliert.

TB 6 30. November 1910 für die Maschinenschule in Dienst gestellt, Juli 1914 18. Torp.-Gruppe Lussin, 1. Februar 1915 mit „K.U.K. MARIA THERESIA" nach Sebenico, 2./3. Februar U-Bootsuchfahrten vor Cherso, 18. März 1916 auf der Fahrt von Pola nach Lussin in dichtem Nebel auf der Klippe Skoljić vor Unie gestrandet, am 20. März von „HERKULES" geborgen, am 22. März mit eigener Kraft nach Pola zur Reparatur, ab März 1917 Station Pola, 27. Oktober mit Tb „4" und Tb „9" Feuerüberfall auf Sdobba-Batterien, 10. März 1918 als mobile Lanzierstation in Sebenico stationiert, bei Kriegsende in Cattaro, 1920 an Italien und demoliert.

TB 7 29. Juli 1910 Station Zara, ab März 1912 in Sebenico stationiert, 1913 der Maschinenschule zugeteilt, 10. Februar 1913 abends Maschinenmaat Sator bei Raćišće (Curzola) über Bord gefallen und vermißt (konnte trotz Suche bis Tagesanbruch nicht gefunden werden), 8. März während Übungsfahrt von Tb „8" am Heck gerammt und leicht beschädigt, Juli 1914 11. Torp.-Gruppe Pola, 1. August Lussin, 1. September Station Pola, ab März 1917 27. Torp.-Gruppe Pola, 11. Dezember 1917 während Minensuchen vor Kap Salvore Tb „37" gerammt: Steven gebrochen, Bug verbogen, Reparatur in Pola, bei Kriegsende in Triest, 1920 an Italien, Fahrzeug der italienischen Finanzbehörde bis 1926.

TB 8 ab 20. Mai 1910 Station Zara, 30. August 1910 Kollision mit Kreuzer „ASPERN": Bug beschädigt, 1911 Sebenico, 8. März 1913 während Übungsfahrt Tb „7" gerammt: Vorsteven verbogen, Juli 1914 19. Torp.-Gruppe Sebenico, 17. Jänner 1917 Überholung in Pola, ab 10. Februar wieder in Sebenico, 28. Juli Deckung eines eigenen Fliegerangriffes auf Termoli, 2. November Flaschen mit Propagandaschriften vor der italienischen Küste ausgeworfen, 11. Februar 1918 Grundberührung Spitze Križ; Vorsteven mehrfach gebrochen, 12. April während Deckung eines Fliegerangriffes 15 sm seewärts von Pescara notgelandetes Flugboot „K 180" eingeschleppt, 15. Juli bei Leuchtfeuer Dwainka aufgelaufen: Vorsteven gebrochen, Kollisionsschott eingedrückt, 17. Juli in Pola zur Reparatur, 6. September wieder Station Sebenico, 21. September havariertes Flugzeug nach Rogoznica eingeschleppt, 29. September 03.00 Uhr im Kanal Murter aufgefahren: Leck im Maschinenraum, 06.00 Uhr wieder flott, nach Sebenico eingelaufen, nach provisorischer Abdichtung zur Reparatur nach Pola, 1920 Großbritannien zugesprochen, an italienische Firma zum Abbruch verkauft.

TB 9 20. Mai 1910 in Dienst gestellt für die TB-Station Zara, ab 31. Juli Sebenico bis 1914, Juli 1914 11. Torp.-Gruppe Pola, Patrouillen-, Konvoi- und Minensuchfahrten, 27. Oktober 1917 Feuerüberfall auf Sdobba-Batterien, Oktober 1918 nach Cattaro, 1920 an Großbritannien, an italienische Firma zum Abbruch verkauft.

TB 10 13. Juli 1910 für die TB-Station Zara in Dienst gestellt, ab 31. Juli Station Sebenico, 21. Oktober vor der Narentamündung auf Strand geraten, Hilfeleistung durch Dampfer „BUDAPEST", 7. März 1912 während Nachtübung bei SO 7 und schwerer See von Tb „12" gerammt: Vorsteven gebrochen, Wassereinbruch im Vorschiff, mit

Torpedoboot „10" im Hafen von Sebenico, am Walrükkendeck noch die alte Bezeichnung „TB X".

Torpedoboot „11“.

eigener Kraft nach Rogoznica, dann zur Reparatur nach Pola, Juli 1914 19. Torp.-Gruppe Sebenico, 31. März 1916 notgelandetes Flugzeug „L 108“ nach Sebenico eingeschleppt, 21./22. Jänner 1917 Sicherung bei Bergung Dampfer „XIX“, 12./13. Februar Dampfer „XIX“ nach Curzola geleitet, 4. Mai Deckung eines Fliegerangriffes auf Pescara-Ortona, 8. Mai havariertes Flugboot eingeschleppt, 7. August Beschießung von Pelagosa, mehrere U-Boot-Jagden, Minensuchfahrten, 37 Konvoitage, ab 26. September 1918 zur Überholung in Pola, 1920 Großbritannien zugesprochen, an italienische Firma zum Abbruch verkauft.

TB 11 31. Dezember 1910 Torpedoschule bis 1911, 1912 und 1913 der Maschinenschule zugewiesen, Juli 1914 19. Torp.-Gruppe Sebenico, 27. Mai 1915 südlich Insel Incoronata italienisches Luftschiff erfolglos beschossen, 14. Jänner 1916 mit Tb „8“ erfolglose Suche nach notgelandetem eigenen Flugboot, 18./19. März 1916 Hilfeleistung und Sicherung des torpedierten und bei Kap Planka auf Strand gesetztem Rot-Kreuz-Schiffes „ELEKTRA“, 5. Oktober 1917: die Mannschaft überwältigt die beiden Offiziere (Lschlt. Simmel und Korvlt. Brguljan) in ihrer Kajüte und desertiert mit dem Boot, um 10.00 Uhr läuft es unter weißer Flagge in Porto Recanati (südlich Ancona) ein, wo es von einem Offizier der italienischen Marine übernommen wird.[9]) Tb „11“ wird als „FRANCESCO RISMONDO“ in die italienische Marine eingereiht, gestrichen 1925.

9) OK/MS XV-4/121

TB 12 23. Mai 1911 für die Station Sebenico in Dienst gestellt, 7. März 1912 Kollision mit Tb „10“: Vorsteven gebrochen, Juli 1914 19. Torp.-Gruppe Sebenico, 27. Mai 1915 südlich Incoronata italienisches Luftschiff erfolglos beschossen, 18. März 1916 Hilfeleistung bei Rot-Kreuz-Schiff „ELEKTRA“, 20. Jänner 1917 Sicherung Dampfer „XIX“, 23. Jänner Dampfer „XIX“ nach Sebenico geleitet, 29. April und 4. Mai mit „PANDUR“ Deckung von Fliegerangriffen auf die italienische Küste, 30. Juni Verfolgung des italienischen U-Bootes „F 7“, 28. Juli Deckung von Fliegerangriffen auf die italienische Küste, 29. September bis 26. Oktober Reparatur in Pola, ab 27. Oktober wieder Station in Sebenico, 17. Juli 1918 notgelandetes Flugboot „K 172“ nach Sebenico eingeschleppt, am 17. Oktober 1919 bei Sturm in der Bai Castelli gestrandet, Italien zugewiesen und abgebrochen.

Finanz-Torpedoboot „ADRIA“

Ende des Jahres 1885 wurde von der Werft San Rocco, S.T.T., unter finanzieller Haftung der Brüder Georg und August Strudthoff ein Torpedoboot als Versuchsbau auf Stapel gelegt. Mit dem nach englischem Vorbild gebauten, von der Werft als Torpedoboot Nr. „I“ bezeichneten Boot, konnten am 15. Dezember 1886 die Probefahrten aufgenommen werden. Unter Teilnahme einer Kommission der Kriegsmarine wurden am 27. und 29. Jänner 1887 weitere Probefahrten durchgeführt, bei welchen Geschwindigkeiten von 25 kn erreicht wurden. Das S.T.T. bot nunmehr der Kriegsmarine das Boot um 90.000,— fl zum Kauf an. Nach Probefahrten im August 1887, bei welchen abermals Geschwindigkeiten von 22 bis 23 kn erzielt wurden, stellte Fregkapt. Montecuccoli fest, daß der Gesamteindruck gut wäre und der Ankauf von Vorteil sein dürfte.[1])

Nachdem die Marinesektion mit 8. Juli 1888 dem S.T.T. die Absicht bekannt gab, das Boot zu einem annehmbaren Preis anzukaufen, wurde eine Untersuchung des Bootes und eine nochmalige Probefahrt angeordnet.

Aus dem Bericht des Maschinenbau-Obering. Franz Krainer vom 8. August 1888 geht hervor, daß das Boot unter überwiegender Verwendung von Siemens-Martinstahl solide gebaut und die Räume gut ventiliert und erhellt waren. Die Geschwindigkeit wäre zufriedenstellend, die Maschinenanlage jedoch zu schwer und der Kohlenverbrauch durch die Verwendung einer Zweifach-Expansionsmaschine zu hoch. Abschließend stellt Krainer fest, daß das Boot im Verhältnis zu anderen Booten gleichen militärischen Wertes zu groß und der Ankauf von geringem Vorteil für die Kriegsmarine sei.

1) II.G.Gr. 1887 47 E/2

Das Seebezirkskommando Triest wurde nunmehr beauftragt, dem S.T.T. mitzuteilen, daß das Torpedoboot zwar in Bezug auf Leistung entsprechend befunden wurde, die Marinesektion jedoch vom Ankauf abstehe, weil es bezüglich Größe und Maschinensystem zu sehr von den in der Kriegsmarine normierten Torpedobooten abweiche.[2])

Nach dem Tode von August und Georg Strudthoff ging das Boot in das Eigentum der Strudthoff-Erben über, welche es im Jahre 1898 um ein Sechstel der Baukosten an die k.k. Küstenländische Finanzdirektion Triest verkaufen konnten. Nach verschiedenen Umbauarbeiten, wie Entfernung der beiden Kommandotürme und Einbau von zwei kleinen Yarrowkesseln statt des Lokomotivkessels — wobei auch die beiden seitlichen Kamine durch einen Mittelkamin ersetzt wurden —, erhielt das Boot den Namen „ADRIA" und wurde als Finanz-Überwachungsfahrzeug verwendet.

2) II.G.Gr. 1888 47 B 23

Finanz-Torpedoboot „ADRIA".

Finanz-Torpedoboot „ADRIA"

Deplacement	Bewaffnung	Antrieb	Geschwindigkeit	Fahrtstrecke	Brennstoff	Länge	Breite	Tiefgang	Besatzung	Anmerkung
81 t voll ausgerüstet 101,5 t	2/37 mm SFK 2 Buglanzierrohre	1 Lokomotivkessel 11 atü 1 Dreizylinderzweifach-Expansions-Maschine 1 Schraube	mittl. 19,6 kn maximal 20,5 kn	370 sm	28 t	41 m	4,6 m	1,4 m	?	ab 1898 zwei Yarrow-Kessel, einen Kamin

Bezeichnung	Werft	Baulegung	Fertigstellung		Anmerkung
Tb Nr. „1" ab 1898 „ADRIA"	S. T. T.	Dezember 1885	Dezember 1886		1898 von der k.k. Küstenländischen Finanzdirektion angekauft und als Finanz-Überwachungsboot in Dienst gestellt

Mit 21. Mai 1915 wurde es von der Kriegsmarine übernommen und dem Kommando von S.M.S. „MARS" zu Verkehrszwecken unterstellt. In der taktischen Einteilung der Kriegsmarine für 1918 scheint es als Tender des Seeverteidigungskommandos Pola auf.[3]) Über den Verbleib des Torpedobootes nach Beendigung des Krieges lassen sich keine Feststellungen treffen.

3) OK 1918 IX-1/1-237

Die Entwicklung des Motor-Torpedobootes in der k.u.k. Kriegsmarine

Die Einführung des Verbrennungsmotors als Bootsantrieb um 1885 und seine ständige Verbesserung seither führte schon wenige Jahre nach der Jahrhundertwende bei den im Torpedobootsbau führenden englischen Werften Thornycroft und Yarrow zu Konstruktionen von Torpedobooten mit Motorenantrieb. Bis zum Beginn des Ersten Weltkrieges übermittelten die beiden Werften der Marinesektion des Reichskriegsministeriums mehrere Angebote auf Motor-Torpedoboote, die Anstoß zu einer frühen, eigenständigen Entwicklung in der k.u.k. Marine hätten geben können. Obwohl das Marinetechnische Komitee in seinen Gutachten mehrmals die Beschaffung eines motorbetriebenen Torpedobootes zu Erprobungszwecken empfahl, wurde von keinem der Angebote Gebrauch gemacht.

Nachstehend die wichtigsten dieser Angebote:

Mit Datum vom 13. Juni 1884 legte die Firma Yarrow & Co., London, der MS eine Projektskizze mit Kontraktentwurf für die Lieferung eines Torpedobootes II. Klasse mit elektrischem Antrieb vor. Das aus Bessemer-Stahl gebaute Boot war 19,25 m lang, 2,14 m breit und durch Schotten in sechs wasserdichte Abteilungen unterteilt. In der dritten und vierten Abteilung waren die Akkumulatoren untergebracht, während die fünfte die beiden Elektromotoren enthielt, die hintereinander auf eine Schraubenwelle arbeiteten. Der größere lieferte die Antriebsleistung für eine Marschfahrt von 8,6 kn, der zweite sollte eine Steigerung der Geschwindigkeit während des Angriffs ermöglichen. Wie bei den englischen Torpedobooten II. Klasse wurden die beiden Torpedos seitlich in zwei ausschwenkbaren Davits geführt. Als wesentliche Merkmale wies die Firma auf die völlige Geräuschlosigkeit der Antriebsmaschine und die Bedienung durch einen einzigen Mann hin.[1])

Ebenfalls von Yarrow kam am 14. September 1904 das nächste Angebot auf ein Motor-Torpedoboot. Das Boot war für die Hafenverteidigung vorgesehen. Bei einer Verdrängung von zirka 40 t war es 18,30 m lang, 2,27 m breit und mit einem 35 cm Bug-Torpedorohr ausgerüstet. Mit

1) II.G.G. 1884 47 B 14/1

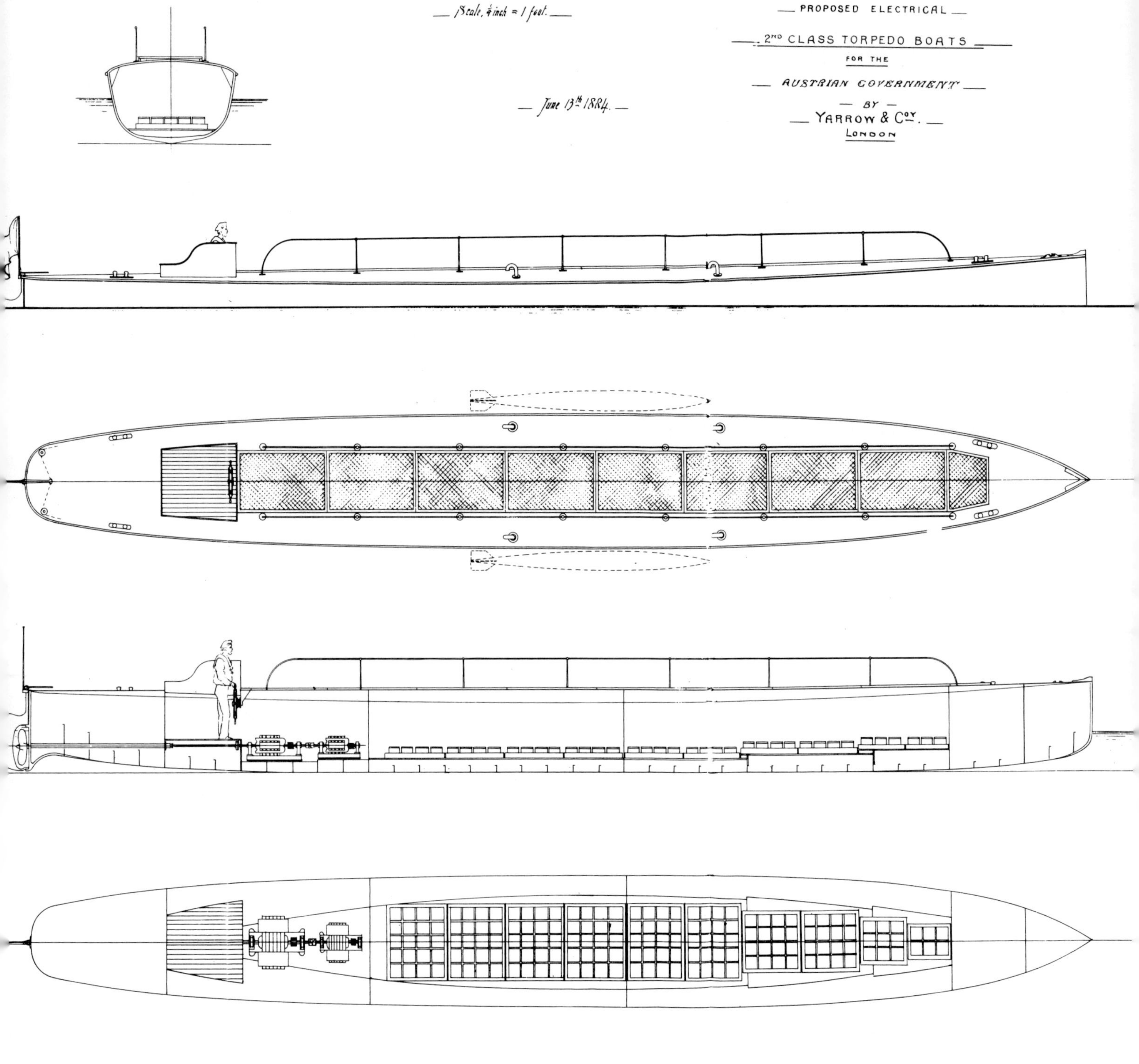

Yarrow-Torpedoboot mit elektrischem Antrieb (1:100).

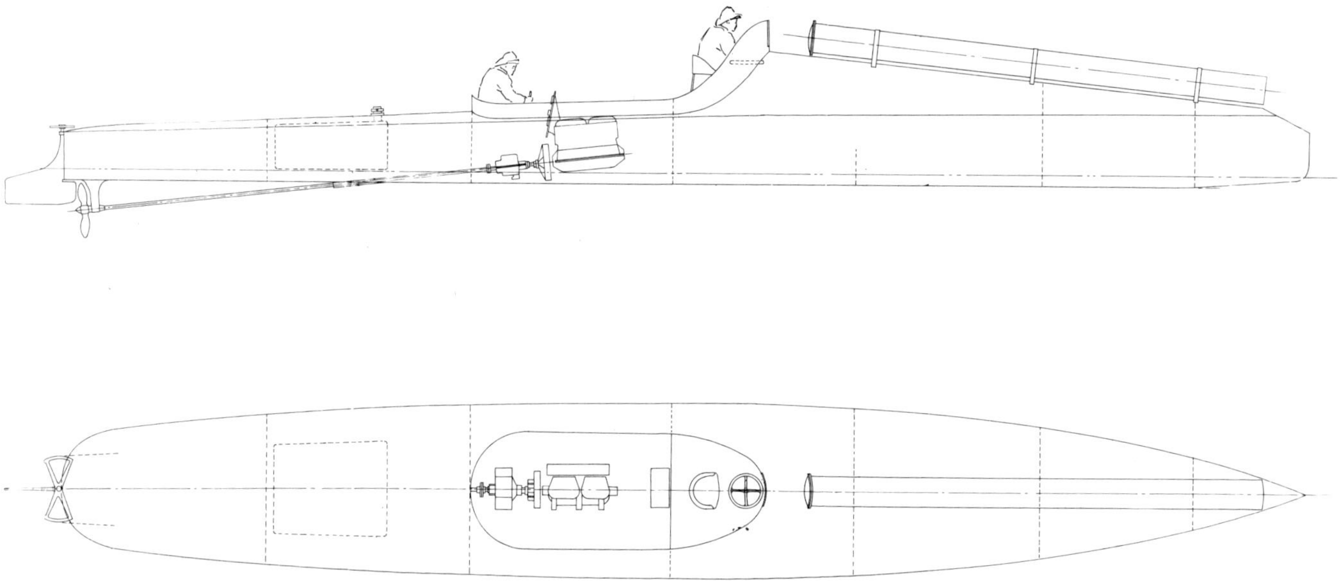

Motor-Torpedoboot-Projekt von Yarrow & Co. Ltd. 1904 (1:100).

einem 60 PS-Petroleummotor sollte es eine Geschwindigkeit von 17 kn erreichen. Als Vorteile wies die Werft auf die ständige Einsatzbereitschaft hin, weiters auf die geringe Sichtbarkeit durch die Kleinheit des Bootes und den Wegfall jeder Rauchentwicklung, sowie das geringe Risiko von Menschenleben bei einer Besatzung von nur zwei bis drei Mann. Wörtlich wird in dem Begleitschreiben u. a. festgestellt: *„... we believe this is the coming thing and that it will be adopted in the immediate future...".*

In der Beurteilung des Entwurfes stellte das MTK fest: *„Als Flachboot kann das Boot nur bei vollkommen ruhiger See verwendet werden, es stellt keine Lösung (für den Einsatz in See) dar, da es wahrscheinlich ursprünglich als Rennboot für Flüsse und Seen entworfen wurde. Die Idee, kleine schnelle Motorboote zu besitzen, welche auch mäßige See zu halten vermögen, wäre wegen der raschen Bereitschaft, der geringen Sichtbarkeit und des geringen Einsatzes an Menschen für Torpedozwecke nicht von der Hand zu weisen. Die Beschaffung eines solchen Bootes sei sehr erwünscht, da die allgemeine Einführung von Motorbooten zu erwarten sei und daher die Erprobung verschiedener Motoren bezüglich ihrer Verwendbarkeit und Dauerhaftigkeit angebracht wäre."*[2])

Über den k.u.k. Marineattaché London übermittelte die Firma John Thornycroft & Co. am 17. Februar 1905 ein Offert auf zwei Typen von Motor-Torpedobooten mit einer Länge von 18,30 m bzw. 12,20 m. Genauere Angaben liegen über diese Boote nicht vor.[3])

Am 8. Mai 1906 legte Yarrow & Co. der Marinesektion ein Angebot auf ein Dreischrauben-Torpedoboot mit Verbrennungsmotoren vor. Das Boot war 18,30 m lang, 2,75 m breit und hatte voll ausgerüstet ein Deplacement von zwölf Tonnen.[4])

Die fünf Napier-Petroleummotoren mit einer Gesamtleistung von 300 PS verliehen dem Boot — ohne Torpedoausrüstung und Maschinengewehr, jedoch mit einer Tonne Brennstoff — eine Geschwindigkeit von 25,5 kn. Ein für die britische Admiralität gebautes Musterboot erreichte bei einer Probefahrt von Cowes nach Southhampton und zurück eine Durchschnittsgeschwindigkeit von 24 kn. In dem ausführlichen Begleitschreiben wies Yarrow darauf hin, daß dies mit einem Dampf-Torpedoboot der gleichen Größe ganz unmöglich wäre. Weiters wurden der große Aktionsradius (250 sm bei 24 kn), die rasche Fahrbereitschaft und der bedeutend geringere Mannschaftsbedarf hervorgehoben. Als Torpedobewaffnung waren wahlweise ein drehbares Heck-Lanzierrohr oder zwei längsseits in Falldavits geführte Torpedos vorgesehen. Yarrow verlieh abschließend seiner Überzeugung Ausdruck, daß der Erwerb eines Bootes sicher im Interesse der österreichisch-ungarischen Marine wäre: *„... nicht nur für die sofortige Verwendung als Torpedoboot, sondern vor allem für Versuchszwecke im Hinblick auf zukünftige Konstruktionen."* Zwei Boote dieses Typs wurden tatsächlich 1907 in Auftrag gegeben, allerdings nicht als Torpedoboote, sondern als Patrouillenboote für die k.u.k. Donauflottille. Zwei weitere Boote wurden nach denselben Plänen in Budapest gebaut.[5])

Im Zuge der Planungen für ein 100 t Küstentorpedoboot arbeitete das MTK im Jahre 1907 ein ausführliches Projekt für ein 80 t Torpedoboot mit Motorenantrieb aus. Die Hauptabmessungen waren folgende: Länge 39,50 m, Breite 3,94 m, größter Tiefgang 1,27 m, Verdrängung 79,5 t. Drei Motoren der amerikanischen Standard Motor Company, New Jersey, sollten dem Boot eine Geschwindigkeit von 25 kn sichern. Mit vier Tonnen Benzin betrug

2) II.G.G. 1904 47 C/8-10077
3) II.G.G. 1905 47 B/4-951
4) II.G.G. 1906 32 C/2-8903, 10046, 10733

5) II.G.G. 1907 47 C/4 und 1908 47 C/16

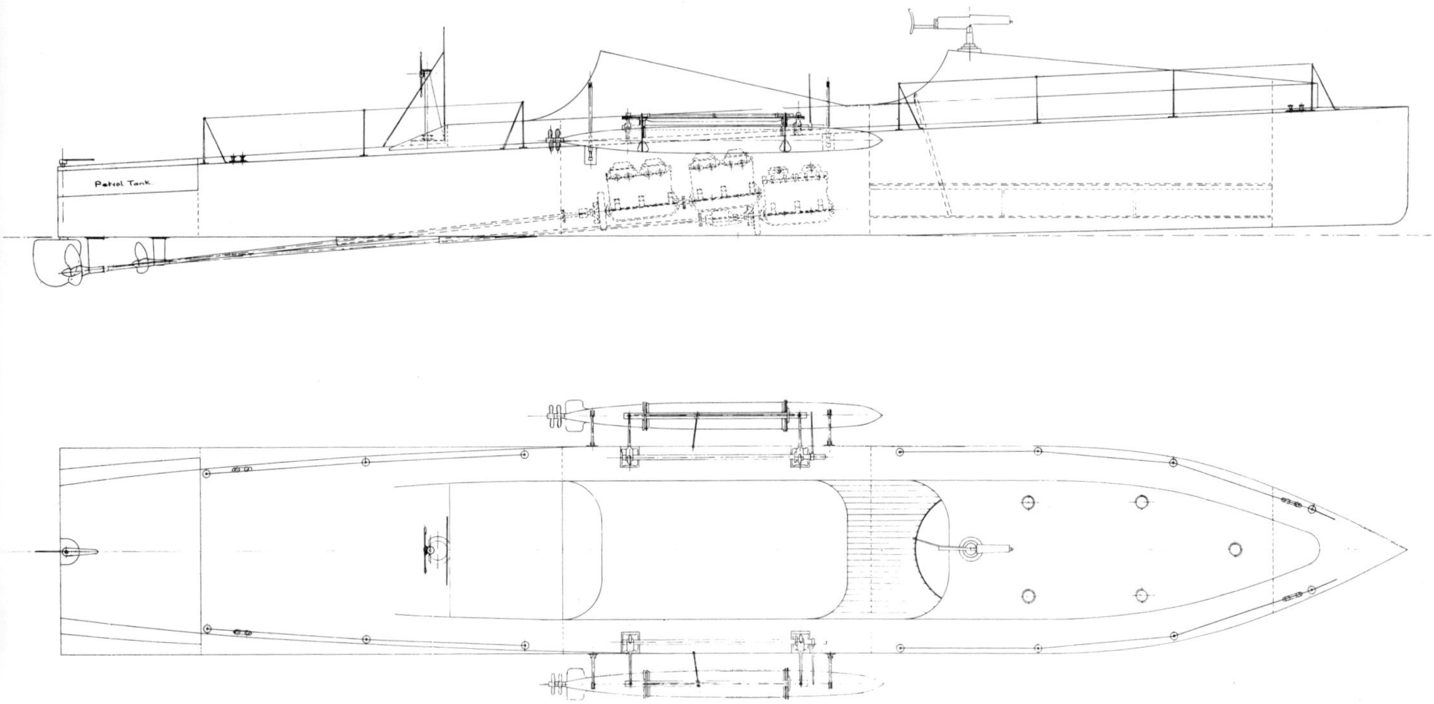

Dreischrauben-Torpedoboot von Yarrow & Co. Ltd. 1907 (1:100).

Dreischrauben-Motor-Torpedoboot der Fa. Yarrow.

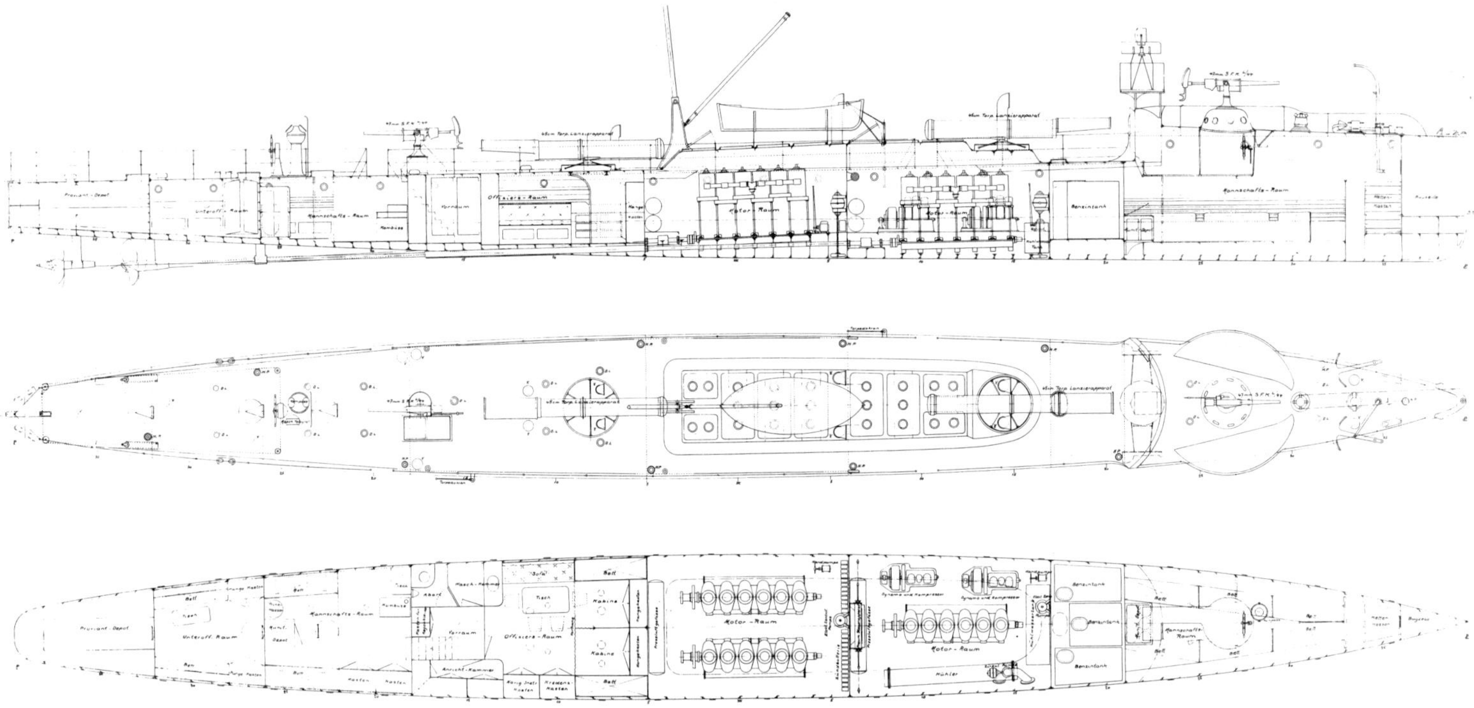

80 t Torpedoboot, Projekt MTK 1907 (1:200).

der Aktionsradius 220 sm. Als Bewaffnung waren zwei 47 mm L/44 SFK und zwei 45 cm-Lanzierrohre vorgesehen.[6]

Im Begleitschreiben des Projektes, das am 17. Oktober 1907 der Marinesektion vorgelegt wurde, führt das MTK unter anderem als Vorteile an:

1) Entfall von Rauch, geringe Sichtbarkeit,
2) jederzeit sofortige Fahrbereitschaft und
3) weniger Besatzung als ein Torpedoboot mit Dampfmaschine. Als Nachteil werden die relativ hohen Baukosten von ca. 500.000,— Kronen genannt. Abschließend stellt das MTK fest: „*... unbeachtet der hohen Kosten eines Torpedobootes mit Motorenantrieb erscheint trotzdem der Bau eines solchen im Hinblick auf den in nächster Zukunft zu gewärtigenden Aufschwung in der Verwendung der Motoren als Schiffs- und Bootsantrieb sehr empfehlenswert, da es hiedurch möglich wäre, sich mit den Eigenschaften dieses Typs vertraut zu machen*". Die Marinesektion konnte sich jedoch nicht zum Bau eines Versuchsbootes entschließen und das Projekt wurde nicht weiter verfolgt.

Unter den im Mai 1908 eingegangenen Offerten für ein Küstentorpedoboot befand sich auch das Angebot eines technischen Büros in Triest auf Lieferung eines amerikanischen Motor-Torpedobootes von 70 t mit einer Motorenleistung von 1500 PS und einer Bewaffnung von drei Torpedorohren und drei Schnellfeuerkanonen. Das Angebot wurde ohne weitere Prüfung abgelehnt, da das MTK die Ansicht vertrat, daß sich eine derartige Bewaffnung auf einem Fahrzeug von nur 70 t Verdrängung nicht unterbringen ließe.

Die Firma Whitehead & Co., Fiume, legte mit 20. Dezember 1909 der Marinesektion Pläne für ein 160 t Torpedoboot mit Dieselmotorenantrieb vor. In dem ausführlichen Begleitschreiben wies sie auf die Vorteile eines Motor-Torpedobootes hin. Bei einer Länge über alles von 45,5 m, einer Breite von 4,8 m und 1,62 m Tiefgang betrug die Wasserverdrängung voll ausgerüstet 160 t. Als Bewaffnung waren zwei 75 mm L/30 Schnellfeuergeschütze, ein Buglanzierrohr und zwei Doppellanzierapparate vorgesehen. Die beiden Dieselmotoren waren für eine Leistung von je 1.600 PSe (Brems-PS) ausgelegt. Als Durchschnittsgeschwindigkeit während einer dreistündigen Probefahrt sicherte die Werft 27 kn, sowie einen Aktionsradius von 1.700 sm bei 14 kn Fahrt zu. Aus den vorliegenden Akten ist nicht ersichtlich, mit welcher Begründung das Angebot abgelehnt wurde.[7]

Das nächste Angebot erfolgte im Oktober 1912 wieder von Yarrow & Co. Die Werft bot zur sofortigen Lieferung ein schnelles Fahrzeug mit Motorenantrieb an, das wahlweise als Kanonenboot oder als Torpedoboot Verwendung finden konnte. Yarrow wurde mitgeteilt, daß die k.u.k. Kriegsmarine die Erprobung eines solchen Fahrzeuges nicht beabsichtige.

Am 25. Juni 1914 — kurz vor Ausbruch des Ersten Weltkrieges — übermittelte der österreichisch-ungarische

6) II.G.G. 1907 C/8-10953

7) II.G.G. 1909 47 C/15-5046

Motor-Yacht-Club der Marinesektion die Beschreibung und Fotos eines französischen Motor-Torpedobootes mit 8 t Gesamtverdrängung und einer Fahrtstrecke von 300 Seemeilen. Das aus Stahl gebaute Boot hatte ein 45 cm Bug-Lanzierrohr und folgende Hauptabmessungen: Länge 16 m, Breite 2,68 m, Tiefgang vorne 0,70 m, Tiefgang achtern 0,91 m, Raumtiefe 1,90 m. Mit einem 170 PS Petroleummotor erreichte es eine Geschwindigkeit von 16,5 bis 17 kn.

In dem Begleitschreiben wird darauf hingewiesen, daß das Boot für die Küstenverteidigung bestimmt ist und im Frieden als Motor-Beiboot für Schlachtschiffe oder für die Küstenüberwachung verwendet werden könnte. Weiters wird angeführt, daß drei bis vier dieser Boote dem Wert eines normalen Torpedobootes entsprächen, bei Verlust eines Bootes aber nur ein Torpedo und zwei bis drei Mann verloren gingen. Der Bau einer Serie von zehn Booten müßte bei einer guten Werft in neun bis zehn Monaten möglich sein. Ein Prototyp des Bootes wurde bereits 1907 für die französische Marine gebaut. Der Konstrukteur Graf Récopé, ein französischer Marine-Ingenieur der Reserve, erklärte sich bereit, die Konstruktionspläne der k.u.k. Kriegsmarine zu verkaufen.[8])

Die Operationskanzlei der Marinesektion sprach sich gegen die Einführung derartiger Fahrzeuge mit der Begründung aus, daß sie wohl nur bei schönem Wetter verwendbar sein dürften. Der Akt trägt den Vermerk: *„als gegenstandslos geworden am 3. Dezember 1918 (!) ad acta“.*

Während in der britischen und italienischen Marine wenige Monate nach Beginn des Ersten Weltkrieges tatkräftige Bemühungen zur Entwicklung schneller Motorboote einsetzten, erfolgten von Seiten der k.u.k. Marineleitung vorläufig keinerlei Initiativen in dieser Richtung.

8) OK/MS 1914 VI-4/1-2598 und
Mitteilungen aus dem Gebiete des Seewesens 1907

Motor-Torpedoboot Récopé.

In England war es vor allem die Firma J. Thornycroft, die sich um die Konstruktion schneller, als Torpedoträger verwendbarer Gleitboote bemühte. Die italienische Marine erteilte bereits im März 1915 der S.V.A.N. (Societa Veneziana Automobili Navale) den Auftrag zum Bau von zwei Prototypen eines Schnellbootes nach den Plänen von Ing. Attilio Bisio.

In der k.u.k. Kriegsmarine gab den ersten Anstoß zum Bau eines Versuchs-Gleitbootes ein Marineoffizier, Lschlt. Dagobert Müller v. Thomamühl, Kommandant des Torpedobootes „60 T“, er beschäftigte sich mit dem Problem der Widerstandsverminderung durch Zuführung von Luft unter den Boden eines Bootes. Er stellte hierüber Versuche an und legte am 26. März 1915 dem MTK eine *„Studie über den Bau eines Gleitbootes von großer Geschwindigkeit“* mit der Projektskizze eines 16,3 m langen und 6,4 m breiten Gleitbootes von 12,25 t Gesamtverdrängung vor. An jeder Seite waren zwei Lanziervorrichtungen — insgesamt also vier Torpedos — vorgesehen. Mit einem Benzinvorrat von 2000 l wurde eine Geschwindigkeit von 32 kn und eine Fahrtstrecke von 550 sm veranschlagt. Nachstehend die von Müller aufgestellte Gewichtsberechnung:

Bootskörper	1.760 kg
4 Torpedos	3.000 kg
4 Lanziervorrichtungen	480 kg
2000 l Benzin	1.600 kg
Reserve hiezu	200 kg
3 Motoren à 120 PS	1.000 kg
1 Motor à 65 PS	200 kg
Ventilator	200 kg
Verschalung und Eindeckung	1.200 kg
4 Mann und Material	500 kg
	11.140 kg
10% Reserve	1.114 kg
Gesamtgewicht	12.254 kg

Aus der Studie Müllers geht einwandfrei hervor, daß es sich bei diesem Projekt um nichts anderes als ein *„Luftkissen-Fahrzeug“* handelt. Ein Gebläse mit einer Leistung von 450 m^3/min. und 300 mm Wassersäule sollte unter dem Bootsboden einen Luftpolster aufbauen, der das Boot um 0,25 m aus dem Wasser hob. Das seitliche Entweichen der Luft wurde durch die geraden, 0,5 m unter den Boden reichenden Seitenwände verhindert.[9])

Über die Ergebnisse der Schleppversuche mit zwei Modellen in verschiedenen Maßstäben urteilt das MTK u. a.: *„... das Einblasen von Luft unter den Bootskörper hat auf den Widerstand und somit auch auf den Kraftbedarf einen günstigen Einfluß, der zu einem Maximum ansteigt, bei höheren Geschwindigkeiten jedoch wieder abnimmt, ... die gemessenen Zugkräfte lassen erkennen, daß der Widerstand bei der jetzigen Bootsform noch so groß ist, daß mit diesem Boot nur 12 kn erreicht werden könnten, ... die Stabilität ist noch ungenügend, um das Boot auch*

9) II.G.G. 1915 47 E/14

Versuchsgleitboot von Lschlt. Müller.

Heckansicht des Versuchsgleitbootes.

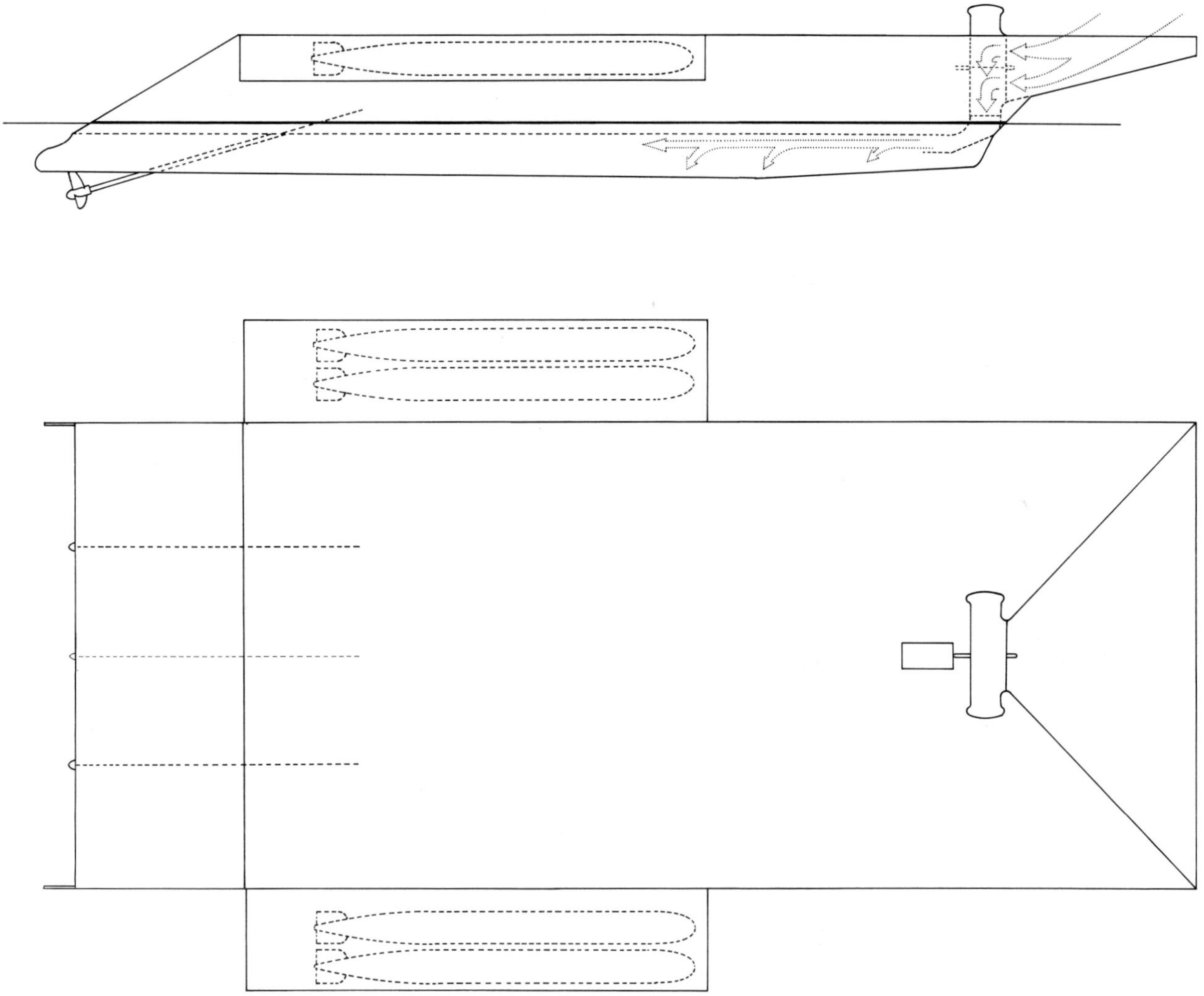

Luftkissen-Motor-Torpedoboot, Projekt Müller-Thomamühl (1:100).

bei leichtem Seegang verwendbar zu machen, ... es wäre zu ermitteln, ob es günstiger ist, die Propeller unter dem Schiffsboden anzuordnen oder über das Heck vorstehen zu lassen."

Aufgrund dieses Urteils wurde der Bau eines Versuchsgleitbootes nach den vom MTK ausgearbeiteten, vom ursprünglichen Projekt stark abweichenden Plänen und die Durchführung von Probefahrten angeordnet. Am 17. Juni 1915 wurde mit den Vorarbeiten begonnen, am 2. Oktober konnte das Boot zu Wasser gebracht und am 3. Oktober 1915 die erste Probefahrt unternommen werde. Es war ein Stufengleitboot mit vollkommen flachem Boden von 7,8 t Verdrängung.

Die vier Austro-Daimler-Flugmotoren arbeiteten zu je zwei über ein Zahnrad- und Kettengetriebe auf die beiden um 5 Grad geneigten Schraubenwellen. Die Antriebsleistung für das an der Stufe aufgestellte Scirocco-Gebläse mit 280 mm Wassersäulenpressung wurde von einem 65 PS Daimler-Flugmotor geliefert. Alle Motoren waren vom Fliegerregiment Wien bzw. von der Seeflugstation Pola zur Verfügung gestellt worden.

Die beiden 35 cm-Torpedos wurden in halbversenkten, offenen Rinnen geführt und konnten durch einen Luftpuffer* mit 7 m/sek. Lanziergeschwindigkeit ausgestoßen werden. Außerdem war eine Abwurfvorrichtung für drei Wasserbomben mit 6 kg Sprengladung vorgesehen. Die Besatzung bestand aus fünf Mann. 600 kg Benzin reichten bei Maximalfahrt (30 kn) für eine Fahrtstrecke von 120 sm.[10])

Die Ergebnisse der Probefahrten mit diesem Versuchsboot wurden in Berichten des Seearsenalkommandos und des Marinetechnischen Komitees zusammengefaßt.

*) Preßluftkolben

10) II.G.G. 1916 47 K/19-1, 2, 3

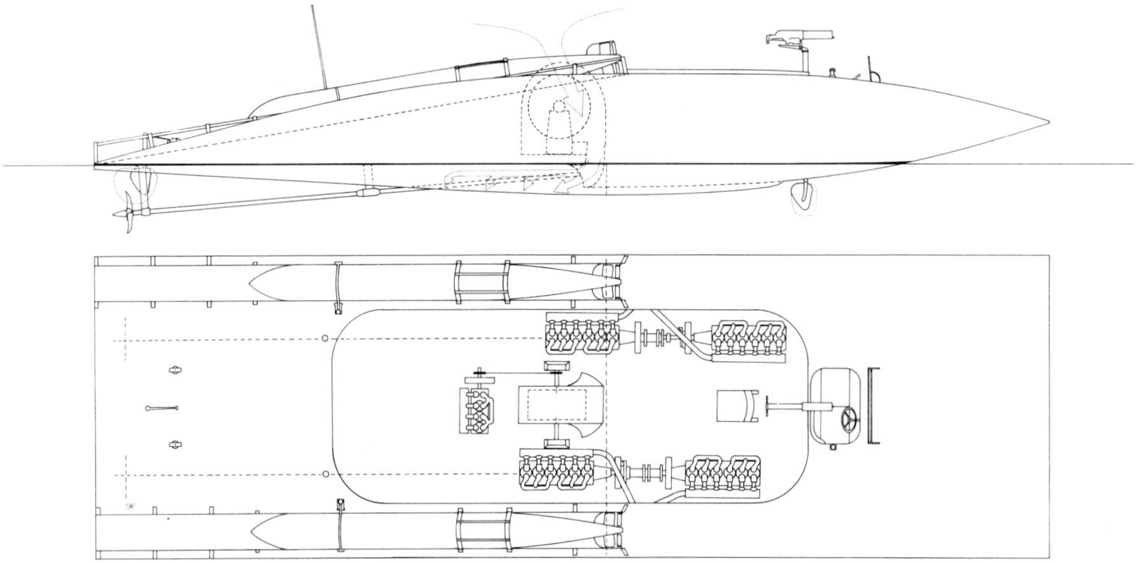

Luftkissen-Motor-Torpedoboot — „Versuchsgleitboot" (1:100).

Beide Dienststellen kamen zu folgender Beurteilung: *„... Durch die Anwendung von künstlich zugeführter Luft ergibt sich eine Widerstandsverminderung, die bei kleinen Geschwindigkeiten namhaft, bei größeren Geschwindigkeiten jedoch nur gering ist. Aus den Messungen geht hervor, daß mit Luft unter dem Boden 32,6 kn, ohne Luft 31,9 kn erzielt wurden, was bei den ungenauen Meßmethoden eine praktisch unbedeutende Differenz ergibt. Bei Geschwindigkeiten über 27 kn ist die Summe der aufgewendeten PS der vier Hauptmotoren plus den PS des Ventilators bei Fahrt mit Preßluft größer als die erforderlichen PS ohne Luftpolster, die Anwendung des letzteren also unwirtschaftlich. Da diese Bootsform keine Seefähigkeit sichert, ist der militärische Wert solcher Boote fraglich."*

Das MTK vertrat die Ansicht, daß eine Weiterentwicklung derartiger Boote durch eine Verbesserung der Bootsform erzielt werden könnte. Anläßlich der Übermittlung der Berichte an die Marinesektion stellte Kontreadmiral Meyern-Hohenberg abschließend fest: *„Die mit dem Versuchsgleitboot erzielten Resultate und die damit gemachten Erfahrungen stellen, wenn auch die Erwartungen nicht erfüllt wurden, auf alle Fälle ein für künftige Untersuchungen wertvolles Ergebnis dar. Die von Lschlt. v. Müller angestellten Versuche zur Ermittlung des Einflusses von Luftzwischenlagen auf die Reibungsverhältnisse sowie dessen Bemühungen um die Fertigstellung des nach seinen Angaben hergestellten Baues verdienen Anerkennung."*

Am 20. Oktober 1916 stellte eine Kommission fest, daß das Boot nicht seetüchtig, die Hecklanzierung nachteilig und es daher *„derzeit im jetzigen Zustand"* für militärische Verwendung nicht empfohlen werden könnte. Die Motoren wurden dem Luftarsenal Wien zurückgestellt, die übrigen Bestandteile dem Seearsenal zur Verwertung übergeben. Das MTK, das schon anläßlich früherer Projekte für die Erprobung von Motortorpedobooten eingetreten war, bemerkte hiezu abschließend, daß *„sich Boote solchen oder ähnlichen Typs trotz ihrer geringen Seetüchtigkeit für Zwecke der Kriegsmarine eignen könnten, wenn sie bei genügendem Fahrbereich zuverlässig 40 kn (!) laufen und wenigstens 1.200 kg Nutzlast (Torpedos oder Bomben) tragen könnten."*

Es ist bedauerlich und etwas unverständlich, daß die Versuche aus den angegebenen Gründen abgebrochen wurden. Müller hatte bereits in seiner Studie darauf hingewiesen, daß das Boot nur bis Windstärke 2 — 3 verwendet werden könnte und es wäre sicher möglich gewesen, eine für den Seegang geeignetere Bootsform zu entwickeln. Auch in anderen Marinen konnten mit den ersten Entwürfen keine fronttauglichen Lösungen gefunden werden.

Aufgrund der zunehmenden Aktivität der italienischen MAS in den Küstengewässern Istriens und Dalmatiens verstärkte man nun auch in der k.u.k. Kriegsmarine die Bemühungen zur Schaffung schneller Motorboote, die sich als Geschütz- und Wasserbombenträger für die Jagd auf U-Boote oder als Torpedoträger eigneten. Der mehr als zweijährige Vorsprung der italienischen Marine konnte natürlich schwerlich aufgeholt werden, außerdem machte sich am Ende des dritten Kriegsjahres der zunehmende Rohstoffmangel bemerkbar. Eine besondere Schwierigkeit war die Beschaffung geeigneter leistungsfähiger Motoren.

Im April 1917 forderte das MTK die in Frage kommenden inländischen Firmen auf, Offerte über Benzinmotoren größerer Leistungen und leichtester Bauart vorzulegen. Alle eingehenden Antworten waren negativ, nur die Firma Warchalowsky, Eisler & Co. teilte mit, daß sie einen Benzinmotor von 700 PS Leistung in ihrem Entwicklungsprogramm habe, dieses Projekt jedoch wegen Überla-

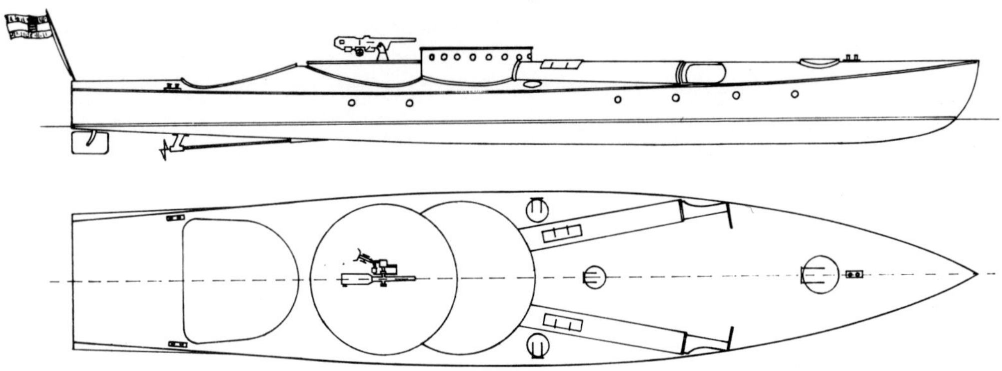

25 t Panzer-Motorboot Eckert v. Labin (1:200).

stung zurückgestellt worden sei. Als frühester Liefertermin eines solchen Motors wurde die Mitte des Jahres 1918 in Aussicht gestellt. Bemühungen zur Beschaffung geeigneter Motoren in Deutschland hatten ebensowenig Erfolg.
Nach einer vorangegangenen Unterredung übermittelte Schiffbau.-Ing. Josef Eckert v. Labin dem Kontreadmiral Rodler ein privat ausgearbeitetes Projekt über ein schnelles, bestücktes Motorboot, welches dieser an die Marinesektion weiterleitete. Am 23. August 1916 wurde Eckert aufgefordert, die Berechnungen zu diesem Boot dienstlich vorzulegen. Das von Eckert als Küstenwachboot bezeichnete Fahrzeug war ein gepanzertes Motorboot von 25 t Wasserverdrängung, Länge in der WL 24 m, Breite in der WL 3,84 m, Tiefgang 0,60 m. Drei Motoren von je 420 PS sollten eine Geschwindigkeit von 25 kn erbringen. Die Bewaffnung bestand aus einem 7 cm L/30 BAG und zwei auf einer Kreisschiene laufenden 8 mm-Maschinengewehren. Als Torpedobewaffnung waren zwei im Heck fest eingebaute 45 cm-Lanzierrohre vorgesehen.
Die Motorenfrage fand dadurch eine Lösung, daß die Austro-Daimlerwerke mitteilten, ab März 1917 500 PS Flugmotoren, für den Bootsbetrieb gedrosselt auf 420 PS bei n 1.200, liefern zu können.[11])
Das Projekt wurde von einer Kommission über den Bau von Panzermotorbooten und dem MTK günstig beurteilt und der Antrag auf den Bau von einigen Booten nach diesen Plänen gestellt. Statt der Hecktorpedorohre wurde die Installierung eines drehbaren Decklanzierapparates gefordert, weiters wurde nicht nur eine Deckpanzerung, sondern auch eine Panzerung der Schiffsseiten und des Hecks mit 4 mm Vanadiumblechen für notwendig gefunden.
Als Torpedobewaffnung wurden vom MTK zwei Alternativen — aus Gewichtsgründen für 35 cm-Torpedos — vorgeschlagen:
1) ein drehbares Einzel-Lanzierrohr auf dem Vordeck,
2) die Führung in seitlichen Auslegevorrichtungen.

11) II.G.G. 1916 47 K/8-2972/126

25 t Panzermotorboot.

Das 25 t Panzermotorboot

Deplacement	Bewaffnung	Antrieb	Geschwindigkeit	Fahrtstrecke	Brennstoff	Länge	Breite	Tiefgang	Besatzung	Anmerkung
24,6 t voll ausgerüstet 26 t	1/7 cm L/30 BAG 2/8 mm MG 2/45 cm Bug-Torpedorohre	3 x 200 PS 3 Schrauben	maximal 24 kn	450 sm bei 12 kn	2,5 t Benzin	24,60 m	4,60 m	0,60 m	12	Motoren ca. eine Stunde bis 50% überlastbar, die bei Austriawerft (S.T.T./ San Marco, Triest) in Bau gelegten Boote ohne Panzerschutz

Bezeichnung	Werft	Baulegung	Stapellauf	Anmerkung
Nr. 107	Seearsenal	Juli 1917	September 1918	erste Probefahrt am 3. Oktober 1918, für die Boote Nr. 108 bis 115 ist ein Stapellauf nicht feststellbar
Nr. 108	Seearsenal	Juli 1917		
Nr. 109	Seearsenal	August 1917		
Nr. 110	Austriawerft	Juni 1918		
Nr. 111	Austriawerft	Juni 1918		
Nr. 112	Austriawerft	Juni 1918		
Nr. 113	Austriawerft	Juni 1918		
Nr. 114	Austriawerft	Juni 1918		
Nr. 115	Austriawerft	Juni 1918		

Am 9. Dezember 1916 erhielt das Seearsenal den Auftrag, drei Panzermotorboote mit einer Torpedoausrüstung nach Alternative 2 in Bau zu legen. Die Frage der Lanziervorrichtung war damit allerdings noch nicht gelöst: MTK und Seearsenalkommando vertraten die Ansicht, daß die Reichweite und Sprengwirkung der 35 cm-Torpedos zu gering sei und sie durch moderne 45 cm-Torpedos zu ersetzen wären. Das Vorschiff wurde für den Einbau von zwei 45 cm-Torpedorohren umgezeichnet. Der mögliche Geschwindigkeitsverlust von weniger als einem Knoten durch die Mehrbelastung wurde im Hinblick auf den vorgesehenen Verwendungszweck — Küstenüberwachung, Bekämpfung von U-Booten und Unterstützung von Fliegerunternehmungen — in Kauf genommen.

Bezüglich der Motorenanlage mußte ebenfalls eine Änderung hingenommen werden: die Austro-Daimlerwerke waren offensichtlich nicht in der Lage, ihre Lieferzusagen einzuhalten. Statt der vorgesehenen 420 PS-Motoren mußte man sich mit 300 PS-Flugmotoren begnügen, welche für den Bootsbetrieb auf 200 PS gedrosselt wurden, ein bis zwei Stunden jedoch mit voller Leistung gefahren werden konnten. Die Absicht, den mittleren Benzinmotor durch einen leistungsstarken Dieselmotor als Marsch- und Manövriermaschine zu ersetzen, mußte aus Platz- und Gewichtsgründen fallengelassen werden.

Wie dringend die Beschaffung solcher Boote nunmehr befunden wurde, geht daraus hervor, daß am 4. Juli 1917 mit der Austriawerft (S.T.T.) Vereinbarungen über den Bau von sechs weiteren Booten nach den gleichen Plänen getroffen wurden. Zwei davon sollten sobald als möglich in San Marco in Bau gelegt werden, die vier anderen sollten auf der Werft in Linz (ohne Torpedobewaffnung und nur mit zwei Motoren) für das Donauflottillenkommando gebaut werden.

Die zunehmende Schwierigkeit bei der Materialbeschaffung und der Mangel an Facharbeitern wirkten sich sehr verzögernd auf den Baufortschritt aus. Das Seearsenal konnte im Juli 1917 mit dem Bau der beiden ersten Boote beginnen; am 5. März 1918 meldete die Schiffbaudirektion, daß das erste (Nr. 107) im Rumpf fertig und mit der Anbringung der Panzerbleche begonnen worden sei. Für die Boote Nr. 108 und 109 waren Spanten, Schotten, Vorsteven und Kielbleche zu 100%, die Ruderanlagen für alle Boote zu 85% fertiggestellt. Von den bestellten zehn Motoren konnten erst drei übernommen werden, die restlichen sieben standen noch vor der Erprobung oder wurden erst zusammengebaut.[12])

Der Austriawerft wurde mit 20. April 1918 als *„sehr dringend"* mitgeteilt, daß die vier für die Donau vorgesehenen Panzermotorboote für den Seedienst benötigt würden und ebenfalls in Triest in Bau zu legen wären. Außerdem wurde auf die Panzerung dieser Boote verzichtet, die gewehrschußsicheren Vanadium-Stahlbleche konnten nicht mehr beschafft werden.

Bei der Eisenwerks-A.G. Budapest mußte am 20. Mai 1918 die Lieferung der im September 1917 bestellten vier

12) II.G.G. 1918 47 M/7

Tonnen Winkeleisen für die Spanten urgiert werden. Um überhaupt mit dem Bau beginnen zu können, überließ das Seearsenal Ende Mai der Werft die Außenhautbleche für zwei Boote aus seinen Beständen. Am 8. Oktober 1918 gab die Austriawerft die möglichen Ablieferungstermine unter der Voraussetzung, daß die Motoren und Torpedolanzierrohre rechtzeitig eingeliefert würden, bekannt:

Motorboot Nr. 110	November 1918
Motorboot Nr. 111	Dezember 1918
Motorboot Nr. 112	Jänner 1919
Motorboot Nr. 113	Jänner 1919
Motorboot Nr. 114	Februar 1919
Motorboot Nr. 115	Februar 1919

Von den neun in Auftrag gegebenen Panzermotorbooten, welche die offizielle Bezeichnung Nr. 107 bis Nr. 115 erhielten, läßt sich mit Sicherheit nur die Fertigstellung von Nr. 107 feststellen. Am 3. Oktober 1918 konnte die erste Probefahrt damit durchgeführt werden. Bei Kriegsende fielen alle Boote in die Hände der Italiener. Nr. 107 wurde von der italienischen Finanzwache bis 1925 als Patrouillenboot verwendet. Das Schicksal der fast fertigen Boote Nr. 108 und 109 ist nicht bekannt, die übrigen (110 bis 115) wurden nicht mehr fertiggebaut.

Das 6 t Szombathy-Gleitboot

Im Jänner 1917 legte Schiffbau-Ing. Max Szombathy, der bereits beim Bau und bei der Erprobung des Müller-Versuchs-Gleitbootes mitgearbeitet hatte, die Pläne mit einer ausführlichen Beschreibung und Gewichtsberechnung für ein 6 t Vierschrauben-Gleitboot vor. Aufgrund der Erfahrungen mit dem Müller-Versuchsboot errechnete Szombathy bei Verwendung von vier 150 PS Rapp-Flugmotoren eine Geschwindigkeit von 35,4 kn.[13])

Als Bewaffnung waren je nach beabsichtigter Verwendung zwei Alternativen vorgesehen:

1) mit einem 35 cm Bug-Torpedorohr und vier 8 mm Maschinengewehren zum Torpedoangriff auf größere Schiffe oder

2) mit einem 7 cm L/18 Schnellfeuergeschütz, zwei Maschinengewehren und Wasserbomben zur Bekämpfung von U-Booten, als schnelles Aufklärungsboot und zur Bergung von Flugzeugbesatzungen.

Das Boot hatte zwei wasserdichte Querschotten und war im Komposit-Bau (hölzerne Außenhaut auf Stahlspanten)

13) II.G.G. 1917 47 L/7

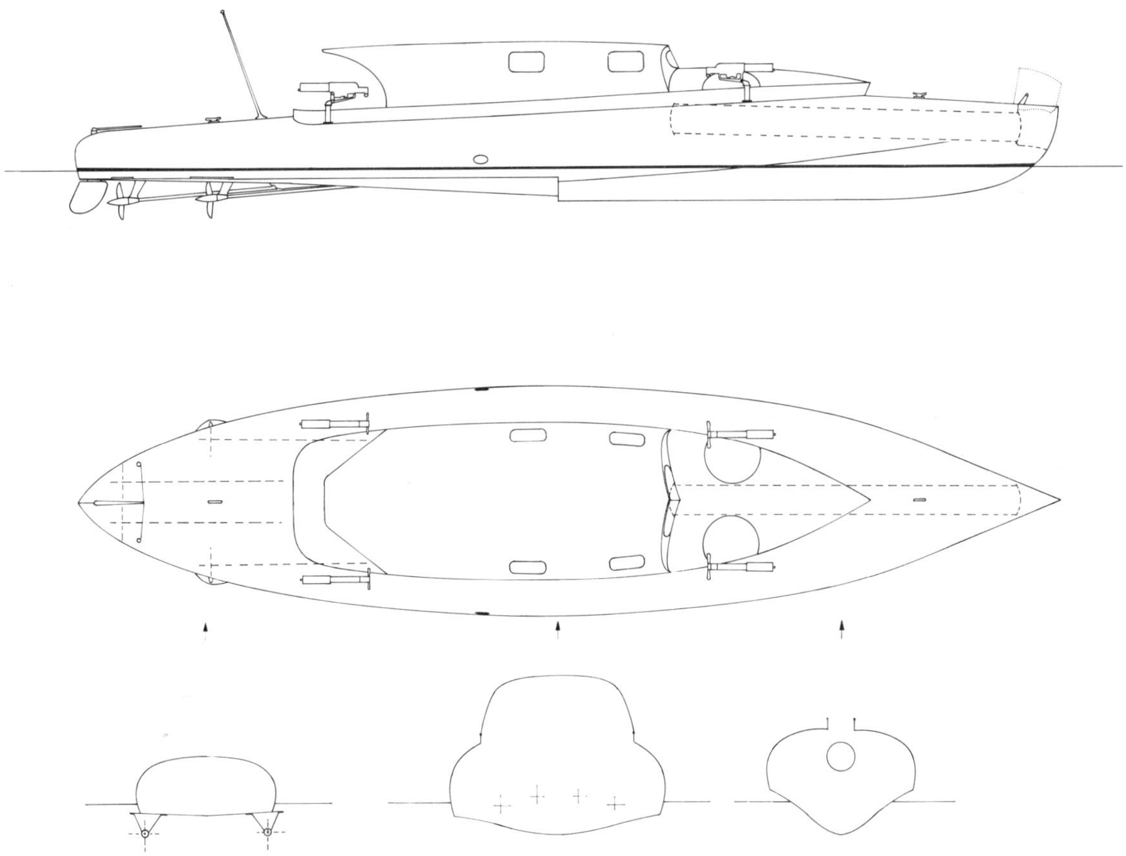

6 t Szombathy-Gleitboot als Torpedoboot (1:100).

Das 6 t Szombathy-Gleitboot

Deplacement	Bewaffnung	Antrieb	Geschwindigkeit	Fahrtstrecke	Brennstoff	Länge	Breite	Tiefgang	Besatzung	Anmerkung
auf KWL: 5,5 t Probefahrt: 6,076 t voll ausgerüstet: 6,65 t	vorgesehen Nr. I: 1/7 cm L/18 2/8 mm MG 4 Wasserbomben Nr. II: 1/35 cm TR 4/8 mm MG tatsächlich erhalten: 2/8 mm MG 4 Wasserbomben	4 x 150 PS 4 Schrauben	maximal 33,8 kn	120 sm bei ganzer Kraft 200 sm bei halber Kraft	0,85 t	13,45 m	2,93 m	auf KWL 0,44 m voll ausgerüstet 0,5 m	7	über Antrag des U-Suchflottillenkommandos wurde für Nr. II die gleiche Bewaffnung bestimmt wie für Nr. I

Bezeichnung	Werft	Baulegung	Stapellauf	Anmerkung
Gleitboot Nr. I	Seearsenal Pola	März 1917	15. April 1918	am 7. September 1918 dem Kommando der U-Suchflottille übergeben
Gleitboot Nr. II	Seearsenal Pola	Juli 1917	September 1918	Fertigstellung von Nr. II bzw. Stapellauf der Boote Nr. III bis Nr. VI ist nicht feststellbar
Gleitboot Nr. III	Seearsenal Pola	Juli 1918		
Gleitboot Nr. IV	Seearsenal Pola	Juli 1918		
Gleitboot Nr. V	Seearsenal Pola	Juli 1918		
Gleitboot Nr. VI	Seearsenal Pola	Juli 1918		

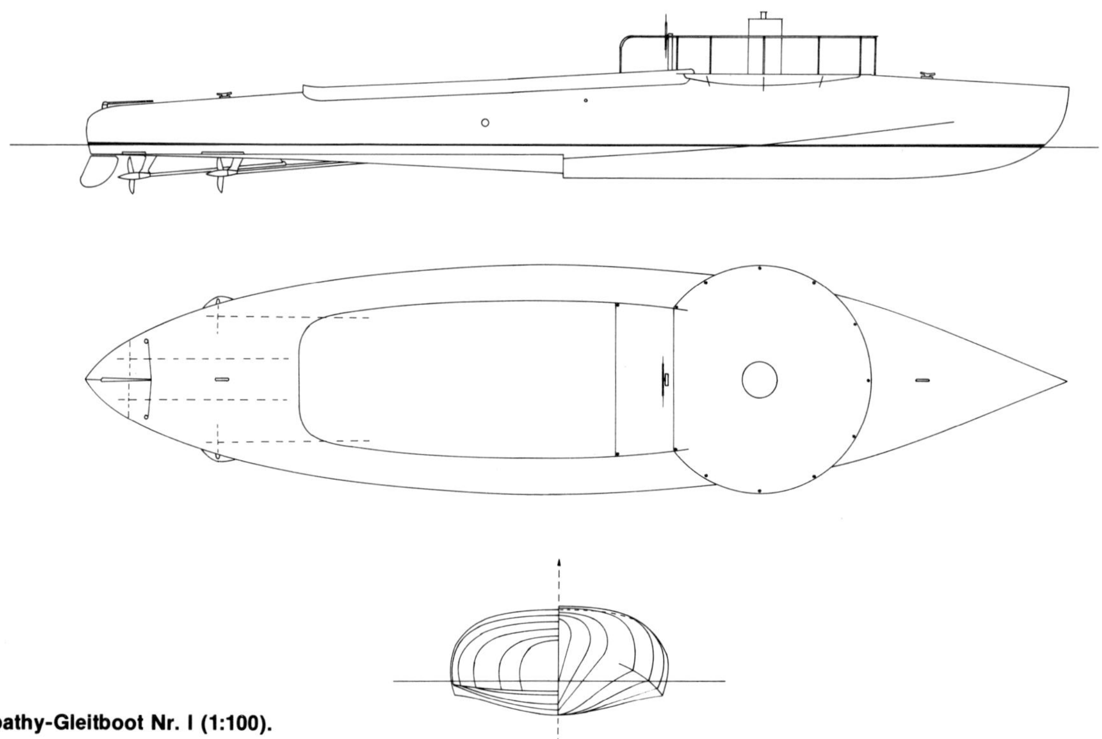

6 t Szombathy-Gleitboot Nr. I (1:100).

6 t Szombathy-Gleitboot wird zu Wasser gebracht.

herzustellen. Auf die große offene Plicht konnte bei Schlechtwetter als Schutz gegen Regen und Sprühwasser ein leichter Aufbau aus gebogenen Holzspanten mit einem Persenningüberzug und Cellonfenstern aufgesetzt werden. Nachdem die Seeflugleitung erklärt hatte, 24 Stück 150 PS-Flugmotoren zur Verfügung stellen zu können, ordnete die Marinesektion am 17. Februar 1917 an, sofort zwei Boote in Bau zu legen. Über Antrag des Flottenkommandanten war Nr. I als Geschützträger, Nr. II als Torpedoträger auszuführen.

Über den Baufortschritt meldete das SAK am 5. März 1918: *Geschützboot/Nr. I: Bootskörper zu 95% fertig, vier Motoren im Boot, 7 cm Geschütz bereit zum Einbau, Torpedoboot/Nr. II: in Spanten fertig, Lanzierapparat zu 30% fertig, Fertigstellungstermin kann nicht angegeben werden, da Arbeitsverhältnisse zu unsicher und die wenigen verfügbaren Leute oft zu dringenden Reparaturarbeiten benötigt werden.*[14])

14) II.G.G. 1918 47 M/7

Am 15. April konnte das Boot zu Wasser gebracht und am 11. Mai die erste, zweistündige Probefahrt durchgeführt werden. Nach einer zweiten am 13. Juni mußten die Probefahrten wegen aufgetretener Schäden an allen vier Kupplungen unterbrochen werden. Verschiedene Kupplungsteile wurden verstärkt, die Motoren ausgewechselt und der Durchmesser der inneren Schrauben um 20 mm verringert. Bei den anschließenden Probefahrten am 13. Juli, 20. Juli und 24. Juli wurden Geschwindigkeiten von 33,8 und 33,6 kn gemessen.

Am 7. September 1918 wurde das Boot dem Kommando der Suchflottille übergeben, welches es allerdings nur *„unter allen Vorbehalten auf weitere zu erwartende Havarien“* übernahm. Als Bewaffnung führte es zwei Maschinengewehre und vier Wasserbomben, das vorgesehene 7 cm L/18 Bootsgeschütz wurde nicht eingebaut.

Die Stellungnahme des MTK zum Bau des Bootes und den damit gemachten Erfahrungen wird auszugsweise wiedergegeben:

„Die Bauzeit des Bootes betrug bis zum Stapellauf 14 Monate, die Erprobungszeit bis zur Übergabe fünf Monate. Diese außergewöhnlich lange Fertigstellungszeit von im ganzen 19 Monaten war durch die Unzulänglichkeit der technischen Hilfsmittel bedingt, da die Werkstätten des Seearsenals überlastet waren und zu wenig Arbeiter und Zeichenkräfte zur Verfügung standen...
Die wiederholten Havarien, die bei den Erprobungen am Maschinenkomplex auftraten, sind hauptsächlich eine Folge des Erstlingsbaues unter Verwendung bereits gebrauchter und abgenützter Flugmotoren, die als Bootsmotoren unter ungünstigeren Verhältnissen arbeiten, als im Flugzeug. Bei Verwendung neuer Flugzeugmotoren ist für künftige Boote ein besseres Entsprechen zu erhoffen. Die Probefahrten waren durchwegs mit dem Auftreten und der Behebung von Mängeln an Details ausgefüllt..."
Das vom MTK aufgestellte Probefahrtprogramm konnte nicht durchgeführt werden, doch läßt sich feststellen, daß das Boot ziemlich seetüchtig ist, bei Seegang und bei voller Fahrt genügend stabil und ruhig fährt, leicht im Kurs zu halten ist und einen ausreichenden Drehkreis besitzt. Im Hinblick auf eine weitere Entwicklung wird gemeldet:
„Das 6 t Gleitboot stellt in seiner jetzigen Form nicht das beste erreichbare Boot, sondern einen Erstlingsbau dar. Durch die notgedrungene Wahl von vier Motoren ist die Maschinenanlage um vieles und der Bootskörper um ein geringes schwerer als nötig geworden, die vier Wellen und die vier Wellenträger sind ein Gewirr von widerstandsbildenden Anhängen, die gerade bei einem Gleitboot von großem Nachteil sind. Bei künftigen Booten ließe sich durch Verwendung von zwei Motoren von je 300 bis 350 PS und durch kleine Gewichtsersparnisse am Bootskörper ein beträchtlich größeres Gewicht für die Armierung gewinnen und die Geschwindigkeit steigern. Da der Bootstyp an sich als seetüchtig, manövrierfähig und genügend schnellaufend angesehen werden kann, wird eine Weiterentwicklung in dem angedeuteten Sinn ins Auge gefaßt. Die Marinesektion wird um Genehmigung zu einem Neuentwurf gebeten, der zwei Boote — einen verstärkten U-Bootsjäger und ein Torpedoangriffsboot — zu umfassen hätte. Es wird ersucht, hiefür vier Stück neue 350 PS Aero-Daimler-Motoren sicherstellen zu wollen."

Gleitboot Nr. I wurde in Brioni stationiert und führte vom 12. bis 16. sowie am 21. und 22. Oktober noch einige Einsatzfahrten durch. Bezüglich des Gleitbootes Nr. II befahl das Flottenkommando am 30. Juni 1918 die sofortige Fertigstellung ohne Lanzierapparat, jedoch mit verschließbarer Bugpforte, so daß das Torpedorohr jederzeit eingesetzt werden konnte. Es ging im September 1918 vom Stapel, über seine Fertigstellung liegen keine Unterlagen vor.

Über den Bauzustand der vier weiteren Boote, deren Baulegung von der Marinesektion mit 28. Juni 1918 angeordnet worden war, gibt ein Schreiben des Seearsenalkommandos vom 13. September 1918 Auskunft:

„Für diese Boote ist das Spantenwerk in Eisen fast fertig und die Planken sind zum Teil zugesägt. Zur Verbesserung der Steuerfähigkeit werden die Boote III bis VI mit Doppelrudern ausgerüstet werden."

Mit Kriegsende kamen die Boote in italienischen Besitz. Über ihr weiteres Schicksal ist nichts bekannt.

6 t Szombathy-Gleitboot in Fahrt.

7 t Gleitboot, Projekt Morin (1:100).

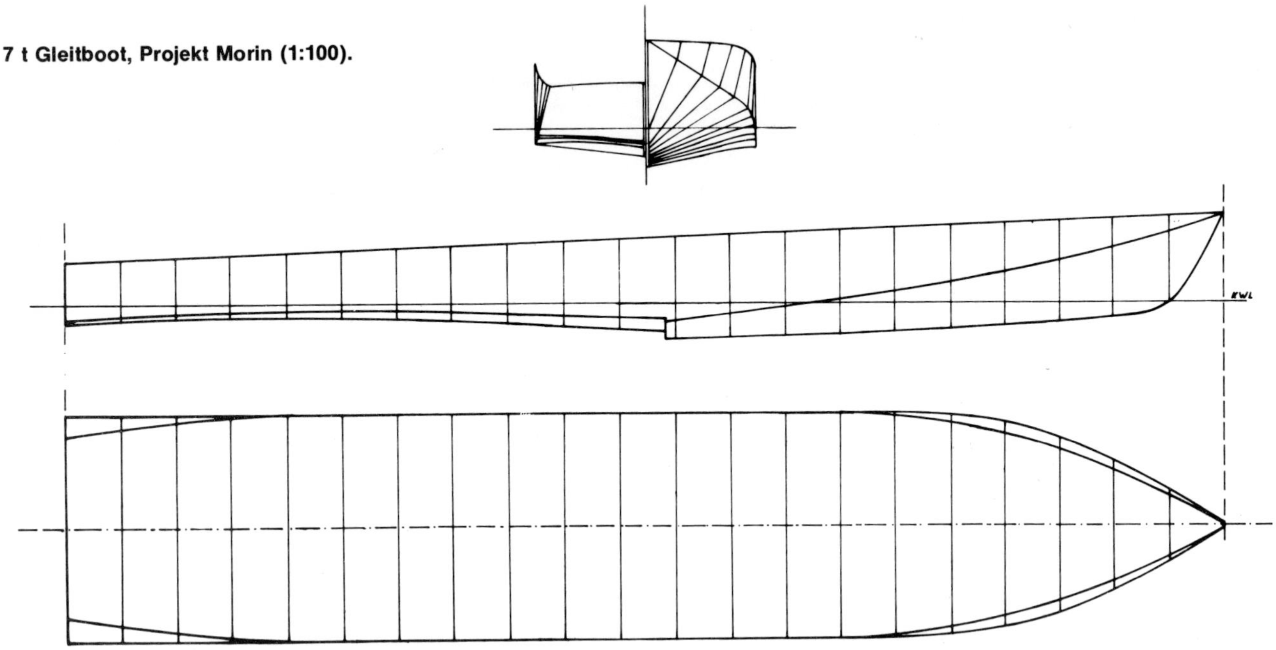

Aufgrund der vom MTK vorgelegten Beurteilung des 6 t Szombathy-Gleitbootes wurden von Schiffbau-Ob.-Ing. Silvius Morin Pläne für ein größeres Gleitboot ausgearbeitet. Bei einer Länge von 15,75 m und einer Breite von 3 m hatte es eine Konstruktionsverdrängung von 7 Tonnen. Zwei 350 PS Austro-Daimler-Flugmotoren sollten eine Geschwindigkeit von 35 kn erbringen. Anfang August 1918 wurde der Bauauftrag für insgesamt vier Boote an die Firma Fritz Eppel, Wien (zwei Stück) und Danubius & Co., Budapest (ebenfalls zwei Stück) vergeben. Sie waren vor allem als U-Jäger mit MG- und Wasserbomben-Bewaffnung vorgesehen. Über eine beabsichtigte Verwendung als Torpedoträger lassen sich keine Feststellungen treffen.[15])

Im Gegensatz zu dem 6 t Gleitboot waren es reine Knickspant-Boote. Die vorhandenen Detailzeichnungen lassen eine außerordentlich leichte Konstruktion erkennen. Kiel, Spanten und Längsverbindungen waren aus Esche, die Beplankung aus 6 mm- und 8 mm-Sperrholz. Mit Schreiben vom 8. August 1918 wurden der Firma Eppel 400 m^2 Sperrholz für den Bau der Boote zugewiesen, Anfang September bei den Ternitzer Stahl- und Eisenwerken vier Schraubenwellen bestellt. Einer Anordnung der Marinesektion vom 18. September ist zu entnehmen, daß die vier zur Verfügung stehenden 350 PS-Motoren an die Danubiuswerft geliefert werden sollten, da der Bau der dort bestellten Boote etwas weiter fortgeschritten war, als der bei der Firma Eppel in Bau gelegten.

Über den Bauzustand dieser vier Gleitboote bei Kriegsende — sie sollten Anfang des Jahres 1919 abgeliefert werden — können keine Feststellungen gemacht werden.

15) II.G.G. 1918 47 M/7-29171, 32433, 35953

Die Kletterboote Typ „GRILLO"

In der Nacht vom 13. zum 14. Mai 1918 versuchte „GRILLO", ein italienisches Spezialfahrzeug, mit Hilfe seiner Klauenketten die Netz- und Balkensperre des Zentralhafens Pola zu überklettern, um seine Torpedos auf eines der an den Bojen liegenden Schlachtschiffe abzuschießen. Nachdem „GRILLO" bereits die beiden Balkenbarrikaden und zwei Schutznetze übersetzen konnte, wurde es vom MG- und Granatfeuer des Wachbootes erfaßt und blieb vor dem dritten und letzten Schutznetz liegen. Nach einem vergeblichen Versuch, seine beiden 45 cm-Torpedos auf das Schlachtschiff „RADETZKY" zu lanzieren, öffnete der Führer des Bootes, Korvkapt. Pellegrino, das Versenkventil und zündete die eingebaute Sprengpatrone, worauf das Boot versank. Es wurde kurz darauf gehoben, war jedoch so schwer beschädigt, daß eine Instandsetzung nicht möglich war.[16])

Als sich „GRILLO" im Sommer 1918 anläßlich einer Kriegsausstellung in Wien befand, erhielt die Bootswerft Fr. Eppel den Auftrag, das Boot zu vermessen und Pläne für einen Nachbau anzufertigen. Im Hinblick auf den bestehenden Rohstoffmangel und eine möglichst kurze Bauzeit fertigte Eppel Pläne für eine etwas vereinfachte Bauweise an, nach denen sofort zwei Boote in Bau gelegt wurden. Während die Seiten des italienischen „GRILLO" in der Längsrichtung gewölbt waren und im Bereich der Kletterketten eine Trägerkonstruktion besaßen, hatten die Eppel-Boote gerade, doppelt-diagonal beplankte Seiten, die eine zusätzliche Verstärkung entbehrlich machten. Die Maschinenanlagen (Elektromotoren

16) OK/MS 1918 VIII-1/1 und PK/MS 1918 12-1/6-2865

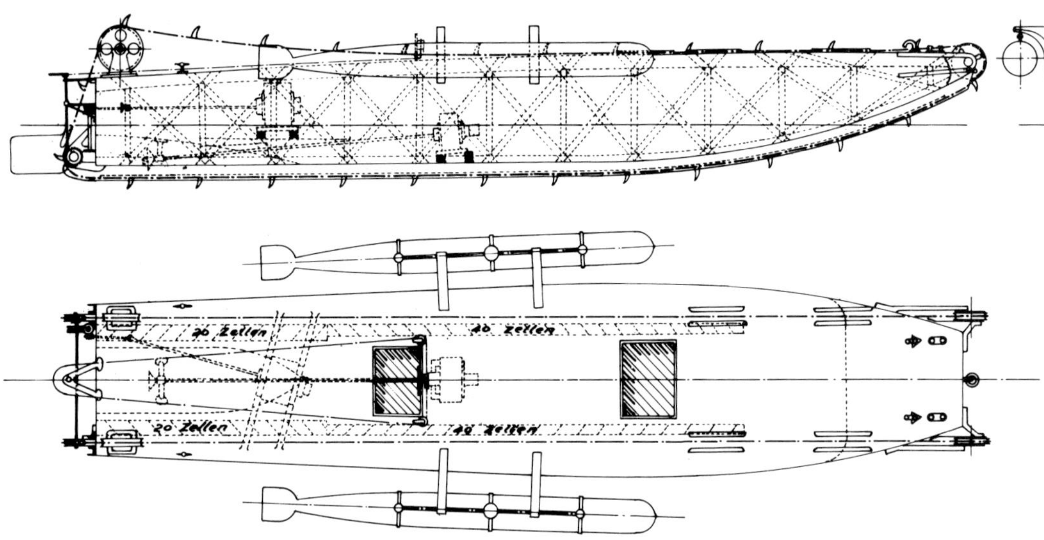

Italienisches Kletterboot „GRILLO“ (1:100).

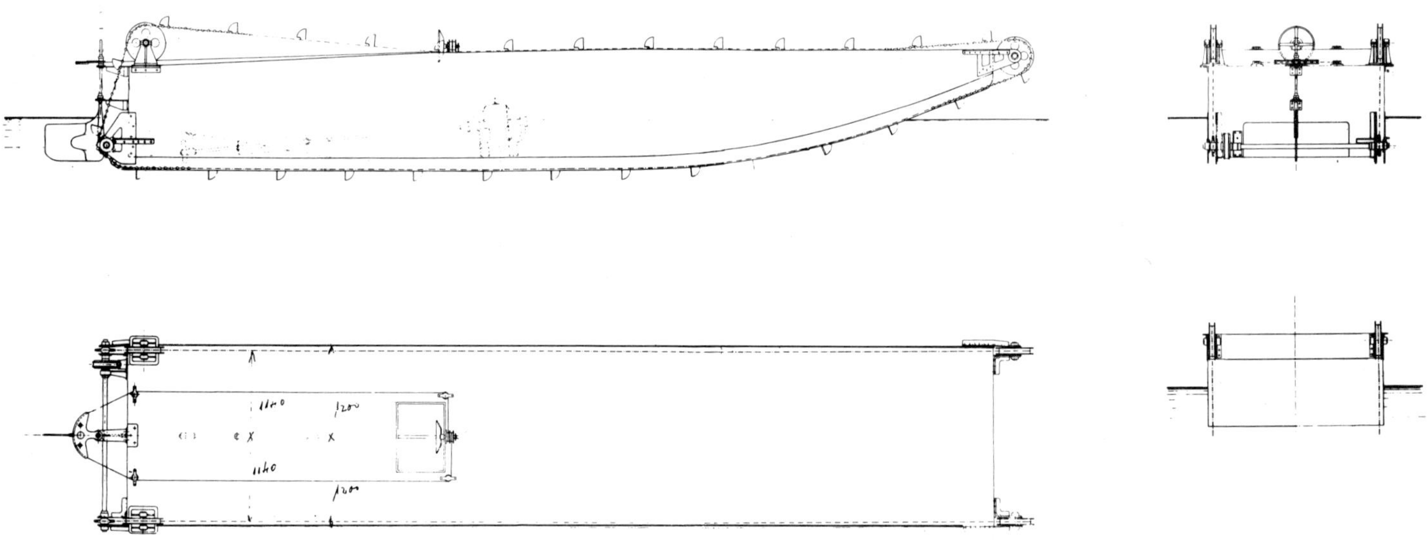

Kletterboot der Fa. Fr. Eppel (1:100).

sowie Wellen und Getriebe für die Kletterketten) wurden von der Austriawerft in Linz geliefert. Wie die italienischen Boote waren sie mit zwei 45 cm-Torpedos bewaffnet, die in seitlichen Fallapparaten geführt wurden. Eine Bodenklappe, deren Verriegelung mit dem Fuß gelöst werden konnte, ermöglichte es, das Boot in wenigen Minuten zu versenken.[17])

17) II.G.G. 1918 47 M/7-22787, 30708, 30697

Anfang Oktober wurde das erste Boot fertiggestellt und eine Probefahrt auf einem stillgelegten Donauarm durchgeführt. Am 20. Oktober 1918 brachte man es zur Bahnverladung mit einem Pferdefuhrwerk zum Wiener Nordbahnhof. Zehn Tage später, am 30. Oktober, wurde die Firma Eppel aufgefordert, das noch nicht verladene Boot wieder abzuholen und mit dem inzwischen fertiggestellten zweiten Boot in Verwahrung zu nehmen.

Kletterboot während des Baues in der Bootsbauhalle der Fa. Eppel. Abweichend vom italienischen „GRILLO“ sind die Seiten nicht gewölbt, sondern gerade als Träger für die Klauenketten ausgeführt.

Nach dem Ende des Krieges trat der etwas groteske Fall ein, daß die Firma Eppel die beiden Boote, die von der Marinesektion noch nicht bezahlt und daher noch Eigentum der Bauwerft waren, von der alliierten Entwaffnungskommission „freikaufen“ mußte. Da sich wegen der ausgefallenen Konstruktion niemand für sie interessierte, wurden sie schließlich abgebrochen.

Zum Vergleich werden nachstehend auch die wichtigsten Daten des italienischen „GRILLO“ wiedergegeben.

Die Kletterboote Typ „GRILLO“ (österreich-ungarisch)

Name bzw. Nummer	Deplacement	Bewaffnung	Antrieb	Geschwindigkeit	Fahrtstrecke	Länge	Breite	Tiefgang	Besatzung
Mb 164 Mb 165	10,5 t	2 Stück 45 cm Torpedos	1/13 PS E-Motor für die Schraube 1/20 PS E-Motor für den Kettenantrieb	4 kn	ca. 30 sm	13,25 m	2,40 m	0,85 m	3

„GRILLO“ (italienisch)

„GRILLO“	10,5 t	2 Stück 45 cm Torpedos	1/10 PS E-Motor für die Schraube 1/15 PS E-Motor für den Kettenantrieb	ca. 3,5 kn	ca. 25	12,8	2,62	0,75	4

Hebung des italienischen Kletterbootes „GRILLO".

Weitere Bemühungen zur Beschaffung von Motor-Torpedobooten

Wie sehr die Aktivität der italienischen MAS dem Flottenkommando Sorgen bereitete, beweist ein Unternehmen im April des Jahres 1918.[18])

Am Nachmittag des 4. April 1918 verließ Tb „96" mit einer Motorbarkasse im Schlepp unter Deckung des Torpedofahrzeuges „USKOKE" den Hafen Pola. An Bord des Torpedobootes befand sich eine aus vier Seekadetten und 55 Mann bestehende Kommandoabteilung unter Führung des Lschlt. J. Veith. Der Trupp hatte den Auftrag, eines oder mehrere der im Hafen von Ancona liegenden MAS zu kapern, oder — sollte das nicht möglich sein — sie durch Beschädigung der Maschinenanlagen für einige Zeit unbrauchbar zu machen.

18) PK/MS 1918 11-1/6,
OK/MS 1918 VIII-1/1-1683, 1783 und
PK/MS 1919 VIII-6/1-4222, 4933

Um 21.00 Uhr, zirka 15 sm nordöstlich von Ancona, trennte sich der Trupp mit der Motorbarkasse von dem Torpedoboot. Als bei Anbruch des nächsten Tages weder die Motorbarkasse noch ein eventuell gekapertes MAS auftauchte, verließ Tb „96" den verabredeten Treffpunkt und lief zurück nach Pola.

Was war inzwischen geschehen? Durch mehrmalige Motorhavarien behindert, erreichte die Abteilung erst gegen 02.00 Uhr des 5. April — vier Stunden später als vorgesehen — die italienische Küste und marschierte, nachdem man die Barkasse an Land gezogen hatte, an der Bahnlinie entlang Richtung Ancona. Auf dem Bahnhofsplatz von Falconara wurden anstandslos zwei Kompanien Alpini passiert, die die in voller Uniform marschierenden Österreicher offensichtlich für eine italienische Einheit hielten. Gegen 05.00 Uhr wurde ein außerhalb der Stadt liegendes Bauernhaus besetzt, um die nächste Nacht abzuwarten. Nach Einbruch der Dunkelheit marschierte Veith mit seinen Leuten in die Stadt. Am Tor einer Straßensperre wurden sie für eine britische Matrosenabteilung gehalten und konnten anstandslos passieren. Auf dem Marsch zum Hafen setzten sich zwei Matrosen italienischer Nationalität ab und nahmen Verbindung mit Zivilisten auf. Trotzdem gelang es, den Hafen zu erreichen, wo sie zu ihrer Enttäuschung feststellen mußten, daß nur ein einziges MAS an einer Plätte unter dem Festungswall vertäut war. Zu seiner weiteren Enttäuschung mußte Veith feststellen, daß ein Motor des Bootes zerlegt und die Ruderanlage demontiert war. Er beschloß nun, eines der am gegenüberliegenden Wellenbrecher liegenden Küstentorpedoboote zu kapern und damit auszulaufen. Auf dem Weg zum Wellenbrecher stießen sie jedoch auf eine inzwischen alarmierte Carabinieri-Abteilung, so daß ihnen nichts anderes übrig blieb, als sich zu ergeben. Damit war der Versuch, in den Besitz italienischer MAS zu gelangen, mißlungen.

Im Juli 1918 hatte der nach Kiel entsandte k.u.k. Maschinenbau-Ing. Tengler Gelegenheit, an der Probefahrt von LM 5 teilzunehmen. Diese Motor-Torpedoboote waren für die kaiserlich deutsche Marine entwickelt worden und wurden von verschiedenen Werften gebaut. Bei einer Verdrängung von zirka 7 Tonnen erreichten sie mit drei 210 bzw. 240 PS Maybach-Luftschiffmotoren Geschwindigkeiten zwischen 30 und 31,8 kn.

Tengler erwähnte in seinem Bericht vom 30. Juli 1918, daß an der Entwicklung eines verbesserten und etwas vergrößerten Typs gearbeitet würde. Er wurde beauftragt, den Bau dieses Typs mit größter Aufmerksamkeit zu verfolgen und darüber zu berichten. Mit dem Reichsmarineamt wurden Verhandlungen über die Abtretung einiger LM-Boote an die k.u.k. Kriegsmarine aufgenommen. Laut Anordnung des Chefs des Admiralstabes der deutschen Marine vom 20. August 1918 sollten von den sechs zunächst fertig werdenden und für den Führer der U-Boote Pola (Befehlshaber der deutschen U-Boote im Mittelmeer) bestimmten LM-Booten Nr. 3, 4, 5, 6, 11 und 12, drei der k.u.k. Kriegsmarine überlassen werden. Als weiteres Boot war LM 13 nach Fertigstellung zur Übergabe an die

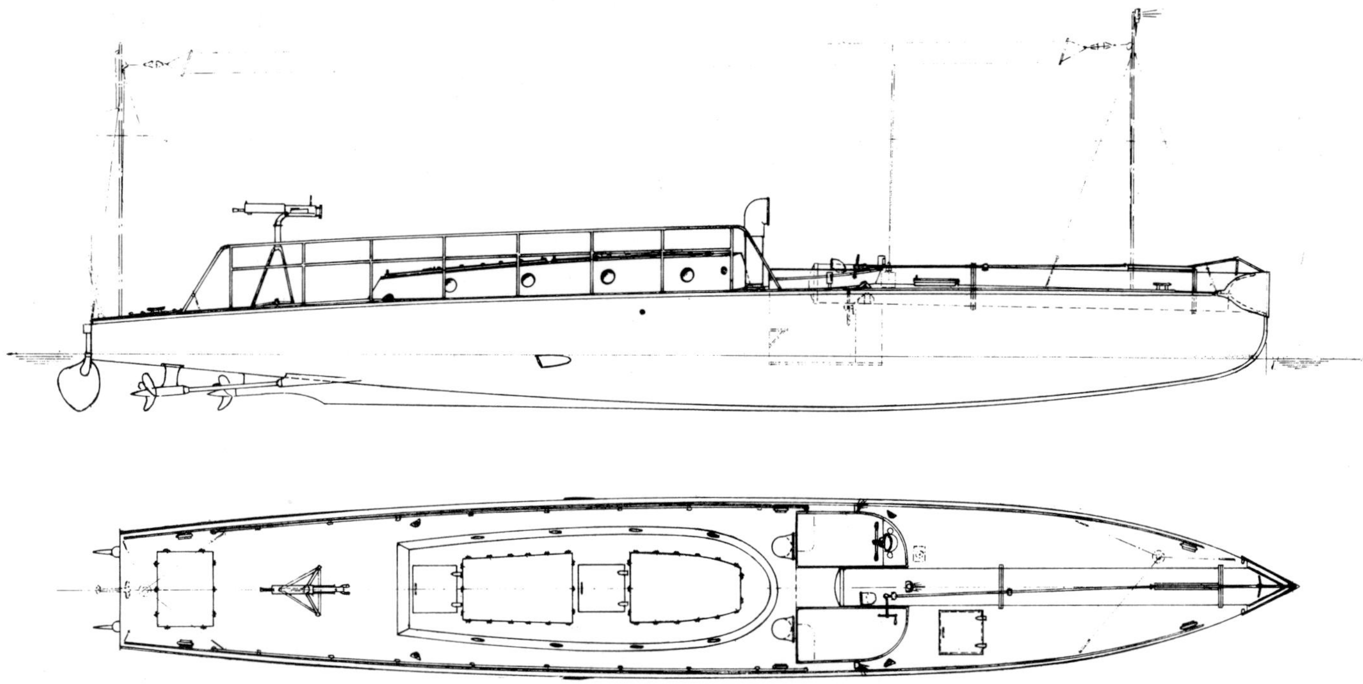

Deutsches LM-Boot (1:100).

k.u.k. Kriegsmarine vorgesehen. Mitte September (17. 9.) erhielt die kaiserliche Werft Kiel den telegraphischen Auftrag, die bereits abgenommenen Boote Nr. 3, 4, 5 und 6 ehestens nach Pola abzusenden. Keines dieser Boote gelangte mehr nach Pola.[19])

19) II.G.G. 1918 47 M/1-8, 11, 12 und II.G.G. 1918 47 M/5

Deutsche LM-Boote

Nummer	Werft	Bewaffnung	Antrieb	Deplacement t	Geschwindigkeit kn	Brennstoff t	Fahrtstrecke sm	Länge m	Breite m	Tiefgang m	Besatzung	(Baujahr)
1, 2,	Lürssen	1/37 mm	3x210 PS	6	30,5	1	150	15,00	2,30	1,08*	7	1917
3, 4,	Naglo	1/37 mm	3x210 PS	6	27,8	1,2	180	14,57	2,40	1,08*	7	1917
5, 6,	Oertz	1 MG, 1/45 cm Bug-Torpedorohr	3x210 PS	6	29,45	1,5	225	15,00	2,42	1,08*	7	1917
7—10	Lürssen	1 MG, 1/45 cm Bug-Torpedorohr	3x240 PS	7	31,8			16,00	2,40	0,68	7	1918
11—13	Naglo	1 MG, 1/45 cm Bug-Torpedorohr	3x240 PS	6,5	30,00			16,25	2,55	0,76	7	1918
14—16	Oertz	1 MG, 1/45 cm Bug-Torpedorohr	3x240 PS	6,8	31,6			16,50	2,42	0,61	7	1918
17—20	Roland	1 MG, 1/45 cm Bug-Torpedorohr	3x240 PS	7,5	30,8			17,00	2,42	0,60	7	1918
21—26	Lürssen	1 MG, 1/45 cm Bug-Torpedorohr	3x240 PS	7	31,8			16,00	2,40	0,68	7	1918 unvollendet
27—30	Oertz	1 MG, 1/45 cm Bug-Torpedorohr	3x240 PS	6,8	31,6			16,50	2,42	0,61	7	unvollendet
31—33	Roland	1 MG, 1/45 cm Bug-Torpedorohr	3x240 PS	7,5	30,8			17,00	2,42	0,60	7	unvollendet

* Boote 1—6 Tiefgang mit Schrauben, alle anderen Rumpftiefgang

Nicht ausgeführte Projekte

Während des Krieges wurden der Marinesektion mehrere Projekte über Motor-Torpedoboote vorgelegt, die jedoch aus verschiedenen Gründen nicht mehr zur Ausführung kamen. Teils waren es Angebote von Privatfirmen, teils Vorschläge bzw. Pläne von Angehörigen der k.u.k. Kriegsmarine. Da sie für die Entwicklung des Motor-Torpedobootes von Interesse sind, werden sie nachstehend kurz angeführt.

Am 23. Juli 1915 legte die Firma Schlick-Nicholson, Budapest, ein Offert über zwei Fluß-Torpedoboote mit Motorenantrieb für die k.u.k. Donauflottille vor. Die Bewaffnung des größeren Bootes bestand neben zwei schwenkbaren 35 cm-Decklanzierrohren aus einem 7 cm L/30 und einem 47 mm L/44 Geschütz sowie zwei 8 mm Maschinengewehren. Mit zwei 120 PS Dieselmotoren sollte eine Totwasser-Geschwindigkeit von 26 km pro Stunde erreicht werden.[20]

Das kleinere Boot hatte ein 47 mm L/44 Geschütz, ein 8 mm MG und ebenfalls zwei 35 cm-Decklanzierrohre. Die veranschlagte Geschwindigkeit mit einem 60 PS Zweitakt-Dieselmotor war 16 km/h. Für dieses Boot war auch eine Version mit einem 120 PS-Motor und 20 km/h vorgesehen.

Das Kommando der Donauflottille lehnte die Projekte aus folgenden Gründen ab:

1) würden sich die Boote durch den Lärm der Motoren auf große Distanz verraten,
2) bei der Aufstellung der Lanzierrohre auf Deck wäre die Bedienungsmannschaft dem Gewehrfeuer der feindlichen Uferwachen ausgesetzt, auch könnte sich der Torpedo bei einer Lanzierung von Deck bei den oft geringen Wassertiefen in den Grund bohren,
3) die Fahrzeuge würden einen labilen Eindruck machen.
Ein Elektrofahrzeug mit seitlichen Lanzierrahmen wäre zweckentsprechender.

Das MTK schloß sich diesen Ausführungen an und bezweifelte zudem, daß das große Boot bei einer Verdrängung von 70 t mit zwei 120 PS-Motoren die angegebene Geschwindigkeit von 26 km/h erreichen könnte.

Im März 1917 arbeitete Schiffbauingenieur Stowasser ein Projekt für ein 20 t Motor-Torpedoboot aus. Die Armierung bestand aus einem 7 cm L/30 B.A.G., einem 8 mm MG und zwei 35 cm-Torpedos, die in ausschwenkbaren Auslegevorrichtungen geführt wurden. Für den Antrieb

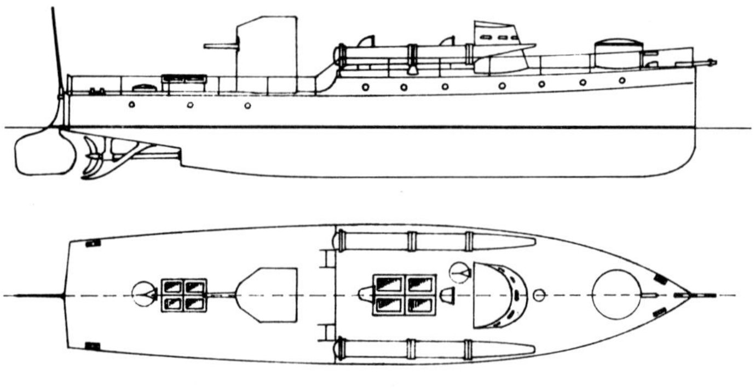

35 t Fluß-Torpedoboot, Projekt Schlick-Nicholson (1:200).

20) II.G.G. 1915 47 C/13-15867

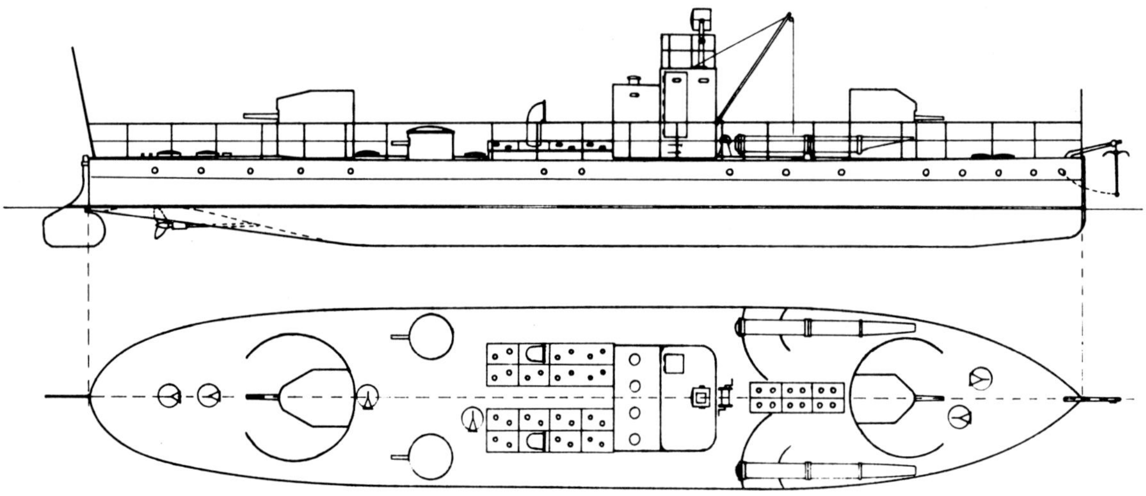

70 t Fluß-Torpedoboot, Projekt Schlick-Nicholson (1:200).

20 t Motor-Torpedoboot, Projekt Stowasser (1:200).

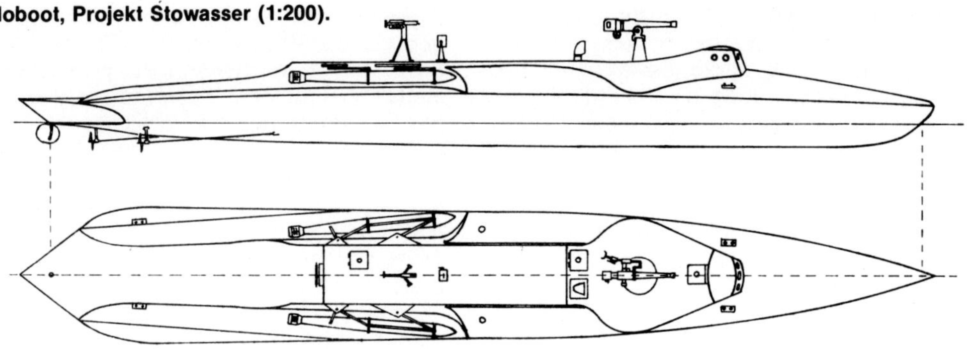

waren drei Austro-Daimler-Motoren von je 200 PS Dauerleistung vorgesehen, die dem voll ausgerüsteten Boot eine Geschwindigkeit von 18,35 kn und einen Fahrtbereich von 266 sm sichern sollten. Mit der Höchstleistung der zeitweise bis 50% überlastbaren Motoren (3 x 300 PS) sollte sich eine Maximalgeschwindigkeit von 24 kn bzw. 25,5 kn bei halben Vorräten ergeben.[21])

21) II.G.G. 1917 47 L/7-50

Das Flottenkommando bemerkte zu dem Projekt, daß der militärische Wert des Bootes als U-Boot-Jäger gering sei und forderte eine sichere Geschwindigkeit von 28 bis 30 kn, einen größeren Aktionsradius und möglichst eine Bewaffnung mit zwei 7 cm-Geschützen.
Mit 24. April 1917 teilte die Marinesektion dem MTK mit, daß nicht die Absicht bestehe, weitere Motorboote dieser Größenklasse oder eines geringeren Deplacements in Bau zu legen.

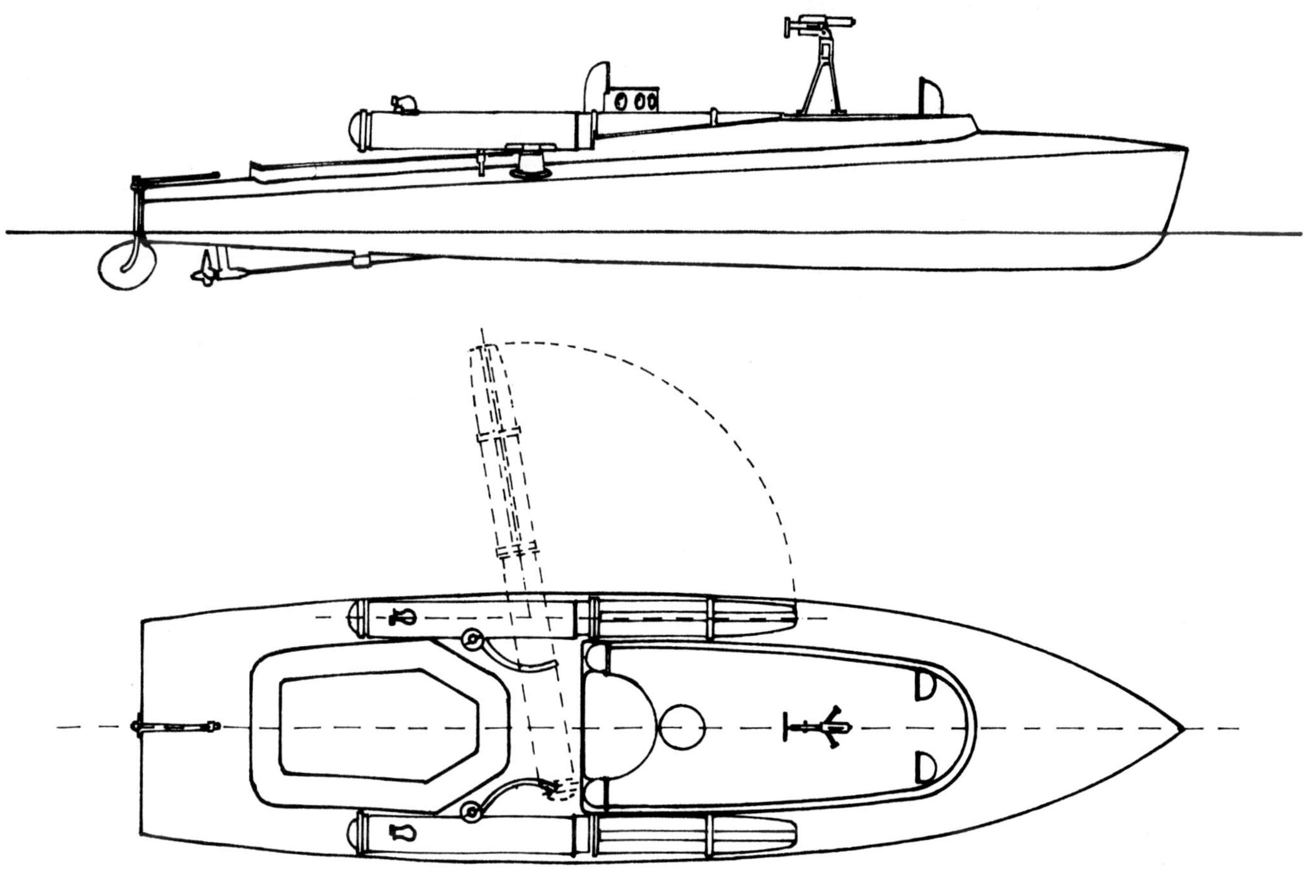

12 t Motor-Torpedoboot, Projekt Schneider (1:100).

Gleichzeitig wurde das MTK beauftragt, die Schiffbauingenieure der Kriegsmarine zur Ausarbeitung von Entwürfen für einen größeren und stärker bewaffneten Typ eines Kampfmotorbootes anzuregen. Als Hauptdirektiven für diesen Typ wurden festgelegt:

1) Geschwindigkeit, sofern bei den erlangbaren Motoren erfüllbar: im Dauerbetrieb 26 bis 28 kn, zeitweise Maximalgeschwindigkeit 28 bis 30 kn,
2) entweder zwei Stück 7 cm L/30 oder ein 7 cm L/50 B.A.G. und zwei Maschinengewehre, sowie eine angemessene Anzahl von Wasserbomben zur U-Boot-Bekämpfung.

Die nächsten Entwürfe zu einem Kampfmotorboot kamen im April 1917 von Schiffbau-Oberingenieur Schneider. Um bei gegebener Motorenleistung eine möglichst hohe Geschwindigkeit zu erreichen, war die Bewaffnung auf zwei Boote — ein Geschütz-Motorboot und ein Torpedo-Motorboot — verteilt. Bei Aktionen konnten die Boote getrennt oder in Gruppen eingesetzt werden. Zwei 200 PS Daimler-Motoren (maximal 300 PS) oder, falls diese nicht verfügbar sein sollten, vier 150 PS Rapp-Flugmotoren, sollten dem Boot je nach Zuladung und Bewaffnung eine Geschwindigkeit von 22,8 kn bis 28,63 kn verleihen.[22])

Schneider wies darauf hin, daß die Boote bei einem Fahrbereich von 220 sm mit ausreichender Reserve an der italienischen Adriaküste operieren könnten. Außerdem wäre es durch Einbau fester Lanzierrohre (wie bei Projekt Eckert) bei dem Torpedo-Motorboot möglich, eine Gewichtsersparnis von 500 kg zu erzielen, wodurch sich Geschwindigkeit oder Fahrbereich erhöhen ließen.

Das Projekt wurde aus den gleichen Gründen wie das vorhergehende nicht angenommen: zu geringe Geschwindigkeit, nicht ausreichender Aktionsradius und nicht genügend starke Armierung. Ob.-Ing. Schneider und Ing. Stowasser wurde jedoch die Befriedigung der Zentralstelle (MS) für den *„bekundeten Fleiß und für die zahlreichen, im Projekt enthaltenen und nachahmenswerten Detailausführungen"* ausgesprochen.

Im Juni 1918 übergab Freglt. H. Durda dem I. Torpedoflottillenkommando eine Studie über Kampfmotorboote. Nach der vorliegenden Beschreibung — die von ihm beigelegten Pläne wurden kurz vor Kriegsende dem Akt entnommen und Durda zwecks Anfertigung eines Modelles ausgefolgt — betraf dieses Projekt ein Stufengleitboot von 24 t Verdrängung mit 20 m Länge, 3,50 m Breite und 0,9 m Tiefgang. Vier Austro-Daimler-Flugmmotoren oder vier 240 PS Maybach-Luftschiffmotoren sollten die erforderliche Antriebsleistung für eine den italienischen Booten überlegene Geschwindigkeit bringen. Über die erreichbare Geschwindigkeit machte Durda keine Angaben, sie sollte anhand von Schleppversuchen ermittelt werden. Drei Tonnen Benzinvorrat sollten eine Einsatzzeit von 10 Stunden ermöglichen.[23])

Auch hier war die Bewaffnung auf zwei Boote verteilt. Sie sollten in Gruppen — zwei Geschützboote zur Abwehr feindlicher Boote und ein Torpedo-Motorboot — operieren. Die Bewaffnung des Geschützbootes bestand aus einer 3 cm-Maschinenkanone auf dem Vorschiff, einem 7 cm B.A.G. hinter dem Maschinenraum und ein oder zwei Maschinengewehren; Besatzung elf Mann. Das Torpedo-Motorboot sollte einen schwenkbaren, einfachen, wenn möglich jedoch einen Doppel-Lanzierapparat für 45 cm L/5,5 Torpedos, zwei Maschinengewehre und drei Wasserbomben erhalten.

22) II.G.G. 1917 47 L/7-124

23) II.G.G. 1918 47 M/7-31337, 34475 und 1 A/1-34267

Armiertes Motorboot-Projekt Schiffbau-Obering. Schneider

Länge in der KWL	14,00 m
Breite in der KWL	3,20 m
Konstruktions-Tiefgang	0,495 m
Konstruktions-Deplacement auf Außenhaut	10,63 t

	Verdrängung in Tonnen		Geschwindigkeit in Knoten		Maschinenleistung		Motoren	Fahrbereich	Bewaffnung
	voll ausgerüstet	bei halber Zuladung	voll ausgerüstet	bei halber Zuladung	Dauer PSi	maximal PSi			
Geschütz-Motorboot	11,42	10,69	23,32 maximal 27,85	24,18 maximal 28,63	400	600	2 Daimler oder 4 Rapp	220 sm bei 24 kn	1/7 cm L/30 B.A.G. 1/8 mm MG
Torpedo-Motorboot	12,31	11,04	22,8 maximal 27,0	23,85 maximal 28,24	400	600	2 Daimler oder 4 Rapp	220 sm bei 23 kn	2 backsbare 45 cm Lanzierrohre 1/8 mm MG

Motor-Torpedoboot, Projekt Gräf & Stift (1:100).

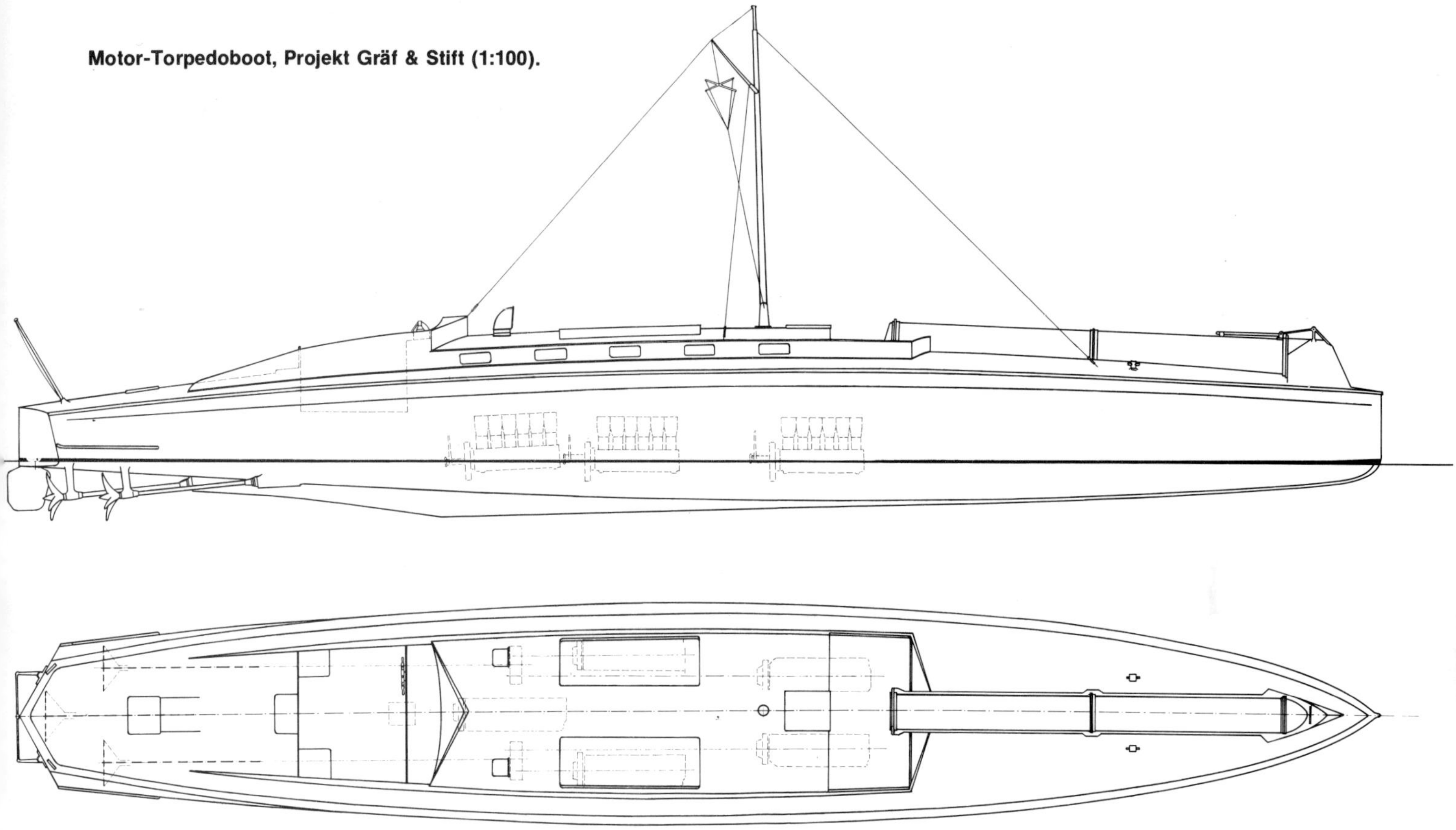

In einem Begleitschreiben an die Marinesektion stellte das Flottenkommando u. a. fest, daß die Anschaffung rasch laufender Panzermotorboote dringend erwünscht sei. Die Herstellung scheiterte bisher aber nicht an dem Mangel an Ideen oder Projekten, sondern an entsprechenden Motoren, Baumaterial und Facharbeitern.

Von der Marinesektion wurde Durda zur Herstellung eines geeigneten Modells veranlaßt und die anschließende Vornahme von Schleppversuchen in Wien verfügt.

Das letzte Projekt über ein Torpedoboot mit Motorenantrieb kam von der Wiener Automobilfabrik A.G. Gräf & Stift. Nach vorherigen Besprechungen übermittelte die Firma mit Schreiben vom 2. Oktober 1918 dem Seearsenalkommando Pola ein Angebot betreffend Lieferung schneller Motor-Torpedoboote oder Aufklärungsboote. Die Rümpfe sollten von der Naglowerft, Berlin, ganz aus Stahlblech gebaut und zur Fertigstellung an die Firma Gräf & Stift geliefert werden. Als Antrieb für die drei Schrauben waren fünf Maybach-Luftschiffmotoren von je 290 PS vorgesehen. Der mittlere Motor hatte ein Wendegetriebe und diente zum Manövrieren und zur Marschfahrt, die beiden äußeren Schrauben wurden von je zwei Motoren angetrieben. Die Bewaffnung bestand aus einem festmontierten 45 cm-Buglanzierrohr, einem Maschinengewehr und mehreren Wasserbomben für die U-Bootbekämpfung. Unter Verzicht auf das Buglanzierrohr hätten auch zwei Torpedos in seitlichen Fallapparaten geführt werden können. Als Besatzung waren fünf Mann: ein Kommandant, ein Steuermann, ein Torpedomann und zwei Motorenwärter erforderlich. Für das voll ausgerüstete Boot wurde eine Geschwindigkeit von 35 kn zugesichert.[24])

Das Seearsenalkommando befürwortete die Anschaffung einiger Boote mit Buglanzierrohr. Der letzte Vermerk, der sich auf dieses Angebot bezieht, ist mit 30. Oktober 1918 datiert. Darin schließt sich das MTK der Ansicht des Seearsenalkommandos an, daß mit der angegebenen Motorenleistung von 1.450 PS und zwei Torpedos an Bord eine Geschwindigkeit von 35 bis 37 kn zu erreichen sei. Als Aufklärungsboot wurde eine Version mit einem 37 mm B.A.G. und einem Maschinengewehr vorgeschlagen, das mit sechs Motoren von zusammen 1.740 PS eine Geschwindigkeit von 37 bis 40 kn erreichen sollte.

Der eintretende Zusammenbruch der Monarchie setzte auch hier allen weiteren Projekten ein Ende.

24) II.G.G. 1918 47 M/7-214

Der Anstrich der Torpedoboote

Für die erfolgreiche Durchführung eines Torpedoangriffes ist eine der wichtigsten Voraussetzungen, daß der Torpedoträger so spät wie möglich von dem angegriffenen Schiff wahrgenommen wird. Neben der Größe des Fahrzeuges, den vorherrschenden atmosphärischen Verhältnissen, dem Hintergrund und anderen Faktoren — wie Rauch- und Geräuschentwicklung, Wellenbildung und dergleichen — ist die Farbe des Anstriches von maßgebender Bedeutung für die Sichtbarkeit. Jede Marine war daher bestrebt, durch Verwendung einer geeigneten Farbe die Sichtbarkeit möglichst herabzusetzen.

Die Anstrichs-Vorschrift für die Schiffe der k.(u.)k. Kriegsmarine wurde jeweils im Marine-Normalverordnungsblatt festgelegt. Bei den Torpedobooten war man lange bemüht, durch Versuche die bezüglich ihrer Sichtbarkeit zweckentsprechendste Farbe zu finden. Die Außenhautbleche des Unterwasserrumpfes suchte man durch geeigneten Schutzanstrich vor Rostbildung und organischem Bewuchs zu bewahren. Dies hatte zur Folge, daß die Boote vor allem in den ersten zwei Jahrzehnten nach ihrer Einführung sehr häufig eine von der offiziellen Anstrichs-Vorschrift abweichende Farbgebung erhielten.

Über das Aussehen des im November 1875 von Thornycroft gelieferten Torpedobootes „I“ gibt ein Bericht des Seearsenalkommandos an die Marinesektion vom 10. September 1876 Auskunft. In diesem Bericht heißt es bezüglich der Farbgebung: *„... das Boot ist über Wasser — Bordwände, Aufbauten, Deck und Kamin — mit grauer Ölfarbe gestrichen, das lebende Werk (der Unterwasser-Rumpf) hat über einem dreimaligen Miniumanstrich einen Überzug von grüner Emailfarbe.“*[1])

Da dieser „Spezial-Emaillack“ in einer größeren Menge bei der englischen Herstellerfirma nachbestellt wurde, kann angenommen werden, daß zumindest die nächsten drei von englischen Werften gelieferten Boote („II“ — „IV“) noch den gleichen Anstrich hatten wie Torpedoboot „I“.

Ab 1882 wurden die verzinkten Bleche des Unterwasser-Rumpfes bis auf weiteres nur noch mit mehrfachem Miniumanstrich versehen.

Die nächste Feststellung über den Anstrich der Torpedoboote findet sich in einem Schreiben des Fregattenkapitäns Müller vom 15. August 1884. Er war Kommandant des Torpedodepot- und Mutterschiffes „ELISABETH“,[2]) welches die Torpedoboote auf ihren Übungsfahrten begleitete. Im allgemeinen wurden für die jährliche Eskadre sechs Torpedoboote in Dienst gestellt. Nach gemeinsamen Manövern mit der Eskadre führten die Torpedoboote selbständige Übungen durch und unternahmen anschließend eine zwei- bis dreiwöchige Fahrt durch die dalmatinischen Inseln, um den Bootskommandanten Gelegenheit zu geben, die heimischen Küstengewässer kennenzulernen. Über die während der Manöver und der Übungsreise gemachten Erfahrungen und Beobachtungen hatte der Kommandant des Mutterschiffes einen ausführlichen Bericht vorzulegen.

In diesem Schlußbericht 1884 äußerte sich Fregkapt. Müller bezüglich der Sichtbarkeit: *„... die gegenwärtig gebräuchliche Chocoladefarbe des Torpedobootsanstriches entspricht der möglichst geringen Sichtbarkeit bei Tage, erscheint aber im Scheinwerferlicht auffallend rötlich, es wäre ihr eine bräunliche Nuance zu geben.“*[3])

Dieser „chocoladefarbene“ Anstrich dürfte spätestens mit den im Seearsenal gebauten Booten (ab Torpedoboot „V“) eingeführt worden sein. Wann die von Thornycroft und Yarrow gelieferten Boote ebenfalls diesen Anstrich erhielten, läßt sich nicht feststellen.

Die MS erklärte sich im Dezember 1884 mit einem Zusatz von Braun einverstanden.

Im April 1885 wurden von einer Kommission Versuche bezüglich der Sichtbarkeit verschiedener Farben durchgeführt. Die Torpedoboote „II“ und „IV“ wurden jeweils mit zwei verschiedenen Anstrichen versehen und zwar:

1) die bisher gebräuchliche „Chocoladefarbe“,
2) eine dunklere Nuance derselben,
3) die gebräuchliche (Chocolade), jedoch weniger Rot und mehr Bräunlich,
4) dieselbe etwas dunkler,
5) aus Schwarz, mit Beimischung von Rot hergestellte Chocoladefarbe, noch dunkler als 4,
6) schwarz.

Über die im Scheinwerferlicht des Torpedoschiffes „ZARA“ gemachten Beobachtungen wurde anschließend gemeldet, daß die dunkleren Farben weniger sichtbar wären, am günstigsten jedoch Schwarz sei.

Für die Boote der Übungseskadre 1885 wurde daraufhin folgender Anstrich angeordnet: die Boote „VI“, „VII“ und „XV“ chocoladebraun, „VIII“, „IX“ und „XVI“ mattschwarz. Nach Abschluß der Übungen berichtete Fregkapt. Müller abermals, daß die Chocoladefarbe im Scheinwerferlicht rötlich erscheine und die damit gestrichenen Boote weitaus leichter sichtbar wären als die schwarz gemalten.[4])

1) II.G.G. 1876 12/20-6300

2) nicht zu verwechseln mit dem 1892 in Dienst gestellten Kreuzer „KAISERIN ELISABETH“

3) PK/MS 1884 1-12/5-2293

4) OK/MS 1885 II-1/1-271

Mit 6. November 1885 ordnete nun die MS an, in Hinkunft die Torpedoboote mit matter schwarzer Farbe — im Ernstfalle auch die sonst blank gehaltenen Metallgegenstände und die umlaufende Holzleiste des Decks — zu streichen.[5]) Da der Unterwasseranstrich an der Wasserlinie leicht abblätterte, wurde weiters verfügt, auf den 1886 in Dienst zu stellenden Booten Versuche mit einem zusätzlichen Anstrich über der Minium-Grundierung durchzuführen. Drei der Boote erhielten einen Überzug bestehend aus Paraffin mit einem Zusatz von Unschlitt, die anderen drei einen solchen aus grüner Ölfarbe über dem Miniumanstrich.

Nach Ende der Sommereskadre 1886 beantragte der Kommandant des Torpedobootes „XII" unter Hinweis auf die hohen Temperaturen im Inneren der Torpedoboote, diese im Frieden hellgrau zu streichen. Diesem Antrag wurde nicht stattgegeben und mit der *„Vorschrift für den Anstrich S.M. Schiffe und Torpedoboote"* vom 1. November 1889 für letztere festgelegt: *„Torpedoboote sind außenbords und auf Deck schwarz anzustreichen, deren Farbe ist durch Zusatz von Terpentinöl matt zu machen".*

1896 wurden die Versuche mit verschiedenen Außenbord-Anstrichen wieder aufgenommen. Für die in Dienst zu stellenden zwei Gruppen zu je drei Booten wurde folgende Farbgebung bestimmt:[6])

1. Gruppe: dunkelgrau, grau mit gelbem Stich, graugrün,
2. Gruppe: schwarz, zimtbraun und mattgrün.

Von den drei Booten der ersten Gruppe wurde je eines mit schwarzen Längsstreifen, schwarzen Querstreifen und unregelmäßigen schwarzen Flecken versehen.

Bezüglich der Sichtbarkeit kam man zu folgenden Ergebnissen:

bei Tag	bei Nacht
schwarz: mit Land im Hintergrund gut zu sehen, gegen See kein Unterschied zu Grau,	gegenüber anderen Farben am wenigsten zu sehen,
grau: weniger Sichtbarkeit als schwarz, Distanzmessung (besonders mit schwarzen Streifen) erschwert,	bei Mond oder Scheinwerferlicht besser sichtbar als schwarz,
zimtbraun: weniger sichtbar als schwarz,	bei Scheinwerferlicht besser sichtbar als schwarz.
grün: ziemlich gleich wie grau.[7])	

1897 schlug V.Adm. Spaun vor, nur die für Nachtoperationen vorgesehenen Torpedoboote wie bisher schwarz, alle anderen Schiffe und Torpedoboote jedoch grau zu streichen. K.Adm. Hinke, Kommandant der anläßlich der Kreta-Krise dort stationierten k.u.k. Eskadre, berichtete, daß die italienischen Boote mit ihrem dunklen graublauen Anstrich im Scheinwerferlicht am wenigsten sichtbar wären. Er beschaffte sich eine Probe dieser Farbe, welche im Laboratorium des MTK analysiert und danach eine größere Menge davon hergestellt wurde. Von den sechs Booten der Sommereskadre 1898 erhielten zwei, von den mit 1. September 1898 in Dienst gestellten sechs Schulbooten drei diesen italienischen dunkelgraublauen, die drei anderen Schulboote (nach amerikanischem Vorbild) einen olivgrünen Anstrich.[8]) Auch im folgenden Jahre wurden die Versuche fortgesetzt und dabei festgestellt, daß die amerikanische olivgrüne Farbe günstiger sei als die dunkelgraublaue.[9])

Um die Jahrhundertwende trat auch in der k.u.k. Kriegsmarine eine Abkehr von dem allgemein üblichen schwarzweißen Anstrich der Kriegsschiffe ein. Bereits im Februar 1899 hatte die Marinesektion an das MTK, das Seearsenalkommando und das Eskadrekommando ein Schreiben gerichtet, in dem u. a. ausgeführt wurde: *„Von der schwarzen Farbe, welche für Reisen nach den Tropen ohnedies ausgeschlossen ist und auch im Sommer an unserer Küste nicht geeignet erscheint, wäre gänzlich abzusehen und eine Nuance zu wählen, welche durch möglichste Herabsetzung der Sichtbarkeit auch als Außenbordanstrich im Krieg geeignet wäre."* Die Dienststellen wurden aufgefordert, bezüglich Änderung des Anstriches begründete Berichte vorzulegen.[10])

Aufgrund der eingegangenen Berichte, die sich alle für einen blaugrauen Anstrich aussprachen, erhielt der Kreuzer „ZENTA" im August 1899 als erstes Schiff einen blaugrauen Anstrich. Die Deckaufbauten wurden nach der noch geltenden Vorschrift weiß, die Masten braun und die Kamine grau gemalt. Onwohl man bereits in den folgenden Jahren — ab 1901[11]) — dazu überging, nach und nach die in Dienst zu stellenden Schiffe grau zu streichen, wurde dieser Anstrich erst mit der Anstrichsvorschrift 1906[12]) für sämtliche Schiffe, Beischiffe und Hulks, die Fahrzeuge für Hafen- und Küstendienst, mit Ausnahme der Yachten und Torpedoboote, festgelegt. Yachten wurden weiß gestrichen, für die Torpedoboote der mattschwarze Anstrich beibehalten. Das Deck der Torpedofahrzeuge und Torpedoboote wurde nur mit Leinöl eingerieben.

Nach Versuchen über die Sichtbarkeit der Farben Grau, Schwarz-glänzend und Schwarz-matt stellte das II. Geschwaderkommando am 15. April 1913 den Antrag auf Einführung des mattschwarzen Anstriches auch für Torpedofahrzeuge sowie aller nach außen sichtbaren Ausrüstungsgegenstände auf diesen.[13]) Der Antrag wurde genehmigt und mit 122. Nachtrag[14]) der mattschwarze Anstrich für Torpedofahrzeuge angeordnet.

5) II.G.G. 1885 4/C-2/9
6) OK 1896 II-3/1-1484, 1488
7) OK 1897 VII-4/1-125, 533

8) II.G.G. 1898 47 D/21
9) OK/MS 1899 II-2/2
10) II.G.Gr. 1899 47 b/5
11) II.G.Gr. 1901 47 B/4-5104
12) Vorschrift für den Anstrich der k.u.k. Kriegsschiffe und Torpedoboote, Dienstbuch 1-12
13) II.G.Gr. 1913 47 B/5-7414
14) MNV Nr. 9361 vom 30. Juni 1913

Im Oktober 1913 erhielt SMS „RADETZKY“ probeweise einen hellgrauen Anstrich. Da sich bei den folgenden Übungen diese hellgraue Farbe als weniger sichtbar erwies als die bisher verwendete dunkelgraue, wurde mit 22. Dezember 1913 grundsätzlich die Einführung des lichtblaugrauen Anstriches für die Schiffe der Eskadre genehmigt.

Die Torpedofahrzeuge und Torpedoboote sowie Tender und Schiffe für untergeordnete Zwecke wurden wie bisher mattschwarz gestrichen.

Im Juni 1914 berichtete das Kommando der Torpedoschule, im Verlaufe der Übungen sei einhellig festgestellt worden, daß sich der neue graue Anstrich vorzüglich für die Nacht eignete. „PLANET“ und Torpedoboote (schwarz) seien stets früher ausgenommen worden als der grau gemalte „LEOPARD“. Auch bei Tag ließe der graue Anstrich das Ziel undeutlicher erkennen. Darauf wurde für eine Torpedobootsgruppe („61 T“, „65 F“ und „66 F“) ein hellgrauer, für eine zweite Gruppe ein etwas dunklerer grauer Anstrich (ähnlich den britischen Kriegsschiffen) angeordnet.[15])

Das Kreuzerflottillenkommando meldete am 10. Oktober 1914, daß diese Anordnung wegen der inzwischen eingetretenen Mobilisierung nicht durchgeführt wurde, wies jedoch neuerlich darauf hin, daß der lichtgraue Anstrich der Kreuzer im Vergleich zu dem schwarzen der Torpedoboote weniger sichtbar sei.

Anläßlich einer Beratung wurde festgestellt, daß es gegen die Einführung der lichtgrauen Farbe für Torpedoboote nur zwei Gründe gäbe:

1) die Verschmutzung der Seitenwände (besonders bei der Kohlenübernahme) und
2) die Beibehaltung das schwarzen Anstriches in der deutschen Marine.

Mehrere Kommandanten schlugen vor, den Rumpf schwarz und nur die über Deck befindlichen Teile hellgrau zu streichen. Das Kreuzerflottillenkommando stellte den Antrag, von einer Fahrzeuggruppe Typ „TÁTRA“ und von einer Torpedobootgruppe je eine Einheit ganz hellgrau, eine nur über Deck hellgrau und den Rumpf schwarz und eine ganz schwarz zu streichen. Der Vorschlag wurde genehmigt und aufgrund der gemachten Erfahrungen — allerdings erst mit 9. Oktober 1915 — vom Flottenkommando für alle Torpedoeinheiten der mattgraue Anstrich verfügt.[16]) In der Verfügung wurde u. a. ausgeführt: *„Auf Schönheit und Gleichmäßigkeit ist kein Wert zu legen, sondern dies sogar zu vermeiden, da ein fleckiger und ungleichmäßiger Anstrich zweifellos vorzuziehen ist“.* In erster Linie sollten die in der Bocche di Cattaro und in Sebenico stationierten Boote den hellgrauen Anstrich erhalten. Der Neuanstrich der Torpedoboote für die lokale Verteidigung war nicht an ein bestimmtes Datum gebunden, sondern erst dann durchzuführen, wenn sich die Erneuerung des Außenbordanstriches als notwendig erwies.

15) II.G.G. 1914 47 B/5
16) II.G.G. 1915 47 A/5-5

Bereits am 23. Oktober 1915 vermerkte K.Adm. Khuepach in seinem Tagebuch: *„... alle Torpedoeinheiten grau angestrichen“.*

Die artilleristische Bewaffnung der Torpedoboote

Wie in den anderen Marinen waren auch die ersten Torpedoboote der k.u.k. Kriegsmarine reine Torpedoträger. Als jedoch 1883 die Ausrüstung der Schiffe mit 47 mm-Hotchkiss-Revolverkanonen zur Abwehr von Torpedobootangriffen beschlossen wurde, stellte die damit befaßte Kommission am 27. Februar 1883 fest, daß es zwar wünschenswert wäre, die Torpedoboote mit Mitrailleusen auszurüsten, die Boote jedoch ohne Einbuße an Geschwindigkeit diese Bewaffnung — 47 mm-Revolverkanonen — nicht tragen könnten.

Im Juni 1883 bot die Firma Hotchkiss der Kriegsmarine an, ihr für die Erprobung auf Torpedobooten kostenlos eine einläufige 37 mm-Schnellfeuerkanone zur Verfügung zu stellen.[1]) Nach Eintreffen des neuen Geschützes wurden damit Versuche auf den Torpedobooten „V“ — „VIII“ und „XI“/„XII“ (später „IX“/„X“) durchgeführt, wozu auf den Turmdecken Ständer angebracht wurden. Die auftretenden Erschütterungen und der Lärm im Turminneren waren so stark, daß die Verbindungen der Decke mit dem Turm verstärkt werden mußten. Zur Schalldämpfung brachte man an der Unterseite der Turmdecke eine Holzscheibe mit Filzbelag an. Das Walrückendeck wurde auf beiden Seiten des Turmes mit einer Gräting versehen, auf welcher der Vormeister beim Schießen kniete.

Nach Abschluß der Versuche im April 1884 faßte man die gemachten Erfahrungen dahingehend zusammen, daß die einläufige 37 mm-Hotchkiss-Schnellfeuerkanone nach Verstärkung der Turmdecken infolge ihres geringen Gewichtes, der Geschoßwirkung und der ausreichenden Feuergeschwindigkeit als Bewaffnung für die Torpedoboote geeignet sei. Im folgenden Jahre (1885) wurden alle Torpedoboote II. Klasse ab Nr. „IX“ mit Ständern auf den Turmdecken versehen. Die Geschütze blieben jedoch nicht ständig montiert, sondern wurden an Bord des Torpedo-Begleitschiffes mitgeführt und bei Bedarf — Schießübungen bzw. Manöver — an die Boote ausgegeben. Auf eine Bewaffnung der Boote „V“ — „VIII“ wurde verzichtet.[2])

1) II.G.G. 1883 6 A/21-1 und 4 F/13-2
2) II.G.G. 1885 4 C/2-160

37 mm Hotchkiss-Schnellfeuerkanone auf Torpedoboot „GEIER".

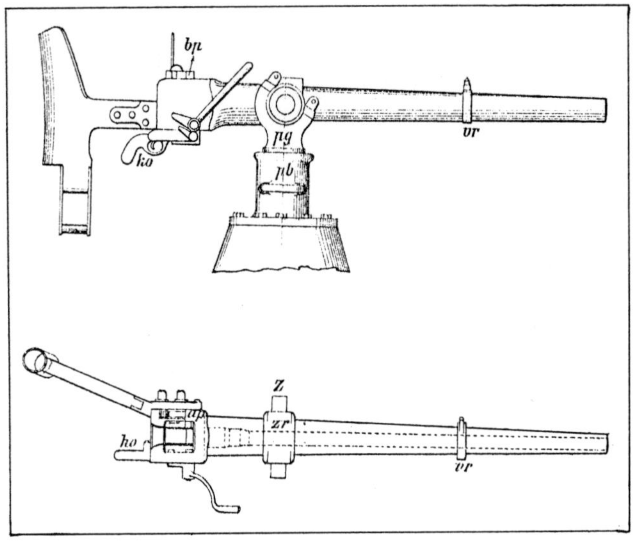

37 mm L/23 Hotchkiss-Schnellfeuerkanone.

Die Installierung auf den Turmdecken wurde für die Torpedoboote II. Klasse bis Nr. „XXXIII", sowie für „HABICHT" / „SPERBER" und einen Teil der nach diesen Plänen im Inland gebauten Boote beibehalten. Die teilweise bzw. ganz freistehenden Türme dieser Boote hatten eine umlaufende Gräting, auf der die Geschützbedienung stehen konnte. Die beiden bei Yarrow in Bau befindlichen Torpedoboote „ADLER" und „FALKE" sowie die späteren Torpedoboote I. Klasse und die Boote II. Klasse „XXXIV" bis „XXXIX" erhielten zur Aufstellung der Schnellfeuerkanonen Ständer an den Decksaußenseiten. Die Turmdecke wurde für die Installierung eines Scheinwerfers benützt.

Die 37 mm L/23-Hotchkiss-Schnellfeuerkanone war ein einläufiges Geschütz mit Fallblockverschluß ohne Rohrrücklauf. Der Verschluß wurde durch Umlegen eines Hebels an der rechten Verschlußseite betätigt. Zur Dämpfung des Rückstoßes waren die Lagerbüchsen der Schildzapfen mit starken Kautschukringen in den Schildpfannen der Ständergabeln gelagert. Der ringförmige Patronenbehälter faßte 48 Patronen und wurde auf den konischen Ständer aufgesetzt.

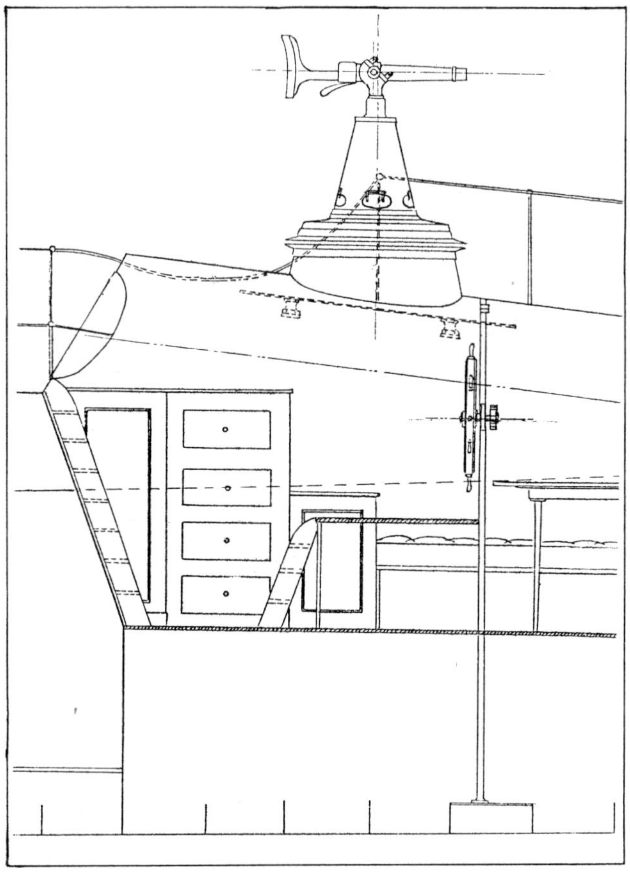

37 mm Schnellfeuerkanone, montiert auf dem Turm von Torpedoboot „XI".

Nachstehend die wichtigsten Daten des Geschützes:

Kaliber	36,97 mm
Länge ohne Schulterstück	842 mm
ganze Länge mit Schulterstück	1.167 mm
Zahl der Züge	12
Gewicht ohne Schulterstück	33 kg
Gewicht mit Schulterstück und Pivot	65 kg
Gewicht wie oben, mit 100 Patronen, Verpackungsgefäß und Ausrüstung	150 kg
größte Elevation	+ 20°
größte Depression	— 20°
Gewicht einer scharfen Patrone	627 g
Durchschlagskraft gegen eine schmiedeeiserne Platte auf 100 m Entfernung	33 mm
1.000 m Entfernung	18 mm
2.000 m Entfernung	11 mm
2.600 — 3.000 m Entfernung	8 mm

Verwendet wurden stählerne Zündergranaten. Als Kriegsdotation für Torpedoboote waren 300 Patronen pro Geschütz festgesetzt.

Die Torpedoboote „VIPER", „NATTER", die Boote der „COBRA"-Klasse sowie die 200 t Hochseetorpedoboote „50" bis „73" erhielten als Bewaffnung 47 mm L/33 Schnellfeuerkanonen. Bis einschließlich „COBRA"-Klasse waren diese Geschütze ohne Rohrrücklauf von der gleichen Konstruktion wie die 37 mm SFK. Die Geschütze für die „KAIMAN"-Klasse wurden von den Škodawerken Pilsen — welche inzwischen ebenfalls die Erzeugung von Schnellfeuerkanonen aufgenommen hatten — geliefert. Sie hatten Rücklauflafetten mit zu beiden Seiten des Rohres liegenden Bremszylindern.

Die Hauptdaten dieser Schnellfeuerkanone sind nachstehend angeführt:

Kaliber	47 mm
Länge ohne Schulterstück	1.557,5 mm
ganze Länge mit Schulterstück	2.000 mm
Zahl der Züge	20
maximaler Rücklauf	100 mm
Gewicht ohne Schulterstück	120 kg
Totalgewicht der Lafette	260 kg
größte Elevation	+ 24°
größte Depression	— 30°
Gewicht einer scharfen Patrone	1.494 g
Durchschlagskraft gegen eine schmiedeeiserne Platte auf 100 m Entfernung	72 mm
1.000 m Entfernung	37 mm
2.000 m Entfernung	24 mm
3.000 m Entfernung	17 mm

Die Dotation betrug für Torpedoboote und Torpedofahrzeuge 200 Patronen mit stählernen Zündergranaten pro Geschütz.

Die 110 t Küstentorpedoboote „1" bis „12" erhielten ebenfalls 47 mm Schnellfeuerkanonen, jedoch mit einer Rohrlänge von L/44. Das Rohr war bei diesen Geschützen in einer Wiege mit darunterliegendem Bremszylinder gelagert. Infolge der größeren Rohrlänge hatte das Geschütz eine größere Reichweite und eine bedeutend höhere Durchschlagskraft, als die 47 mm L/33 Schnellfeuerkanone.

47 mm Heckgeschütz und Lanzierrohr auf Torpedoboot „11".

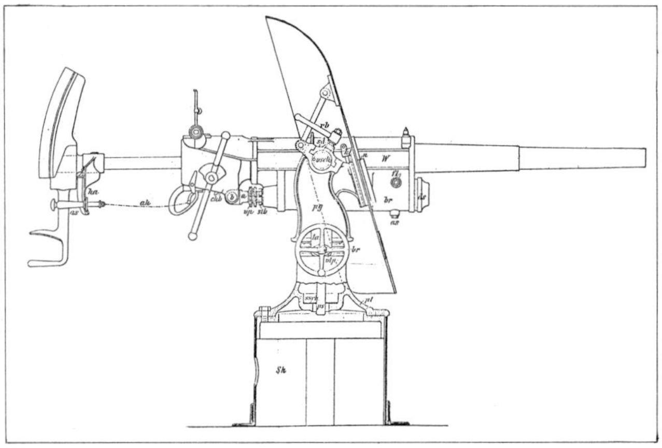

47 mm L/44 Schnellfeuerkanone in Wiegenlafette.

Daten der 47 mm L/44-Schnellfeuerkanone in Wiegenlafette:

Kaliber	47 mm
Länge ohne Schulterstück	2.048 mm
ganze Länge mit Schulterstück	2.699 mm
Zahl der Züge	20
maximaler Rücklauf	85 mm
Gewicht ohne Schulterstück	240 kg
Totalgewicht der Lafette	490 kg
größte Elevation	+ 20°
größte Depression	— 10°
Gewicht einer scharfen Patrone	2.750 g
Durchschlagskraft gegen eine schmiedeeiserne Platte auf 100 m Entfernung	127 mm
1.000 m Entfernung	70 mm
2.000 m Entfernung	40 mm
3.000 m Entfernung	31 mm
4.000 m Entfernung	28 mm

Dotation: 200 Patronen pro Geschütz.

7 cm L/30 Buggeschütz auf Torpedoboot „74 T".

7 cm L/30 Škoda-Schnellfeuergeschütz auf einem Torpedoboot der Klasse „82 F".

Die Artilleriebewaffnung der Hochseetorpedoboote „74 T" bis „100 M" bestand aus zwei 7 cm L/30 Škoda-Schnellfeuerkanonen. Obwohl das tatsächliche Kaliber 66 mm war, wurden alle Geschütze dieses Kalibers als *„7 cm Geschütze"* bezeichnet. Das Rohr hatte einen vertikalen Kniegelenkverschluß. Ein am Verschlußstück des Rohres angebrachtes Schutzblech schützte den Richtkanonier (Vormeister) vor dem Rohrrücklauf. Ab 1917 wurde auf allen Booten dieser Klasse das achtere Geschütz durch ein 7 cm Ballonabwehrgeschütz ersetzt. Auch für die Boote der „KAIMAN"-Klasse wurden im Dezember 1917 20 Stück 7 cm L/30 B.A.G. bestellt. Ein tatsächlicher Einbau dieser Geschütze läßt sich in den vorliegenden Akten jedoch nicht feststellen.[3])

7 cm L/30 Škoda-Schnellfeuerkanone ohne Schutzschild:

Kaliber		66 mm
Länge des Rohres		1.980 mm
maximaler Rücklauf		250 mm
Mündungsgeschwindigkeit		550 m/sec
Gewicht des Geschützes mit	T.A.G	B.A.G
Lafette und Sockel	788 kg	1.074 kg
größte Elevation	+ 25°	+ 90°
größte Depression	— 14°	— 5°
Reichweite bei 12° Elevation		5.000 m
Reichweite bei 25° Elevation		ca. 7.000 m
Gewicht einer scharfen Patrone		5,78 kg
Dotation pro Geschütz		216 Zündergranaten

Ab Juli 1914 — die Boote der „KAIMAN"-Klasse ab 1915 — wurden die Torpedoboote „50" bis „100" mit einem 8 mm-Maschinengewehr in Ballonabwehrlafette ausgerüstet. Die transportable Lafette konnte nach Bedarf an vier Stellen des Decks fixiert werden. Die Dotation betrug 4.000 Schuß.[4])

3) II.G.G. 1917 4 B/3-24, 31
4) II.G.G. 4 D/11-19, 51

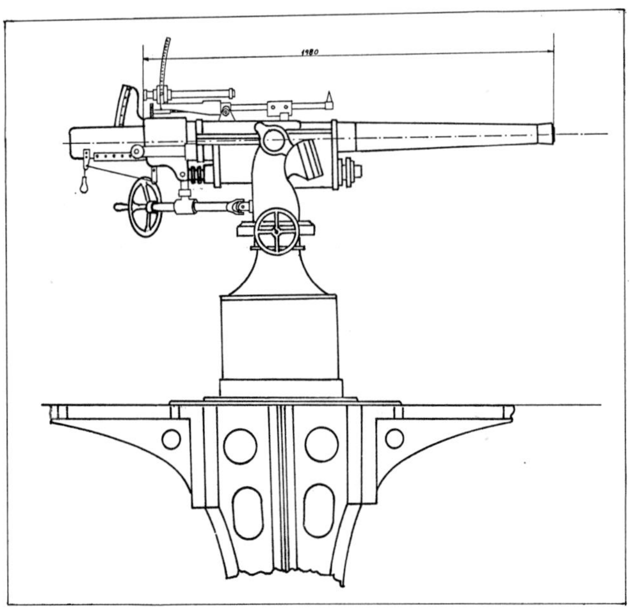

7 cm (66 mm) Schnellfeuerkanone in Wiegenlafette.

Dienst und Leben an Bord

Der Dienst an Bord der k.u.k. Kriegsschiffe wurde durch das *„Dienstreglement für die k.u.k. Kriegsmarine/Dienst zur See"* geregelt. In 17 Abschnitten auf insgesamt 682 Seiten enthält dieses Reglement — von der Bedeutung der National- und Rangabzeichen über Dienstbetrieb bis zu den Pflichten der Offiziere und Mannschaften — alle den Dienst auf Schiffen betreffenden Vorschriften.

Für die Durchführung des Dienstbetriebes war die Besatzung in zwei Abteilungen, eine Steuerbord- und eine Backborddivision, eingeteilt, die sich nach jeweils vier Stunden ablösten. Um eine Verschiebung in der täglichen Wachfolge zu ermöglichen, war die von 16.00 bis 20.00 Uhr dauernde Abendwache in zwei Hälften geteilt. Der Wachwechsel erfolgte mit Antritt der zweiten Abendwache um 18.00 Uhr. Die Rudergänger auf den Torpedobooten, meistens Steuermannsmaate, wurden alle zwei Stunden, bei schlechtem Wetter stündlich abgelöst.

Auf den älteren Torpedobooten trug die räumliche Beengtheit und die knapp bemessene Besatzung wesentlich zur Erschwerung des Dienstes bei. Bis zur Jahrhundertwende wurden gewöhnlich nur zwei Torpedobootgruppen für die Sommereskadre bzw. für die anschließenden Übungsfahrten entlang der Küste ausgerüstet. Dabei wurden sie vom Torpedo-Mutterschiff „ELISABETH" begleitet und versorgt. Die Übernahme und Verstauung von mehreren Tonnen Kohle in 85 kg-Säcken — ihr Gewicht wurde später über Vorschlag von Fregkapt. Brosch auf 50 kg reduziert — war sicher eine harte Arbeit. Der Kohlenstaub war häufig Ursache von Augenerkrankungen des Heizerpersonales.

Auch für die Verpflegung der Bootsbesatzungen hatte das Begleitschiff zu sorgen. Lagen die Torpedoboote beim Mutterschiff vertäut, wurden die warmen Mahlzeiten auf diesem zubereitet und an die Backsgasten der Boote ausgegeben. Wenn die Boote jedoch auf Übungsfahrt oder aus einem anderen Grunde detachiert waren, wurden ihnen die Lebensmittel in natura ausgefolgt. Gekocht wurde auf einem kleinen, an Deck aufgestellten Herd. Man kann sich vorstellen, daß bei mäßigem Seegang oder schlechtem Wetter an ein Kochen nicht zu denken war und die Besatzung auf warme Mahlzeiten verzichten mußte.

Die Einführung größerer Torpedoboote und die ständige Stationierung von Torpedobooten in bestimmten Häfen führten zu einer Änderung in der Versorgung. Die Boote verfügten bereits über genügend große Kombüsen, um sich selbst versorgen zu können. Anhand eines Proviantfassungsbogens erhielten sie von den Ausgabestellen oder vom nächstgelegenen Depotschiff die ihnen zustehenden Lebensmittel. Auswärts stationierten Einheiten wurde das Schiffskostgeld ausgefolgt, um bei Vertragslieferanten oder auf dem freien Markt ihren Proviantbedarf zu decken.

Der Schiffskommandant hatte die „widmungsgemäße" Verwendung des Schiffskostgeldes und den wirtschaftlichen Einkauf der Lebensmittel zu überwachen. Durch öftere Kostproben hatte er sich von der sorgfältigen Zubereitung der Speisen zu überzeugen.

Die Verpflegung der Besatzungen der k.u.k. Kriegsschiffe muß — zumindest vor Beginn des Ersten Weltkrieges — als reichlich und verhältnismäßig gut bezeichnet werden, wenn sie uns auch vom heutigen Standpunkt als etwas einförmig erscheinen mag. Zum Frühstück gab es Kaffee und Brot. Das Mittagessen bestand aus gekochtem Rindfleisch mit Beilagen, abwechselnd Erdäpfeln und Fisolen,[1]) zusätzlich auch Kraut und Wirsingkohl. Auch zum Nachtmahl um 18.30 Uhr wurde eine einfache warme Mahlzeit wie Gulyas mit Erdäpfeln, Reisfleisch und dergleichen ausgegeben. Maschinen- und Elektropersonal erhielten ein zweites Frühstück bestehend aus Brot und Käse.

Nach der Speisetabelle des Jahres 1910 betrug die tägliche Ration an Fleisch einschließlich Knochen 400 g, an Brot 600 g; die Wochenration an Erdäpfeln 1.600 g, Reis 400 g, Teigwaren 350 g. Als Getränk wurden außer Kaffee und Tee zu den täglichen Mahlzeiten 0,5 l Wein verabfolgt.

Die zunehmenden Schwierigkeiten in der Lebensmittelversorgung während des Krieges hatten eine Herabsetzung der Rationen zur Folge. Mit 12. April 1915 wurde die tägliche Fleischration auf 300 g, die Brotration auf 520 g reduziert. Statt eines warmen Nachtmahls wurden zweimal wöchentlich 150 g Käse und Tee ausgegeben.

Die nächste Reduzierung erfolgte am 1. Jänner 1917. Die tägliche Brotration wurde auf 500 g festgesetzt. Zur Herstellung des Brotes wurde zum Teil Mais-, Gersten- oder Erdäpfelstärkemehl verwendet, der Bohnenkaffee wurde durch Kaffeesurrogat ersetzt. Die Erdäpfelzuteilung wurde erhöht, dafür die Rationen anderer Lebensmittel, wie Reis, Teigwaren und dergleichen fast durchwegs auf $^2/_3$ reduziert. Zu den Mahlzeiten gab es mehrmals in der Woche Polenta.[2]) Die bereits mit Kriegsbeginn auf 0,4 l verminderte Weinration wurde ganz aufgehoben und durch einen entsprechenden Geldbetrag ersetzt.

Torpedofahrzeuge, Torpedoboote und Unterseeboote wurden insofern bevorzugt, als sie bei den Marineproviantämtern die Lebensmittel — mit Ausnahme von Brot — nach den bis 31. Dezember 1916 geltenden Bestimmungen gegen Barzahlung beziehen konnten. Die Beibe-

1) Kartoffeln und grüne Bohnen
2) Polenta ist ein Brei aus Maisgries und Wasser, der erstarrt als Beilage zu Fleisch, Fisch oder Gemüse gegessen wird. Sie ist bzw. war eine der Ernährungsgrundlagen der ärmeren Volksschichten in Italien und Dalmatien.

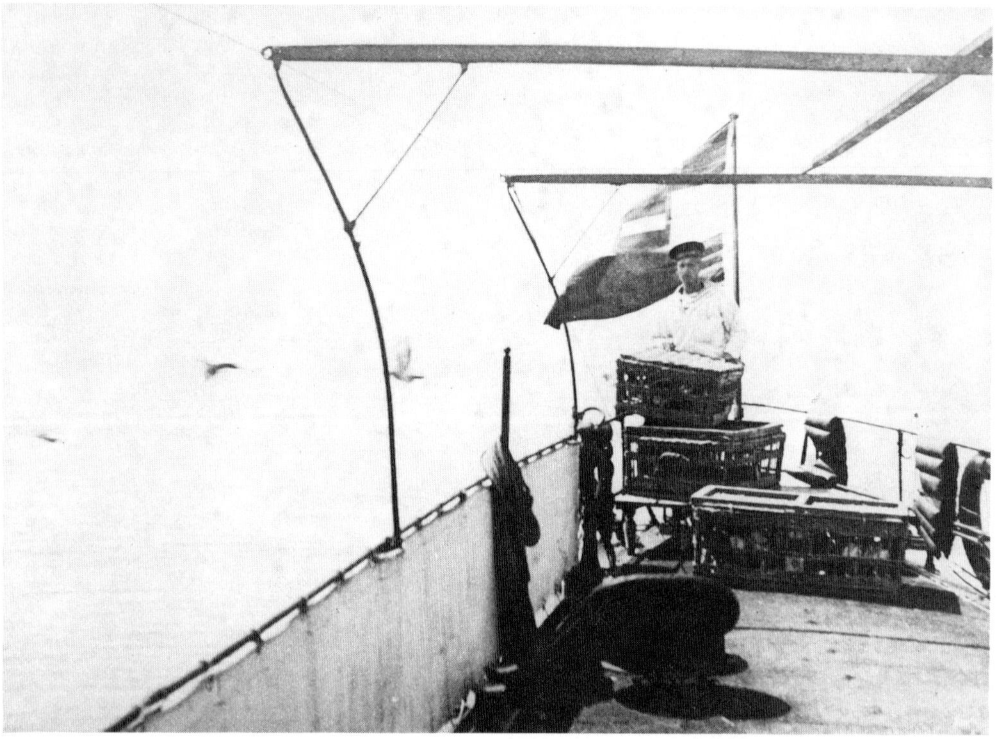

Brieftaubenabflug von einem Torpedoboot I. Klasse.

haltung der alten Rationen war allerdings rein theoretisch, denn nach den inzwischen erlassenen *„Austauschbestimmungen"* konnten hochwertige Nahrungsmittel durch solche von minderer Qualität ersetzt werden. So konnten zum Beispiel 100 g Fleisch durch 50 g Speck oder 140 g Hartgemüse, 50 g Käse durch 150 g Brot, Hartgemüse durch Frischgemüse, Erdäpfeln oder Sauerkraut ersetzt werden. (Als *„Hartgemüse"* galten Hülsenfrüchte, Reis, Teigwaren und Maisgries).

Mit 1. Juli 1918 wurde eine weitere Herabsetzung verfügt. Die wöchentlichen Rationen des *„höheren Ausmaßes"*, nach dem die Torpedoboote und Unterseeboote verpflegt wurden, betrugen nun zum Beispiel für Fleisch — einschließlich Knochen — 2.100 g, Hartgemüse 900 g, Erdäpfeln 2.300 g, Sauerkraut 450 g, Fett oder Öl 85 g, Kriegskaffee 49 g, Zucker 175 g. Reis oder Teigwaren scheinen auf dieser letzten Verpflegsgebührentabelle nicht mehr auf.

Die Angehörigen des Stabes — Offiziere, Stabs- und höhere Unteroffiziere — wurden auf den größeren Einheiten von den Stabsküchen gegen Verrechnung des Schiffskostgeldes verköstigt. Da auf den Torpedobooten nur eine Küche vorhanden war, wurden in dieser auch die Mahlzeiten für den Stab zubereitet. Die fünf oder sechs eingeschifften Stabspersonen hatten jedoch das Privileg, für ihren Bedarf gegen Bezahlung 30 bis 50% mehr Lebensmittel zu beziehen.[3])

3) MNVBl vom 20. März 1918, 8. St.,
für ein bis fünf Personen 50%,
für sechs bis zehn Personen 30%

Überdies stand ihnen ein höheres Schiffskostgeld zu, so daß die Verpflegung in den Stabsmessen bedeutend besser war.[4])

Bezüglich der Unterbringung der Besatzung muß auch hier wieder zwischen den älteren Torpedobooten und den neueren, ab Mitte der neunziger Jahre gebauten Booten unterschieden werden. Fregkapt. Brosch weist in seinen Berichten über das Torpedobootswesen 1884 bis 1889[5]) darauf hin, daß die Temperaturen unter Deck häufig über 50° C betrugen und die Ventilation unzureichend war. Erst mit Sonnenuntergang sank die Innentemperatur auf ein erträgliches Maß. Obwohl das Begleitschiff für die Unterbringung der Torpedobootbesatzungen eingerichtet war, zogen es diese gewöhnlich vor, während der ganzen Ausrüstungsdauer auf ihren Booten zu bleiben.

Auf den älteren Booten waren keine Möglichkeiten zur Beheizung vorgesehen, sie wurden daher in der kalten Jahreszeit nur für kurze Fahrten verwendet. Die neueren Boote waren für die notwendige dauernde Unterbringung der Besatzung durchwegs mit Dampfheizung ausgerüstet.

4) Schiffskostgeld für die Besatzungen der Torpedofahrzeuge und Torpedoboote im September 1918, täglich:
Lschlt. als Kommandant 12,— Kronen, sonst 8,— Kronen,
Freglt. als Kommandant 10,— Kronen, sonst 7,— Kronen,
Stabsunteroffiziere 5,— Kronen,
höhere Unteroffiziere 4,30 Kronen,
übrige Mannschaft 3,20 Kronen

5) Sammlung von Berichten über das Torpedobootswesen, OK/SR 42

Ein Problem besonderer Art waren auf den kleinen Booten — Nr. „19" bis „49" —, von denen viele noch bis Kriegsende als Minensuchboote im Einsatz standen, die sanitären Einrichtungen. Sie bestanden aus je einem verzinkten Blechkübel für den Offiziers- und Mannschaftsraum. Ab 1887 ging man sukzessive dazu über, im Offizierswohnraum der Torpedoboote I. und II. Klasse ein Pumpklosett einzubauen. Für die Mannschaft wurde als *„systemisierter Abort"* der Blechkübel weiter beibehalten. Um die Luft in den engen, ungenügend belüfteten Räumen nicht noch mehr zu verschlechtern, zogen es die Leute vor, ihre Notdurft in See über Bord zu verrichten, wobei sie sich einen Platz suchten, der sie den Blicken der übrigen Besatzung bzw. des Wachoffiziers möglichst entzog. Ein Überbordfallen wäre daher kaum bemerkt worden. Eine weitere Gefahr des Überbordfallens bestand darin, daß die Matrosen in warmen Nächten mit Vorliebe an Deck schliefen.

Das Hafenadmiralat Pola wies am 22. Februar 1910 in einem ausführlichen Bericht an die Marinesektion auf diese Gefahren für die Sicherheit der Besatzung hin und schlug vor, erstens die Reling zwischen Handlauf und Deck mit einem großmaschigen Netz zu versehen, wodurch auch der Verlust von Ausrüstungsgegenständen verhindert würde, und zweitens an der Deckkante eine aufklappbare Abort-Plattform mit einem Schutzgeländer anzubringen.[6])

6) II.G.G. 1910 47 D/4-1

Die Begründung, mit der diese Vorschläge von der Marinesektion abgelehnt wurden, entbehrt nicht einer gewissen Kuriosität und zeigt zudem wieder den in der k.u.k. Kriegsmarine ständig herrschenden Hang zur Sparsamkeit. Die Anbringung von Netzen wurde im Hinblick auf die damit verbundenen hohen Installierungskosten und dem Hinweis, daß sie bei Manövern hinderlich wären, abgelehnt. Den Matrosen sei das Schlafen an Deck nur an jenen Stellen zu erlauben, an denen keine Gefahr des Überbordrollens bestünde. Bezüglich des Fehlens eines geeigneten Abortes wurde festgestellt, daß die betreffenden Boote bereits über zwei Jahrzehnte im Dienst ständen, ohne daß sich aus den angeführten Gründen ein Unglücksfall ereignet hätte. Außerdem wäre die vorgeschlagene Plattform in einem Hafen doch nicht zu gebrauchen. Das Hafenadmiralat wurde angewiesen, den älteren Torpedobooten Stangen und Persenninge auszufolgen, um im Hafen an einem *„geeigneten Ort"* einen improvisierten Abort errichten zu können.[7])

Die Richtigkeit der von der Marinesektion vertretenen Ansicht: *„ist zwanzig Jahre nichts passiert, wird auch in Zukunft nichts passieren"*, ließ sich allerdings nicht beweisen: am 25. Dezember 1910 verlor Torpedoboot „44" auf der Fahrt von Fasana nach Pola den Marsgast Árpád Popovics.

7) II.G.G. 1910 47 D/4-7

Besatzung eines Torpedobootes im Ölzeug.

Damenbesuch an Bord.

Besuch von Heeresoffizieren auf einem Torpedoboot während des Krieges.

Zur Unterbringung der Bekleidung dienten den Mannschaften und niederen Unteroffizieren die mit Namen und Personalnummer versehenen Kleidersäcke. Die vorgeschriebene Packordnung und die Vollzähligkeit der Bekleidungsstücke wurden öfters kontrolliert. Der Besitz von Kisten, Koffern oder Einrichtungsgegenständen, welche nicht zur Ausrüstung gehörten, war den Mannschaften verboten. Es dürfte von einigem Interesse sein, hier nebenbei anzuführen, was den Matrosen der k.u.k. Kriegsmarine laut Dienstreglement unter anderem verboten war: jedes Karten- oder sonstiges Glücksspiel mit Ausnahme des sogenannten Tombolaspieles, der Besitz von Feuerwaffen, Zündhölzern und geistigen Getränken, das Verschenken oder der Verkauf der Weinration. Geraucht werden durfte im allgemeinen nur außer Dienst während der Mahlzeiten und Freistunden, dem Maschinen- und Kesselpersonal war es auch während des Dienstes gestattet. Singen und Musizieren, auch *„anständiges Tanzen"*, war während der abendlichen Freizeit erlaubt, Pfeifen jedoch strengstens verboten.[8]) So wurde zum Beispiel der Steuermannsmaat Randić Robert wegen *„Pfeifen an Bord trotz wiederholter Ermahnung"* mit 21 Tagen Bordarrest bestraft.

Die Aufgaben des Torpedobootkommandanten wurden erstmals durch die mit MNV vom 23. November 1888 herausgegebene *„Provisorische Instruktion für die Kommandanten von Torpedobooten und Torpedofahrzeugen"* festgelegt.[9]) Erstaunlicherweise behandeln zwei der drei Abschnitte umfassenden Vorschrift sehr ausführlich den Kessel- und Maschinenbetrieb, während der dritte Bestimmungen über die navigatorische Führung des Bootes enthält. Das weist darauf hin, daß von Seiten der vorgesetzten Dienststellen größter Wert auf die Vertrautheit der Bootskommandanten mit dem Maschinenbetrieb gelegt wurde. Die nächste, weit umfassendere *„Instruktion für die Kommandanten der k.u.k. Torpedoboote"* wurde mit MNV vom 24. März 1905 herausgegeben.[10]) Aufgegliedert in 32 Paragraphen enthält sie eingehende Bestimmungen über die militärische, technische, nautische und administrative Führung der Torpedoboote.

8) Dieses Verbot geht vermutlich auf den alten Aberglauben zurück, daß Pfeifen an Bord eines Segelschiffes Sturm bringt.

9) Dienstvorschrift II/39 ex 1888, MNV v. 23. November 1888 PK/MS 2392

10) Dienstvorschrift II/39 ex 1905, MNV v. 24. März 1905 PK/MS 568

Mittagessen an Bord des Torpedobootes „XIX".

Havarien — Beschädigungen durch Grundberührungen, bei Anlegemanövern oder Kollisionen mit anderen Fahrzeugen — hatten stets eine kommissionelle Untersuchung zur Folge. Geringfügige Verschulden wurden durch eine *„ausstellige Bemerkung“* oder einen einfachen Verweis getadelt. Lag ein schwereres Verschulden vor, erfolgte die Bestrafung mit einem strengen Verweis, gegebenenfalls auch mit Arrest. Es war keine Seltenheit, daß die Kommandanten zum teilweisen Ersatz des verursachten Schadens herangezogen wurden.

Die im Frieden bei jedem Wetter durchgeführten Übungsfahrten an der dalmatinischen Küste, in den engen, von Riffen gesäumten Kanälen zwischen den vielen Inseln, waren eine harte Schule für die Bootskommandanten und stärkten ihre Selbständigkeit und Entschlußkraft.

Die Disziplin dürfte auf den Torpedobooten wohl nicht so streng gewesen sein wie auf den größeren Schiffen der Flotte. Der Dienst war für Offiziere und Mannschaften gleichermaßen hart und anstrengend. Die gemeinsamen Strapazen und das ständige Zusammenleben auf engem Raume führte jedoch, wie auf allen kleinen Einheiten, zu einem besseren Kontakt zwischen den zwei oder drei Offizieren und der übrigen Besatzung. Dies wirkte sich besonders in Krisensituationen positiv aus. So stellte Lschkapt. Heyssler als Chef der in der Bocche di Cattaro stationierten Torpedoflottille nach Zusammenbruch der Meuterei in seinem Bericht vom 4. Februar 1918 unter anderem fest:[11])

„Hervorzuheben ist die Haltung der Torpedoboote. Im Unterschied zu den Schiffen und auch zu den Torpedofahrzeugen zeigte die Mannschaft einen Geist, der die Kommandanten auch während der kritischsten Situationen nicht im Zweifel ließ, erforderlichenfalls jeden Moment gegen die meuternden Schiffe vorgehen zu können, obwohl sie nicht minder unter Bedrohung standen als die übrigen Schiffe.“

11) PK/MS 1918 XV-4/13

Personalverluste

22. Juli 1899
Tb „ADLER“, nordwestlich der Insel Torcola bei Kesselexplosion getötet:
Linienschiffsfähnrich Moritz von Grabmayer,
Maschinenmaat Josef Deotto,
Maschinengast Siegl Franz,
Maschinengast Nicolo Ulijič,
Oberheizer Andre Miljak.

31. August 1905
Tb „XXXVIII“, nach Zusammenstoß mit Tfzg „SATELLIT“ südlich Stoja di Musil gesunken, dabei ertrunken:
Maschinenmatrose Ludwig Anderlik,
Maschinenmatrose Martin Ehrlich.

14. November 1910
Tb „4“, drei Seemeilen südlich der Klippe Porer bei Seegang über Bord gegangen und ertrunken:
Bootsmannsmaat Georg Faydetić,
Steuerquartiermeister Franz Gartner,
Matrose TVM Ive Kaćan-Matijin.

25. Dezember 1910
Tb „44“, auf der Fahrt von Fasana nach Pola über Bord gefallen:
Marsgast TVM Árpád Popovics.

10. Februar 1913
Tb „7“, bei Račišće (Curzola) über Bord gefallen und ertrunken:
Maschinenmaat Sator.

23. August 1914
Tb „26“, bei Porer auf Mine gelaufen und gesunken, vermißt (ertrunken):
Seekadett Eduard von Polreich,
Steuerquartiermeister Karl Rudolf,
Steuermatrose Johann Troch,
Matrose Josef Fürst,
Maschinenwärter Ladislaus Cziszar,
Maschinenmaat Franz Turek,
Maschinenmaat Franz Johann Herzog,
Maschinenquartiermeister Josef Kampel,
Heizer Martin Zustovich,
Heizer Andreas Dvorsky,
Heizer Andrija Vuksič.

24. Juni 1915
Tb „60“, beim Räumen von Minen vor Salvore durch Minenexplosion getötet:
Fregattenleutnant Otto Janata,
Matrose Adolf Pus,
Matrose Gustav Dabausek.

9. September 1915
Tb „51“, bei Rückfahrt von Pelagose von französischem U-Boot „PAPIN“ torpediert, gefallen:
Steuerquartiermeister Josef Obid,
Steuermatrose Josef Magalewski,
Marsgast TVM Lorenz Frisch,
Marsgast TVM Georg Papković,
Marsgast TVM Sandor Tal,
Matrose TVM Josef Kardić-Sanic,
Matrose TVM Johann Berdon,
Maschinenwärter Karl Fleissner,
Maschinenquartiermeister Benjamin Rocco,
Maschinengast Rudolf Strnadl,
Maschinengast Eduard Einhorn,
Marsgast TVM Peter Kuvacević,
Oberheizer Josef Balint,
Oberheizer Johann Szabo,
Heizer Mate Skalabrin,
Heizer Andrija Mustapic,
Matrose Josef Oredente.

23. Mai 1916
Tb „75 T“, bei Gefecht mit italienischen Einheiten 20 sm OSO von Malamocco Treffer im Maschinenraum, getötet:
Maschinenquartiermeister Emil Lorber.

26. September 1916
Tb „52 T“, bei Bergung einer Mine vor Rogosniza durch Minenexplosion getötet:
Fregattenleutnant Artur Esch von Eschenwehr,
Bootsmaat TI Johann Julawa,
Marsgast TVM Vid Bačinič.

26. September 1916
Tb „66 F“, bei Bergung einer Mine vor Rogosniza durch Minenexplosion getötet:
Fregattenleutnant Hans Buchler,
Matrose TVM Ignaz Schweinzer,
Matrose MVM Josef Blazić.

8. Februar 1917
Tb „77 T“, bei schwerem Wetter im Quarnero über Bord:
Marsgast MVM Arnold Eichler.

17. Juli 1917
Tb „89 F“, durch Explosion einer Ub-Mine getötet:
Bootsmaat Torpedomeister Wilhelm Christanell.

5. Oktober 1917
Tb „11“, desertiert, nach Einlaufen in Ancona kriegsgefangen:
Linienschiffsleutnant Heinrich Simmel,
Korvettenleutnant i. d. Res. Krste Brguljan,
Stabsmaschinenwärter Rudolf Dressler,
Stabsmaschinenwärter Franz Verbik,
Res. Stabsmaschinenwärter Bohumil Petrla,
Bootsmannsmaat Torpedo-Instruktor Franz Donat,
Steuermannsmaat Wilhelm Haspel,
Steuerquartiermeister Franz Rohmfeld,
Telegrafenquartiermeister Dušan Jerinič,
Maschinenquartiermeister Rudolf Ullrich,
Maschinengast Josef Krätschmer,
Maschinengast Willibald Stecher,
Maschinengast Rudolf Trink,
Maschinengast Alfred Tilgner,
Maschinenmatrose Ludwig Gemeinböck,
Marsgast TVM Bohumil Brkl,
Matrose TVM Peter Gvozdić,
Matrose TVM Leopold Tursić,
Matrose MVM Stefan Kalai,
Matrose MVM Josef Pencak,
Oberheizer Andrej Jarković,
Oberheizer Natale Ossojnak.

8. Jänner 1918
Tb „83 F“, 16 sm vor Molonta bei Seegang über Bord gegangen:
Stabsmaschinenwärter Josef Slavik.

27. Mai 1918
Tb „94 F“, bei Luftangriff auf Durazzo gefallen:
Marsgast Raimund Adametz,
Matrose Josef Schnur.

13. Juni 1918
Tb „58 T“, bei Luftangriff auf Bocche di Cattaro gefallen:
Matrose MVM Benjamin Kalmat.

17. Juli 1918
Tb „23“, bei Luftangriff auf Pola gefallen:
Matrose Martin Fuchshofer.

16. August 1918
Tb „89 F“, bei Sperrübung in der Bocche di Cattaro durch Minenexplosion getötet:
Matrose Visko Metrović.

IV. Torpedoverbände.

§ 15. Gliederung der Torpedoverbände.

Durch taktische Vereinigung von Torpedofahrzeugen und Torpedobooten werden **Torpedogruppen, Torpedodivisionen** und **Torpedoflottillen** gebildet, welche vom ersten Geschwader angefangen mit fortlaufenden Nummern bezeichnet werden. Das erste Geschwader würde demnach z. B. die erste Torpedoflottille, die ersten Torpedodivisionen, die ersten Fahrzeuggruppen und die ersten Torpedobootsgruppen umfassen; das zweite Geschwader hingegen die zweite Torpedoflottille, die nächstfolgenden Torpedodivisionen, Fahrzeug- und Torpedobootsgruppen etc. 126. **Bezeichnung der Torpedoverbände.**

Eine Torpedofahrzeuggruppe besteht aus zwei bis vier Torpedofahrzeugen, eine Torpedobootsgruppe aus zwei bis vier Torpedobooten. 127. **Torpedogruppen.**

Jeder solcher Verband bildet eine **Torpedogruppe.**

Zu Gruppen sollen tunlichst nur Torpedofahrzeuge, beziehungsweise Torpedoboote gleicher Leistungsfähigkeit, insbesondere gleicher Geschwindigkeit, zusammengezogen werden.

Die Torpedofahrzeuge und Torpedoboote werden innerhalb der Gruppe mit Postennummern bezeichnet. Diesen Nummern entsprechend haben sie die Posten innerhalb der Gruppenformation einzunehmen.

Der rangsälteste Torpedofahrzeugs-, beziehungsweise Torpedobootskommandant fungiert als **Gruppenführer.**

Fig. 19.

Die normale Formierung der Torpedogruppe erfolgt in einem Winkel, bei welchem der Gruppenführer auf je 30° vom Kurse gepeilt wird. (Fig. 19.)

Innerhalb der Gruppe kann auch die Kielwasserlinie gebildet werden; in derselben folgen die Fahrzeuge beziehungsweise Boote dem Gruppenführer in der Reihenfolge ihrer Postnummern.

Die normale Distanz (in der Kielwasserlinie von Bug zu Heck gemessen) beträgt in der Fahrzeuggruppe 150, in der Bootsgruppe 100 Meter.

Eine **Torpedodivision** besteht aus zwei bis drei unter einheitlicher Führung stehenden Torpedogruppen. 128. **Die Torpedodivision.**

Die **normale Formation** der Torpedodivision ist die **gruppenweise Kielwasserlinie.**

Sind in eine Torpedodivision sowohl Fahrzeuggruppen als Torpedobootsgruppen eingeteilt, so schließen die letzteren im Kielwasser der ersteren an, und zwar in jeder Gruppenkategorie in der natürlichen Reihenfolge ihrer Gruppennummern.

Die Gruppendistanz ist derart zu bemessen, daß das Manöver der Vordergruppe nicht behindert werde. Die kürzeste Gruppendistanz hat ungefähr um 50 beziehungsweise 100 Meter größer zu sein als die Ausdehnung des (längeren) Flügels der vorderen Torpedoboots-, beziehungsweise Fahrzeuggruppe. (Fig. 20, 21.)

Die Distanz der Tetegruppe von einem Führerfahrzeug beträgt 150 Meter.

Fahrzeug als Führer.

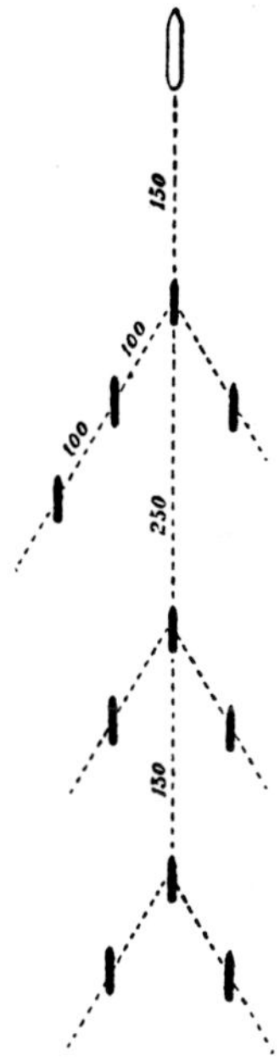

Fig. 20.

Fahrzeuggruppe als Führergruppe.

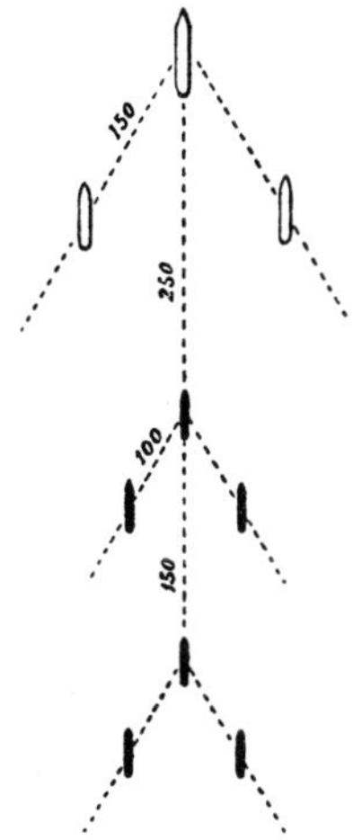

Fig. 21.

In der **bootsweisen Kielwasserlinie** folgen die Gruppen, wie oben, einander im Kielwasser und gehen überdies Fahrzeuge und Torpedoboote auch innerhalb der Gruppen in Kielwasserlinie über. Die Distanz des ersten Bootes vom letzten Fahrzeug beträgt 150 Meter. Die übrigen Fahrzeuge und Boote schließen auf normale Distanz an.

Eine Torpedodivision steht unter Führung einer Torpedogruppe oder eines einzelnen Torpedofahrzeuges.

129. Die Torpedoflottille.

Die **Torpedoflottille** ist ein zu unabhängigen und selbständigen Operationen geeigneter Verband, welcher auch jene Hilfsquellen in sich vereinigt, bezüglich welcher niedrigere Torpedoverbände auf die Schiffe der Flotte oder auf sonstige Stützpunkte angewiesen sind. (Ersatz des Maschinenbetriebsmaterials, Ersatzmannschaft, eigener ärztlicher und administrativer Dienst etc.)

Die Torpedoflottille steht unter Führung eines Kreuzers und verfügt auch über ein **Depotschiff**; unter Umständen kann jedoch ein und dasselbe Schiff Führer- und Depotschiff zugleich sein.

In der Regel umfaßt die Torpedoflottille sämtliche, einem Geschwader zugeteilten Torpedofahrzeuge und Torpedoboote. Es bildet sonach der die Torpedogruppen eines Geschwaders umfassende Verband, sofern derselbe durch Beigabe von Führer- und Depotschiff zu unabhängiger Verwendung geeignet ist, die Torpedoflottille des betreffenden Geschwaders.

Eine Torpedoflottille soll im allgemeinen aus nicht mehr als zwei Torpedodivisionen bestehen.

Erfordert die Anzahl der Torpedogruppen die Bildung von zwei Torpedoflottillen bei einem Geschwader, so kann beiden Flottillen ein gemeinsames Depotschiff zugewiesen werden.

In der **normalen Ordnung** einer aus zwei Torpedodivisionen bestehenden Torpedoflottille, nehmen die Führer der Torpedodivisionen beiderseits vom Führerschiffe der Flottille auf 30° achter und 300 *m* Distanz Aufstellung. 130. Ordnung der Flottille.

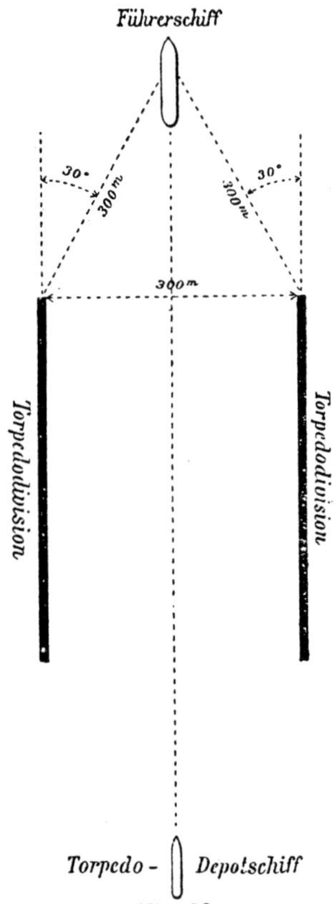

Fig. 22.

Die Distanz der Führer der Torpedodivisionen beträgt dann gleichfalls 300 *m* (Fig. 22). Sollte das Führerschiff sich außerhalb der Ordnung befinden, so fungiert die rechte Torpedodivision als Regeldivision.

Ist in eine Torpedoflottille nur eine Torpedodivision eingeteilt, so folgt selbe dem Führerschiff im Kielwasser. Sind ausnahmsweise drei Torpedodivisionen zu einer Flottille vereinigt, so folgt die Zentrumdivision dem Führer im Kielwasser, während die beiden anderen Torpedodivisionen auf 300 *m* seitlich, dwars der Zentrumdivision Stellung nehmen.

Das Torpedodepotschiff schließt auf 200 bis 300 *m* von den achtersten Torpedogruppen im Kielwasser des Führerschiffes an.

In der **Kielwasserordnung** folgen die Torpedodivisionen (in der, in der Ordre de bataille festgesetzten Reihenfolge) dem Führerschiff im Kielwasser.

Wird eine Torpedoflottille fallweise von einem Schlachtschiffe oder einem größeren, ihrem Verbande nicht angehörigen Kreuzer geführt oder der Flottille ein solches Schiff zugeteilt, so übergeht im ersteren Falle die Führung auf das betreffende Schiff, im letzteren Falle bestimmt der Flottillenkommandant Stellung und Distanz des Schiffes vom Führerschiff.

Bei der Mannigfaltigkeit der, je nach Anzahl der verfügbaren Fahrzeuge und Torpedoboote zusammenzustellenden, Torpedoverbände wird der Kommandierende in der Ordre de bataille die erforderlichen Detaildispositionen treffen. 131. Ordre de bataille.

§ 16. Manövriernormen für Torpedoverbände.

Die in den sonstigen Abschnitten des Manövrier- und Signalbuches enthaltenen Bestimmungen haben auch für Torpedoverbände volle Geltung, 132. Verhalten der Torpedoboote.

insofern nicht im nachstehenden Abänderungen ausdrücklich angeführt sind.

Die internationalen Ausweichregeln haben beim Zusammentreffen von Torpedobooten untereinander und von Torpedobooten mit fremden Schiffen volle Geltung.

Den k. u. k. Kriegsschiffen haben Torpedoboote bei Tag unter allen Verhältnissen unbedingt auszuweichen, bei Nacht jedoch nur jenen Schiffen und Fahrzeugen, mit denen sie im Verbande Fahrten, Übungen und Manöver vornehmen, wozu insbesondere Angriffe jeder Art zählen.

Beim Manövrieren im beschränkten Raume (Auslaufen, Einlaufen etc.) hat als Regel zu gelten, daß jenes Torpedoboot, welches zuerst in Bewegung gesetzt hat oder eingetroffen ist, das Vorrecht des Manövers besitzt; die anderen Boote haben daher so zu manövrieren, daß das erstere in keiner Weise behindert wird.

In zweifelhaften Fällen gebührt dem rangsälteren Bootskommandanten das Vorrecht des Manövers.

133. **Verhalten der Torpedofahrzeuge.**

Torpedofahrzeuge, welche im Gruppenverbande Fahrten, Übungen oder Angriffe vornehmen oder sich in Gruppe vertäuen, benehmen sich wie Torpedoboote.

Für Fahrzeuge, welche nicht in Gruppe fahren oder welche sich einzeln vertäuen, kommen die für Schiffe geltenden Bestimmungen zur Anwendung.

134. **Verhalten im Verbande.**

Im Verbande sind die Bewegungen des Gruppenführers für die anderen Fahrzeuge und Boote derselben Gruppe ausschließlich maßgebend, ausgenommen, wenn der Führer bei Havarien aus der Formation ausbrechen muß, was er rechtzeitig bekanntzugeben hat. Sie folgen dessen Bewegungen und stellen bei einem Kurswechsel des Gruppenführers alsogleich die innehabende Formation für den neuen Kurs wieder her.

Formationswechsel werden stets im Wege des Auflaufes bewirkt.

Im allgemeinen haben hiebei die vorlaufenden Boote (Fahrzeuge), beziehungsweise Gruppen die Fahrt zu erhöhen und nur wenn dies untunlich wäre, hat der Führer die Fahrt zu vermindern.

Konus und Wendungswimpel werden von Torpedobooten nicht gebraucht. Fahrzeuge im Flottillenverbande können diese Signale als Führer von Torpedodivisionen oder von Fahrzeuggruppen gebrauchen. Bei Fahrten bei Nacht im taktischen Verbande hat jedes Fahrzeug und Torpedoboot ein gedämpftes Hecklicht zu führen.*)

Im gesicherten Marsche und bei Nachtangriffen wird die Führung von gedämpften oder abgeblendeten Lichtern dem Ermessen des Führers anheimgestellt.

Die Torpedogruppe bildet innerhalb der Torpedodivision die taktische Einheit in analoger Weise wie das Schiff innerhalb des einfachen Manövrierkörpers.

Die für das Verhalten der Schiffe innerhalb des Divisionsverbandes geltenden Bestimmungen finden für das Verhalten der Gruppen innerhalb

*) Siehe Kupon 181 des 35. Nachtrages auf Seite 77

der Torpedodivision, die für den zusammengesetzten Manövrierkörper geltenden Bestimmungen für das Verhalten mehrerer im Flottillenverbande stehender Torpedodivisionen sinngemäße Anwendung.

Angeordnete gleichzeitige Wendungen werden von den im Torpedoverbande stehenden Schiffen und Gruppenführern gleichzeitig ausgeführt, während die anderen Fahrzeuge und Torpedoboote die innehabende Gruppenformation erhalten, beziehungsweise wieder herstellen.

Die Flottillenkommandanten (selbständige Torpedodivisionskommandanten) haben im allgemeinen die Rechte und Pflichten, welche die Manövriernormen und die Signalinstruktion den Divisionskommandanten zuerkennen. 135. **Verhalten des Flottillenführers.**

Das taktische Verhältnis eines Torpedoverbandes zum Gros ist jedoch ein von jenem der Divisionskommandanten abweichendes. Die Flottille ist ein dem Geschwader zu operativen Aufgaben angegliederter Körper, dessen taktische Aufgabe im Geschwaderverbande vornehmlich darin besteht, sich in der angewiesenen Position derart zu erhalten, daß die Bewegungen des Gros in keiner Weise behindert werden.

Bei Anweisung der im allgemeinen nicht eng zu begrenzenden Position der Flottille wird der Kommandierende auf diesen Umstand durch Sicherung eines entsprechenden Manövrierraumes für das Gros Rücksicht nehmen.

Jedenfalls hat der Flottillenführer alles zu vermeiden, was die Raschheit der vom Kommandierenden geplanten Bewegungen des Gros verzögern könnte, demnach in der Regel dessen Signale, sobald er selbe ausgenommen hat, vorerst ohne Rücksicht auf die Flottille durch „Verstanden“ zu beantworten und sodann im eigenen Wirkungskreise das Entsprechende zu veranlassen.

Gleichzeitige Wendungen des Gros werden seitens der Flottille entweder auch durch gleichzeitige Wendung oder aber zur Vermeidung zeitraubender Signalisierung — insbesondere bei nicht sehr großen Wendungsbeträgen — durch Kurswechsel mit Beibehalt der Formation und Ordnung nachgeahmt und wird der Kommandierende nur dann, wenn der neue Kurs des Gros gegen die Flottille führen sollte, auf die Signalisierung und das Manöver der letzteren entsprechend Rücksicht nehmen.

41. Nachtrag.

Die Flottillenkommandanten führen, sobald sich die Flottille in Bewegung befindet und der Flottillenverband aufrecht erhalten ist, wenn ihnen kein Kommandoabzeichen zukommt, den Anciennetätsstander. Stehen mehrere Flottillen unter einheitlicher Führung, so ist im gemeinsamen Verbande der Anciennetätsstander nur vom rangältesten Flottillenkommandanten zu führen. 136. **Abzeichen des Flottillenkommandanten.**

Im Kriege führen sämtliche Einheiten der Flottillen am Buge und am Heck je eine abgedämpfte färbige Glühlampe, die auf zirka 500—600 *m* sichtbar sein soll und von der Brücke ein- und ausgeschaltet werden kann.

Diese Lichter werden nach Bedarf und in Nachahmung des Führerfahrzeuges verwendet. Die Farbe wird jeweilig festgesetzt. Derzeit blau.

Sie dienen dazu, das Manövrieren zu erleichtern: 1.) den Einheiten in See bei schlechter Sicht, 2.) gelegentlich des Ein- und Auslaufens größerer Verbände, 3.) bei Herstellung und Auflösung von Formationen, 4.) bei gefahrdrohender Annäherung und 5.) vor Anker (in Vertäuung) in unsichtiger Nacht statt der weißen Hafenlichter.

Zur Unterscheidung eigener und feindlicher Torpedoeinheiten im Nachtgefechte sind die eigenen Torpedoeinheiten der Kreuzerflottille mit zwei blauen Lichtern in 3—4 *m* Abstand über einander am Maste ausgestattet.

Die Kommandanten haben der Gefechtslage entsprechend zu beurteilen, ob die Lichter zu zeigen sind, bzw. ob sie ständig oder nur zeitweise kurz eingeschaltet werden. Das Zeigen der Gefechtslichter enthebt nicht von der Abgabe des geheimen Nachterkennungssignales beim ersten Zusammentreffen.

Kupon 213.

I. Teil

§ 23. Allgemeine Bemerkungen über den Angriff von Torpedobooten und Torpedoverbänden.

151. Die nachstehenden Bemerkungen über den Angriff von Torpedobooten haben in analoger Weise auch für Torpedofahrzeuge Geltung.

Der Angriff von Torpedobooten wird vorzugsweise bei Nacht stattfinden.

Nachdem der vorzüglichste Schutz der Torpedoboote in ihrer geringen Sichtbarkeit liegt, haben alle Umstände, welche dieselbe beeinflussen, schon bei der Vorbereitung des Angriffes große Bedeutung. Erfahrungsgemäß werden Torpedoboote am freien Horizonte selbst bei minder günstigen Beleuchtungsverhältnissen auf bedeutende Distanzen wahrgenommen, weshalb man sich, wenn tunlich, landwärts vom Feind halten wird. Die Mondstellung kommt ebenfalls zu berücksichtigen und ist die eigene Position mit Bezug auf den Feind wenn möglich so zu wählen, daß man beim Angriffe den Mond seitlich vor dem Buge hat; hiebei ist aber zu vermeiden, daß Angriffsobjekt, Angreifer und Mond in eine Richtung kommen.

Angriffsobjekte und Angriffsrichtung sind nach Tunlichkeit so zu wählen, daß der möglichst geringe Teil der feindlichen Abwehrmittel zur Geltung gebracht werden kann; als Angriffsobjekte werden daher im allgemeinen die an den Endpunkten der feindlichen Aufstellung postierten Schiffe dienen.

Das Herankommen wird, wenn Kurs und Fahrt des Gegners dies gestatten, im allgemeinen mit mäßiger Fahrt zu bewirken sein, da sonst die aufgeworfene Bugwelle das Torpedoboot leicht verrät.

Die Erfahrung hat gelehrt, daß selbst ein vom Strahle des Projektors getroffenes Torpedoboot häufig nicht entdeckt wird; in einem solchen Falle ist daher der Angriff nicht gleich aufzugeben, sondern zu trachten, aus dem Strahle des Projektors herauszukommen.

Wird man entdeckt, so wird man je nach der Distanz und den Umständen entweder unter Aufbietung der größten Maschinenleistung den Angriff fortsetzen oder aber sich zurückziehen, um eine günstigere Gelegenheit abzuwarten.

Für die Art der Durchführung des Angriffes ist die Armierung des Torpedobootes maßgebend.

Für die Breitseitlancierung ist das einfache Passieren im Gegenkurs innerhalb Lancierdistanz die beste Angriffsmethode.

Ein nur mit Buglancierapparaten ausgerüstetes Torpedoboot wird zu berücksichtigen haben, daß bei spitzerem Winkel die Treffsicherheit eine geringere ist, bei stumpferem Winkel aber das Boot längere Zeit unter Feuer bleibt und daher geringere Aussicht hat, die Lancierdistanz zu erreichen.

Torpedoboote, welche mit zwei Buglancierapparaten beteilt sind, haben stets beide Torpedos unmittelbar nacheinander zu lancieren.

Die Entfernung aus dem feindlichen Feuerbereiche wird im Falle der Entdeckung mit der äußersten Anstrengung der Maschine und im hiefür günstigsten Kurse zu bewirken sein.

Außerhalb des feindlichen Feuerbereiches sammeln sich dann die am Angriffe beteiligten Boote, um im Verbande dem bestimmten Sammelplatze zuzusteuern.

Die Torpedoboote haben sich bei Angriffen mit feindlichen Torpedobooten grundsätzlich in keinen Kampf einzulassen, welcher sie von ihrem Hauptziel, der Zerstörung der feindlichen Schlachtschiffe, ablenken könnte. Wenn sie von Torpedobooten angegriffen werden, können sie wohl die Angreifer entsprechend abwehren, dürfen sich aber sonst nicht von ihrem Angriffe abbringen lassen.

Anmerkung. — Im Sicherungsdienste werden die Torpedoboote selbstverständlicherweise von allen ihren Waffen den ausgedehntesten Gebrauch machen und im äußersten Falle selbst durch Rammen die Vernichtung feindlicher Torpedoboote anstreben.

Bei Torpedobootsangriffen auf Schiffe vor Anker ist die Beschaffenheit der Barrikade von Bedeutung, da gewöhnliche Balkenbarrikaden von Torpedobooten schon häufig forciert (übersprungen) wurden.

Torpedoboote werden unter günstigen Verhältnissen auch einzeln zum 152.
Angriffe schreiten.

Eine Torpedogruppe greift in der Regel in geschlossener Formation an, welche derart zu wählen sein wird, daß nicht zwei oder mehrere Boote in die Schußlinie einer feindlichen Schnellfeuerkanone fallen.

Gruppen von drei und vier Booten werden, wenn die Umstände eine solche Vorbereitung zulassen, ein oder zwei Boote auf die dem Angriffe entgegengesetzte Seite des Gegners, beziehungsweise in dessen Kielwasser detachieren, um ein Ausweichen desselben zu verhindern.

Bei Angriffen von größeren Torpedoverbänden wird der Entwurf des Angriffsplanes entsprechend zu erweitern sein.

Als taktische Einheit hat hiebei die Torpedogruppe zu gelten.

Den im Flottillenverbande stehenden Schiffen fallen, wenn sie zu einem 153.
Angriffe überhaupt zugezogen werden, folgende Aufgaben zu:

Die Führerschiffe haben sich mit ihrer Artillerie am Gefecht zu beteiligen, die Aufmerksamkeit des Feindes von den Torpedobooten abzulenken und ihr Vorgehen zu unterstützen. Sie werden die feindlichen Torpedoboote bekämpfen, erzielte Erfolge durch Lancierungen zu erhöhen, bei abgewiesenem Angriffe aber durch Scheinangriffe den Rückzug der Torpedoboote zu unterstützen trachten.

Die in Torpedoverbänden eingereihten Torpedofahrzeuge werden sich bei einem Angriff auf Schiffsverbände nur insoweit in eine Bekämpfung feindlicher Torpedoboote einlassen, als dies ohne Beeinträchtigung ihres eigenen Angriffes und ohne Störung der Angriffsdispositionen möglich erscheint. Sind jedoch die in Torpedoverbänden eingereihten Fahrzeuge zu einem einheitlichen Vorgehen mit den Torpedobootsgruppen minder geeignet, so wird in den Angriffsdispositionen diesem Umstande Rechnung zu tragen sein.

Bei Tagesangriffen bleiben die Torpedoboote bis zum Herankommen auf 154.
nächste Distanz an den Feind in Deckung der Geleitschiffe, um dann vorzubrechen, zu lancieren und hierauf neuerdings den Schutz der Geleitschiffe aufzusuchen.

§ 24. Instruktion für die Vornahme von Torpedobootsangriffsübungen.

155. Die nachstehende Instruktion findet auf Torpedofahrzeuge analoge Anwendung.

Die Angriffsübungen sollen den Torpedobootskommandanten ein allgemeines Bild der bei Angriffen in Betracht kommenden Verhältnisse geben, um sie mit denselben vertraut zu machen und zu befähigen, die Verhältnisse im Ernstfalle rasch zu erfassen, richtig zu beurteilen und tunlichst auszunützen.

Die Angriffsübungen haben bei Tag und bei Nacht durchgeführt zu werden. Bei fortgeschrittener Ausbildung sind lediglich Nachtangriffe mit Zugrundelegung einer bestimmten Supposition zu üben. Die Angriffsübungen sollen dem Ernstfalle tunlichst angepaßt werden.

Der Angriffsplan — nebst Angabe des Sammelpunktes und Zufluchtshafens, sowie der notwendigen Anordnungen für den Fall eines Rückzuges — ist von dem mit der Leitung der Unternehmung betrauten Befehlshaber zu entwerfen und den unterstehenden Kommandanten, wenn tunlich mündlich eingehend zu erläutern, so daß kein Zweifel über den Zweck der Unternehmung und die Absichten des Leiters derselben obwalten könne, damit ein einheitliches Vorgehen gesichert und jeder Kommandant in die Lage versetzt sei, bei eintretenden Zwischenfällen aus eigener Initiative die Erreichung des angestrebten Zweckes nach Möglichkeit zu fördern.

Kommen mehrere Verbände gleichzeitig in Betracht, so ist den Führern derselben von den an die anderen Verbände ergangenen Weisungen das Notwendige mitzuteilen, damit keine gegenseitige Störung eintrete, sondern im Gegenteile ein einheitliches Vorgehen erzielt werde.

Die Art der Durchführung der gestellten Aufgaben soll den mit der Lösung derselben Betrauten überlassen und in Details nur soweit eingegangen werden, als es zur Erreichung eines zielbewußten Zusammenwirkens unbedingt erforderlich ist.

Es werden ihnen daher nur die allgemeinen Dispositionen gegeben und die weiteren Details der Ausführung ihrem Ermessen überlassen.

Die Lancierdistanz richtet sich nach dem Torpedotyp; jede Lancierung ist durch einen langen Pfiff mit der Dampfpfeife, bei Nacht auch durch Abfeuern einer roten Very'schen Signalpatrone zu markieren.

Über 25 Grade nach achter von der Dwarsrichtung des anzugreifenden, in Fahrt befindlichen Schiffes darf nicht lanciert werden. Boote, welche in einer solchen Richtung auf Lancierdistanz kommen, haben daher ohne zu lancieren, abzufallen und sich mit ihrer Gruppe zu vereinigen.

Nach der Lancierung ist in den Gegenkurs des Angriffsobjektes abzufallen und achter von demselben das Sammeln zu bewirken.

Das Angriffsobjekt hat derart zu manövrieren, um die Gruppenführer und Torpedobootskommandanten an rasches Erfassen der Situation und entschiedenes, zweckentsprechendes Handeln zu gewöhnen.

Bei der nächsten sich ergebenden Gelegenheit sind die wesentlichsten Momente der Angriffsübungen kurz und bündig zu besprechen.

Irrige Ansichten und vorgekommene Fehler sind hiebei vom Übungsleiter in belehrender Weise zu berichtigen.

Beschreibung einiger Angriffsarten.

Die nachstehend besprochenen Angriffsarten dienen vornehmlich Übungszwecken und geben dem Gruppenführer ein Mittel an die Hand die ihm unterstehenden Gruppenboote durch Angabe der Angriffsnummer (I—VIII) über die beabsichtigte Art des Gruppenangriffes zu orientieren. Es bleibt dem Gruppenführer jedoch unbenommen von den hier besprochenen Angriffsarten abzuweichen, wenn die Verhältnisse dies angezeigt erscheinen lassen.

a) Mit dem Breitseitlancierapparate.

I. Angriff in der Kielwasserlinie. 156.

(Tafel I, Fig. 1.)

Die Boote bilden die Kielwasserlinie; der Gruppenführer befindet sich an der Tete.

Der Gruppenführer manövriert derart, um das anzugreifende Objekt im Gegenkurse auf Lancierdistanz zu passieren. Die anderen Boote folgen ihm im Kielwasser.

II. Angriff in Frontlinie, beziehungsweise Kolonne. 157.

(Tafel I, Fig. 2.)

Die Gruppe formiert vor dem Angriffsobjekt die Frontlinie, indem das zweite Boot etwa 600 *m* dwars vom Gruppenführer Stellung nimmt.

Bei drei Booten folgt das eine Boot dem Gruppenführer, bei vier Booten eines dem Gruppenführer und eines dem zweiten Boote auf normale Bootsdistanz im Kielwasser.

Der Gruppenführer führt nun die Gruppe im Gegenkurse gegen das Angriffsobjekt zu, so daß letzteres von den Booten auf verschiedenen Seiten passiert wird.

b) Mit dem Buglancierapparate.

158. **III. Angriff in Kielwasserlinie (Hervorbrechen aus einem Hinterhalte).**

(Tafel I, Fig. 3.)

Die Boote folgen dem Gruppenführer im Kielwasser. Der Gruppenführer steuert den Jagdkurs. Auf 400—500 *m* vom Angriffsobjekte geht jedes Boot für sich in den Lancierkurs über und gelangen die Boote in kurzen Intervallen zur Lancierung.

Diese Angriffsart ist hauptsächlich aus der Richtung von 30—60 Graden von vorne zu üben.

159. **IV. Angriff in Staffel- oder Frontlinie.**

(Tafel I, Fig. 4.)

Die Boote bilden eine Staffel- oder Frontlinie, deren Rangierungslinie ungefähr die Kursrichtung des Feindes ist. Der Gruppenführer befindet sich an dem dem Feinde zugekehrten Flügel der Formation und steuert den Jagdkurs; die anderen Boote folgen seinen Bewegungen.

Auf 400—500 *m* vom Feinde geht jedes Boot für sich in den Lancierkurs über, in welchem die Boote in geringen Intervallen zur Lancierung gelangen werden. Dieser Angriff ist hauptsächlich aus der Richtung von 30—60 Graden von vorne zu üben.

160. **V. Angriff mit Ausscheidung von Torpedobooten.**

Diese Angriffsweise ist nur bei Gruppen von 3—4 Booten anzuwenden. Ein oder zwei Boote begeben sich in die der beabsichtigten Angriffsrichtung entgegengesetzte Richtung vom Feinde, wo sie außer Schußbereich bleiben und nur dann in Aktion treten, wenn ein zum Abstreifen der angreifenden Boote unternommener Kurswechsel des Feindes hiezu Gelegenheit bietet.

Der Gruppenführer unternimmt mit dem anderen Boote der Gruppe irgend einen der im vorigen dargestellten Angriffe.

c) Angriffsübungen von vorne.

Die Torpedobootsgruppe begibt sich vor das Angriffsobjekt in dessen Kursrichtung. Bei Nacht wird sie dies außer Sicht des Angriffsobjektes, bei Vermeidung größerer Rauchentwicklung zu erreichen trachten, indem sie den jeweilig eingeschlagenen Kurs so lange berichtigt, bis ihr das Angriffsobjekt durch einige Zeit gerade achter bleibt.

Sind auf diese Weise Kurs und Geschwindigkeit des Angriffsobjektes annähernd richtig ermittelt, so wird zum Angriffe geschritten.

VI. Angriff (mit Breitseitlancierapparat). 161.

(Tafel II, Fig. 5.)

Die Art des Angriffes ist aus der Figur ersichtlich. Das rechte Flügelboot hat mit dem Gruppenführer zu wenden und sich in sein Kielwasser zu legen.

VII. Angriff (mit Buglancierapparat). 162.

(Tafel II, Fig. 6.)

Die Gruppenboote brechen auf das Zeichen des Gruppenführers nach beiden Seiten um 90 Grade aus und nehmen volle Fahrt auf. Nachdem sie in der Senkrechten zum Feindeskurse die normierte Lancierdistanz zurückgelegt haben, wenden sie erneuert um 90 Grade in den Gegenkurs des Feindes und gehen im geeigneten Momente zum direkten Angriffe über.

Der Gruppenführer setzt nach dem Ausbrechen der Gruppenboote die Fahrt im Feindeskurse fort und wendet nach zurückgelegter Lancierdistanz, volle Fahrt aufnehmend, nach der einen oder anderen Seite in den Gegenkurs, so daß er, wenn das Angriffsobjekt seinen Kurs beibehält, erst nach den Gruppenbooten zu einer spitzen Lancierung gelangen kann.

Die hauptsächlichste Aufgabe des Gruppenführers besteht in einem entsprechenden Manövrieren, um auch bei den voraussichtlichen Kursänderungen des Angriffsobjektes zu einer Lancierung zu gelangen.

VIII. Angriff (mit Buglancierapparat). 163.

(Tafel II, Fig. 7.)

Die Gruppenboote brechen auf das Zeichen des Gruppenführers nach beiden Seiten um 45 Grade aus, fahren mit der geschätzten Feindesgeschwindigkeit im neuen Kurse, bis sie das Angriffsobjekt gerade achter peilen, drehen sodann nach vorne gegen dasselbe und nehmen mit voller Fahrt den direkten Angriff auf; der Gruppenführer setzt nach dem Ausbrechen der Gruppenboote die Fahrt im Feindeskurse fort und wendet erst in den Gegenkurs, nachdem er die geschätzte Distanz vom Feinde zurückgelegt, das heißt seine Gruppenboote voraussichtlich bereits zum direkten Angriffe übergegangen sind und manövriert sonst wie beim VII. Angriffe geschildert.

Besteht die Gruppe aus vier Booten, so folgt bei den Angriffen VI bis VIII das vierte Boot nach dem Ausbrechen seinem Vordermanne im Kielwasser und geht (beim VII. und VIII. Angriff) rechtzeitig in den Lancierkurs über. 164.

Der VII. Angriff führt unter allen Umständen rascher zum Ziele als der achte. Letzterer kommt daher nur in Betracht, wenn die zu ersterem Angriffe erforderliche Distanz des Angreifers vom Angriffsobjekte (Position I) nicht mit Bestimmtheit vorhanden ist und auch durch weiteres Vorlaufen nicht zu erreichen wäre, ohne das Angriffsobjekt außer Sicht zu bekommen.

Die zur Durchführung des VII. Angriffes erforderlichen Distanzen des Angreifers vom Angriffsobjekte sind in der nachstehenden Tabelle, in Metern abgerundet, ausgedrückt.

Geschwindigkeitsverhältnis	Lancierdistanz			
	200	300	400	500
	Distanz des Angreifers			
Angreifer . . . . 20 Seemeilen Angriffsobjekt . . . . 10 „	800	900	1000	1100
Angreifer . . . . 15 Seemeilen Angriffsobjekt . . . . 10 „	1000	1100	1200	1300
Angreifer . . . . 12 Seemeilen Angriffsobjekt . . . . 10 „	1200	1300	1400	1500

Tafel I
der schematischen Torpedobootsangriffe.

Maßstab 1 *cm* = 200 *m*.

Position I: Der Gruppenführer befindet sich 1000 *m* vom Angriffsobjekt.
Position II: Der Gruppenführer hat die Lancierdistanz erreicht.

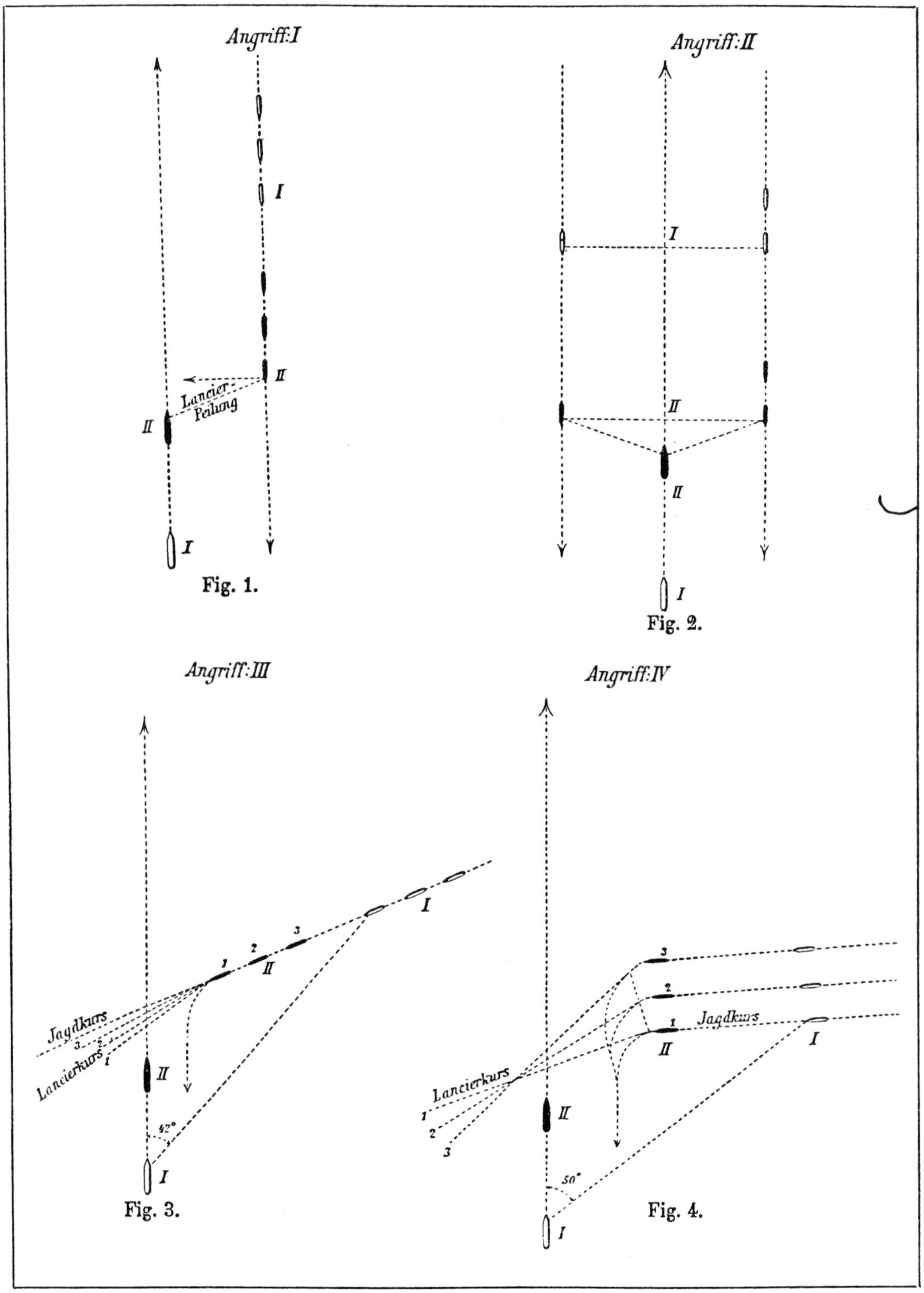

Anmerkung. Den Figuren liegen folgende Geschwindigkeitsannahmen zu Grunde: Schiff 10 Meilen Torpedoboot 15 Meilen, Torpedo 25 Meilen, Lancierdistanz 300 *m*.

Tafel II

der schematischen Torpedobootsangriffe.

Maßstab 1 *cm* = 200 *m*.

Position I: Der Gruppenführer hat den feindlichen Kurs ermittelt.
Position II: Die Gruppenboote haben die Lancierdistanz erreicht.

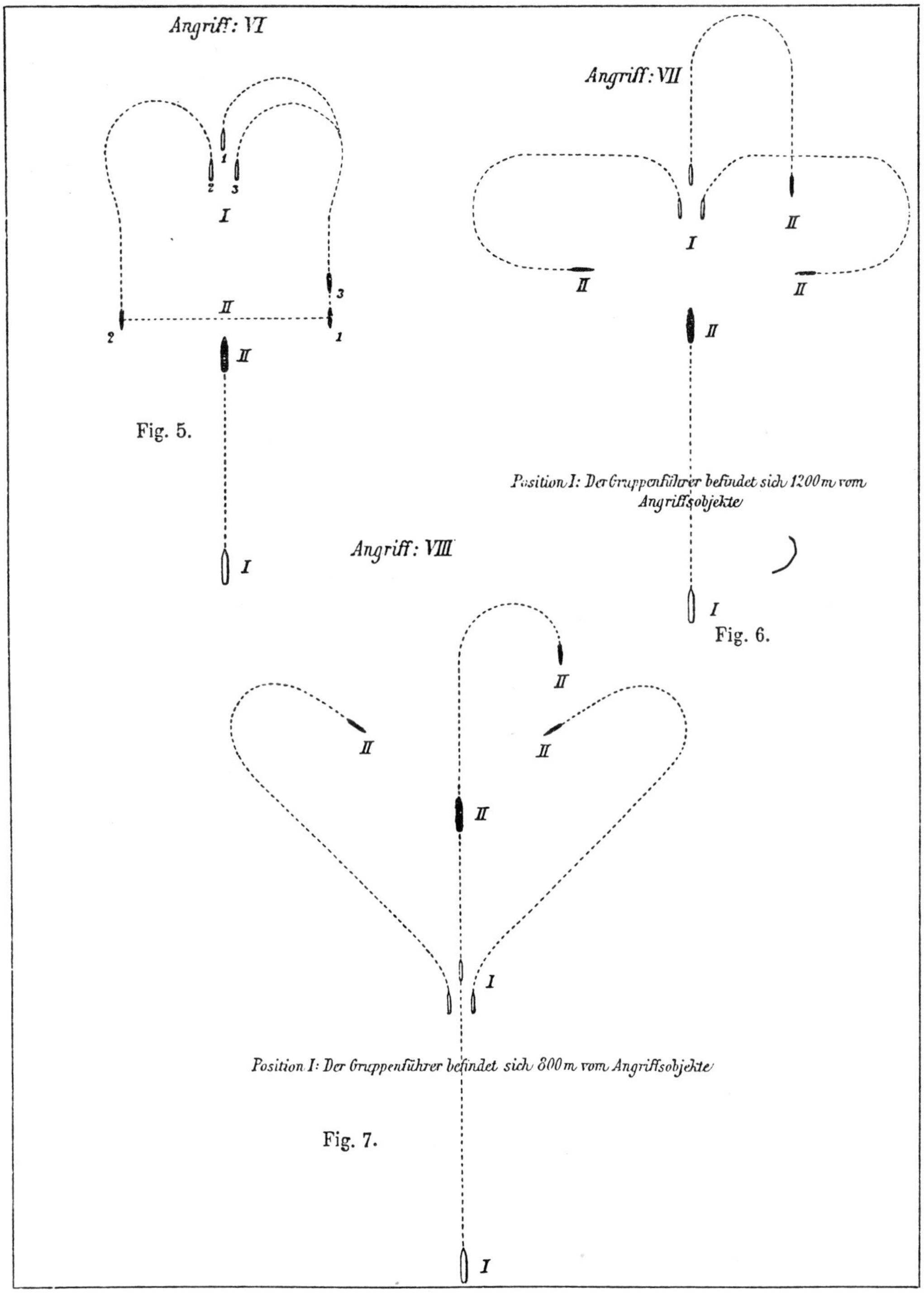

Anmerkung. Den Figuren liegen folgende Annahmen zu Grunde: Schiff 10 Meilen, Torpedoboot 15 Meilen, Torpedo 25 Meilen, Lancierdistanz 300 *m*, Drehkreisdurchmesser des Torpedobootes = 300 *m*.

Instruktion

für die

Torpedobootsstationen.

(Hinausgegeben mit Erlaß O. K./M. S. Nr. 591 ex 1909.)

Wien, 1909.

Aus der k. k. Hof- und Staatsdruckerei.

1. Bestimmung.

Zweck der Torpedobootsstationen ist:

a) die Überwachung der heimischen Küste und des Inselbereiches gegen Spionage;

b) Meldung über vorgefundene Änderungen an Marken, Errichtung von Landungsstegen und Anlegestellen, Kalköfen, Steinbrüchen sowie verschiedene Direktionsobjekte etc.;

c) die unauffällige Überwachung fremder Fahrzeuge und Torpedoboote im Bereiche der eigenen Territorialgewässer;

d) die Unterstützung des Nachrichtendienstes;

e) die Erleichterung der Mobilisierungsvorsorgen;

f) der Schutz der eigenen Mobilisierungstransporte;

g) die Verhinderung handstreichartiger Unternehmungen an den heimischen Küsten;

h) die Erlangung einer gründlichen Kenntnis der Küste und der befahrbaren Flußläufe durch die Stäbe.

Außerdem können die Torpedobootsstationen durch spezielle Verfügungen auch zu anderen, der Mobilisierung dienenden Zwecken herangezogen werden.

1*

2. Zugewiesene Einheiten.

Den Torpedobootsstationen sind entweder Fahrzeuge und Torpedoboote oder nur Torpedoboote zugewiesen, welche zu diesem Zweck in Dienst gestellt sind.

3. Dienstverhältnisse.

Die Torpedobootsstationen Pola und Lussin unterstehen dem k. u. k. Hafenadmiralat direkt, jene in Mitteldalmatien im Wege des Marinestationskommandos in Sebenico.

Die Torpedobootsstation in Triest ist im Wege des Stationsschiffes dem k. u. k. Seebezirkskommando, jene im Kriegshafen Cattaro (~~erst nach Aktivierung als Torpedobootsstation~~) im Wege des ~~Wachschiffes~~ Stationsschiffes in Teodo in operativer Beziehung dem Verteidigungsbezirkskommando, in militärisch-administrativer Beziehung dem Hafenadmiralat unterstellt.

Die Administration für die Torpedoboote der einzelnen Stationen hat von den nachstehenden Kommanden geführt zu werden:

in Triest vom Stationsschiff,

in Pola vom Hafenwachschiff,

in Lussin vom ~~zugehörigen Fahrzeug.~~ Hafenwachschiff in Pola

in Zara und Sebenico von S. M. S. „Schwarzenberg“,

im Kriegshafen von Cattaro vom ~~Wachschiffe.~~ Stationsschiff in Teodo

4. Vertäuplatz.

Der Vertäuplatz wird den Einheiten der Torpedobootsstation vom vorgesetzten Kommando (Behörde) angewiesen.

In jenen Stationen, wo für diesen Zweck eigene Vertäuungen ausliegen, sind diese zu benützen.

5. Standesverhältnisse.

Befinden sich Torpedobootsstationen — ungünstiger Standesverhältnisse wegen — unter dem vorgeschriebenen Bemannungsstand, so hat der Torpedoboots-Stationskommandant den Dienst derart zu regeln, daß die der Station zufallenden Aufgaben dessenungeachtet möglichst ohne Einschränkung zur Durchführung gelangen können.

Ist eine Einschränkung des Dienstes durch eine solche Reduzierung oder sonstige Veranlassung dringend geboten, ist dies unverzüglich höheren Orts zu melden.

Der Station Lussin ist ein höherer Unteroffizier des Torpedodienstes zugeteilt, welcher auf der vom Torpedoboots-Stationskommandanten befehligten Einheit über den Stand zu führen ist.

6. Einschiffung, Gebühren, Bequartierung am Lande.

Stab und Mannschaft sind auf den Torpedobooten bzw. Fahrzeugen eingeschifft.

Demzufolge gebührt denselben für die Dauer ihrer Zuteilung zur Torpedobootsstation das nach Dienstbuch XX—[illegible]—1, II. Teil, normierte volle Schiffskostgeld und wird die Zeit der Zuteilung als Einschiffungszeit bei der Pensionsbemessung erhöht eingerechnet.

Die Benützung verfügbarer marineärarischer Ubikationen am Lande oder von Kabinen auf stationären Hafenschiffen regelt die dem Torpedoboots-Stationskommando direkt vorgesetzte Behörde. Bezüglich des Übernachtens am Lande — dem das Übernachten in den vorgenannten Kabinen sinngemäß gleichzuhalten ist — gelten die Bestimmungen des Dienstbuches XXI—1, III. Teil, Punkt 790.

7. Fahrten im Überwachungsdienste.

Dem Zwecke der Torpedobootsstation entsprechend sind täglich Fahrten im zugewiesenen Rayon mit wenigstens einem Torpedoboote, je nach Bedarf von längerer oder kürzerer Dauer und zu verschiedenen Tages- und Nachtzeiten durchzuführen.

Wenn nicht besondere Befehle ergehen, beziehungsweise der Überwachungsdienst die Durchführung spezieller Missionen erheischt, haben die normalen täglichen Fahrten zumindest einen Zeitraum von 6 bis 8 Stunden zu umfassen.

Außerdem sind fallweise Fahrten im Gruppenverband und solche mit allen zur Station gehörenden Fahrzeugen und Torpedobooten gemeinsam zu vollführen.

Letztere Fahrten sind sowohl für den Überwachungsdienst als auch zu Übungszwecken auszunützen und auf Tages- und Nachtzeit zu verteilen.

8. Bereitschaftsdienst.

Um für außergewöhnliche Fälle des Überwachungs- und Sicherungsdienstes ein Boot zur Verfügung zu haben, ist reihenweise je ein Boot jedes Rayons zum Bereitschaftsdienste heranzuziehen. Dieses Boot hat bei gelöschten Feuern derart klar zu sein, um in kürzester Zeit in See gehen zu können.

9. Dienstbetrieb.

Der rangälteste der Torpedobootsstation zugeteilte Seeoffizier fungiert als Torpedoboots-Stationskommandant.

Er regelt und überwacht nach den Weisungen des vorgesetzten Kommandos den gesamten Dienstbetrieb auf den zur Station gehörenden Fahrzeugen und Torpedobooten.

Der Inspektionsdienst auf den im Hafen liegenden Torpedobooten ist zumindest in drei Reihen zu versehen und sind hiezu alle Seeoffiziere der Torpedoboote mit Ausnahme des Torpedoboots-Stationskommandanten heranzuziehen.

Die hauptsächlich in der Überwachung und Konservierung des am Lande und auf Flottanten deponierten Materials und in Schreibgeschäften bestehenden Agenden des der Torpedobootsstation Lussin zugeteilten höheren Unteroffiziers des Torpedodienstes werden vom Torpedoboots-Stationskommandanten geregelt.

Die Wach- und Inspektionsorgane sind allnächtlich (vor und nach Mitternacht) im Sinne des § 27 des Dienstbuches XXI—1, III. Teil, durch Ronden zu kontrollieren, welche vom Torpedoboots-Stationskommandanten festgesetzt werden.

10. Disziplinarstrafrecht.

Der Torpedoboots-Stationskommandant hat über das gesamte Personal der Torpedobootsstation, mit Ausnahme der Torpedobootskommandanten, das Strafrecht des Schiffskommandanten.

Das gleiche Disziplinarstrafrecht kommt dem Kommandanten der Fahrzeuge und Torpedoboote über die eigenen Bemannungen zu.

Verhängte Strafen, welche am Lande abgebüßt werden müßten, sind nach § 63 des Dienstbuches XXI—1, II. Teil, umzuwandeln.

11. Ausbildung.

Auf den im Hafen befindlichen Torpedobooten ist an Wochentagen täglich ein angemessener Zeitraum für den Unterricht der Mannschaft zu widmen.

Die Ausbildung hat sich auf den spezialfachlichen, den allgemein maritimen Unterricht, das Handwaffenexerzieren mit Ubungen am Lande, das Signalwesen und den Unterricht im Dienstreglement zu erstrecken. Auf die Ausbildung im praktischen Torpedobootsdienst ist ein besonderes Gewicht zu legen.

Die Lancierübungen sind mit den Fahrzeugen und komplett bemannten Torpedobooten als Semestralübungen im vorgeschriebenen Umfange nach den Bestimmungen des Dienstbuches VIII—b—1 durchzuführen. Durch besondere Verhältnisse notwendig werdende Abweichungen von diesen Bestimmungen werden im Erlaßwege geregelt.

Das Lancierprogramm wird von dem dem Torpedoboots-Stationskommando direkt vorgesetzten Kommando herausgegeben.

Die Torpedofahrzeuge und Boote, welche nach Punkt 12 fallweise der Eskadre zugeteilt werden, absolvieren die in dem betreffenden Semester fälligen Lancierungen mit Manöversprengpatronen während dieser Zuteilung.

Die nicht zugeteilten Einheiten führen, falls dem das Lancierprogramm hinausgebenden Kommando ein geeignetes Scheibenschiff zur Verfügung steht, die vorgenannten Lancierungen gegen dieses Schiff durch. Im anderen Fall ersetzen sie diese Lancierungen durch Lancierungen gegen die Quirlscheibe.

Die Schießübungen und die Übungen mit Projektoren sind alljährlich nach den für in Dienst gestellte Schiffe und Torpedoboote bestehenden Normen durchzuführen.

~~Die Übungen im Legen, Suchen und Räumen von Minen werden gelegentlich der Zuteilung zur Eskadre absolviert.~~ Kupon 1

Kupon 1 zum II. Nachtrag.

Die Übungen im Legen, Suchen und Räumen von Seeminen haben nach folgenden Grundsätzen stattzufinden:

In den Monaten Oktober, November und Dezember sind anläßlich der Gruppenfahrten durchschnittlich einmal pro Woche als Vorübung die bei systematischem Absuchen eines Seeraumes vorkommenden Manöver vorzunehmen.

In den übrigen Monaten des Kalenderjahres sind anschließend an die Vorübung monatlich einmal die eigentlichen Übungen im Legen, Suchen, Räumen und fingiertem Absprengen von Seeminen von den Einheiten der Stationen Triest, Pola und Lussin mit dem Seeminenkommando ~~II~~, I von den Einheiten der Stationen Zara und Sebenico mit dem Seeminenkommando III, von den Einheiten der Station Golf von Cattaro mit dem Seeminenkommando II ~~I~~, vorzunehmen. Die vorerwähnten Seeminenkommanden haben auch das Übungsmaterial und zwar: wurfbereite Übungs- oder Scheinminen, Ankerrollwagen, Schwimmer; ferner pro Semester für jedes Torpedoboot 3 Übungssprengbüchsen (mit Sand gefüllt), 3 Stück 2 *gr* Zeitzünder und je eine Leine (100 *m* lang) beizustellen.

Die Torpedoboote der Station Sebenico sind den kriegsmäßigen Übungen des Seeminenkommandos III beizuziehen.

Außerdem sind halbjährig zur Übung handstreichartiger Unternehmungen von Fahrzeugen und Torpedobooten gegen feindliche Objekte einer Hafenverteidigung (Zerstörung von maritimen Objekten) sowie gegen Objekte an der Küste (Sprengung von Eisenbahnobjekten, Telegraphenverbindungen und eisernen Brücken) demonstrative Sprengübungen vorzunehmen.

Die Programme zu letztgenannten Übungen sind zu verfassen vom:

1. Seeminenkommando I für die Torpedoboote der Station Pola.
2. Torpedoboots-Stationskommando Lussin für die Einheiten der Station Lussin.
3. Seeminenkommando III für die Einheiten der Stationen Sebenico und Zara.
4. Kommando des Stationsschiffes in Teodo für die Einheiten der Station Golf von Cattaro.
5. Kommando des Stationsschiffes in Triest für die Torpedoboote der Station Triest.

Die mit der Verfassung der Programme betrauten Kommanden haben die Übung nach Programm durchzuführen, zu leiten und über die Durchführung der Übung an die vorgesetzte Behörde zu berichten. An Übungsmaterial gebührt für je zwei Torpedoboote das im Reservatdienstbuche 14, Tabelle IV B „für Kreuzer 3. Klasse und Torpedofahrzeuge" angegebene Ausmaß.

Bei Zuweisung der verschiedenen Übungsnummern an die zur Verfügung stehenden Boote ist auf eine möglichst gleichmäßige Verteilung Bedacht zu nehmen.

Den von den einzelnen Booten vorzunehmenden Übungen sind jeweilig die Sprenggruppen der dabei nicht mitwirkenden Boote beizuziehen.

Die Bestimmungen des Reservatdienstbuches 14 haben als Richtschnur bei der Ausbildung der Sprenggruppen und Durchführung der demonstrativen Sprengübungen zu dienen.

Die Übungen dürfen nur in Gebieten stattfinden, wo ein Schaden an Baulichkeiten, Kulturen oder besonderen Fischereirechten unter allen Umständen ausgeschlossen ist.

Vor der Vornahme von Sprengübungen ist der politischen Behörde der Zeitpunkt und der gewählte Ort bekanntzugeben.

12. Zuteilung zur Eskadre.

Über Befehl des k. u. k. Reichskriegsministeriums, Marinesektion, werden fallweise einzelne Fahrzeuge und Torpedoboote der Stationen der Eskadreflottille zugeteilt.

Sowohl bei diesen Anlässen, als auch in sonstigen Fällen, wo die Torpedobootsstation ihren vollen Stand an Einheiten nicht erreichen sollte, ist mit den zurückbleibenden Torpedobooten, beziehungsweise Fahrzeugen, der Überwachungsdienst im zugewiesenen Rayon tunlichst aufrecht zu erhalten.

Während der jeweiligen Zuteilung zur Eskadre haben die Torpedoboote vollkommen bemannt zu sein.

13. Frührapport.

Der vom Torpedoboots-Stationskommando nach Beilage 1 zu verfassende Frührapport ist der vorgesetzten Behörde (Kommando) einzusenden.

Diese Behörde (Kommando) wird auch festsetzen, ob und wann abgekürzte Frührapporte von außerhalb ihres Standortes gelegenen Torpedobootsstationen auf phonischem Wege zu erstatten sind.

14. Berichterstattung.

Der Torpedoboots-Stationskommandant hat monatlich einen kurzgefaßten summarischen Vorfallenheitsbericht über die wichtigsten Ereignisse und Wahrnehmungen während der Fahrten nebst einer Abschrift des Fahrtenprotokolls (Punkt 17) der vorgesetzten Behörde (Kommando) vorzulegen.

Kupon 2 zum II. Nachtrag.

Das Hafenadmiralat bezw. das Seebezirkskommando leiten diese Berichte nur dann an das k. u. k. Reichskriegsministerium, Marinesektion weiter, wenn deren Inhalt von besonderem Interesse für die Marinezentralstelle erscheint.

Die Rundenbootskommandanten haben Meldungen von Dringlichkeit noch während der Kreuzung auf dem am raschesten zum Ziele führenden Wege zu erstatten.

Im übrigen melden sie die Kreuzungsergebnisse dem Kommandanten der Torpedobootsstation sofort nach dem Einlaufen mündlich und führen sie im Frührapport des Rundenbootes kurz an.

Der Torpedoboots-Stationskommandant leitet die Meldungen auf dem je nach ihrer Wichtigkeit geeignetsten Wege, in der Regel durch Aufnahme in den Frührapport der Torpedobootsstation, weiter.

15. Material.

Die Fahrzeuge sind vollkommen ausgerüstet, führen daher auch alle normierten Torpedos und die Munition an Bord.

Die Torpedoboote haben eingeschifft:

1. Das normierte Ausrüstungsmaterial,
2. zwei komplette Kriegstorpedos,
3. die an Bord Platz findende Munition (Zündergranaten, Gewehr-, Signal- und Sprengmunition),
4. volle Vorräte an Maschinenbetriebsmaterial und
5. den eisernen Lebensmittelvorrat.

Die für die Torpedoboote ansonsten normierten Torpedos, deren Munition und Adjustierung, die etwa vorhandenen Minenlegeeinrichtungen, die an Bord nicht Platz findende Munition sowie die Reservegegenstände sind nach den Weisungen der vorgesetzten Behörde in Depots am Lande oder auf stationierten Schiffen gelagert.

In jeder Torpedobootsstation werden entsprechende Quantitäten an Kohle und Maschinenbetriebsmaterial im Vorrat gehalten.

16. Kreuzungsrayon.

Den einzelnen Torpedobootsstationen sind nachstehende Kreuzungsrayons zugewiesen, und zwar:

Triest: von der Landesgrenze an der Aussa-Mündung bis zur Grenze des Kriegshafenbereiches von Pola (Eiland Gustigna),

Pola: von Leme nach Süden, den ganzen Kriegshafenbereich und dann vom Hafen Badò bis Pta. Nera,

Lussin: von der Ostküste Istriens bis zur Verbindungslinie Carlobargo—Selve—Premuda (mit Ausnahme des Kriegshafenbereiches),

Zara: von Nordwestspitze Pago—Südspitze Asinello—Nordwestspitze Premuda bis zur Linie Nordwestspitze Morter—Südostspitze Incoronate,

Sebenico: von Linie Pakostane, Südspitze Pašman—Straße Catene bis Linie Stagno—Ostspitze Curzola—Lagosta,

Kriegshafen Cattaro: von Linie Spitze Gomena—Westspitze Curzola—Cazza bis zur Landesgrenze.

Mit der Aufstellung einer im Küstenabschnitte Spalato geplanten Torpedobootsstation wird das gegenwärtig der Station Sebenico zugewiesene Gebiet in zwei Kreuzungsrayons geteilt werden.

Es liegt nicht in der Natur des Überwachungsdienstes, daß die oben angegebenen Grenzen der Kreuzungsrayons stets starr eingehalten werden, sondern soll sich dieser Dienst an den Grenzen womöglich übergreifen und wird es unter Umständen geboten sein, daß die den Überwachungsdienst versehenden Fahrzeuge und Torpedoboote der Nachbarrayons untereinander in Fühlung treten.

Im Hinblick auf die nicht in ganz unzweifelhafter Weise festgelegte Grenze an der Aussa gilt als äußerste Linie, bis zu welcher Torpedoboote im Wachdienste vorgehen können, eine Linie, die sich vom Leuchtfeuer Porto Buso bis fünf Seemeilen in der Richtung 160° erstreckt.

Das Befahren fremder Territorialgewässer ist, den Fall von Seenot ausgenommen, unbedingt untersagt und es ist beim Befahren von Kanälen im Lagunengebiete besonders zu beachten, daß die Grenze eingehalten werde.

Das Befahren des Unterlaufes der Aussa als Grenzfluß ist nicht statthaft. In Porto Buso können die Torpedoboote bis zum österreichischen Finanzwachhause, beziehungsweise bis zu dem dort vertäuten Finanzwachboote „Julian“ verkehren. Nur in diesen Fällen darf die oben angegebene Grenze (Leuchtfeuer Porto Buso 160°) zwecks Benützung der Fahrrinne überschritten werden.

17. Allgemeines über Patrouillendienst.

Der Patrouillendienst wird unter normalen Verhältnissen ohne Alarmzustand ausgeübt, doch haben Geschütz- und Handmunition zur Verwendung zur Hand zu sein.

Der normale Fahrtenplan der patrouillierenden Fahrzeuge und Torpedoboote, mit Ausnahme der der Station Pola zugeteilten, wird vom Torpedoboots-Stationskommando im vorhinein zusammengestellt und von dem diesem direkt vorgesetzten Kommando genehmigt. Für die Torpedoboote der Station Pola gelangen die von der Militärabteilung ausgearbeiteten Fahrtenpläne als Rundenzettel tagweise im Wege des Hafenwachschiffes zur Ausgabe.

Die Fahrtenpläne sind reserviert zu behandeln.

Ergehen von der vorgesetzten Behörde (Kommando) Befehle zur Durchführung spezieller Missionen oder hält der Torpedoboots-Stationskommandant solche auf Grund eigener Wahrnehmungen oder ihm zugekommener Verständigung für geboten, so kann von dem normalen Fahrtenplane jederzeit abgegangen werden.

In solchen Fällen sind nach Bedarf auch zwei oder mehr Einheiten für die Fahrten heranzuziehen (Punkt 8, Bereitschaftsdienst).

Behufs Evidenthaltung der Fahrten ist ein Fahrtenprotokoll zu führen.

Den Gegenstand besonderer Aufmerksamkeit der Kommandanten haben zu bilden: Gesichtete fremde Kriegsschiffe, fremde Kauffahrer, welche an Küstenpunkten geankert haben oder vertäut sind, wo augenscheinlich Handelsoperationen nicht vorgenommen werden, Beobachtung der Küste in Bezug auf auffällige Veränderungen, Marken u. dgl., welche nicht in den Karten verzeichnet sind und einem eventuellen Gegner zur speziellen Orientierung dienen könnten.

Kontrolle des Überwachungs- und Sicherungsdienstes an der eigenen Küste. Kontakt mit den exponierten Objekten und fortifikatorischen Werken.

Fremde Yachten, welche entweder durch ihre Flagge oder die Nationalität ihrer Passagiere und Bemannungen Anlaß dazu geben, sie als verdächtig im Auge zu behalten, alle Bewegungen von fremden Fahrzeugen, welche Ausspähung vermuten lassen.

Bezüglich der Kontrolle des Überwachungs- und Sicherungsdienstes an der eigenen Küste, speziell in Betreff der Signalstationen, sowie wegen eventuellen Kontakts mit exponierten Objekten und fortifikatorischen Werken, werden die Kommandanten der Rundenboote besondere Weisungen von den kompetenten Kommanden und Behörden erhalten.

18. Verkehr mit den Signalstationen.

Die Signalstationen sind angewiesen, den patrouillierenden Fahrzeugen und Torpedobooten alle gemachten derartigen Wahrnehmungen bekanntzugeben.

Mit den Signalstationen soll aber auch sonst häufig in Signalkorrespondenz getreten werden, um, abgesehen von der Übermittlung dienstlicher Angelegenheiten, auch das Signalisieren zu üben.

19. Zusammenwirken mit Organen der Finanz- und Seebehörde.

Die Leiter der Finanzwachabteilungen in den zu bewachenden Küstengebieten sind angewiesen und ermächtigt, den Kommandanten der patrouillierenden Fahrzeuge und Torpedoboote beim Einlaufen in einen Küstenort alle Mitteilungen über gemachte Wahrnehmungen zu machen und hiezu an Bord zu kommen, was aber nicht ausschließt, daß die Kommandanten zur Beschleunigung der Kommunikation sich selbst an obige Organe wenden.

Die gleichen Befugnisse und Verpflichtungen haben auch die Kommandanten der Finanzdampfer und Finanzwachboote.

Beim Zusammentreffen in See werden diese dem Fahrzeugs- oder Torpedobootskommandanten, beziehungsweise die letzteren den Kommandanten der Finanzdampfer und -boote durch Hissen der internationalen Signalflagge „M“ zu erkennen geben, wenn sie eine Mitteilung zu machen haben, worauf sich das patrouillierende Fahrzeug (Torpedoboot) auf Preidistanz begibt.

Die Kommandanten der patrouillierenden Fahrzeuge (Torpedoboote) sind gehalten und ermächtigt, den Kommandanten und Führern von Finanzdampfern und Wachbooten sowie auch den Leitern von Finanzwachabteilungen solche Mitteilungen zu machen, welche ihnen im Interesse der Küstenbewachung nützlich erscheinen.

Gleicherweise sind die Leiter der Hafen- und Seesanitätsämter sowie das Personal der Seeleuchten, die Fischereiwächter und die Kommandanten der Fahrzeuge der Seeverwaltung angewiesen, unter Verschärfung des Beobachtungsdienstes von jeglicher Wahrnehmung bezüglich gesichteter Kriegsschiffe oder verdächtiger Fahrzeuge den Kommandanten der patrouillierenden Fahrzeuge (Torpedoboote) ausführliche Mitteilungen zu machen und denselben in ihren weiteren Nachforschungen tunlichst an die Hand zu gehen.

Als Signal der gewünschten Mitteilung beim Zusammentreffen in See wird auch im Verkehre mit diesen Organen beiderseitig das Hissen der internationalen Signalflagge „M“ festgesetzt.

20. Zusammenwirken mit der Küstenbevölkerung.

Durch gelegentliches Befragen der Fischer und Küstenfahrzeugführer sowie vertrauenswürdiger anderer Personen können unter Umständen brauchbare Nachrichten gesammelt werden. Bezüglich der von solchen Personen erlangten Nachrichten ist jedenfalls Vorsicht geboten und muß es der Einsicht und dem Urteil des betreffenden Kommandanten überlassen bleiben, auf derlei Auskünfte nur dann zu reflektieren, wenn angenommen werden kann, daß dieselben in willfähriger und loyaler Weise erteilt werden.

Es liegt im Interesse des auszuübenden Wachdienstes, daß die Kommandanten der Fahrzeuge (Torpedoboote) alles vermeiden, was die heimische Küstenbevölkerung auch unbeabsichtigt gegen diese Tätigkeit stimmen könnte, wie schnelles Fahren in der Nähe offener Boote oder im beengten Fahrwasser, Außerachtlassung der gebotenen Rücksicht auf ausgelegte Fischerzeichen und Netze u. s. w.

21. Verhalten gegenüber verdächtigen Fahrzeugen.

Verdächtige Schiffe und Fahrzeuge jeder Flagge sind schärfstens zu überwachen; die hiebei gemachten Wahrnehmungen sind auf dem kürzesten Wege der vorgesetzten Behörde anzuzeigen.

Derzeit steht den Kommandanten der patrouillierenden Fahrzeuge und Torpedoboote gegenüber verdächtigen Schiffen und Fahrzeugen ein aktives Einschreiten, wie Durchsuchung, Visitierung, Besetzung nicht zu.

Ist ein Schiff der Ausspähung verdächtig, so kann der Kommandant des patrouillierenden Fahrzeuges oder Torpedobootes von seinem Verdachte die nächste Finanzwachabteilung behufs Beobachtung und Durchsuchung des verdächtigen Schiffes (Fahrzeuges) in Kenntnis setzen. Das Visitationsrecht — und zwar nach Maßgabe seines Wirkungskreises — steht ausschließlich dem Finanzwachorgane zu.

Falls bezüglich eines im Kreuzungsrayon betretenen Schiffes oder Fahrzeuges italienischer Flagge der begründete Verdacht besteht, daß an Bord die Ergebnisse einer unternommenen Ausspähung sich befinden, ist dieses Schiff (Fahrzeug) in die Torpedobootsstation — von den patrouillierenden Fahrzeugen (Torpedobooten) der Station Pola jedoch nach Rovigno, von jenen der Station Lussin, wenn die Betretung in den Territorialgewässern des ungarischen Staates (im ungarisch-kroatischen Litorale) erfolgt ist, nach Fiume — zu bringen; ist dies auf eine andere Weise nicht zu erreichen, so hat das verdächtige Schiff (Fahrzeug) in Schlepp genommen zu werden, sofern dies im gegebenen Falle überhaupt möglich ist. In der Torpedobootsstation, beziehungsweise in Rovigno und Fiume hat sofort ein Offizier den Sachverhalt der k. k., beziehungsweise der könig. ung. Staatsanwaltschaft — in Lussin dem k. k. Bezirksgerichte — mit dem Ersuchen anzuzeigen, nach den bestehenden gesetzlichen und vertragsmäßigen Bestimmungen (zu letzteren gehört die Verständigung des italienischen Konsularfunktionärs durch den Staatsanwalt) die gerichtliche Visitierung des verdächtigen Schiffes (Fahrzeuges) und die sonst erforderlichen Amtshandlungen einzuleiten. Der sohin vom Gerichte bezüglich des angehaltenen Schiffes (Fahrzeuges) getroffenen Verfügung ist unbedingt zu entsprechen. Über einen solchen Vorfall ist alsogleich seitens des Kommandanten des patrouillierenden Fahrzeuges (Torpedobootes) seiner vorgesetzten Behörde Meldung zu erstatten.

22. Vereinbarungen der österreichisch-ungarischen Regierung und der italienischen Regierung, betreffend die Ausübung des Gefällsdienstes.

a) Die Zoll- und Finanzwachorgane können sich in der Ausübung des Überwachungsdienstes zur See innerhalb 10 Kilometer vom Ufer in den durch die Zollvorschriften vorgezeichneten Fällen an Bord der italienischen Schiffe begeben, um das Schiffsmanifest oder andere Schiffspapiere zu begehren. Nachforschungen oder Untersuchungen dürfen die genannten Organe jedoch nicht vornehmen, außer wenn sie bei Ankunft beim nächsten Zollamte den Konsularfunktionär zur Intervention eingeladen haben.

b) Die Zoll- und Finanzwachorgane können ferner an Bord der in einem Hafen befindlichen Schiffe eine Wache zurücklassen, wenn Anzeichen einer Gefällsübertretung vorliegen oder wenn das Gesetz eine solche Vorsichtsmaßregel vorschreibt; behufs weiterer Amtshandlungen aber, deren Vornahme zur Konstatierung der Gefällsübertretung notwendig erscheint, muß der Konsularfunktionär zur Intervention eingeladen werden.

c) Die Intervention der Konsularfunktionäre ist nicht notwendig, wenn es sich um eine summarische Untersuchung handelt, die zum Zwecke hat, die Richtigkeit der Deklaration (des Schiffsmanifestes) bezüglich des wirklichen Standes der Ladung zu konstatieren, ferner bei jenen Erklärungen, welche die Schiffskapitäne zur Erzielung eines regelmäßigen Verfahrens nach den bestehenden Vorschriften abzugeben haben, mit Ausnahme jener besonderen Fälle, in denen es sich um solche Tatbestandserhebungen handelt, welche Anlaß zur Verhängung einer Strafe geben könnten.

23. Verhalten gegenüber fremden Kriegsschiffen.

Fremde Kriegsschiffe, die sich nicht in italienischen Territorialgewässern befinden, sind in unauffälliger Weise zu begleiten und zu beobachten.

Ob sich diese Beobachtung über den Kreuzungsrayon hinaus zu erstrecken hat oder ob eine unverweilte Verständigung der in Betracht kommenden Nachbarstation zur weiteren Aufnahme dieses Dienstes noch möglich und vorteilhaft erscheint, wird vom Kommandanten zu erwägen und je nach den gegebenen Verhältnissen zu veranlassen sein. Das Sichten fremder Kriegsschiffe, deren Fahrtrichtung sowie die veranlaßte Begleitung, beziehungsweise Beobachtung derselben ist tunlichst auch den daran interessierten Behörden auf dem kürzesten Wege zu melden.

Beilage 1.

K. u. k. Kriegsmarine. Torpedobootsstation ....

Frührapport

vom......................19..

	Vorgeschriebener Bemannungsstand	Mann.
hierauf	überzählig	
	abgängig	
	Bestehender Stand	
	Kranke an Bord	
	„ im Garnisonsspital (Landspital)	
	beurlaubt	
	sonst absent	
	unter Arrest	
	Summe der Undienstbaren .	
	Verbleibt dienstbarer Stand .	

Vorrat an		hievon					
		auf dem Fahrzeug	auf dem Torpedoboote				im Magazin
Kohlen	t						
Olivenöl	kg						
Rüböl	„						
Mineralöl	„						
Putzwolle (Werg)	„						
Putzlappen	„						
Anzahl der Betriebsstunden	Kessel I .						
	Kessel II .						

Kassastand .... K h

Meldung.

Verzeichnis der verwendeten Abkürzungen

Adm.	Admiral
atü	Atmosphären-Überdruck
BA	Ballonabwehr
B.A.G.	Ballonabwehrgeschütz
Bb.	Backbord
ca.	zirka
cm	Zentimeter
C.N.T.	Cantiere Navale Triestino
Depl.	Deplacement
Fregkapt.	Fregattenkapitän
Fregit.	Fregattenleutnant
g	
G.G.	Geschäftsgruppe
K.Adm.	Kontreadmiral
Kapt.	Kapitän
kg	Kilogramm
KM	Kriegsministerium
km	Kilometer
Kmdo	Kommando
Kmdt.	Kommandant
kn	Knoten = Seemeilen pro Stunde
Korvkapt.	Korvettenkapitän
LFA	Luftfahrzeugabwehr
Lschfähnr.	Linienschiffsfähnrich
Lschkapt.	Linienschiffskapitän
Lschlt.	Linienschiffsleutnant
MAS	Motoscafo antisommergibile
max.	maximal
MG	Maschinengewehr
mm	Millimeter
MNV	Marinenormalverordnung
MSB	Minensuchboot
MTK	Marinetechnisches Komitée
N	Leistung
n	Drehzahl — Umdrehungen pro Minute
Ni	indizierte Leistung
Offz.	Offizier
OK/MS	Operationskanzlei/Marinesektion
PK/MS	Präsidialkanzlei/Marinesektion
Pp	Perpendikel
PS	Pferdestärken
PSi	indizierte Pferdestärken
SAK	Seearsenalskommando
SFK	Schnellfeuerkanone
sm	Seemeile
S.M.S.	Seiner Majestät Schiff
Stb.	Steuerbord
S. T. T.	Stabilimento Tecnico Triestino
t	Tonnen — metrisch à 1.000 kg
T.A.G.	Torpedobootabwehrgeschütz
Tb	Torpedoboot
Tfzg	Torpedofahrzeug
Torp.-Div.	Torpedodivision
Tr	Torpedorohr
U	Unterseeboot
U-Boot	Unterseeboot
v	Geschwindigkeit
V.Adm.	Vizeadmiral
v max.	maximale Geschwindigkeit
v mittl.	mittlere Geschwindigkeit
WL	Wasserlinie
WPS	Wellen-Pferdestärke (bei Turbinenantrieb)

Verzeichnis der ehemaligen und heutigen geographischen Bezeichnungen

Antivari	Bar
Arza, Spitze	Rat Mirište
Bai Castelli	Kaštelanski zaljev
Bergudi (Fiume)	Brgud
Bocche di Cattaro	Boka Kotorska
Bojana, Fluß	Lumi i Bune
Bojanamündung	Ušće Bojana
Brioni grande	Vele Brijun
Castellastua	Petrovac na moru
Cattaro	Kotor
Cherso	Cres
Cittanuova	Novigrad
Cittavecchia	Starigrad
Curzola	Korčula
Dringolf	Gjiu i Drint
Dulcigno	Ulcinj
Durazzo	Durrës
Enga zwischen den Inseln Logorun und Tiat	Logorunska vrata
Fasana	Fažana
Fiume	Rijeka
Fiume, Golf von	Riječki zaljev
Gjenovic	Đenovici
Incoronata	Kornat
Kanal von Lagosta	Lastovski kanal
Kanal von Morter	Murterski kanal
Kanal von Narenta	Neretvanski kanal
Kanal von Sabbioncello	Pelješki kanal
Kanal von Zara	Zadarski kanal
Kanal von Žut	Žutski kanal
Kap Linguetta	Kepi i Gjuhëzes
Kap Planka	Rat Ploča
Lagosta	Lastovo
Lesina	Hvar
Lissa	Vis
Lussin	Lošinj
Lussin piccolo	Mali Lošinj
Meleda	Mljet
Menderes, Spitze (Menders)	Rat Mendra
Molonta	Molunat
Morter	Murter
Narenta, Fluß	Neretva
Narenta, Kanal von	Neretvanski kanal
Ossero	Osor
Ostro, Spitze d'Ostro (Golf von Cattaro)	Rat Ostro
Paludi, Hafen	Luka Poljud
Parenzo	Poreč
Pelagosa	Palagruža
Peneda, Spitze	Rat Pinida
Pericolosa, Bank	Pličina Albanez
Planik, Insel	Plavnik
Pola	Pula
Porto Pedocchio	Bucht südlich der Stadt Korčula
Porto Rè	Kraljevica
Porto Rose	Portorož
Quarnero	Kvarner
Quarnerolo	Kvarnerić
Ragusa	Dubrovnik

Rodoni, Kap	Sqepi i Skënderbeut
Rovigno	Rovinj
Sabbioncello	Pelješac
Salvore, Kap	Savudrija
San Giovanni di Medua, Bucht	Gjiu i Shëngjinit
San Giovanni di Medua, Kap	Sqepi i Shëngjinit
San Giovanni di Medua, Ort	Shëngjini
San Giovanni in Pelago	Sveti Ivan na Pučini
Sansego	Susak
Saseno, Insel	Sazan
Sebenico	Šibenik
Selve, Insel	Silba
Spalato	Split
Tajer, Bucht	Telašćica (Luka Telašćica)
Teodo	Tivat
Tiat, Insel	Tijat
Torcola, Insel	Torkul
Ulba, Insel	Olib
Valona	Vlore
Volovica, Spitze	Rat Valujica
Zara	Zadar

Sachregister

Werften und Firmen

Flugboote

Personenregister

Quellen- und Literaturverzeichnis

Akten des Österreichischen Staatsarchives/Kriegsarchiv
Armstrong, G. E., Torpedoes und Torpedo-Vessels, London 1901
Beehler, W. H., The History of the italian-turkish war 1911/1912
Dienstreglement für die k.u.k. Kriegsmarine 1906
Ehrenkrook, F. von, Die Fischtorpedos, Berlin 1878
Gercke, Hermann, Die Torpedowaffe, Berlin 1898
Greger, René, Austro-Hungarian Warships of World War I
Mitteilungen aus dem Gebiete des Seewesens
Normalverordnungsblatt für die k.u.k. Kriegsmarine
Sokol, Hans Hugo, Österreich-Ungarns Seekrieg 1914—18, Wien, 1933
Torpedounterricht für die k.u.k. Kriegsmarine 1894/1895
Torpedounterricht für die k.u.k. Kriegsmarine 1902
Unterricht für die 37 mm Schnellfeuerkanone L/23 und die 47 mm Schnellfeuerkanone L/33 und L/44
Unterricht für den Spierentorpedo 1883
Vorschrift für den Anstrich der k.u.k. Kriegsschiffe und Torpedoboote
Verpflegsvorschriften für die k.u.k. Kriegsmarine 1910
Instruktion für die Kommandanten der k.u.k. Torpedoboote
Instruktion für die Torpedobootsstationen

Fotonachweis

Österreichisches Kriegsarchiv, Wien 10 r.u., 12, 13, 14, 32, 37 u., 40, 42, 43, 46, 48 o., 49, 50, 51, 54, 56, 59, 60, 63 u., 64, 65, 68, 69 r.u., 71, 73, 74, 76, 77 u., 80, 81, 82, 85, 88, 90, 93, 97, 98, 99, 100 u., 101, 102 u., 103 o., 105, 106, 110 u., 112, 114 u., 121 o., 122, 131, 139, 141, 142, 149, 150, 154, 163, 168, 169, 170, 171
Georg Pawlik 37 o., 47, 48 u., 58, 61, 69 l.o., 70, 75, 77 o., 84, 89, 91, 100 o., 102 o., 103 u., 104, 110 o., 111, 113, 114 o., 115, 116, 120, 121 u., 123, 125, 127, 133, 134, 164, 165, 166
Fritz Eppel † 153
Science Museum, London 20, 21
Erwin Sieche 72, 145
Technisches Museum, Wien 9, 10 l.o.
Dieter Winkler 63 o.

Skizzennachweis

Franz F. Bilzer 44, 68, 87, 108, 118, 145, 151, 156, 157
Peter Dewitz 155
Georg Pawlik 28, 29, 31, 35, 36, 39, 46, 55, 57, 62, 76, 79, 83, 94, 95, 129
Friedrich Prasky 126
Stefan Reitgruber 159, 166
Erwin Sieche 143, 144, 147, 148
Atlas zum Torpedo-Unterricht für die k.u.k. Kriegsmarine, I. Theil, Pola 1894 15, 17
II. Theil, Pola 1895 53, 72
Atlas zum Torpedo-Unterricht für die k.u.k. Kriegsmarine, Pola 1902 16
Akten des Kriegsarchivs
II. G.G. 1884 47 B/14—1, Seite: 137
II. G.G. 1904 47 C/8—10077, Seite: 138
II. G.G. 1907 47 C/4, Seite: 139
Plansammlung des Kriegsarchivs 39, 140, 152
Unterricht für die 37 mm Schnellfeuerkanone L/23 und die 47 mm Schnellfeuerkanone L/33 und L/44 163, 165

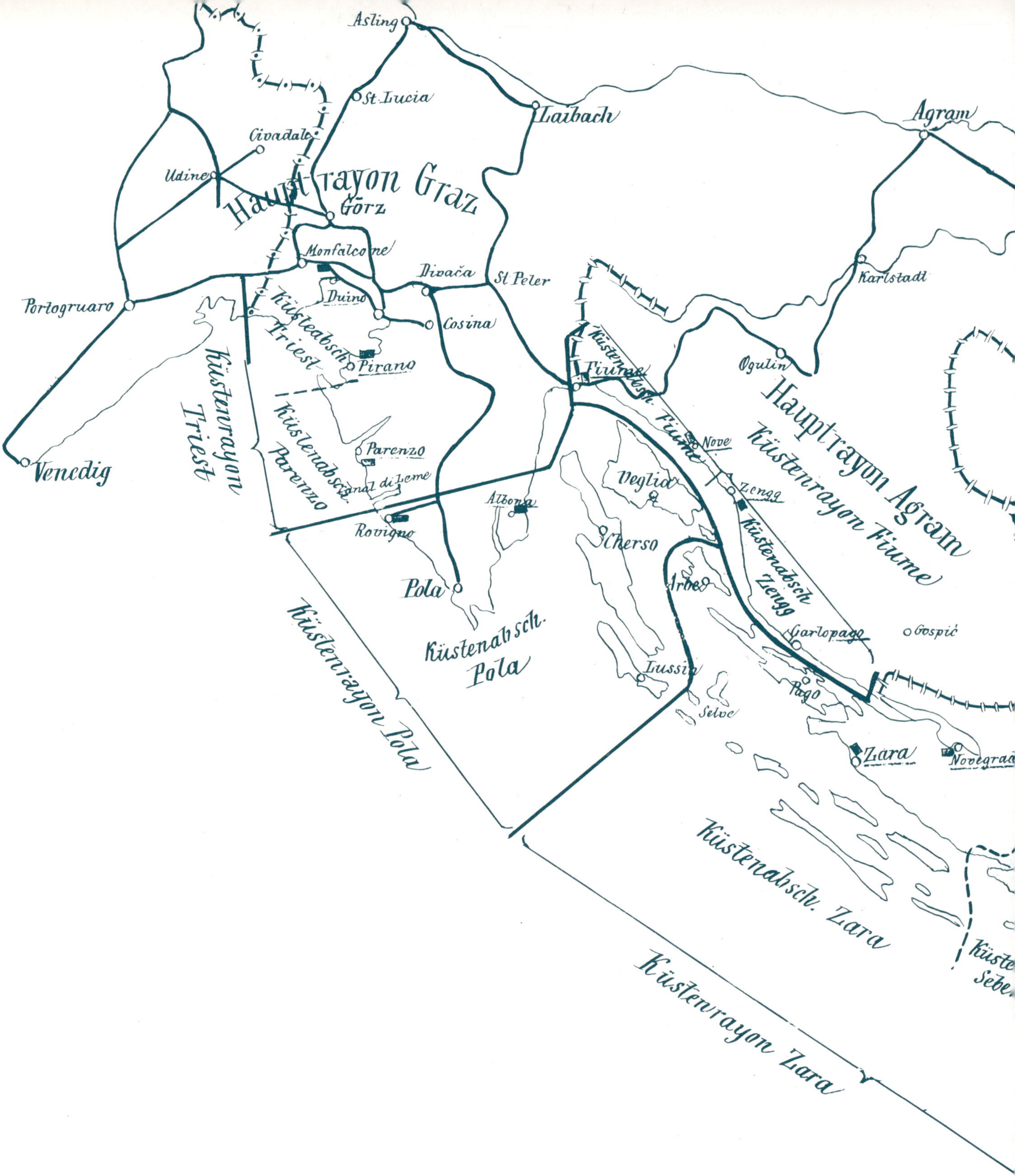
Asling
St. Lucia
Laibach
Agram
Civadale
Udine
Hauptrayon Graz
Görz
Monfalcone
Divača
St Peter
Karlstadt
Duino
Küsteabsch. Triest
Portogruaro
Cosina
Pirano
Fiume
Ogulin
Küstenabsch. Fiume
Hauptrayon Agram
Küstenrayon Fiume
Küstenrayon Triest
Venedig
Küstenabsch. Parenzo
Parenzo
Canal di Leme
Nove
Veglia
Zengg
Albona
Rovigno
Cherso
Küstenabsch. Zengg
Pola
Arbe
Carlopago
Gospić
Küstenabsch. Pola
Lussin
Pago
Selve
Zara
Küstenrayon Pola
Küstenabsch. Zara
Küstenrayon Zara